SHANGDU YEARBOOK 2018

商都年鉴

（2018）

商都县史志办公室 编

方志出版社
Publishing House of Local Records

图书在版编目（CIP）数据

商都年鉴. 2018 / 商都县史志办公室编. -- 北京：方志出版社, 2019.6

ISBN 978-7-5144-3770-6

Ⅰ. ①商… Ⅱ. ①商… Ⅲ. ①商都县—2018—年鉴 Ⅳ. ① Z522.64

中国版本图书馆 CIP 数据核字（2019）第 167264 号

商都年鉴（2018）

编　　者：商都县史志办公室
责任编辑：朱　姝

出 版 者：方志出版社
地址　北京市朝阳区潘家园东里 9 号（国家方志馆 4 层）
邮编　100021
网址　http://www.fzph.org
发　　行：方志出版社图书经销中心
电话　（010）67110500
经　　销：各地新华书店
排　　版：北京中文天地文化艺术有限公司
印　　刷：北京中科印刷有限公司

开　　本：889 × 1194　1/16
印　　张：20.75
字　　数：546 千字
版　　次：2019 年 6 月第 1 版　2019 年 6 月第 1 次印刷

ISBN 978-7-5144-3770-6　定价：270.00 元

序

贫困问题一直是困扰人类社会发展的重大问题。中国作为世界上最大的发展中国家，为解决贫困问题进行了长期不懈的努力。改革开放以来，特别是党的十八大以来，以习近平同志为核心的党中央把脱贫攻坚作为全面建成小康社会的底线任务和标志性指标，纳入“五位一体”总体布局和“四个全面”战略布局，以前所未有的力度推进精准扶贫、精准脱贫，扶贫开发成就举世瞩目，显著改善了贫困地区和贫困群众生产生活条件，具有重大的现实意义和深远的历史意义。身处中华民族几千年发展历史上将首次整体消除绝对贫困现象的伟大时代，如何更好地发挥地方志的存史、育人、资政的作用，是新时代全国地方志系统必须深入研究和着力解决的重大课题。

党的十八大以来，在党中央国务院的正确领导下，全国地方志系统深入学习贯彻习近平新时代中国特色社会主义思想，紧紧围绕党和国家事业发展需要，深入推进地方志改革创新发展，凝心聚力，稳扎稳打，勇于担当，主动作为，全国地方志形势和地方志工作者的精神面貌发生了深刻变化，取得了优异成绩。其中，为贯彻落实《全国地方志事业发展规划纲要（2015—2020年）》，经中国地方志指导小组领导批准，中国地方志指导小组办公室于2015年、2017年先后启动民族地区与贫困地区志书、年鉴出版资助工程（以下简称“志鉴出版资助工程”），对国家级贫困县（区、旗、县级市），中西部地区、少数民族边疆地区面临出版经费困难的志书和综合年鉴给予出版资助。实施志鉴出版资助工程是紧扣时代脉搏、坚持创新发展、传承弘扬中华优秀传统文化的一项创举，不仅有力推动了“两全目标”的实现，而且数十部资助出版的志书、年鉴及时记述了民族地区与贫困地区在全面建成小康社会伟大征程中取得的新成绩和新经验、出现的新情况和新问题、涌现的优秀人物和典型事迹，留住地方文化的“根”和“魂”，为这些地区的经济社会发展、地域文化传播、爱国主义教育、精神文明建设等提供了历史借鉴和智力支持，对全面提升民族地区与贫困地区文化建设水平、确保民族地区与贫困地区和全国其他地区同步全面建成小康社会具有重要意义。

尤为可喜的是，志鉴出版资助工程促成了一批扶贫志书的编纂出版，在文化脱贫攻坚中发挥了独特的作用。例如，《贵州省减贫志》全面系统客观记述了从1978

年至2015年贵州省扶贫、减贫工作的历程及取得的经验，为贵州省实施大扶贫战略提供了有力的资政辅治参考，集中体现了地方志工作因时而动、顺势而为的新作为。前不久，由福建省地方志编委会和人民网共同编纂的《闽宁扶贫协作图志》，是全国首部扶贫协作图志，图文并茂、直观立体、全方位地展现闽宁扶贫协作波澜壮阔的历程，弘扬“闽宁一家亲”“携手奔小康”的深厚情谊和滴水穿石、久久为功的精神，是贯彻落实习近平总书记扶贫工作重要论述精神，服务国家精准扶贫、精准脱贫战略的有力举措。希望各地以此为鉴，编纂出版更多、更好的扶贫志书、年鉴，助力国家精准扶贫、精准脱贫战略的实施，充分展现地方志的独特价值和作用。

当前，我国脱贫攻坚已进入全面决战决胜的关键时期，尚未脱贫的贫困地区集中分布在中西部深山区、极端干旱山区、高寒阴湿地区等，文化建设还比较薄弱，文化产品还不够丰富，文化精品更是少之甚少。同时，这些地区往往是民族文化、历史文化、红色文化、生态文化富集区，具有发展文化旅游、推进文化扶贫的巨大潜在优势，也是繁荣发展地方志事业的巨大文化宝库。要发挥好文化扶贫凝聚人心的优势，善于利用方志文化优势为贫困地区“赋能”，在脱贫攻坚中做出方志人应有的贡献。要发挥好中国名镇志文化工程、中国名村志文化工程的引领作用，大力加强乡镇村志编纂，让百姓记得起乡情、记得住乡愁，凝聚贫困乡镇村庄的强大民心，补齐贫困乡镇村庄的文化短板，以“扶智”的方式“扶志”，践行习近平总书记强调的“扶贫先扶智，扶贫必扶志”的重要理念。

求木之长者，必固其根本；欲流之远者，必浚其泉源。扶贫扶起的是志气骨气，传承的是家国情怀，守护的是绿水青山。扶贫既要富口袋，也要富脑袋。必须坚持文化脱贫和物质脱贫两手抓，筑牢贫困地区文化之基，补足信仰精神之钙，引领脱贫发展之舵。全国地方志系统要围绕中心、服务大局，坚决投入脱贫攻坚这场必须打赢的硬仗，积极参与脱贫攻坚战，发挥优势和特长，深入挖掘文化资源，着力补齐文化短板，努力帮助民族地区与贫困地区的文化建设实现较大的发展提升，在全面建成小康社会、实现中华民族伟大复兴中国梦的征程中贡献方志人的力量。

是为序。

中国社会科学院院长
中国地方志指导小组组长　谢伏瞻

民族地区与贫困地区年鉴出版资助工程领导小组

组　　　长：高　翔

常务副组长：冀祥德

副　组　长：高京斋　邱新立

民族地区与贫困地区年鉴出版资助工程领导小组办公室

主　　　任：冀祥德

副　主　任：邱新立

成　　　员：于伟平　刘永强　冷晓玲　李　静

《商都年鉴（2018）》编纂委员会

编辑说明

一、《商都年鉴》以马克思列宁主义、毛泽东思想、邓小平理论、“三个代表”重要思想、科学发展观、习近平新时代中国特色社会主义思想为指导，坚持辩证唯物主义和历史唯物主义的立场、观点和方法，紧紧围绕县委、县人民政府的中心工作，全面客观地反映各级党委、政府和各部门、各行业取得的重大成就。力求做到观点正确、框架科学、资料翔实、记述准确、编写规范、特色鲜明，突出实效性，讲求实用性。

二、《商都年鉴》是由商都县史志办公室编纂的综合性年鉴。作为权威的地情信息载体，全面、系统、准确地记述全县自然、政治、经济、文化、社会等方面的综合情况，为广大读者了解和研究商都提供基本资料。

三、《商都年鉴（2018）》主要收录2017年发生在商都县内的大事要闻，突出反映商都县的优势、特点和各乡镇、各部门、各行业深化改革、扩大开放的新举措、新进展。为增加信息量、增强实用性，各栏目尽可能多地使用相关数据资料，有些资料适当上溯或下延。

四、《商都年鉴（2018）》共设27个栏目：特载、大事记、商都县概况、全县机构设置和负责人名录、中国共产党商都县委员会、商都县人民代表大会、商都县人民政府、中国人民政治协商会议商都县委员会、中国共产党商都县纪律检查委员会、群众团体、法治、军事、人事　劳动　扶贫、民政　民族　宗教、经济管理与监督、农业、工业与交通、信息产业、城乡建设　环境保护、商贸、财政　税务、金融、教育　科技　体育、文化　旅游　传媒、卫生　计划生育、乡镇、附录。主题内容一般划分为栏目、分目、条目三个层次，个别栏目内分为四个层次，如“全面深化改革”内容层次较多。

五、《商都年鉴（2018）》大部分稿件由各乡镇、各部门提供，部分稿件由县史志办公室辑录整理。主要数据以统计公报为准，个别数据出自有关部门。由于各单位统计的来源、口径、方式、方法或时间的不同，部分数据不尽一致。

六、为便于读者查阅，本卷年鉴设置详细目录，具体列出栏目、分目、条目。

七、部门单位名称一般采用全称，有时也用简称，如“中国共产党商都县委员会”，可简称为“中共商都县委”或“县委”。

八、为《商都年鉴》供稿者，均署名于相关篇目、分目末尾的括号内。

商都县行政区划图

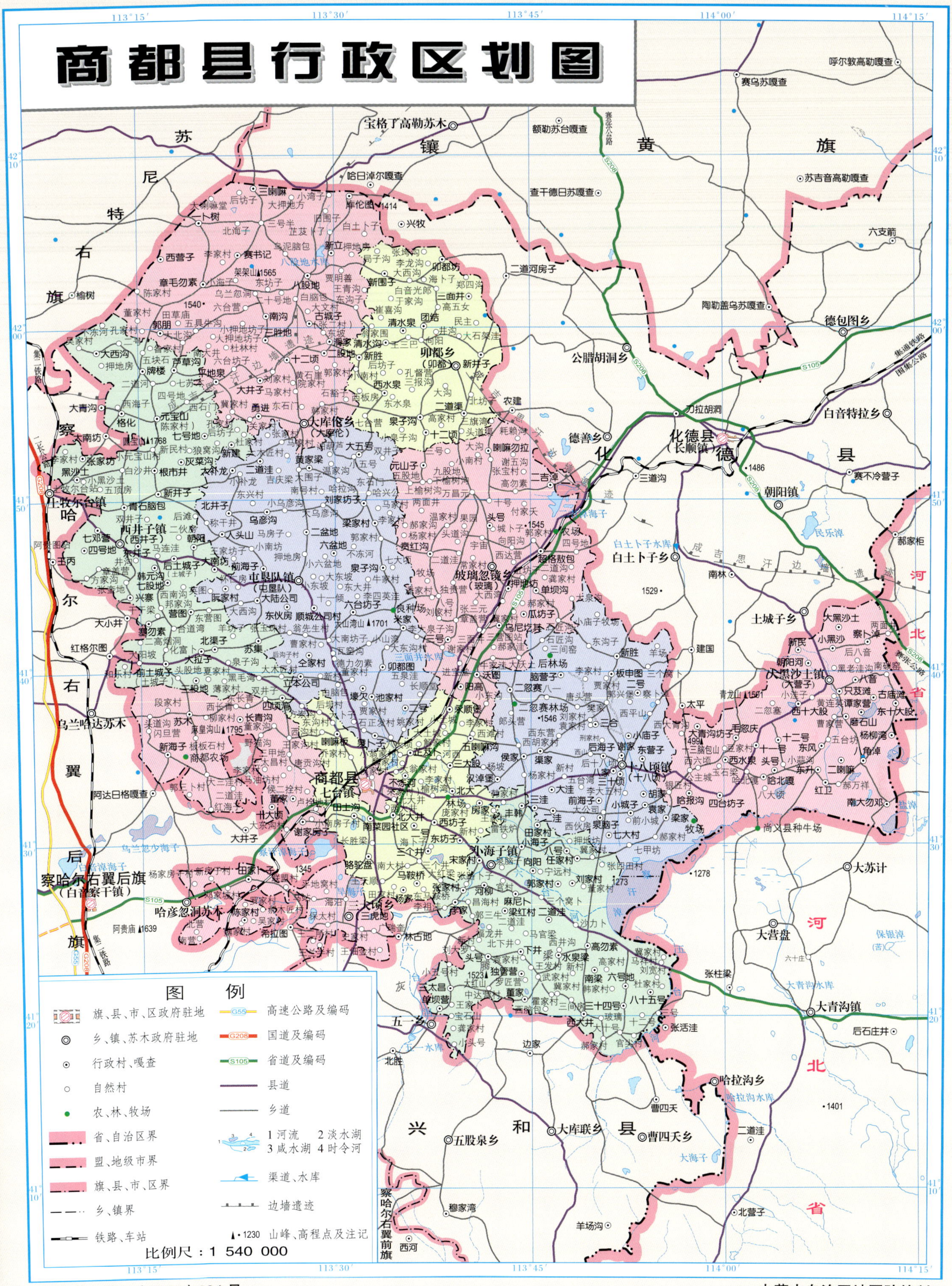

审图号：蒙S（2018）034号

内蒙古自治区地图院编制

2017 数说商都

乡镇 10 个，其中镇 6 个、乡 4 个

村民委员会 211 个、社区居委会 22 个

村民小组 688 个

总户数 15.09 万户

总人口 33.17 万人

其中，男 16.95 万人、女 16.22 万人

其中，城镇人口 7.27 万人、乡村人口 25.90 万人

蒙古族人口 4971 人

其他少数民族人口 1046 人

辖地面积 4283.49 平方公里

耕地面积 15.74 万公顷

人均耕地面积 0.47 公顷

人均粮食产量 259 公斤

林地面积 19.65 万公顷

森林覆盖率 25%

全年平均气温 5.1℃

年降水量 287.7 毫米

年大风日 61 天

无霜期 137 天

地区生产总值 47.61 亿元

同比增长 5.5%

三次产业比例 26.8：32.1：41.1

人均地区生产总值 1.44 万元

公共财政预算收入 1.56 亿元

同比增长 –8.6%

公共财政预算支出 27.48 亿元

同比增长 12.5%

人均公共财政预算收入 470 元

农作物总播面积 10.65 万公顷

粮食总产量 8.67 万吨

同比增长 –5.7%

牧业年度牲畜存栏 41.86 万头（只）

同比增长 –27.9%

规模以上工业企业 25 家

规模以上工业总产值 38.69 亿元

同比增长 –3.14%

规模以上工业产品销售率 94.7%

同比增长 9.1%

规模以上工业利税总额 3.1 亿元

同比增长 128.8%

工业能源消耗总量 77.75 万吨标准煤

同比增长 4.25%

单位 GDP 能耗下降 1.21%

单位工业增加值能耗降低率 15.13%

社会消费品零售总额 35.1 亿元

同比增长 7.7%

人均社会消费品零售总额 1.06 万元

金融机构人民币存款余额 68.63 亿元

金融机构人民币贷款余额 27.19 亿元

互联网宽带用户 2.79 万户

移动电话用户 17.3 万户

固定电话用户4600户

全部单位从业人员9118人

同比下降0.1%，

全部单位在岗职工平均工资7.53万元

同比增长5.3%

国有单位从业人员8224人

同比增长5.6%

国有单位在岗职工平均工资7.57万元

同比上涨3.9%

集体单位从业人员520人

同比下降10.5%

集体单位在岗职工平均工资7.89万元

同比下降4.6%

全年全体居民人均可支配收入1.48万元，同比增长8.8%

其中，城镇居民人均可支配收入为2.58万元，同比增长8.6%

农村居民人均可支配收入为9257元，同比增长8.3%

参加城镇职工基本养老保险1.66万人

参加城乡居民社会养老保险14.56万人

参加失业保险职工8100人

参加城乡基本医疗保险27.84万人

全县拥有各种社会福利收养性单位4个

床位480张

城镇居民最低生活保障9362人

农村居民最低生活保障4.68万人

农村“五保”户供养3210人

2017 年 1 月 23 日，中共商都县十三届二次全委（扩大）会议召开　　黄佳鑫　摄

2 月 6—7 日，中国人民政治协商会议商都县第九届委员会第六次会议召开　　赵　玺　摄

2 月 7—8 日，商都县第十四届人民代表大会第六次会议召开　　赵　玺　摄

6 月 2 日，中共商都县第十三届纪律检查委员会第二次全体会议召开　　黄佳鑫　摄

北京市平谷区与商都县京蒙对口帮扶和全面合作座谈会　　　　赵　玺　摄

12 月 7—8 日，中国人民政治协商会议商都县第十届委员会第一次会议召开　　　　赵　玺　摄

12 月 8—9 日，商都县第十五届人民代表大会第一次会议召开　　　　赵　玺　摄

商都县举行庆祝建党 96 周年暨打赢脱贫攻坚战专题讲座　　　　马慧娟　摄

6月3日，自治区主席布小林（右）到商都县调研脱贫工作
赵 玺 摄

12月3日，自治区党委常委、纪委书记刘奇凡（左一）到商都县调研
张 琪 摄

3月8—9日，自治区人大常委会副主任、自治区总工会主席杭桂林（前中）到商都县开展安全生产大检查
黄佳鑫 摄

12 月 25—26 日，市委书记杜学军（中）到商都县调研实体经济、扶贫等重点工作　　马慧娟　摄

4 月 16 日，市长费东斌（左二）到商都县调研　　马慧娟　摄

7 月 30 日至 8 月 1 日，中国通用技术集团党组副书记、副总经理谭星辉（前中）到商都考察扶贫工作　　赵　玺　摄

商都县鑫磊蔬菜专业合作社温室栽培
郭玉宽　摄

商都县冷凉蔬菜实验基地　郭玉宽　摄

“商都西芹”顺利通过国家生态原产地产品保护专家评定组评定　郭玉宽　摄

七台镇京都情缘草莓采摘园　郭玉宽　摄

内蒙古佰惠生糖业有限公司产品入库　　郭玉宽　摄

内蒙古乐耕食品有限责任公司加工速冻菠菜　　赵　玺　摄

内蒙古绿娃农牧股份有限公司旗下的“蒙绿娃”电子商务中心
郭玉宽　摄

商都县携农电子商务中心利用互联网销售农产品　　赵　玺　摄

商都县集中开展市容市貌环境综合治理宣传　　郭玉宽　摄

商都县开展创建自治区“卫生城市”行动　　赵　玺　摄

支农惠农补贴资金统一纳入“一卡通”发放，农民喜笑颜开　　　　　　　　　　　　郭玉宽　摄

老干部健康体检　　　　　　　　赵　玺　摄

端午节粽香浓　　　　　　　　郭玉宽　摄

2月20日，优加教育培训学校近百名师生到商都县中心敬老院开展献爱心活动　张晓鹏　摄

商都县民警为小学生上“开学第一课”
张占粉　摄

2017年商都县图书馆进校园活动　　赵　玺　摄

商都县春节群众文化活动　　赵　玺　摄

商都县举办“佰惠生”秧歌大赛，喜迎元宵节
赵　玺　摄

商都县庆祝内蒙古自治区成立 70 周年文化活动　　吴少华　摄

2017 草原文艺天天演——惠民演出工程走进商都县　　陆进宇　摄

8 月 30 日，举办 2017 年首届中国商都马铃薯美食节　　吴少华　摄

商都县七台镇剪纸“非遗”传承人赵润林　　郭玉宽　摄

商都县七台镇金三角社区非物质文化遗产传承人——55 岁的贾瑞清
郭玉宽　摄

校园体育运动会　赵　玺　摄

共享单车，绿色出行
包阿如娜　摄

大石架石林　　　　　刘少泽　摄

蓝天碧水　景色宜人　　张建新　摄

南湖湿地　　　　　刘少泽　摄

七彩湖　　刘少泽　摄

西井子农田防护林　　张建新　摄

目　录

中国共产党商都县委员会

县委重要决策

县委办公室工作

宣传工作

统战工作

机构编制

老干部管理与服务

关心下一代工作

党校教育

商都县妇女联合会

商都县科学技术协会

商都县工商业者联合会

商都县红十字会

人防工作

人事 劳动 扶贫

人力资源和社会保障

社会保险管理

劳动就业服务

经济管理与监督

发展和改革

国土资源管理

工商质监

安全生产监督管理

食品药品监督管理

招　商

信息产业

邮政管理

邮　政

移　动

联　通

电　信

城乡建设　环境保护

住房和城乡建设

房地产管理

城镇管理

园　林

城乡规划

房屋征收与补偿管理

住房公积金管理

环境保护

商 贸

供销合作

烟草专卖

石油经营

文化　旅游　传媒

文化、旅游

广播电视网络

新华书店

卫生　计划生育

卫　生

计划生育

商都县医院

特 载

践行新理念　抢抓新机遇
奋力开创全面建成小康社会新局面

——在中共商都县十三届五次全委（扩大）会议上的讲话

（2018 年 1 月 23 日）

靳前斌

这次会议是在全县上下凝心聚力推进脱贫攻坚、决胜全面小康社会进入关键时期召开的一次十分重要的会议。会议的主要任务是，深入学习贯彻党的十九大和十九届二次全会、中央经济工作会议、自治区党委十届五次全会暨全区经济工作会议、市委四届六次全会精神，动员全县各级党组织和广大党员干部，践行新理念，抢抓新机遇，奋力开创全面建成小康社会新局面。

一、总结发展成绩，正视发展差距，切实增强打赢脱贫攻坚战的紧迫感和使命感

2017 年是不平凡的一年。这一年，我们积极融入国家、自治区和乌兰察布市重大战略，攻坚克难谋赶超，自加压力争进位，狠抓落实促提升，经济社会发展又上了一个新的台阶。在进一步坐实主要经济指标、挤出晒干水分的情况下，全年地区生产总值预计完成 62.3 亿元，增长 5%；规模以上工业增加值预计增长 5.3%；固定资产投资预计完成 30 亿元，下降 16.9%；工业用电量达到 14.12 亿千瓦时，增长 5.8%；一般公共预算收入预计完成 1.56 亿元，下降 22.6%；社会消费品零售总额预计完成 35.3 亿元，增长 8.5%；城乡居民人均可支配收入预计分别达到 25632 元和 9410 元，增长 8% 和 9%。

一年来，我们统筹推进全局工作，突出重点抓了以下几个方面的工作。

（一）集中精力打好精准扶贫和精准脱贫攻坚战。如期完成脱贫攻坚任务，是全面建成小康社会的底线任务和标志性指标，是我们党向人民、向历史作出的庄严承诺。我们坚持把脱贫攻坚摆在突出位置，认真落实“六个精准”“五个一批”要求，汇聚全县上下的力量，攥紧拳头攻难关，扑下身子抓落实，脱贫攻坚取得了阶段性成果。2017 年，4901 户、11321 名贫困人口实现稳定脱贫，16 个重点贫困村退出贫困序列，贫困发生率由 7.47% 下降到 5.15%。

积极开展扶贫对象动态管理工作。按照“村不漏户、户不漏人”要求，坚持实事求是、公开公正原则，全面彻底、从严从实开展了扶贫对象动态管理各项工作，扣紧了精准扶贫的“第一道扣子”，解决了“谁是贫困户”的问题，使建档立卡扶贫对象数据信息全面回归真实。通过扶贫对象动态管理，系统内未脱贫的贫困人口5712户、13387人。

大力实施教育扶贫工程。把教育扶贫作为阻断贫困代际相传的治本之策，建立贫困生全程资助制度，全年累计发放教育资助金1796.8万元。732名贫困学生纳入“雨露计划”，发放补助109.8万元；实施“扶贫济困·圆梦学子”助学项目，为379名贫困家庭学生发放助学金56.85万元；通过“泛海助学行动”，为249名贫困家庭应届大学新生发放助学金124.5万元。

深入推进健康扶贫工程。我县因病、因残致贫6147人，占比达到45.92%。我们深入实施“三个一批”行动计划，大病集中救治贫困患者130人次，报销243万元；管理慢性病贫困患者2914人，慢病送药上门服务30830人次，药品总金额112.3万元；家庭医生签约服务率达到100%；设立了500万元的贫困人口大慢重病健康扶贫基金，对慢性病用药在基本医保报销80%的基础上，再补贴10%，患者只需支付10%的药费，大病重病住院在基本医保报销的基础上，医疗费报销比例达不到90%的，再由商业补充保险、民政医疗救助和政府爱心基金补足到90%，个人只需支付实际医疗总费用的10%；全县“先诊疗、后付费”救治贫困人口2204人次，报销1403万元；住院贫困患者“一站式”报销956人次、1281万元；报销贫困人口医疗费2120人次、1133万元；实现贫困人口免费体检和商业保险全覆盖，全年报销商业保险1327人次、167万元。同时，依托残疾人康复中心为1885人次残疾人员提供康复服务，537名残疾人恢复劳动能力，其中贫困残疾人34人。

稳步推进易地扶贫搬迁工程。投资1.13亿元，全面完成2017年1829户、4109人的易地扶贫搬迁工程，其中进城安置78户、234人，村内安置1751户、3875人，入住率达到85%以上。积极探索易地移民后续产业发展资金托管经营收益分红增收方式，贫困移民户年人均收益600元，累计发放受益资金118万元。移到城里的贫困户，通过推荐到企业打工、安置环卫工人和从事第三产业等方法解决就业437人。我县的易地扶贫搬迁工程被列为最高检、国家发改委和国务院扶贫办第一批挂牌督办对象，最高检对我县的易地扶贫工程调研后给予了充分肯定。

强化社会保障兜底。将建档立卡贫困人口中符合条件的全部纳入低保或“五保”；对处于低保边缘尚未达到低保条件的贫困人口给予现金直补兜底。2017年，新增贫困人口低保和“五保”社会保障人员1461人，累计享受低保6192人、兜底直补777人、现金直补783人、“五保”65人，发放社会保障救助资金2698.6万元。同时，利用110万元北京平谷区对口帮扶资金，为16—59周岁建档立卡贫困人口每人代缴养老保险金100元。

加大就业扶贫力度。发放81名生态护林员、1171名公益林管护员和1105名农村保洁员补贴774万元；充分利用京蒙对口帮扶合作和乌兰察布驻呼和浩特市、包头就业服务中心，建立了劳务对接机制，开展实用技术和定向培训，1699名建档立卡贫困人口通过劳务输出实现了稳定就业；投资220万元，利用旧乡政府、学校的闲置办公用房和教室建成5个“脱贫车间”，为服装加工企业提供配套服务，共安置贫困人口156人。

突出抓好产业扶贫工程。通过发展订单，全县78家龙头企业、639家农民合作社带动34481户农户人均增收1560元，其中贫困户10135户、26352人；结合小村整合流转土地46万亩，占耕地总面积的30%，其中涉及建档立卡贫困户2393户、5503人，人均增收650元；分类实施“菜单式”产业帮扶，为6668户、12292名“点菜”贫困人口发放补贴资金2425.5万元，为3299户、5782名弱劳动能力贫困人口发放补贴资金637.4万元，为1452户、2018名无劳动能力贫困人口通过资产收益的方式，按照每户1000元的标准，落实资产收益145.2万元；大力开展电商扶贫，全县建成村级电商服务站91个，全年农村电商订单量616万单，其中上行607万单、下行9万单，交易额2.16亿元，通过网销网购直接带动608户贫困户增收20.8万元；发放金融扶贫贷款2.56亿元，惠及贫困户11729户；为770户贫困户户均发放“企业+贫困户”贷款入股分红4000元；为2100户蔬菜种植受灾贫困户发放保险理赔70万元。全县所有行政村实现集体经济全覆盖，全县村级集体经济现金总收入达到778.53万元，37%的行政村共79个村集体经济收入达到5万元以上。在增强贫困人口内生动力的同时，积极发动社会力量参与扶贫，共筹集各类帮扶资金近8200万元。

（二）加快推动供给侧结构性改革和经济转型升级。我们努力下好供给侧结构性改革“先手棋”，发挥市场在资源配置中的决定性作用，做好“减法”调整存量，做好“加法”调优增量。化解东昊特钢60万吨钢铁过剩产能，将重化工企业从15家减少到5家，淘汰1.25万千伏安及以下矿热炉13台，并对1.25万千伏安以上矿热炉进行技改升级，全部实现达标排放。同时，大力引进凯金、恒胜等高科技企业，生产锂电池负极材料等适销对路的产品。依托龙头企业不断做大做强基地，全县“一薯两菜”种植面积达到76万亩，占全县耕地总面积的51%；农畜产品加工转化率达到58%以上。大力开展农产品“三品一标”认证和品牌提升行动，新认定著名商标1个、知名商标4个；“商都县西芹”获准注册国家地理标志证明商标，“商都西芹”获得中华人民共和国生态原产地保护产品认证，我县被评为全区推进标准化三年行动计划成绩突出旗县。初步建成了华盛绿能标准化产业孵化园，园区供水厂、燃气站和110千伏变电站相继建成并投入运行，率先在全市开展了“多证合一、一照一码”登记制度改革，招商引资平台更加广阔、基础更加完善、环境更加优化。2017年新引进签约项目26个，协议总投资72.8亿元。成功举办了首届中国商都马铃薯美食节，百道土豆宴创吉尼斯上海大世界纪录；大石架石林景区被评为自治区级地质公园。2017年，三次产业结构优化为20∶43∶37，经济发展不断向着更高质量、更好效益、更可持续方向迈进。

（三）统筹抓好“五城联创”和“美丽乡村”建设。立足推进新型城镇化、促进城乡一体化，坚持以科学规划为指导，以加强城乡基础设施建设和农村环境综合整治为抓手，全面促进城乡统筹发展。“五城联创”工作取得重要阶段性成果，在巩固自治区园林县城的基础上，自治区卫生县城创建成功，县医院实现了搬迁运营；累计完成5800户、2万多人的旧城棚户区改造工程，城镇发展空间有效释放，城镇功能和品位大幅提升；投资1.92亿元、实施10项市政基础设施建设工程；对占道经营、乱摆乱放、违规停车、违章建筑开展专项行动和集中治理，主要街区新增停车位1700个，城镇污水处理率达到90%，生活垃圾处理率达到88%，集中供热率达到78%，供水普及率达到97.4%；中心城区机械化清扫率达到79%，乡镇所在地及所有行政村卫生保洁实现全覆盖；大力实施增绿补绿工程，建成区绿化覆盖率达到35.9%，城市宜居水平显著提升。围绕建设现代化新农村，完成危房改造4837户，完成7565亩特色经济林种植任务，新建110千伏变电站1座，完成全县10千伏以下线路改造工程，实施了中心村、机电井和城网配出工程，完成53个易地搬迁和小村整合安置村的通电和安全饮水工程，实现了行政村宽带网络全覆盖，农村水、电、路、讯、卫生、超市、文化、广电等基础设施和村容村貌得到彻底改观，农民生产生活条件得到根本改善，发展后劲得到进一步增强。

（四）深入推进党的建设和反腐倡廉建设。始终把抓好党建作为主责主业，作为最大的政绩，全面压实管党治党政治责任。全力做好中央巡视“回头看”和自治区党委巡视反馈意见整改工作，扎实开展“加强和规范党内政治生活推进年”，认真落实“五个一”工作机制，以“主题党日”和“评星定级”为抓手，深入推进“两学一做”学习教育常态化制度化，积极开展“贯彻落实习近平新时代中国特色社会主义思想，担当作为谋发展，尽责实干促跨越”大学习大讨论活动。认真落实中央八项规定精神，持之以恒反“四风”，干部的作风明显改善。持续开展信念教育和党性教育，运用“四种形态”，强化党内监督，增强了党员干部的纪律意识和规矩意识。狠抓党风廉政建设和反腐败斗争，大力开展“庸、懒、散、奢、私”专项整治，深入查处“雁过拔毛”式腐败问题，坚持以零容忍态度审查和处置党员干部违纪行为，开展了三轮巡察工作，巩固了风清气正的政治生态。圆满完成县、乡人大、政府和县政协换届工作，县监察委员会挂牌运转，为打赢脱贫攻坚战、决胜全面建成小康社会提供了有力的政治和组织保障。

事非经过不知难。回顾过去一年的奋斗历程，各种要事、大事、难事相互叠加，多重困难、问题、考验相互交织，就是在这样的发展环境下，县委团结带领全县广大干部群众，迈出谋发展、求突破、上台阶的坚实步伐，实现打基础、添活力、增后劲的重大进展。这是市委、市政府正确领导、亲切关怀的结果，是全县各级党组织、广大干部群众苦干实干、团结奋斗的结果，是社会各界大力支持、共同努力的结果。在此，我代表县委，向大家表示崇高的敬意和衷心的感谢！

在肯定成绩的同时，也必须清醒认识到，我们还存在许多困难和问题。主要表现在：贫困人口多，贫困面广，贫困程度深，打赢脱贫攻坚战、全面建成小康社会任务仍然十分艰巨；经济总量偏小，产业结构不尽合理，新兴产业占比不高；大项目、好项目依然较少，招商引资难度加大，县域经济发展后劲仍显不足；城镇化率较低，县城的带动力和辐射效应还不强；财政收支矛盾突出，基础设施建设、公共服务等刚性支出不断加大，经济下行压力造成工业企业经营普遍困难，财政增收难度加大；各部门对防范化解金融风险工作重视程度不够，预算安排执行难度较大；外出农民要地信访领域的矛盾依然突出，村级主体责任没有完全压实；环境保护仍面临巨大压力，偷排污水、盗采矿产资源现象屡禁不止；党的建设还需不断加强，一些部门和干部的规矩意识、担当意识不强，不想为、不愿为、不敢为的问题不同程度存在，等等。我们要强化问题意识，坚持以问题的解决推动发展、用发展的办法解决问题，以实际行动和成效回应群众期盼。

二、把握重点领域，抓住关键环节，以脱贫攻坚统揽经济社会发展全局

2018年是贯彻党的十九大精神的开局之年，是改革开放40周年，是决胜全面建成小康社会、实施“十三五”规划承上启下的关键一年。全县各级党组织和广大党员干部群众要深入地贯彻党的十九大精神和自治区党委、市委的重大决策部署，坚定不移地贯彻落实新发展理念，始终坚持发展是第一要务，以脱贫攻坚为统领，以推进供给侧结构性改革为主线，以招商引资为动力，坚决打好防范化解重大风险、精准脱贫、污染防治三大攻坚战，坚持用好绿色、资源、区位“三张牌”，延伸丰富“一粒薯、一袋糖、一篮菜、一瓶酒、一头牛、一口猪”“六个一”绿色农字号产业和品牌，培育发展新材料、新能源、新兴服务业“三大产业”，在决胜全面建成小康社会道路上迈出更加坚实的步伐。

主要预期目标是：地区生产总值增长7%；规模以上工业增加值增长6%；固定资产投资增长10%；一般公共预算收入增长5%；社会消费品零售总额增长10%；城乡居民人均可支配收入分别增长8%和9%；全面完成安全生产、节能减排任务。

为完成上述目标任务，必须脚踏实地做好以下几个方面的工作。

（一）在打好三大攻坚战上聚焦聚力

打好防范化解重大风险、精准脱贫、污染防治三大攻坚战，事关实现全面建成小康社会奋斗目标，是我们必须跨越的重大关口。要制订专项方案，拿出过硬举措，务求决战决胜。

一要坚决打好防范化解重大风险攻坚战。习近平总书记强调："防范化解金融风险，事关国家安全、发展全局、人民群众财产安全，是一场输不起的战役。"我们必须从讲政治高度增强忧患意识和底线思维，进一步摸清政府债务特别是隐性债务底数。全面落实化解政府债务责任，创新思路多途径化解债务，依托社会资本盘活国有资产，特别是盘活园区闲置土地和棚户区改造拆迁出来的土地，通过优化资源配置，最大限度发挥土地效益，实现"坐地生金"；积极争取地方政府债券置换资金，争取政策性贷款置换高利率贷款。要严格执行《预算法》，强化预算约束，坚持量力而行、量入为出，坚决杜绝寅吃卯粮、透支未来，各乡镇、各部门一律不准临时增加预算外经费，新建政府性项目要严控规模和数量，从严审核把关。强化互联网金融监管，综合治理农村高利贷，确保不发生系统性区域性风险。各乡镇各部门要树立化解债务的意识，主要领导要自觉担负起化解债务第一责任人责任，打破部门壁垒，树立"一盘棋"思想，整合各部门资产和资金积极化解存量债务。

发展是第一要务，稳定是第一责任。要正确处理好改革、发展和稳定的关系，加强社会领域的风险防控，加大以信息化为支撑的社会治安防控体系建设，深入推进"雪亮工程"。在社区，全面推行"网格化+"社会治理新模式，整合网格员；在农村，充分发挥综治维稳中心作用，整合治安员。继续深化缉枪治爆专项治理，严密防范和依法严厉打击违法犯罪活动，不断增强人民群众的安全感。全面开展社会矛盾、信访积案大排查大化解行动，严格落实"三到位一处理"，推进阳光信访、法治信访进程，行为违法的要严厉依法打击，切实维护良好的社会秩序。妥善化解无地农民要地信访问题，区别情况、讲清政策，把群众的诉求解决到位，让真正想回乡种地的农民有地可种。建立健全农民工工资支付保障制度，切实维护农民工合法权益。建立医患纠纷调解长效机制，成立医患纠纷调解中心。加快应急救援体系建设，加强应急队伍演练，完善应急物资储备，提高应急实战和处置公共安全事件的能力。坚决守住"发展决不能以牺牲人的生命为代价"这条红线，严格安全生产责任制，全面落实企业主体责任、属地管理责任、部门监管责任，坚决防止重特大安全生产事故的发生，切实保障人民群众生命财产安全。认真落实"四个最严"要求，严守食品药品安全的每一道防线，确保群众饮食用药安全。

二要坚决打好精准脱贫攻坚战。必须把脱贫攻坚作为头等大事和第一民生工程，以脱贫攻坚统揽经济社会发展全局，带着责任、带着感情，举全县之力，集万众之志，以更大的决心、更强的举措，切实把"六个精准""五个一批"要求落到实处，全面推进7个深度贫困村的精准脱贫工作，必保年内7825名贫困人口实现精准脱贫。

抓好六大类型产业扶贫。发展产业既是增强贫困人口脱贫内生动力的治本之策，又是增强贫困人口"造血功能"的长远之计。要立足产业基础，积极开展六大类型产业扶贫。

龙头企业和合作社带动型。立足我县丰富的农畜产品资源优势，做大做强"六个一"龙头企业，努力构建"企业+基地+合作社+支部+农户"的紧密利益联结机制，确保贫困人口稳定增收、稳定脱贫。要大力推广订单合同式，引导农民树立"为加而种"的理念，将基地打造成企业的第一生产车间，将农户的小种养与企业的大生产紧密联结起来，通过扩大订单面积获得稳定收益。要继续推进流转聘用式，鼓励农民将土地流转给企业，企业进行规模化集约化经营，农民成为企业产业工人，从而获得土地流转财产性收入；要全程搞好服务协作式，支持企业发挥技术、设备优势，采取统一供种、统一技术、统一培训、统一收购、统一服务“五统一”方式，为农户提供种养全程服务。同时，要落实好农机具补贴、科技特派员等惠农政策。

“菜单式”扶持型。围绕“六个一”主导产业，立足各乡镇产业发展实际，充分尊重贫困户发展意愿，通过“政府备菜、部门配菜、贫困户点菜”的方式，按照“先建后补”“先种后补”和“先养后补”的原则，依据贫困户发展产业项目补贴标准据实测算，对于有发展生产能力的贫困户，基本补贴标准为每人1500元，户均不超4500元，超出部分按所超金额的10%进行补贴；对于弱劳动能力的贫困户，基本补贴标准为每户1500元，超出部分按所超金额的10%进行补贴；对于无劳动能力的贫困户，给予每户1000元的资产收益。

金融扶持型。抓住我县被列入自治区第二批县域金融工程试点旗县的机遇，整合扶贫贷款专项风险补偿资金，加强与各家金融机构的合作。面向所有金融机构，建立扶贫贷款贴息政策，引导金融机构将贷款向贫困户、龙头企业和扶贫领域投放。年内，农村信用社、农行放款额度新增1.5亿元，邮储银行放款额度新增5000万元，全县金融扶贫覆盖贫困要达到1万户以上。

电商扶贫型。普及农村电子商务应用，活跃农村电商发展氛围，打造一批农村电商集聚区。以乡村电商服务站为载体，以农民合作社等经济组织为主体，组织好货源，重点抓好上行市场，推动电子商务平台与农业种养基地、农产品营销大户、大型超市、大型餐饮连锁企业及中高档酒店对接，拓宽农产品销售渠道，增加农民收入，帮助农民实现脱贫致富。同时，做好下行市场，帮助农民通过电子商务购买生产生活资料，享受电子商务带来的实惠便利，提高生活质量。加快实现电商快递综合服务网点行政村全覆盖，积极探索发展“村级电商＋党建直通车＋便民连锁超市”，通过资源整合实现贫困人口集中收益，实现农民办事不出村。

光伏扶贫型。抓住我县被列入国家光伏扶贫工程重点县契机，充分利用市下达我县的4.05万千瓦光伏指标，带动1063户贫困户每户年均增收3000元；利用装机容量1.93万千瓦的39个村级电站，带动5364户贫困户每户年均增收1500元。

村集体经济带动型。按照“村级主导、市场主体，因地制宜、分类指导，培植典型、示范带动，整体联动、部门配合”的原则，积极推进“三变”改革，凡乡镇范围内的国有资产全部划拨乡镇，由乡镇统一管理。同时，积极开展入股分红、资源开发、服务创收、资产盘活、土地流转、兴办实体、发展乡村旅游和现代农牧业8种村集体经济形式，多途径壮大村集体经济，力争年内70%的行政村集体经济达到5万元以上，助推非贫困户发展产业，实现整体脱贫。

织好五张扶贫政策保障网。要不折不扣落实好中央、自治区关于教育扶贫、健康扶贫、社会保障、就业扶贫和易地搬迁各项扶贫政策，让好政策带来真实惠，推动真扶贫，实现扶真贫。

教育扶贫方面，全面落实国家和自治区在教育扶贫方面的政策措施，加大对贫困家庭学生的帮扶力度。深入实施“雨露计划”“扶贫济困·圆梦学子”“泛海助学”“通用技术奖学金”和经济困难家庭大学新生入学资助等助学行动，不让一个学生因贫失学、不让一个家庭因学返贫。

继续深化教育“三项改革”，加强校长队伍和教师队伍建设，保持两个队伍相对稳定；整合师资力量，避免师资闲置；规范学校用人制度，解决学校随意聘用代课教师问题；切实规范幼儿园办园行为，加大无证幼儿园整顿力度，彻底关闭不符合条件的幼儿园；同时，积极推行“校财局管”。

健康扶贫方面，继续实施好“三个一批”行动计划，抓好“先诊疗、后付费”“一站式”报销、家庭医生签约三项服务，统筹完善基本医疗保险、大病商业保险、民政医疗救助、商业健康保险、政府爱心基金、重特大疾病救助、免费体检等保障措施，建立无缝衔接机制，实行有序联动报销，全县贫困人口大病住院和慢病送药报销比例都要达到95%。

积极开展残疾人精准康复服务行动，大力实施健康商都战略，充分发挥公益慈善医疗救助作用，鼓励支持社会公益团体、慈善组织积极参与健康扶贫工作。深入推进公立医院改革和医联体建设，加快形成“基层首诊、分级诊疗、双向转诊”医疗服务新格局。借助京蒙对口合作平台，加快“互联网＋医疗”深度融合。倡导健康文明的生活方式，树立大卫生、大健康的观念，把以治病为中心转变为以人民健康为中心，建立健全健康教育体系，提升全民健康素养，推动全民健身和全民健康深度融合。

社会保障扶贫方面，将符合条件的贫困家庭全部精准纳入低保范围，做到应保尽保。加大其他形式的社会救助力度，搞好低保、现金直补、“五保”供养、城乡居民养老保险等社会救助制度的统筹衔接，构建覆盖贫困人口的多层次社会保障体系，推动实现精准扶贫和社会保障双向并轨。

就业扶贫方面，成立护林员和农村保洁员管理机构，实现管理有序、职能整合。依托特色种养殖、农畜产品加工、农村电商等产业，努力开发适合贫困劳动力就业的岗位。加快大唐电信呼叫中心项目建设进度，为贫困家庭大学毕业生创造就业岗位。积极发展乡镇扶贫车间、村社代工点以及手工编织等居家就业和灵活就业形态，促进就地就近就业。大力开展以贫困劳动力为重点对象的“春风行动”，提供“一对一”就业服务。

易地搬迁方面，要把握“人往城镇移、房向城镇要”这个方向，通过整合扶贫移民和生态移民房源，将易地移民、棚户区改造与化解房地产库存有机结合，推动存量房置换，实现百姓安居和存量房盘活双赢，努力提高城镇化安置率。同时，通过到城镇周边企业打工、从事第三产业和优先聘用为城镇保洁员等多种途径，解决搬迁人口的就业问题，确保贫困群众搬得出、稳得住、能致富。小村整合必须做彻底，避免多数人走、少数人留的现象，要加大禁牧力度，形成倒逼机制。搬迁后的村落，原有旧房要及时全部拆除，腾退的土地争取土地复垦项目和指标。具有代表性的旧村落要整村保护起来，留住历史记忆，留住乡村文化，留住人们的乡愁。

凝聚四大扶贫帮扶力量。攥指成拳，激发社会扶贫潜力，是脱贫攻坚的有效途径。突出抓好省级领导联系贫困县的对接落实工作，积极争取更多的项目和资金支持；继续深化京蒙对口帮扶，按照《北京市平谷区与商都县携手奔小康帮扶协议》确定的干部人才交流、资金支持、产业合作等目标任务，深入推进与北京平谷区京蒙对口帮扶，加强与中国通用技术集团、工信部军民结合推进司的帮扶合作；充分发挥24家区、市帮扶部门在开展产业合作、市场对接、项目引进、人才支援、资金支持等方面的优势，各乡镇要加大对接力度，进一步扩大帮扶范围、提高帮扶成效；大力开展“村企合作”，引导全县民营企业主动参与精准扶贫，积极开展结对帮扶，鼓励中国泛海控股集团、自治区扶贫促进会和青基会、水漩志愿者协会等社会群团组织开展捐赠帮扶。此外，要有效激发贫困群众的内生动力，将扶贫与扶志结合起来，加大宣传教育力度，营造劳动光荣、脱贫光荣的社会风尚，激励贫困群众树立信心，共奔小康。

三要坚决打好污染防治攻坚战。小康全面不全面，环境问题很关键。全面落实“党政同责、一岗双责”要求，认真抓好中央环保督察和自治区生态环保大检查反馈问题的整改落实工作，坚决遏制污染“增量”、减少污染“存量”。深入实施大气、水、土壤污染防治专项行动，全面落实“大气十条”“水十条”“土十条”。零容忍惩治偷排废气和污水行为，重点抓好非煤矿山生态恢复治理，铁腕打击私挖乱采行为，全部关停手续不全的矿山。严格落实禁牧要求，依托龙头企业和养殖合作社探索在西北部乡镇集中建设“托羊所”，解决散养散牧的问题；依托中地生态牧业，利用好国务院扶贫办1亿元扶贫专项资金，实施贫困户奶牛托管。严厉打击非法征占用林草地违法行为，全面落实森林草原防火责任制，守护好每一处山山水水，守护好我们的美丽家园。

（二）在深化供给侧结构性改革和壮大实体经济上聚焦聚力

推进供给侧结构性改革，是经济工作的主线。要坚持把发展经济的着力点放在实体经济上，切实提高供给体系质量，全力打好“绿色、资源和区位”三张牌，全面提升产业综合竞争力，努力培育新动能、拓展新空间。

延伸丰富“六个一”绿色农字号产业和品牌。积极发展旱作农业、节水农业、设施农业，不断做大做强做优马铃薯、蔬菜、甜菜、燕麦和杂粮杂豆等产业规模，着力构建粮经饲统筹、农林牧结合、种养加一体、一二三产融合的发展机制。引进培育一批产业化龙头企业，突破“原字号”、改变“初加工”，延长产业链、提升价值链、拓宽增收链。支持蓝威斯顿公司进一步扩大产能，加强与麦当劳、肯德基和必胜客的配送合作，同时实施仓储库扩容工程；引导希森公司立足马铃薯主粮化战略，推动产品向下游延伸，同时加快组培室建设，发展马铃薯种子工程；支持科都薯业、富隆泰薯业扩大马铃薯生产规模；支持溢源马铃薯营养醋和酱油、德义水晶粉等马铃薯深加工项目满负荷生产。加快推进健坤净菜加工项目建设，适时推进乐耕二期、申安公司智能温室项目提质扩能。督促奥淳酒业退城入园项目年内建成投产，同步将旧厂打造成AAAA级酒道馆旅游观光区。支持中地生态牧业2万头良种奶牛基地加快建设，实现奶牛标准化、园区化养殖，并带动贫困户进行奶牛托管养殖。加快推进雏鹰集团百万口生猪产业化养殖基地和饲料厂建设，力争正大集团百万口生猪产业化项目尽早落户。支持嘉利公司扩大滴灌设备生产规模，建设滴灌产业园，推动喷灌变滴灌的节水农业进程。同时，支持益生元亚麻籽油、申安果汁、利康醋业、鑫旺通葵花籽、东友果脯、元昊炒米、鑫都惠农生物菌肥等中小微企业加快专业化、精细化、特色化发展，培育一批“小巨人”。积极鼓励私营作坊做大石磨莜面、荞面和杂粮杂豆及豆制品加工、奶制品加工、牛羊肉分割产业，打造经济转型升级的生力军。实施品牌发展战略，加大“三品一标”创建，加快推进“同线同标同质”工程，打造几家出口示范企业，培育一批在全国立得住、叫得响、卖得出的农畜产品品牌，全力促成国家农产品质量安全县圆满创建成功，进而将我县打造成为农畜产品出口质量示范县。

培育发展新材料产业。依托我县优质的白泥资源，积极承接京津冀陶瓷产业退出项目，培育发展军用特种陶瓷、高档装饰陶瓷产业；依托我县丰富的硅藻土资源，以国家“863”计划项目内蒙古东盛硅藻土科技创新产业园为龙头，开发二代产品，推动绿色环保产品换代升级；依托我县低廉的电价优势，以迈拓、红阳、同盛、红宇、琪昌、祥虹等企业为龙头，生产硅酸铝高温隔热材料、建筑保温材料、矿渣棉等产品，发展循环经济。此外，以凯金、恒胜、集美等企业为龙头，生产锂电池负极材料，使产能达到4万吨，扩大国内市场占有率，打造新材料产业基地。

培育发展新能源产业。依托乌兰察布市风电基地外送通道和我县吉庆百万千瓦级风场，推动发展风电产业，逐步增加风电装机容量。推进

“光伏领跑者计划”，综合治理西山矿山废弃地12平方公里；积极推广“光伏+农牧业+扶贫”模式，实施好集中式光伏扶贫工程。

培育发展新兴服务业。发展商贸流通业。物流产业的核心和关键就在于仓储。要紧紧围绕建设区域性商贸物流中心，完善仓储设备和物流配送体系。整合扶贫资金高标准建设大型恒温库，资产量化折股到贫困户，企业承租运营，开展加工包装、分拣配送、质押监管等多功能仓储服务，贫困户收益分成。规划建设食品加工小作坊园区和封闭式农贸市场。加强鲜活农产品标准体系、动植物检疫体系、质量安全追溯体系、质量保障与安全监管体系建设，大力发展绿色物流、冷链物流、城乡配送等新业态。积极培育第三方物流企业，为生产企业做好服务配套。大力支持传统商贸流通企业和住宿餐饮企业利用先进信息技术实现线上线下深度合作。发展旅游业。立足我县历史上属于坝上五县，与京津冀渊源较深的优势，借助尚义冰雪嘉年华，延伸张北草原天路，实现旅游线路对接、旅游资源共享。重点推进不冻河水利风景区建设，不断完善南湖公园配套设施，增添吸引游客的要素和看点；升级改造小庙子民俗风情旅游景区；开发七彩湖旅游风景区和自治区级地质公园大石架石林景区。鼓励发展餐饮业，提升住宿和餐饮档次，形成地方特色，开发一批地方美食、旅游纪念品、旅游演艺产品，打造节庆品牌。

（三）在优化发展环境和激发发展活力上聚焦聚力

优化发展环境是构筑新的竞争优势的战略任务，要牢固树立抓环境就是抓发展的理念，把改善发展环境摆在更加突出的位置，努力增强发展的后劲和活力。

着力打造招商引资的好环境和大平台。招商引资是经济发展“助推器”。要强化借力发展的开放意识，把“围绕首都、依托首都、保障首都、服务首都、承接首都、得益于首都”作为发展定位，紧紧抓住北京非首都功能疏解和京津冀协同发展的战略机遇，积极承接产业转移。要牢固树立“人人都是投资环境”的理念，打造诚信规范、互利共赢、温馨包容、公平公正的投资环境，强化服务意识，积极构建“亲”“清”新型政商关系，决不搞开门招商、关门宰客那一套。要严格兑现各项招商引资优惠政策，特别重大的项目采取“一事一议”方式给予合理倾斜。高度重视企业家队伍建设，大力弘扬企业家精神，依法保护企业家财产权、创新权益、自主经营权，营造企业家健康成长的环境。积极开展“雁归行动”，创业培训、创业担保贷款、信贷、税收等政策，鼓励和引导商都籍在外企业家、优秀人才和外出务工人员返乡创业。继续做好招商引资对外宣传，打造招商引资专业化队伍，加大招商引资考核力度。大力实施园区振兴计划，坚持建设标准化厂房与集群式引进企业相结合，加快实施“孵化创业”工程，重点打造华盛绿能、嘉利滴灌、苏蒙电器等一批孵化园和孵化器，打造产业集聚“强磁场”。继续加大园区基础建设，年内要完成长盛工业园5000吨污水调节池和小海子农牧产业园的污水处理池建设任务，进一步提升配套功能。争取220千伏变电站纳入《乌兰察布市电网建设“十三五”规划》，确保轻工业园区110千伏变电站开工，同时，加快城乡配网一体化建设，全面提升城乡供电能力和供电安全水平。推行“管委会+公司”模式，理顺园区管理体制和工作机制。政府要加大对空头项目的清理力度，通过征收土地占用税，对那些批大建小、供而未建的“半截子”“马拉松”等劣质企业、烂尾工程加大清理力度。依法依规，区别情况，对症下药，该清退的清退，该腾笼的腾笼，该换鸟的换鸟，让有前途、有能力、有诚意的企业和项目落地生根、开花结果。严格执行土地利用总体规划，坚决杜绝未批先占、未批先建等违法现象，规划、国土、园区等部门要加强统一调度，避免地块错位、地界不清现象发生。

着力提升城镇的品质和内涵。以全市第十四届精神文明现场会为契机，积极推进以人为核心的新型城镇化、产城融合化步伐。加快棚户区改造，成熟一片，实施一片，多渠道安置，多形式补偿，年内确保完成1600户改造任务。加快城镇基础设施建设，优化路网布局，打通出入路、拓宽瓶颈路、消灭断头路，同步实施好供水、供暖、供气和雨污水排放工程。深入推进“厕所革命”，逐年消灭城区内旱厕，改建多功能特色公厕。积极开展自治区文明县城创建，用习近平新时代中国特色社会主义思想凝聚共识、汇聚力量，培育和践行社会主义核心价值观。切实发挥法治的引领和保障作用，大力推进法治商都建设向广度、深度拓展，增强全社会学法遵法守法用法意识。

大力实施乡村振兴战略。坚持“三农三牧”工作重中之重基本定位，按照产业兴旺、生态宜居、乡风文明、治理有效、生活富裕的总要求，建立健全城乡融合发展体制机制和政策体系。要突出产业这个关键，鼓励和引导农户发展庭院经济、家庭农牧场、家庭手工作坊、“农家乐”、牧家游，拓宽增收渠道。完善“三权分置”改革，引导土地经营权有序流转，稳步推进农村土地承包经营权确权登记颁证工作。保护和适度利用地下水资源，大力推广节水农业，压减高耗水作物种植，地税部门要加大水资源税收取力度，水利部门要加强监管，逐步淘汰喷灌圈并改造为高效节水微灌或滴灌。加快特色小镇和文明村镇建设，健全自治、德治、法治治理体系，加强村规民约、乡风民俗建设，全面实行村务公开，充分发挥村务监督委员会的作用，形成“大家事、大家议、大家管”的良好氛围。加强农村公共文化服务体系建设，大力推动乌兰牧骑事业和文艺事业繁荣发展。加大特色经济林和生态林建设力度，积极改造残次林，吸纳帮扶企业和合作社参股管理，发展林下经济，带动村集体和贫困户增加收益，实现经济效益和生态效益相统一。深化殡葬制度改革，加快殡葬基础设施建设。

加强城乡精细化管理。积极推进城镇管理综合执法改革，大力推动“城镇管理全面提升年”行动，坚持“监管并重、严管重罚”的原则，充分发挥城市管理综合执法作用，努力提升城市管理能力。进一步提高环卫机械化作业水平，强化环卫人员绩效管理，加大市容顽疾整治和违法建设专项治理，全面改善城区市容市貌和环境卫生。积极探索实行“路长制”，打造一批示范巷、示范街和示范小区，不断提升城镇精细化管理水平，创造干净整洁、文明和谐的城镇环境。推进数字城管、智慧城市平台建设，提高城市管理精细化、智慧化、规范化水平。加强市容市貌综合治理，抓好平房区、城乡接合部及背街小巷等区域的环境卫生整治。加大农村环境卫生和村容村貌整治力度，推动城镇管理向农村延伸，巩固农村基础设施和环境建设成果，全方位提升城乡管理水平。

三、落实管党治党责任，提升党建工作水平，为打赢脱贫攻坚战提供坚强政治保证

从严管党治党永远在路上。要围绕“融入扶贫抓党建、抓好党建促扶贫”的总体思路，把2018年确定为“全县党的建设质量提升年”，深入开展“三级示范抓引领”，按照贯穿“一条主线”、压实“两个责任”、抓好“三个关键”、突出“四个重点”的思路，深入推进党的建设新的伟大工程。

贯穿“一条主线”。把党要管党、从严治党这条主线始终贯穿到党建工作的全过程、各方面。要抓好班子、带好队伍、用好干部，坚持“好干部”标准，健全完善选人用人机制、考核评价机制和奖惩机制，注重在基层岗位、扶贫一线培养干部、考察干部、使用干部，努力打造一支遇到困难和问题不推、不躲、不靠，信念坚定、敢于担当、清正廉洁的高素质干部队伍。要压实各级各部门管党治党责任，牢固树立纪律意识和规矩意识。组织部门要在强化基层党组织建设上出思路、出实招、出成果，不断增强党建引领作用；纪检监察部门要严肃查处截留、挤占、挪用扶贫资金的行为，严厉整治不作为、假作为、乱作为、慢作为，以监督执纪问责的新成效保障脱贫攻坚任务的顺利完成；宣传部门要整合宣传资源，加大正面宣传力度，创新思路做好外宣工作，提高同新闻媒体打交道的本领，加强新闻舆情监控，把握正确舆论导向，确保第一时间发声；政法部门要从严从实从细做好保安全、护稳定工作，深入解决源头性、基础性问题，推动平安商都、法治商都和过硬队伍建设；统战和群团部门要围绕中心、服务大局，切实发挥凝聚共识、凝聚人心、凝聚智慧、凝聚力量的独特优势，发动一切积极力量参与脱贫攻坚。要规范用人程序，严禁各单位随意借调人员、聘用临时人员，党委系统用人要由组织部门审批，政府系统用人要由人事部门审批，同时签订人事劳动合同。

压实“两个责任”。坚持思想建党和制度治党相结合，压实压牢党委主体责任和纪委监委监督责任。持续推进“两学一做”学习教育常态化制度化，认真开展“不忘初心、牢记使命”主题教育，严格落实中央八项规定实施细则，认真查处“四风”突出问题，深入持久开展损害群众利益突出问题专项整治，重点查处“雁过拔毛”式腐败行为，集中整治形式主义、官僚主义“十种表现”，严格执行党章党规，严格落实党内政治生活制度，各级党组织都要严肃认真地开好民主生活会、“三会一课”和“三重一大”会议，各级领导干部都要参加双重组织生活，严禁搞变通做“选择题”、抓落实做“简答题”，严禁抄袭发言材料、找人代写学习笔记。强化政治巡察和审计监督，发挥纪检派驻作用，着力构建不敢腐、不能腐、不想腐的长效机制。全面落实意识形态工作责任制，建立健全意识形态工作研判机制，加大网络信息安全管理力度，全力打好意识形态工作主动战，牢牢掌握意识形态工作领导权。

抓好“三个关键”。第一个关键是“谁来抓”。明确党委书记为抓党建工作的第一责任人、分管副书记为直接责任人、基层党支部书记为具体责任人，努力构建“一级抓一级、层层抓落实”的党建工作格局。第二个关键是“抓什么”。以“评星定级”为总抓手，抓贯彻落实、抓责任落实、抓学习、抓思想、抓班子、抓队伍、抓制度和抓阵地等八个方面工作，扎实推进基层党组织建设。第三个关键是“怎么抓”。找准党建工作与中心工作的“结合点”，发挥党组织和党员推进主体工作的战斗堡垒和先锋模范作用。

突出“四个重点”。在农村，扎实推进以面对面倾听呼声、心贴心接触交谈、实打实解决诉求为主要内容的党建“实心工程”，通过开展“三联两解五在村”，结合村委会换届，着力培养造就一支懂农业、爱农村、爱农民的“三农”干部队伍。在社区，努力创新社区服务品牌，按照“一居一品”目标，全面实现“六园一港”建设要求；在机关事业单位，以“六型十好”为目标，提高机关事业单位党组织围绕中心、服务大局的能力；在非公企业和社会组织，努力创建“双强六好”非公企业和社会组织党建品牌，提高开展招商引资、助力脱贫攻坚的能力。

同志们，“路虽远，行则将至；事虽难，做则必成”。历史告诉我们，伟大的事业需要伟大的精神和伟大的实践，打赢脱贫攻坚战，夺取全面建成小康社会决胜阶段伟大胜利，我们责任在身、使命在肩，承诺必须兑现，目标必须实现。让我们更加紧密地团结在以习近平同志为核心的党中央周围，在自治区党委和市委的坚强领导下，始终同全县人民想在一起、干在一起，不忘初心、牢记使命，凝心聚力、攻坚克难，为打赢脱贫攻坚战、全面建成小康社会而努力奋斗！

政府工作报告

——在商都县第十五届人民代表大会第二次会议上

（2018 年 3 月 7 日）

商都县人民政府县长　曹凯宏

一、2017 年工作回顾

过去的一年，县政府在市委、市政府和县委的坚强领导下，紧紧围绕精准脱贫头号民生工程，牢牢把握发展第一要务，统筹做好稳增长、促改革、调结构、惠民生、防风险各项工作，全县经济社会发展取得新成效新进步。成功创建自治区卫生县城，入围第四批国家级农村职业教育和成人教育示范创建县，确定为自治区唯一的全国计划生育基层群众自治示范县。

一年来，我们重点开展了以下工作：

——主动做实经济指标，提高经济运行质量。坚持实事求是、注重发展质量的原则，按照中央、自治区统一要求，主动做实经济基础数据。七项主要经济指标“五升二降”，其中：由于房地产市场低迷萎缩和一产项目部分行业投资降幅较大，固定资产投资完成 30 亿元，下降 16.9%。一般公共预算收入受全面推行“营改增”、共享收入分成比例调整和减税降费等政策性减收影响完成 1.56 亿元，下降 8.6%。其余五项指标均呈不同程度增长，其中全县地区生产总值完成 47.6 亿元，增长 5.5%；规模以上工业增加值同比增长 5.8%；社会消费品零售总额完成 35.47 亿元，增长 7.7%；城乡居民人均可支配收入分别达到 25801 元和 9257 元，增长 8.55% 和 8.28%。做实基数后，为实现高质量发展创造了有利条件。全年工业用电量达到 15.12 亿千瓦时，增长 10.5%；规模以上工业产品销售率达到 94.7%，增长 9.1%；公共财政预算支出 27.48 亿元，增长 12.4%；非税收入占比由上年的 29.2% 下降到 24.95%；三次产业结构由上年的 27.8 : 31.7 : 40.5 进一步调整为 26.8 : 32.1 : 41.1，呈现出经济稳中向好、稳中提质的良好势头。

——全力推进脱贫攻坚，加快全面建成小康社会步伐。坚持以脱贫攻坚统揽经济社会发展全局，把全县工作方向、工作力量、工作重点集中转移到脱贫攻坚工作上来，把扶贫社会资源、扶持资金、政策支持重点倾斜到脱贫攻坚工作上来，把干部职工的认识与实践聚焦投向农村农民农业，全面落实了精准扶贫基本方略，进一步建立健全扶贫工作责任体系、工作体系、政策体系，统筹推进 12 项重点扶贫工程。扶贫投入持续加大，全年共计投入各类扶贫资金 2.59 亿元，同比增长 26.3%。精准扶贫的基础更加牢固，新识别贫困人口 2021 户、4280 人，返贫 556 户、1340 人，自然变更增加 253 人，减少 611 人，未脱贫贫困人口 13387 人。年内 11321 名贫困人口实现了稳定脱贫，16 个贫困村退出贫困序列，贫困发生率由 7.47% 下降到 5.15%。

——现代农牧业稳步推进，发展水平不断提升。农牧业标准化、品牌化、市场化、规模化、产业化持续推进，被评为全区推进标准化三年行动计划成绩突出旗县。“三品一标”建设持续推进，新认证面积 7.29 万亩，累计达到 78.89 万亩；新认证有机和绿色农产品 32 个，累计达到 43 个；“商都西芹”在获批农产品地理标志认证基础上，又获国家地理标志证明商标和中华人民共和国生态原产地保护产品。新增著名商标 1 个、知名商标 4 个。奥淳酒业绵柔型白酒等 3 个产品评为“内蒙古名牌产品”。围绕创建国家农产品质量安全县，建立了县、乡、村三级农畜产品质量安全监管网格化管理体系，新纳入自治区农畜产品质量安全监管追溯信息平台企业或合作社7家，达到10家。“一薯两菜”优势特色作物种植比重由45%提高到51%，增长6个百分点。蔬菜、马铃薯专业合作社累计达到164家，年外销鲜薯20万吨、冷凉蔬菜6.5亿公斤，形成了设施蔬菜以番茄、彩椒、香蕉西葫芦、瓜类等为主，露地蔬菜以西芹、大白菜、红胡萝卜、甘蓝、莴笋、圆葱等为主的特色冷凉蔬菜。累计建成奶牛、肉牛、肉羊、生猪、蛋鸡规模化养殖场71处，养殖规模化比重达到22%，同比增长3.4%。蓝威斯顿法式薯条裹涂生产线、溢源马铃薯营养醋生产线、健坤农产品净菜加工生产线等一批绿色农字号产业项目相继建成投产，“六个一”绿色农畜产品加工业整体实力进一步提升，农畜产品就地加工转化率达到58%以上，累计创建自治区级和市级农牧业产业化龙头企业10家。

——以调整结构为主线，推动产业转型升级。坚持强园区、引项目、促转型并举，工业经济和商贸流通稳步发展。长盛工业园供水厂、燃气工程和110千伏变电站相继投入运行，燃气主管道铺设14.3公里，实现了与企业的对接互通。华盛绿能标准化产业孵化园初见规模，园区承载能力和集聚效应进一步增强。园区全年实现总产值32.3亿元，占全县工业总产值的84.2%。坚持引进与淘汰并举，加快新旧动能转换步伐。全年实施重点工业项目18个，完成投资15.89亿元。引进签约项目26个，到位资金7.07亿元。凯金能源锂电池材料、恒盛锂电池负极材料、华腾宝珠砂、华鑫高纯硅等新材料产业项目落地建设、异军突起，为工业经济发展注入新动能。传统铁合金产业产值占比下降42%，税收占比下降18.5%。以现代服务业为主的第三产业逐步攀升，增加值同比增长7.4%，达到19.6亿元。巨弘温州建材城建成运营，巨弘商业步行街、3D影院、巨弘宾馆、大唐服务外包项目等重点项目主体工程全部完成，华联商厦装修接近尾声。建成县级电子商务服务中心、农村快递物流集散中心和91个村级电商服务站，吸引52家合作社和13家农畜产品加工企业、8家本地电商企业、5家快递物流企业合作运营，2000余家微电商蓬勃发展，全年电商交易总额达到2.16亿元，是上年的19.6倍。国家电子商务进农村综合示范项目在全区初次绩效评估中位列第一。成功举办了首届中国商都马铃薯美食节，百道土豆宴创基尼斯上海大世界纪录。不冻河国家AAA级旅游景区基础设施更加完善，七彩湖旅游风景区荣获内蒙古名片优秀文化旅游景区品牌，旅游业发展初显端倪。

——以“五城联创”为抓手，持续提升城镇品位。加强规划引领，提高决策的科学性民主性。完成了《七台镇总体规划》评估，编制实施了七台镇停车场专项规划和商都县通信基站专项规划，编制完成七彩湖、察汗淖尔云丹（五台海）两个旅游总体规划，编制完成小海子镇特色小镇规划，并获得自治区特色小镇称号。年内实施了以道路畅通、基础设施、环境改善为重点的10项市政工程，总投资2.1亿元。踏铺沥青及硬化道路56条26.7万平方米，硬化路肩15.6万平方米，打通断头路、拓宽瓶颈路21条；安装交通护栏5500米、红绿灯9组、生态围挡板近8000延米。新建改造水冲式厕所21座，累计达到46座；新建、铺设供水、排水、天然气、供热管网68.2公里。深入推进城市管理综合执法改革，成立了城市管理综合执法局，梳理划转行政处罚权力清单172条，职能职责划归工作有序推进。成立了由12家执法单位联合组成的综合整治执法队，对非法营运三轮车以及占道经营、违规停车、违法建筑开展专项行动，全年清理占道经营行为900余起，清除占道“僵尸车辆”68辆，拆除违法建（构）筑物48处，清理违规设置落地牌匾、挂式灯箱、横幅等共1400多块（条），主要街区新增停车位1700个，将170余家分散经营的工程机械、建材、汽车经销商集中到巨弘建材城，市容市貌市政管理进一步改善和加强。对清河巷南、红星街西两个片区实施了棚改工程，完成2500户安置任务，累计完成棚户区拆迁安置5800户，整理出建设用地2500亩。城镇污水处理率达到90%，生活垃圾处理率达到93%，集中供热率达到78%，供水普及率达到97.4%，建成区绿化覆盖率达到35.9%，宜居县城基础更加牢固。

——大力推进“美丽乡村”建设，统筹城乡发展水平进一步提升。开展了以生态、水利、土地、矿山为主的乡村综合整治提升行动。新增经济林面积7565亩、林业生态建设面积1.64万亩。实施水土流失治理面积19.8平方公里、坡改梯8325亩、节水灌溉面积1.15万亩。新建安全饮水工程69处。实施农村电网10千伏及以下改造线路553.9公里。查处无证开采非煤矿山企业51家，彻底取缔42家，取缔不符合国家环保政策的黏土砖厂13家；优化村庄布局。累计完成124个村的小村整合任务和53个村的易地搬迁工作。编制完成向阳村和小庙子嘎查两个美丽宜居乡村建设规划，累计完成375个村庄规划，七台镇房家村、大库伦乡古城子村等5个村申报为自治区新农村新牧区建设示范村；加强农村基础设施及公共服务水平建设。危房改造4837户、累计达到37448户，全县85.2%的农村常住户乔迁新居。全县212个行政村的供电供水、广播电视及光缆敷设基本实现覆盖，有条件的行政村全部通了沥青水泥路，医疗卫生室、文化活动室和超市实现了全覆盖，社会保障也达到应保尽保，开发村镇公益性环卫就业岗位1105个，农村基础设施水平和公共服务均等化能力实现跨越式发展，农村面貌发生历史性变化。

——社会事业全面进步，人民群众需求有效保障。在财力紧张情况下，保障民生力度继续加大，财政用于民生支出达到15.23亿元，占财政总支出的55.4%。扎实推进就业创业工作，城镇新增就业1320人。建成温宁·巨弘建材物流创业园、携农大学生电子商务创业孵化平台及大众创客中心，已入驻163家创业团队及创业者，吸纳创业就业人员1200多人；社会保障体系进一步完善，建成配齐了覆盖乡镇、社区及村一级的劳动保障机构、平台或工作人员。成立了县、乡、村三级外出务工人员综合服务管理机构，设立了外出务工人员综合服务窗口，率先在呼和浩特和包头服务中心开通了“一卡通”异地年检，建立了覆盖12.8万外出务工人员的基础信息数据库，进一步提升了服务外出务工群众工作水平。社会养老保障实现制度全覆盖，城乡居民医疗保险应保尽保。新建和改建城镇公立幼儿园3所，累计达到10所，学前三年教育毛入园率达到78.7%。新建和改造改善了涉及春明小学、一中等7所学校的教学楼、宿舍、操场、足球馆等重点教育教学基础设施。3.5万平方米县医院及公共卫生服务大楼投入试运营。创建3所市级农牧民满意乡镇卫生院和22个农牧民满意村卫生室。全面“两孩”政策有序实施，人口计生工作全面加强。文化惠民工程全面推进，乌兰牧骑、文化馆“送欢乐、下基层”演出累计达116场，惠及9万多人次。严格落实意识形态工作责任制，强化“阵地意识”“关口意识”，舆论引导的有效性不断增强。

——加强社会管理工作，推进平安商都建设。社会治安防控体系“六张网”建设不断加强，“三打击一整治”专项行动扎实开展。深入推进社会矛盾纠纷排查化解工作，在重要时段节点未发生进京赴区到市越级访和群体访。以落实安全生产责任制、安全生产大检查和重点行业领域专项整治为抓手，排查消除各类安全隐患近1000起，全年未发生安全生产事故。以企业示范创建达标工作为抓手，严控食品药品生产经营潜在风险，在全县628家餐饮企业开展了“搬家式”卫生大清洁行动，大力推进明厨亮灶和量化分级管理。不动产登记工作实现“停旧发新”，全年发放不动产权证书和证明3024本。与此同时，妇女儿童、红十字、老龄和残疾人事业健康发展；消防、应急、档案史志、人民武装等工作也取得长足进步；民族宗教工作得到新加强，和谐稳定局面得到进一步巩固。

——以政治建设为首要任务，不断加强政府自身建设。深入推进“两学一做”学习教育常态化制度化，认真学习贯彻习近平新时代中国特色社会主义思想和党的十九大精神，开展“贯彻落实习近平新时代中国特色社会主义思想，担当作为谋发展，尽责实干促跨越”大学习大讨论活动，进一步树牢“四个意识”，增强了“四个自信”。自觉接受县人大及其常委会法律监督和工作监督、政协民主监督、社会各界的群众监督和舆论监督，64件人大代表建议、60件政协委员提案全部办结。及时回应社会关切，开展了农民工工资清欠工作，通过建立应急周转金、整合财政资金和严格执法清欠等措施，及时按照上级要求兑现政府性工程拖欠农民工工资，同时督促企业及时发放了农民工工资。全年办理各类审批服务事项29万件，办结率99%；行政事业性收费由30项减为19项。全面落实党风廉政建设主体责任，连续4年召开政府系统廉政工作会议，进一步严肃党内政治生活，落实落细“三重一大”集体决策制度，政府系统党风廉政建设不断加强。

各位代表，过去一年取得的成绩，是市委、市政府及县委正确领导的结果，是人大有效监督和政协鼎力支持的结果，是全县各族干部群众共同奋斗的结果。在此，我代表县人民政府向全县各族人民，向为全县改革开放和现代化建设做出贡献的同志们，向关心支持商都发展的各界朋友们，表示衷心的感谢和崇高的敬意！

在肯定成绩的同时，我们清醒地认识到：发展不平衡、不充分是制约发展的主要矛盾和因素。县域经济总量小，发展方式粗放，产业结构单一，经济效益不高，问题仍然较为突出。一产不强、二产不优、三产不大，“五化”发展不够均衡；发展基础不稳固，自身财税支撑能力有限，财政收支矛盾日益加剧，政府债务偿还资金来源不足、捉襟见肘。实现农村人脱贫、县摘帽精准脱贫任务艰巨；发展的内生动力及政府效能、依法行政的能力有待提高，提升干部队伍干事创业的精气神、提高履职能力、优化发展环境等方面任务十分迫切；发展的外部环境形势严峻，县域金融服务经济整体能力薄弱与实体经济项目资金不足并存，旗县间同质化竞争加剧，社会各类群体利益诉求多元化等因素对新时期经济转型与社会发展稳定带来极大挑战，以上问题都需要我们在今后的工作中认真面对应对并加以解决。

二、2018年主要任务

2018年，是贯彻党的十九大精神的开局之年，是改革开放40周年，是决战脱贫攻坚、决胜全面建成小康社会的关键之年，也是新一届政府的履新之年。我们要全面贯彻落实党的十九大精神和自治区党委十届五次全会暨全区经济工作会议、市委四届六次全会的各项决策部署，按照县委十三届五次全委（扩大）会议的总体安排，坚持目标引领和问题导向，统筹兼顾、突出重点，有力有序地做好各项工作，促进我县经济社会持续健康发展。

今年政府工作的总体要求是：深入贯彻党的十九大精神和自治区党委、市委的重大决策部署，坚定不移地贯彻落实新发展理念，始终坚持发展是第一要务，以脱贫攻坚为统领，以推进供给侧结构性改革为主线，以招商引资为动力，坚决打好防范化解重大风险、精准脱贫、污染防治三大攻坚战，坚持用好绿色、资源、区位“三张牌”，延伸丰富“一粒薯、一袋糖、一篮菜、一瓶酒、一头牛、一口猪”“六个一”绿色农字号产业和品牌，培育发展新材料、新能源、新兴服务业“三大产业”，在决胜全面建成小康社会道路上迈出更加坚实的步伐。

主要预期目标是：地区生产总值增长7%；规模以上工业增加值增长6%；固定资产投资增长

10%；一般公共预算收入增长5%；社会消费品零售总额增长10%；城乡居民人均可支配收入分别增长8%和9%；全面完成安全生产、节能减排任务。

今年要重点抓好以下工作：

（一）以打赢“三大攻坚战”为统领，着力破解制约全面建成小康社会重点难点问题

打好三大攻坚战，是党的十九大作出的重大部署，是决胜全面小康社会必须跨越的重大关口。要切实提高政治站位，迎难而上、精准发力，确保三大攻坚战取得实效。

坚决打好精准脱贫攻坚战。2018年是脱贫攻坚作风建设年，要开展扶贫领域作风问题专项治理，把严的要求、实的作风贯穿于脱贫攻坚全过程、各领域。严格落实“六个精准”“五个一批”要求，集中人力物力财力，瞄准7个深度贫困村，聚焦发力推进精准脱贫各项工作，必保年内7825名贫困人口实现稳定脱贫，实现危房改造和安全饮水全覆盖。突出问题导向抓扶贫，进一步完善扶贫工作机制。紧盯扶贫领域突出问题不松劲，不断加大扶贫领域的监督检查和作风建设，实现监督检查全覆盖、通报问责常态化和责任追究零容忍。针对国务院和自治区第三方评估、脱贫攻坚交叉检查、年中督查及市委脱贫攻坚督查考评领导小组对我县脱贫攻坚工作进行督查检查、考核评估中发现的突出问题，坚持问题导向，深入分析原因，查漏补缺，不断完善扶贫工作机制和制度体系。突出产业发展带扶贫，进一步激发内生动力。要积极探索产业扶贫的路径及方法，多方位探索农企利益联接机制。正确引导带动贫困户产业脱贫实现“三变”，即把资源变资产、资金变股金、农民变股东，逐步把贫困户的收入来源从单一的政策性收入向挣“薪金、股金和佣金”转变。龙头企业和合作社带动方面，紧紧围绕“六个一”产业，依托佰惠生糖业、蓝威斯顿、希森薯业、中地奶牛和鑫磊等农牧业龙头企业及合作社，大力推广订单合同式、流转聘用式和服务协作式、委托养殖收益等“龙头企业＋合作社＋贫困户”的发展模式。积极争取中国兵器集团北方节能环保公司光伏农业与藏红花植物工厂相结合的产业融合精准扶贫项目和国务院扶贫办开发指导司养驴扶贫工作组现代化黑毛驴养殖基地产业项目。电商扶贫方面，积极探索“村级电商＋党建直通车＋便民连锁超市”发展模式，推动电子商务打通产加销环节对接瓶颈，拓宽农产品销售渠道。光伏扶贫方面，充分利用市下达我县37.625兆瓦光伏指标，带动1505户贫困户每户年均增收3000元；利用装机总容量1.93万千瓦的39个村级电站，带动5364户贫困户每户年均增收1500元；要充分尊重群众意愿，因村因户制宜，宜农则农，宜牧则牧，积极鼓励贫困群众进行自我发展，进行“菜单式”扶贫。采取“政府备菜、贫困户点菜”的方式，按照“先建后补”“先种后补”和“先养后补”的原则，年初由贫困户提出申请，先行发放春耕备耕、购买牲畜等生产性准备资金，标准为具有发展生产能力的贫困户每人按1500元、户均不超过4500元，弱劳动能力贫困户每户1500元。年底对贫困户“点菜式”发展项目据实测算、验收合格后按超出标准部分的10%进行补贴。对无劳动能力的贫困户通过将有关扶贫资金入股企业或参与资产管理，使每户获得1000元资产收益；要充分利用我县列入自治区第二批县域金融工程试点旗县的契机，利用好扶贫贷款贴息政策，做好金融扶贫富农贷与强农贷，积极推进农发行“扶贫产业基金”和人保财险“政融保”等金融扶贫项目。引导金融机构向贫困户、龙头企业和扶贫领域投放资金，农村信用社、农行放款额度新增1.5亿元。全县金融扶贫覆盖贫困户达到1万户以上；加强对具备发展能力和发展意愿的贫困户科技培训和科技推广服务力度，增强贫困群众生产科技水平。要围绕农牧业主导产业，抓好新品种、新技术、新材料的引进、集成、试验、示范和推广。全县广大农牧业科技人员要面对脱贫攻坚主战场，通过送科技下乡、配强科技特派员等方式，发挥适用增产农牧业科学技术助力脱贫的关键作用；要充分发挥村集体经济辐射带动作用，积极探索推广入股分红、资源开发、服务创收、资产盘活、土地流转、兴办实体、发展乡村旅游和现代农牧业等八种形式壮大村集体经济，力争年内70%的行政村集体经济达到5万元以上。突出政策保障促扶贫，进一步织密扶贫政策保障网。易地扶贫搬迁，统筹整合扶贫移民和生态移民房源，坚持移民搬迁与棚户区改造、化解房地产库存有机结合，进一步提高城镇安置率。年内完成易地扶贫搬迁人口4103人。做好搬迁后续发展工作，积极引导和帮助搬迁群众就近到城镇周边企业打工就业和从事三产服务业，确保搬得出、稳得住。同时，要以搬迁村、整合村为重点推进土地复垦工作，力争完成复垦面积3000亩。教育扶贫，全面落实教育资助政策措施，深入实施“雨露计划”“扶贫济困·圆梦学子”“泛海助学”“通用技术奖学金”和经济困难家庭大学新生入学资助等助学行动，决不让一个学生因贫失学、不让一个家庭因学返贫。健康扶贫，实施好“三个一批”行动计划，抓好“先诊疗、后付费”“一站式”报销、家庭医生签约三项服务，统筹完善基本医疗保险、大病商业保险、民政医疗救助、商业健康保险、政府爱心基金、重特大疾病救助、免费体检和康复服务等八项保障措施。医院及公共服务中心均专设窗口，建立无缝衔接、有序联动报销机制，即由爱心基金先行按95%支付报销金额，其他环节分头报账、定期结算，使县内发生的医疗费用可实现即时报销，最迟不超3个工作日。全县贫困人口大病住院和慢病送药报销比例达到95%。充分发挥村级卫生室作用，搞好送医送药及疾病预防等工作。督促村级健康扶贫和卫生计生专管员认真履行健康扶贫工作职责，切实做好政策宣传、健康促进和教育等方面工作，提高群众对健康扶贫政策的知晓率和满意度。生态补偿扶贫，充分发挥国家退耕还林、京津风沙源和公益林补贴政策效应，继续聘用1338名贫困人口为护林员。社会保障扶贫，将符合条件的贫困家庭全部精准纳入低保范围。搞好低保、现金直补、“五保”供养、城乡居民养老保险等社会救助制度的统筹衔接，构建覆盖贫困人口的多层次社会保障体系，推动实现精准扶贫和社会保障双向并轨。就业扶贫，尽快运营已建成的5个“服装加工脱贫车间”，积极探索村社代工点以及手工编织等居家就业和灵活就业形态，促进就地就近就业。依托中国扶贫开发协会“启程计划”，与中国海外经济合作总公司合作，力争年内面向贫困家庭毕业生定向培养出国务工人员工作取得突破。力争大唐电信呼叫中心项目5月份试运营，为贫困家庭大学毕业生创造优质就业岗位。突出整合资源共扶贫，进一步汇聚帮扶力量。突出做好省级领导联系贫困县的对接落实工作，全面加强与中国通用技术集团、工信部军民结合推进司的帮扶合作，积极争取更多的项目和资金支持；按照《北京市平谷区与商都县携手奔小康帮扶协议》，深入推进与平谷区在干部人才交流和储备、资源支持、产业合作等六个方面的对接扶持力度；加大各乡镇与区、市24家帮扶部门对接力度，进一步扩大帮扶范围，提高帮扶成效；大力开展“村企合作”，引导全县民营企业主动参与精准扶贫，积极开展结对帮扶；争取中国泛海控股集团、自治区扶贫促进会和青基会、水漩志愿者协会等社会群团开展捐赠帮扶。突出责任落实严扶贫，进一步健全组织体系。坚持三级书记抓扶贫，进一步压实各级各部门各乡镇及帮扶责任人责任，做到工作在一线、岗位在一线、成效在一线。按照《精准扶贫“组织纪律双考核”方案》要求，严格落实《精准扶贫工作专项考核评价办法》，进一步加强对驻村第一书记、驻村工作队和帮扶责任人在岗和工作情况督促检查。同时真正着力做好驻村工作人员相关待遇落实保障工作，切实解除其后顾之忧，实现轻装上阵。强化财政扶贫专项资金管理，严格执行公告公示阳光化管理制度，实行扶贫资金核算报账制，落实管理主体，加强监管审计，实现扶贫资金使用管理“多口进、一口出”，做到扶贫资金投放到哪里、监督就跟进到哪里，确保资金安全、工程安全、干部安全。

坚决打好污染防治攻坚战。坚决有力治理污染。全面落实“党政同责、一岗双责”要求，认真抓好中央、自治区、市环保督察整改工作，全面落实大气、水、土壤污染防治计划，严格落实“大气十条”“水十条”“土十条”，坚决遏制污染“增量”、减少污染“存量”。推进大气污染防治。推进小锅炉专项整治，解决“燃煤散烧”问题，探索通过“以气代煤”、热电联产集中供热及垃圾焚烧余热供热等方式，解决城区和园区供热散、乱、小问题，坚决打赢蓝天保卫战。重点加强主要工业污染源治理，积极推进专业渣场建设，继续实行冶炼企业废渣统一集中、定点定时倾倒制度。积极启动生活垃圾无害化综合处理项目，缓解垃圾填埋场堆放压力，杜绝二次污染的可能性。推进水污染防治。对园区企业特别是马铃薯加工企业污水处理设施运行不正常和污水排放不达标的企业坚决停产整顿，严格执法处罚擅自生产偷排废水行为，做到“零容忍”。采取PPP的模式，实施七台镇污水处理厂扩建工程。进一步论证启动长盛工业园5000吨污水处理调节池和小海子农牧产业园的污水处理相关项目。严格地下水使用和管理，严控新增地下用水项目审批，进一步规范饮用水源地管理，严厉打击在水源地、超采区、禁采区擅自开采地下水资源行为。按照水资源控制红线，逐步淘汰喷灌圈并改造为高效节水微灌或滴灌，对有关喷灌圈土地承包合同到期的项目，严禁有关乡村擅自续接承包合同。严格开展水资源税征收工作，对严重超采地区、超采地区和非超采地区设置差别税额，对取用地下水、特种行业取用水、超计划（定额）取用水，从高确定税额。全面推行“河长制”工作，加大不冻河河道治理力度。推进土壤污染防治。重点开展农牧业控肥、控药、控膜行动；重点抓好非煤矿山生态恢复治理，力争西山废弃矿山地质环境治理项目批准实施。加强生态建设与保护。统筹山水林田湖草系统治理，年内完成绿化面积5500亩，西山义务植树基地1000亩，经济林7500亩。加强小流域治理，年内完成治理面积13平方公里。坚决惩治毁林毁草开垦问题，严格落实禁牧制度，不断强化森林草原防火工作，巩固好生态建设成果。

坚决打好防范化解重大风险攻坚战。一要稳妥有序化解存量政府性债务。按照中央和上级的决策部署，我县坚持统筹考虑、逐步消化的原则，持续打好压缩财政支出、盘活存量资金、整合专项资金、土地收储增值收益、处置国有资产、争取上级补助、增加税收、推行PPP模式和加快推进融资平台市场化转型的组合拳，力争利用三年时间化解有关工程债务。今年计划化解政府性债务2.76亿元，到2020年年末全县政府债务率力争降到100%以内，控制在合理范围内，完成上级规定的化解任务。二要严控政府新增债务。严格执行《预算法》，强化预算约束，凡涉及财政预算范围外单笔超过200万元以上大额资金一律经过集体研究决定。坚持量入而出和审慎举债的原则，结合经济社会发展需要和财政偿债能力，按照上级要求对地方债务实行总量控制。严格规范政府投资项目、基金运作和购买公共服务行为，从严从紧控制政府债务增量。严禁实施没有资金来源的项目，凡是新上政府投资项目严格实行债务风险评估和合法性审查，履行有关程序审批。对有关部门乡镇未经批准实施的投资项目，一律按照“谁举债、谁偿还”的原则处理，杜绝擅自违规举债行为。三要处理好加快发展与合理负债的关系。在加强化解和规范政府债务的同时，各级各部门都要“眼睛向外”“腿勤手快”，积极争取上级专项资金、专项债券和政策性贷款支持，保障脱贫攻坚、棚户区改造和事关重大经济社会民生项目的资金需求。要依法依规推进政府和社会资本合作，实施PPP项目，确保债务增量合法合规。同时严格执行项目财政投资评审和全程跟踪审计等制度，确保项目资金花到刀刃上。四要统筹做好金融风险防范工作。严厉打击非法集资等违法违规金融活动，规范企业经营负债行为，推进市场化法制化债转股，降低企业杠杆率，确保不发生系统性金融风险。

（二）以打响“三张牌”为重点，全面加快产业转型升级步伐

必须坚定不移贯彻新发展理念，认真落实高质量发展的要求，坚决克服惯性思维和路径依赖，推动经济发展质量变革、效率变革和动力变革。

坚持打好“绿色牌”，以“六个一”绿色农字号产业和品牌为主攻方向，推动“绿色优势”向“市场优势”转化。“一粒薯”要抓住马铃薯主粮化机遇，努力把小土豆做成大产业，打造“中国薯都”核心种植区。马铃薯种植面积达到48万亩，其中专用薯发展到24.5万亩；支持蓝威斯顿公司进一步扩大产能，加强与麦当劳、肯德基和必胜客的配送合作，同时实施仓储扩容工程；引导希森公司产品向下游延伸，加快组培室建设，发展马铃薯种子工程；支持溢源醋业、德义水晶粉等马铃薯深加工企业扩能提档，推动马铃薯全产业链发展。“一袋糖”要依托佰惠生公司，大力发展订单农业，甜菜种植面积稳定在15万亩，就地转化能力达到65万吨。“一篮菜”大力发展设施农业，冷凉蔬菜种植面积稳定在13万亩，其中设施蔬菜2.2万亩。加快推进健坤净菜加工项目建设，适时推进申安公司智能温室项目提质扩能。“一瓶酒”要督促奥淳酒业退城入园项目尽早建成投产，同步将旧厂打造成AAAA级酒道馆旅游观光区。“一头牛”要支持中地生态牧业2万头良种奶牛基地尽早开工建设，打造成为全区县域重要的良种奶牛养殖基地和优质奶源供应基地。“一口猪”要加快推进雏鹰集团百万口生猪产业化养殖基地和饲料厂建设，加快推进16个养殖区扫尾工程，确保年内建成运营；力争正大集团百万口生猪全产业链项目早日落地，积极打造符合环保及产业方向的全市百万口生猪大县。延伸丰富“六个一”产业内涵及链条，支持嘉利公司扩大滴灌设备生产规模，建设滴灌产业园；推动益生元亚麻籽油、利康醋业、鑫旺通葵花籽等一批农牧业龙头企业加快发展壮大。实施质量兴农兴牧和品牌发展战略，培育一批在全国立得住、叫得响、卖得出的农畜产品品牌。力促国家农产品质量安全县创建成功，努力将我县打造成为农畜产品出口质量示范县。

坚持打好“资源牌”，培育发展新材料新能源产业，推动“资源优势”向“产业优势”转化，加快构建多元发展、多极支撑的产业体系。培育发展新材料产业。支持衡益公司加快建设军民两用特种陶瓷项目，推动国家“863”计划项目东盛硅藻土科技创新产业园开发二代产品，推进同盛公司年产6万吨硅酸铝纤维针刺毯项目、华鑫公司年产5万吨高纯硅项目、华腾公司宝珠砂二期生产项目、琪昌公司年产10万吨硅酸铝陶瓷纤维项目建设，加快建设凯金公司和恒胜公司电池材料产业园项目，支持集美公司石墨化生产线节能减排扩规技改项目建设，打造新材料产业基地。培育发展新能源产业。依托乌兰察布市风电基地外送通道和我县规划建设700万千瓦级风场，推动风电产业发展，逐步增加风电装机容量。推进“光伏领跑者计划”，综合治理西山矿山废弃地12平方公里，推动华盛绿能光伏农业项目尽快运营。推动全达农业科技公司年产20万吨生物质能固态燃料项目和恒汇公司热电联产项目早日建成投产。

坚持打好“区位牌”，培育发展新兴服务业，推动“区位优势”向“开放优势”转化。商贸流通业要紧紧围绕建设区域性商贸物流中心，推进巨弘惠民园、易达小海子综合服务项目、巨弘宾馆及3D影院、儿童乐园及青少年培训孵化园、巨弘步行街等重点项目建设；整合扶贫资金建设大型恒温库和农畜产品仓储物流综合服务产业园，积极探索与主导产业发展紧密结合的助力扶贫新模式。规划建设食品加工小作坊园区和封闭式农贸市场各1处。旅游业要深入实施“全域旅游、四季旅游、旅游+”发展战略，借助“京郊草原·避暑之都”旅游品牌，同步推进基础建设和市场培育。以创建国家AAA、AAAA级旅游景区为抓手，进一步提升不冻河自治区级水利风景区档次，早日启动国家AAAA级旅游景区评估升级；不断完善南湖公园配套设施，力争打造成AAA级湿地景观区；大力开发七彩湖旅游风景区，同步推进国家AAA级旅游景区创建工作；升级改造小庙子民俗风情旅游景区，不断提升牧家游档次；尽快推动自治区级地质公园大石架石林景区规划通过自治区评审并实施，力促大石架至小海子地热普查自治区基金项目尽早启动。积极联系开发以马铃薯美食节为标志的节庆旅游活动，寻求旅游业发展的最佳着力点。与旧城棚户区改造相结合，以社会化资本运作、市场化开发、品牌化运营为主探索推进“商都古城”文旅项目。电子商务业要以电子商务示范县为抓手，以“特色产品走出去”和“名优商品引进来”为目标，进一步完善提高公共服务中心和农村电商服务站点运行质量，整合降低农村快递物流成本，更好地服务惠及百姓生产生活，助推精准脱贫和县域经济发展。年内确保电子商务进农村示范县项目通过国家验收。

（三）以乡村振兴战略为依托，加快推进城乡一体化发展

着力打造生态宜居城镇。以满足人民日益增长的美好生活需要为主线，以创建自治区文明县城为目标，做好城镇规划建设管理这篇大文章。坚持规划先行。优化城镇空间布局，加快构建现代城镇体系，年内完成《七台镇控制性详细规划》修编工作，以城镇公共厕所为重点编制环境卫生设施专项规划。加快城镇基础设施建设。年内完成住建投资17.57亿元。实施好以硬化、亮化、绿化、美化和给排水、供热供气为重点的市政工程。着力抓好“厕所革命”，新城区规划建设确保不欠账，旧城区旱厕改造加快补短板，注重实用力戒豪华。要探索将公厕功能与“城市驿站”、商品经营、便民服务和警务治安相结合，提高管理和保洁水平，力争达到“四净三无两通一明”。按照上述要求，年内新建改造水冲式厕所8座。加快实施七台镇供水水质提升工程，力争一期工程尽早完工投入运行，争取七台镇生活污水处理厂二期扩建工程开工建设。实施总投资3.65亿元的庆云巷北棚户区（城中村）改造工程，完成棚改任务1600户，同步推进棚户区基础设施配套工程建设。大力开展“城镇管理全面提升年”行动。推进数字城管、智慧城市平台建设，提高城市综合管理水平；加大城镇综合执法力度，加强“门前五包”责任制落实，强化市容顽疾整治和违法建设专项治理；积极探索实行“路长制”，打造一批示范巷、示范街和示范小区；抓好平房区、城乡接合部及背街小巷等区域的环境卫生整治，营造干净整洁、管理有序、文明和谐的城镇环境。

大力实施乡村振兴战略。按照产业兴旺、生态宜居、乡风文明、治理有效、生活富裕的总要求，加快农村现代化建设。要抓好产业兴旺这个重点，引导农户结合经济林建设为主发展庭院经济，鼓励发展意愿强烈的农户和返乡能人大户自主开发家庭农牧场、家庭手工作坊和“农家乐”等项目，拓宽增收渠道。加大特色经济林和生态林建设力度，发展林下经济，积极改造残次林，吸纳帮扶企业和合作社参股管理，带动村集体和贫困户增加收益。加快特色小镇和文明村镇建设，申报小海子镇国家级特色小镇。健全自治、德治、法治相结合的基层治理体系，加强乡风民俗、村规民约建设。充分发挥村务监督委员会的作用，全面实行村务公开，形成“大家事、大家议、大家管”的良好氛围。启动第三次全国土地调查工作。启动中央农村人居环境整治三年行动，年内力争完成农村危房改造5000户，同步加大农村环境卫生和村容村貌整治力度，巩固“美丽乡村”建设成果。推进重大基础设施建设，确保完成53公里的通村公路连接线和223线省道兴和至商都段竣工，力争商都至镶黄旗段86公里二级公路项目和商都至乌兰哈达二级公路建设项目早日立项，争取商张路和商集路高等级公路改建项目尽快立项早日开工，配合做好省际大通道高速公路工程开工前期工作，完成15条县乡公路养护管理任务，争创全国“四好”农村公路示范县。加强城乡电网改造工程，完成农网改造工程20项。

（四）处理好改革、发展、稳定三者关系，以人民福祉为中心促进各项事业发展

推进重点领域改革。深化商事制度改革，全面推行“多证合一、一照一码、证照分离”。推进阶梯式水价改革，逐步在居民、商户和企业单位中实行阶梯式水价制度。完善所有权、承包权、经营权“三权”分置制度，引导土地经营权有序流转，完成农村土地确权登记颁证工作。积极推进农村集体资产产权制度、集体经营性资产清产核资及股份合作制改革，年底前完成所有村的改制任务。按照全面清查农村集体资产状况、全面建立农村集体资产台账管理制度、全面推进农村集体资产管理信息化的“三个全面目标”，利用三年的时间清理好农村集体经营性资产。开展国有资产清查工作，加强和改进国有资产监管。积极推进企业上市工作，利用扶贫IPO绿色通道政策，力促华盛绿能农业科技有限公司尽早提交上市报告，年内力争在内蒙古股权交易中心孵化版新增3家挂牌企业。全面实施市场准入负面清单，完成公共资源交易电子化平台建设，尽早实现招投标网络化。落实自治区鼓励和支持非公有制经济加快发展的七个方面76条措施，充分发挥工商联职能作用，全力支持民营经济发展。深化财税体制改革，做好环保税等税制改革工作。推行“管委会+公司”模式，理顺园区管理体制和工作机制。蹄疾步稳推进城镇管理综合执法改革。深化殡葬制度改革，加快殡葬基础设施建设，年内启动殡仪馆建设项目。

提高开放发展水平。大开放大发展、小开放小发展、不开放难发展。要牢固树立“登高望远”的思想，跳出当地、跳出自然条件限制，以战略思维谋划发展。年内要集中精力、全力以赴跟踪落实好51个已签约及意向性项目，力争更多项目落地建设。一是主动融入京津冀协同发展。紧紧抓住北京非首都功能疏解产业转移和京蒙对口帮扶合作的机遇，主动出击对接，力促一批好项目、大项目和优质企业落户商都，在承接产业转移和深化合作上取得新突破。二是营造开放发展环境。环境是开放发展第一竞争力。2018年是全市的优化发展环境年，要持续深化“放管服”改革，推广“马上办”“最多跑一次”做法，着力解决“门好进、脸好看、事难办”的问题，严肃查处“吃拿卡要”等破坏营商环境行为。要探索加强驻厅单位人员的绩效管理，提升窗口服务水平。加强落地企业“保姆式”跟踪服务，积极构建“亲”“清”政商关系。三是打造产业集聚平台。大力实施园区振兴计划，坚持建设标准化厂房与集群式引进企业相结合，加快实施“孵化创业”工程，重点打造华盛绿能、嘉利滴灌、苏蒙电器等一批产业孵化园。继续加大园区基础设施建设，争取220千伏变电站纳入《乌兰察布市电网建设十三五规划》，确保轻工业园区110千伏变电站开工。四是规范园区土地管理。对批大建小、供而未建等“僵尸”企业、烂尾工程加大清理力度，及时清缴土地出让金和耕占税。积极引入战略投资方，解决好“半拉子”工程。要通过“腾笼换鸟”方式，下大气力解决停产企业占地问题，腾退出的优质建设用地优先用于引进的大项目、好项目。

全力维护社会和谐稳定。全面推进法治商都建设，加强“七五”普法工作，提高全民法律素质。深入推进“雪亮工程”，提升社会治安立体化防控能力。大力开展“扫黑除恶”专项斗争和缉枪治爆专项治理，把扫黑除恶与深挖“保护伞”紧密结合，坚决打击各类黑恶势力违法犯罪，不断增强人民群众的安全感。深入开展社会矛盾、信访积案大排查大化解行动，妥善应对无地农民土地相关诉求，把群众的合法合理诉求解决到位。全面落实“三到位一处理”，推进阳光信访、法治信访进程，依法严厉打击非法上访行为，切实维护良好的社会秩序。成立医患纠纷调解中心，建立医患纠纷调解长效机制。严格落实领导责任、企业主体责任、属地管理责任、部门监管责任，扎实开展安全隐患排查整治，坚决遏制重特大事故发生。贯彻“四个最严”要求，严厉打击食药不法生产经营行为，严守食药安全的每一道防线。加强应急救援体系建设，全面提高保障公共安全和处置突发公共事件的能力。加强国防建设和“双拥”共建工作，促进军民融合发展。深入开展民族团结进步创建活动，依法管理宗教事务。注重发挥老干部、工商联、工会、共青团、妇联、红十字会、科协、文联等组织的桥梁纽带作用。认真做好地震气象、消防安全、防灾减灾、档案史志、老龄和残疾人等工作。

统筹推动民生社会各项事业全面发展。做好就业和社会保障工作。大力促进就业创业，扎实做好高校毕业生、零就业家庭、农业转移人口、复转军人等重点群体就业创业；积极开展“雁归行动”，创业培训、创业担保贷款、信贷税收等优惠政策，鼓励和引导商都籍在外企业家、优秀人才和外出务工人员返乡创业。建立健全农民工工资支付保障制度，推行实名制管理和银行代发工资，加大对拖欠农民工资行为的治理力度，构建和谐劳动关系。年内城镇新增就业1300人，农民工转移就业4.3万人。提高社会保障水平，全面实施全民参保计划，引导和鼓励进城务工、被征地农民参加职工养老保险。进一步完善职工、居民医保和大病保险制度，落实城乡居民就近参保和新生儿免费参保政策，努力实现法定人员全覆盖。完善新型社会救助体系，支持公益慈善事业发展，推进城乡养老服务体系建设，年内力争完成投资3200万元的医养结合项目工程。优先发展教育事业。加强校长队伍和教师队伍建设，整合师资力量，规范学校用人制度，解决随意聘用代课教师问题。积极推行“校财局管”；实施学前教育三年行动计划，新建东升幼儿园，扶持和规范普惠性民办幼儿园，加大整顿无证幼儿园力度，彻底关闭不符合条件的幼儿园；新建通用小学综合楼、世纪小学风雨活动室、职业学校实训基地和高级中学风雨活动室；抓好创建第四批国家级农村职业教育和成人教育示范县工作，确保年底通过国家验收。推进健康商都建设。深化医药卫生体制改革，严格控制医疗费用不合理增长，加强药品供应保障，严格执行“两票制”，破除以药养医。借助京蒙对口帮扶，加强与北京平谷区知名医院合作，开展名医坐诊、远程医疗、专家手术等，全面提升医疗服务质量。推进名医工作室进社区，逐步形成“小病进社区、大病转医院、康复回社区”的就医格局。深入开展爱国卫生运动，做好公共卫生和重大疾病防控。进一步完善计划生育服务管理，落实计生奖扶政策。年内完成残疾人托养中心建设并投入运行。加强宣传思想文化建设。牢牢掌握意识形态工作的领导权、管理权、话语权，抵制错误言论，净化网络空间。大力践行社会主义核心价值观，传好商都声音。推进文化惠民工程，完善公共文化服务体系，加强文化人才队伍建设，加快乌兰牧骑队伍建设与改革，从机构、人员、经费、场地等方面加大支持力度，培育“红色文艺轻骑兵”。搞好全民健身活动，新建全民健身中心，不断满足全县人民群众日益增长的文化生活需求。

新时代要求新一届政府必须要有新气象、新作为。要以政治建设为核心，牢固树立“四个意识”，推进“两学一做”学习教育常态化制度化，开展“不忘初心、牢记使命”主题教育，以习近平新时代中国特色社会主义思想武装头脑、指导实践，努力建设政治过硬政府；要始终把以人民为中心的思想和党的群众路线融入政府工作各方面、全过程，坚持开门决策，密切联系群众，畅通民意表达渠道，多方汇集民智，努力建设人民满意的服务型政府；要牢固树立法治思维，切实把政府工作纳入法治轨道，全面推行行政权力清单化管理，严格按程序决策、按规矩办事。自觉接受人大依法监督、政协民主监督、社会舆论监督，扩大财政预算执行、行政决策运行、公共资源交易等领域信息公开，努力建设法治政府；要进一步强化执行力、落实力，健全激励机制和容错纠错机制，为广大干部愿干事、敢干事、能干事努力创造宽严相济的从政人文环境。始终把廉洁从政作为政府工作的底线，严厉整肃庸政懒政怠政行为。聚焦“五大领域”“四种突出问题”，强化督查问责，严格执行中央八项规定和自治区、市配套办法，拧紧作风建设的“螺丝”，持之以恒纠正“四风”不止步，集中整治形式主义、官僚主义“十种表现”。坚持勤俭办一切事业，从严控制一般性支出，强化“三公”经费管理，努力建设廉洁政府。

各位代表，幸福都是奋斗出来的，新时代是奋斗者的时代。今天，商都这片热土正焕发出蓬勃发展的生机与活力，让我们在习近平新时代中国特色社会主义思想指引下，在县委的坚强领导下，为民谋福，“干”字当头，团结一致，攻坚克难，为全力打好脱贫攻坚战、决胜全面建成小康社会、加快建设幸福和谐美丽新商都而努力奋斗！

2017 年经济社会发展综述

2017 年，紧紧围绕精准脱贫头号民生工程，牢牢把握发展第一要务，统筹做好稳增长、促改革、调结构、惠民生、防风险各项工作，全县经济社会发展取得新成效新进步。成功创建自治区卫生县城，入围第四批国家级农村职业教育和成人教育示范创建县，确定为自治区唯一的全国计划生育基层群众自治示范县。

主动做实经济指标，提高经济运行质量。坚持实事求是、注重发展质量的原则，按照中央、自治区统一要求，主动做实经济基础数据。七项主要经济指标“五升二降”，其中：由于房地产市场低迷萎缩和一产项目部分行业投资降幅较大，固定资产投资完成 30 亿元，下降 16.9%。一般公共预算收入受全面推行“营改增”、共享收入分成比例调整和减税降费等政策性减收影响完成 1.56 亿元，下降 8.6%。其余五项指标均呈不同程度增长，其中全县地区生产总值完成 47.6 亿元，增长 5.5%；规模以上工业增加值同比增长 5.8%；社会消费品零售总额完成 35.47 亿元，增长 7.7%；城乡居民人均可支配收入分别达到 2.58 万元和 9257 元，增长 8.55% 和 8.28%。做实基数后，为实现高质量发展创造了有利条件。全年工业用电量达到 15.12 亿千瓦时，增长 10.5%；规模以上工业产品销售率达到 94.7%，增长 9.1%；公共财政预算支出 27.48 亿元，增长 12.4%；非税收入占比由上年的 29.2% 下降到 24.95%；三次产业结构由上年的27.8∶31.7∶40.5进一步调整为26.8∶32.1∶41.1，呈现出经济稳中向好、稳中提质的良好势头。

全力推进脱贫攻坚，加快全面建成小康社会步伐。坚持以脱贫攻坚统揽经济社会发展全局，把全县工作方向、工作力量、工作重点集中转移到脱贫攻坚工作上来，把扶贫社会资源、扶持资金、政策支持重点倾斜到脱贫攻坚工作上来，把干部职工的认识与实践聚焦投向农村农民农业，全面落实精准扶贫基本方略，进一步建立健全扶贫工作责任体系、工作体系、政策体系，统筹推进12项重点扶贫工程。扶贫投入持续加大，全年共计投入各类扶贫资金2.59亿元，同比增长26.3%。精准扶贫的基础更加牢固，新识别贫困人口2021户、4280人，返贫556户、1340人，自然变更增加253人，减少611人，未脱贫贫困人口1.34万人。年内1.13万名贫困人口实现了稳定脱贫，16个贫困村退出贫困序列，贫困发生率由7.47%下降到5.15%。

现代农牧业稳步推进，发展水平不断提升。农牧业标准化、品牌化、市场化、规模化、产业化持续推进，被评为全区推进标准化三年行动计划成绩突出旗县。“三品一标”建设持续推进，新认证面积7.29万亩，累计达到78.89万亩；新认证有机和绿色农产品32个，累计达到43个；“商都西芹”在获批农产品地理标志认证基础上，又获国家地理标志证明商标和中华人民共和国生态原产地保护产品。新增著名商标1个、知名商标4个。奥淳酒业绵柔型白酒等3个产品评为“内蒙古名牌产品”。围绕创建国家农产品质量安全县，建立县、乡、村三级农畜产品质量安全监管网格化管理体系，新纳入自治区农畜产品质量安全监管追溯信息平台企业或合作社7家，达到10家。“一薯两菜”优势特色作物种植比重由45%提高到51%，增长6个百分点。蔬菜、马铃薯专业合作社累计达到164家，年外销鲜薯20万吨、冷凉蔬菜6.5亿公斤，形成设施蔬菜以番茄、彩椒、香蕉西葫芦、瓜类等为主，露地蔬菜以西芹、大白菜、红胡萝卜、甘蓝、莴笋、圆葱等为主的特色冷凉蔬菜。累计建成奶牛、肉牛、肉羊、生猪、蛋鸡规模化养殖场71处，养殖规模化比重达到22%，同比增长3.4%。蓝威斯顿法式薯条裹涂生产线、溢源马铃薯营养醋生产线、健坤农产品净菜加工生产线等一批绿色农字号产业项目相继建成投产，“六个一”绿色农畜产品加工业整体实力进一步提升，农畜产品就地加工转化率达到58%以上，累计创建自治区级和市级农牧业产业化龙头企业10家。

以调整结构为主线，推动产业转型升级。坚持强园区、引项目、促转型并举，工业经济和商贸流通稳步发展。长盛工业园供水厂、燃气工程和110千伏变电站相继投入运行，燃气主管道铺设14.3公里，实现了与企业的对接互通。华盛绿能标准化产业孵化园初见规模，园区承载能力和集聚效应进一步增强。园区全年实现总产值32.3亿元，占全县工业总产值的84.2%。坚持引进与淘汰并举，加快新旧动能转换步伐。全年实施重点工业项目18个，完成投资15.89亿元。引进签约项目26个，到位资金7.07亿元。凯金能源锂电池材料、恒盛锂电池负极材料、华腾宝珠砂、华鑫高纯硅等新材料产业项目落地建设、异军突起，为工业经济发展注入新动能。传统铁合金产业产值占比下降42%，税收占比下降18.5%。以现代服务业为主的第三产业逐步攀升，增加值同比增长7.4%，达到19.6亿元。巨弘温州建材城建成运营，巨弘商业步行街、3D影院、巨弘宾馆、大唐服务外包项目等重点项目主体工程全部完成，华联商厦装修接近尾声。建成县级电子商务服务中心、农村快递物流集散中心和91个村级电商服务站，吸引52家合作社和13家农畜产品加工企业、8家本地电商企业、5家快递物流企业合作运营，2000余家微电商蓬勃发展，全年电商交易总额达到2.16亿元，是上年的19.6倍。国家电子商务进农村综合示范项目在全区初次绩效评估中位列第一。成功举办首届中国商都马铃薯美食节，百道土豆宴创吉尼斯上海大世界纪录。不冻河国家AAA级旅游景区基础设施更加完善，七彩湖旅游风景区荣获内蒙古名片优秀文化旅游景区品牌，旅游业发展初显端倪。

以“五城联创”为抓手，持续提升城镇品位。加强规划引领，提高决策的科学性民主性。完成《七台镇总体规划》评估，编制实施七台镇停车场专项规划和商都县通信基站专项规划，编制完成七彩湖、察汗淖尔云丹（五台海）两个旅游总体规划，编制完成小海子镇特色小镇规划，并获得自治区特色小镇称号。年内实施以道路畅通、基础设施、环境改善为重点的10项市政工程，总投资2.1亿元。踏铺沥青及硬化道路56条26.7万平方米，硬化路肩15.6万平方米，打通断头路、拓宽瓶颈路21条；安装交通护栏5500米、红绿灯9组、生态围挡板近8000延米。新建改造水冲式厕所21座，累计达到46座；新建、铺设供水、排水、天然气、供热管网68.2公里。深入推进城市管理综合执法改革，成立了城市管理综合执法局，梳理划转行政处罚权力清单172条，职能职责划归工作有序推进。成立由12家执法单位联合组成的综合整治执法队，对非法营运三轮车以及占道经营、违规停车、违法建筑开展专项行动，全年清理占道经营行为900余起，清除占道“僵尸车辆”68辆，拆除违法建（构）筑物48处，清理违规设置落地牌匾、挂式灯箱、横幅等共1400多块（条），主要街区新增停车位1700个，将170余家分散经营的工程机械、建材、汽车经销商集中到巨弘建材城，市容市貌市政管理进一步改善和加强。对清河巷南、红星街西两个片区实施了棚改工程，完成2500户安置任务，累计完成棚户区拆迁安置5800户，整理出建设用地2500亩。城镇污水处理率达到90%，生活垃圾处理率达到93%，集中供热率达到78%，供水普及率达到97.4%，建成区绿化覆盖率达到35.9%，宜居县城基础更加牢固。

大力推进“美丽乡村”建设，统筹城乡发展水平进一步提升。开展以生态、水利、土地、矿山为主的乡村综合整治提升行动。新增经济林面积7565亩、林业生态建设面积1.64万亩。实施水土流失治理面积19.8平方公里、坡改梯8325亩、节水灌溉面积1.15万亩。新建安全饮水工程69处。实施农村电网10千伏及以下改造线路553.9公里。查处无证开采非煤矿山企业51家，彻底取缔42家，取缔不符合国家环保政策的黏土砖厂13家；优化村庄布局。累计完成124个村的小村整合任务和53个村的易地搬迁工作。编制完成向阳村和小庙子嘎查两个美丽宜居乡村建设规划，累计完成375个村庄规划，七台镇房家村、大库伦乡古城子村等5个村申报为自治区新农村新牧区建设示范村；加强农村基础设施及公共服务水平建设。危房改造4837户、累计达到3.75万户，全县85.2%的农村常住户乔迁新居。全县212个行政村的供电供水、广播电视及光缆敷设基本实现覆盖，有条件的行政村全部通了沥青水泥路，医疗卫生室、文化活动室和超市实现全覆盖，社会保障也达到应保尽保，开发村镇公益性环卫就业岗位1105个，农村基础设施水平和公共服务均等化能力实现跨越式发展，农村面貌发生历史性变化。

社会事业全面进步，人民群众需求有效保障。在财力紧张情况下，保障民生力度继续加大，财政用于民生支出达到15.23亿元，占财政总支出的55.4%。扎实推进就业创业工作，城镇新增就业1320人。建成温宁·巨弘建材物流创业园、携农大学生电子商务创业孵化平台及大众创客中心，已入驻163家创业团队及创业者，吸纳创业就业人员1200多人；社会保障体系进一步完善，建成配齐了覆盖乡镇、社区及村一级的劳动保障机构、平台或工作人员。成立县、乡、村三级外出务工人员综合服务管理机构，设立外出务工人员综合服务窗口，率先在呼和浩特和包头服务中心开通“一卡通”异地年检，建立了覆盖12.8万外出务工人员的基础信息数据库，进一步提升服务外出务工群众工作水平。社会养老保障实现制度全覆盖，城乡居民医疗保险应保尽保。新建和改建城镇公立幼儿园3所，累计达到10所，学前三年教育毛入园率达到78.7%。新建和改造改善涉及春明小学、一中等7所学校的教学楼、宿舍、操场、足球馆等重点教育教学基础设施。3.5万平方米县医院及公共卫生服务大楼投入试运营。创建3所市级农牧民满意乡镇卫生院和22个农牧民满意村卫生室。全面“两孩”政策有序实施，人口计生工作全面加强。文化惠民工程全面推进，乌兰牧骑、文化馆“送欢乐、下基层”演出累计达116场，惠及9万多人次。严格落实意识形态工作责任制，强化“阵地意识”“关口意识”，舆论引导的有效性不断增强。

加强社会管理工作，推进平安商都建设。社会治安防控体系“六张网”建设不断加强，“三打击一整治”专项行动扎实开展。深入推进社会矛盾纠纷排查化解工作，在重要时段节点未发生进京赴区到市越级访和群体访。以落实安全生产责任制、安全生产大检查和重点行业领域专项整治为抓手，排查消除各类安全隐患近1000起，全年未发生安全生产事故。以企业示范创建达标工作为抓手，严控食品药品生产经营潜在风险，在全县628家餐饮企业开展“搬家式”卫生大清洁行动，大力推进明厨亮灶和量化分级管理。不动产登记工作实现“停旧发新”，全年发放不动产权证书和证明3024本。与此同时，妇女儿童、红十字、老龄和残疾人事业健康发展；消防、应急、档案史志、人民武装等工作也取得长足进步；民族宗教工作得到新加强，和谐稳定局面得到进一步巩固。

大事记

1月

1日　县委书记靳前斌，县政协党组书记郭守玉，副县长张云等领导深入七台镇和小海子镇对县人武部，离休老干部、困难群众、教师代表、乡镇幸福院、老党员、优抚户、“五保”户、重灾户、低保户、贫困户进行节前慰问。

2日　县委副书记、县长曹凯宏先后深入光荣院、七台镇西坊子互助幸福院、鹿王社区，走访慰问优秀科技人员、重点优抚对象、“五保”户、特困户、离退休老干部、企业下岗职工。

3日　副市长、市公安局局长宝音德力格尔深入商都县屯垦队镇顺城公司、翟家村，对包扶贫困户进行走访慰问。

5日　自治区安全生产委员会办公室（以下简称自治区安委办）主任、安监局总工程师张耀一行到商都县开展安全生产年度考核工作。

11日　商都县召开离休老干部迎新春座谈会。县委书记靳前斌，县委副书记、县长曹凯宏，县委常委、中共商都县委员会办公室（以下简称县委办）主任王再华，县委常委、纪检委书记李震及商都县委老干部局（以下简称老干部局）等相关部门负责人与老干部们欢聚一堂，共贺新春，畅谈发展。

12日　为了贯彻落实自治区党委从严治党“1+3”［自治区党委下发的1个意见，即《内蒙古自治区党委关于深入贯彻落实习近平总书记从严治党八项要求的意见》和党委办公厅印发的3个配套文件，即《关于建立健全“五个一”工作机制落实从严治党责任的意见》《关于深入开展五级示范抓引领推进联系服务群众常态化工作的意见》《关于实行党委（党组）领导班子和领导干部落实从严治党责任考责问责的暂行规定》］制度体系，切实发挥党组织书记抓党建的主体责任意识，商都县召开全县党委书记党建专项述职评议会议。

18日　县政府党组召开民主生活会。该次会议以学习贯彻中共十八届六中全会精神为主题，围绕“两学一做”学习教育要求，重点对照《关于新形势下党内政治生活的若干准则》和《中国共产党党内监督条例》，着重从思想、组织、作风、纪律等方面查找存在的突出问题。县人民政府党组书记、县长曹凯宏主持会议并代表政府党组班子做对照检查。市委组织部干部二科高奋明指导会议，政府党组全体成员参加会议，副县长陈耀、张丽霞及办公室主任郑直列席会议。

23日　中共商都县十三届二次全委（扩大）会议召开。会议的主要任务是认真贯彻落实中共十八届六中全会、中央经济工作会议、自治区第十次党代会、自治区十届二次全会和市第四次党代会、市四届二次全会精神，深入落实县第十三次党代会确定的决策思路，总结2016年工作、部署2017年主要任务，动员全县各级党组织和广大干部群众，振奋精神，凝聚合力，抢抓战略机遇，致力脱贫攻坚，为全面建成小康社会而努力奋斗。县委书记靳前斌在会上作题为《抢抓战略机遇 致力脱贫攻坚 为全面建成小康社会而努力奋斗》工作报告。县委副书记、县长曹凯宏主持会议并就贯彻落实好会议精神，做好当前重点工作讲了具体意见。

24日 市委书记艾丽华一行在商都县党政主要领导陪同下，深入七台镇走访慰问部分贫困户、劳模和老党员，并到商都县中心敬老院、光荣院看望慰问“五保”户、老军人。

2月

6—7日 中国人民政治协商会议商都县第九届委员会第六次会议召开。县委副书记张丰生作重要讲话。会议审议通过政协商都县第九届委员会第六次会议议程（草案）；听取审议政协商都县第九届委员会常务委员会工作报告以及政协商都县第九届常务委员会关于政协九届六次会议以来提案工作情况的报告。大会增选县政协党组书记郭守玉为九届政协常委；表彰优秀提案者、提案承办先进单位和公益事业突出贡献委员；审议通过政协商都县第九届委员会第六次会议政治决议（草案）；审议通过关于政协商都县第九届委员会常务委员会工作报告的决议（草案）；审议通过政协商都县第九届委员会常务委员会关于政协九届五次会议以来提案工作情况报告的决议（草案）；审议通过政协商都县第九届委员会第六次会议提案审查情况报告（草案）。

7—8日 商都县第十四届人民代表大会第六次会议召开。会议听取县人民政府县长曹凯宏所作的《政府工作报告》、县人大常委会主任叶旺作人大常委会工作报告、县人民法院院长郭永国作法院工作报告、县人民检察院检察长吴德霖作检察院工作报告；审议商都县人民政府关于2016年国民经济和社会发展计划执行情况与2017年国民经济和社会发展计划草案的报告；审议商都县人民政府关于2016年财政预算执行情况和2017年财政预算草案的报告。大会选举刘瑞明为县人大常委会副主任；表决通过《关于政府工作报告的决议》；通过《关于商都县2016年国民经济和社会发展计划执行情况与2017年国民经济和社会发展计划的决议》；通过《关于商都县2016年财政预算执行情况和2017年财政预算的决议》；通过《关于人大常委会工作报告的决议》；通过《关于人民法院工作报告的决议》；通过《关于人民检察院工作报告的决议》。

10日 农历正月十四上午，由商都县2017春节元宵节文化活动领导小组主办，县委宣传部承办的“佰惠生”秧歌大赛在祥和广场上演。

20日 优加教育培训学校近百名师生到商都县中心敬老院开展献爱心活动，为孤寡老人送去温馨的祝福及价值近5000元的物品。

21日 商都地区迎来2017年首场强降雪，积雪厚度达10—15厘米，商都县城管局迅速启动二级清雪预案，由环卫机械管理队和环卫所牵头，采取机械作业和人工作业相结合的方式，开始对城区主干道（三横五纵8条主要干道）积雪的清理工作。出动除雪车1辆，装载机2台，自卸车4辆，拉雪车13辆，泼洒融雪剂24吨，32名干部、134名环卫工人参与预案行动。截至21日晚11点30分，8条主干道的路面积雪基本清理完毕，路肩堆雪计划于次日清理。

24日 在商都县食品药品监督管理局会议室，由商都县食品药品监督管理局、商都县教育局联合召开2017年春季学校、幼儿园及单位食堂食品安全工作会，各学校分管食品安全的副校长、食堂管理负责人及幼儿园园长参加会议，会议主要督促各学校、幼儿园负责人全面履行食品安全主体责任，及时有效地消除食品安全隐患。

3月

3日 全县消防工作会议在县党政大楼七楼会议室召开。会议的主要任务是全面贯彻落实市消防工作会议精神，总结2016年消防工作经验，研究部署2017年消防工作任务。县防火安全委员会（以下简称县防火委）各成员单位负责人，各乡镇分管消防工作的副乡（镇）长及相关企业单位负责人参加会议。

8日 在第107个“三八”国际劳动妇女节来临之际，商都县妇联为女性带来一份特别的礼物——“关爱女性　珍爱家庭”健康知识讲座。讲座由乌兰察布市中心医院妇产科副主任赵玉英授课，到会听取讲座的女性共130余人。

8—9日 自治区人大常委会副主任、自治区总工会主席杭桂林率自治区安全生产督导组深入商都县开展安全生产大检查，并召开座谈会。

9日 县政府党组书记、县长曹凯宏主持召开政府党组会议。会议学习中央纪委十八届七次全会和自治区纪委十届二次全会精神；学习全区旅游发展大会精神；研究全域旅游和七彩湖项目建设相关事宜。

上旬 商都县各机关单位、社区、乡村干部和群众，通过报纸、网络、电视等媒体和周一晨学时间，认真学习贯彻自治区党委书记李纪恒在乌兰察布市调研时的讲话精神，拿出更大的决心和气力，采取更硬的招数和办法，坚决打赢脱贫攻坚战，和全国人民一同奔小康。

13日 副市长、市公安局党委书记、局长宝音德力格尔在市公安局指挥中心主任孙海军及办公室有关人员的陪同下，深入商都县长途汽车站、火车站、公交公司和小海子进京公安检查站督导检查安全生产和全国两会安保工作。

15日 商都县在祥和广场举行“3·15”国际消费者权益日纪念活动，2017年宣传活动主题“网络诚信、消费无忧”，旨在强化网络经营者责任意识，建立完善网络消费者知情权、求偿权、交易权以及安全等方面的消费者权益保护制度，发挥消费者协会组织、社会监督的桥梁纽带作用。

20日 商都县召开全县卫计民政暨残疾人工作会议。会议的主要任务是贯彻落实县委十三届二次全会、县十四届人大六次会议精神，贯彻落实全国、全区、全市卫生计生、民政、残疾人工作会议，分析总结2016年工作，安排部署2017年工作任务。

21日 是日上午，全县工商质监工作会议在县工商质监局会议室召开。会议的主要任务是认真贯彻落实县委十三届二次会议精神和市工商质监工作会议精神，总结2016年工作，部署2017年重点工作任务。

是日 是日下午，商都县纪委召开全县集中整治“雁过拔毛”式腐败问题工作动员部署会议，安排部署全县集中整治“雁过拔毛”式腐败问题工作。会上宣读《商都县集中整治“雁过拔毛”式腐败问题工作实施办法》。

是日 商都县在国际酒店会议室召开全县食品药品监管工作会。会议的主要目的是深入贯彻落实全市食品药品监管工作会议和县委十三届二次全委（扩大）会议精神，回顾总结2016年全县食品药品监管工作，安排部署2017年工作任务。各乡（镇）分管副乡（镇）长和县食品药品安全委员会成员单位相关负责人参加会议。

23日 商都县召开组织宣传统战工作会议，按照全国、全区、全市组织部部长会议提出的新要求，以全面从严治党为主题，以迎接中共十九大胜利召开和学习贯彻中共十九大精神为主线，以严肃党内政治生活和强化党内监督为重点，不断提升组织工作科学化、规范化、信息化水平。按照自治区、市宣传思想文化工作会议的部署要求，以“讲好商都故事，迎接党的十九大胜利召开和自治区成立70周年大庆”为主题主线，以提高人民群众的获得感和满意度为着力点和落脚点，统筹做好意识形态工作和新闻舆论工作。围绕县委中心工作和重点任务，深入落实中央、自治区党委、市委关于统一战线重大决策部署和要求，抓推进、抓落实，进一步凝聚共识、凝聚智慧，扎实做好统一战线各领域工作。县委副书记、统战部部长张丰生出席并讲话，各乡镇党委书记、乡镇长、副书记，县直各单位主要领导，组织部、宣传部、统战部全体干部参加会议。

下旬 中国科协在商都县12所中小学及周边乡镇学校展开为期2个月的“流动科技馆”进校园巡展活动。巡展以“参与、互动、体验”为理念，以“体验科学、感受科技”为主题，共设置科学表演、数学魅力、电磁探秘、声光体验、健康生活、运动旋律、小球旅行记等八大主题展区，共计50件互动展品。

是月 商都县乌兰牧骑“草原文艺天天演——惠民演出工程”在小海子镇中心校、向阳村、三十四号村演出3场，演出节目有独唱、民族歌舞、器乐等。

4月

5日 商都县纪委监察局在财政局会议室组织37家企业、11个行政执法和涉企单位代表，就开展服务企业优化招商投资环境，严厉惩治“雁过拔毛”式腐败问题召开座谈会。

6日 商都县举行免费开展先天性心脏病患儿筛查工作启动仪式。副县长张丽霞出席启动仪式，县医院相关医护人员，县育苗小学部分师生参加启动仪式。

是日 为推动全县电子商务发展，普及电子商务知识，吸引更多人员加入电子商务产业，让农牧业产业插上信息化翅膀，由中共商都县委组织部、党校联合县经济信息商务局在县委党校五楼报告厅举办“支部＋电商”业务知识培训班。

13日 县人民政府党组书记、县长曹凯宏主持召开政府党组会议，研究讨论政府党组“加强和规范党内政治生活推进年”活动实施方案、易地移民搬迁工程、恒汇热电项目等事项。会议审议并原则通过2016年财政收支调整报告、2017年部门经费预算及政府融资项目和PPP项目安排，并按有关程序提交县人大常委会审议。会议还研究其他事项。

14日 为了以实际行动充分展示内蒙古自治区成立70年来的奋斗历程和光辉业绩，以及商都县经济社会发展取得的巨大成就和历史变化，进而激发全县各族干部群众同心同德，拼搏奋斗，开创经济发展、文化繁荣、社会和谐、各族人民幸福生活的大好局面，由中共商都县委、商都县人民政府主办，中共商都县委宣传部、商都县文化旅游新闻出版广电局、商都县教育科技体育局联合承办的主题为“守望相助，亮丽北疆”的全县庆祝内蒙古自治区成立70周年群众文化体育活动启动仪式在祥和广场举行。活动从4月到10月，历时7个月。其间，在全县范围内组织开展文艺演出、知识竞赛、书画摄影作品展、优秀电影展映、优秀剧目巡演、文艺惠民活动和各种体育赛事等多项文体活动，形成全方位、多层次、宽领域的群众性文体活动格局，吸引广大群众在参与中感受商都县发展新局面、生活新气象。

16日 市委副书记、政府市长费东斌率市政府办公厅和市林业、经信委、农牧业局等有关部门负责人深入商都县调研。在县领导靳前斌、曹凯宏、王再华、郭玉广、张美、刘瑞、冀飞及县相关部门负责人的陪同下，费东斌一行先后到商都县城乡居民服务中心、电子商务发展中心、七台镇棚户区改造区、内蒙古希森马铃薯种业有限公司、内蒙古东盛硅藻土科技创新产业园有限公司、内蒙古乐耕食品有限责任公司、内蒙古申安农业开发有限公司等实地调研，详细了解各企业生产经营、项目规划、建设进度、产品销路等情况。

19日 县政府办公室党支部组织开展以“诵党章、缴党费、重温入党誓词，树形象、做典范、始终不忘初心”为主题的主题党日活动。县长曹凯宏，副县长郭玉广、张美、张云、刘瑞、李晓军以普通党员身份参加主题党日活动。全体党员重温入党誓词、诵读党章并现场缴纳了党费。县长曹凯宏对该次活动进行点评。

21日 全县禁毒暨道路交通安全工作会议在县党政大楼七楼会议室召开。会议的主要任务是贯彻落实国务院、自治区及市禁毒和道路交通安全工作会议精神，安排部署2017年全县禁毒和道路交通安全工作。

是日 自治区副主席、公安厅厅长马明主持召开扶贫工作会议，研究部署商都县扶贫工作，公安厅政治部副主任薄立峰，厅办公室、扶贫办相关领导，商都县县长曹凯宏，县政府相关部门领导参加会议。

23日 按照中央、自治区党委、市委和县委关于加强组织生活的精神有关要求，县委办党支部开展主题党日活动。主要进行重温入党誓词、诵党章、缴党费活动。县委办公室全体党员干部参加。县委书记靳前斌，县委常委、办公室主任王再华以普通党员身份参加活动。县委书记靳前斌对该次活动进行点评。

24日 按照全市“扫黄打非”工作小组的统一部署，商都县举行2017年侵权盗版及非法出版物集中销毁活动，现场对非法出版物进行集中焚烧销毁。

25日 商都县红十字会携手深圳万泉来科技有限公司举行“放心饮水惠民工程”捐赠仪式。万泉来科技有限公司向商都县2个敬老院、10个乡镇、213个行政村、20个社区居委会和红十字会10名优抚对象共捐赠266台智能净水机，向贫困户捐赠500床磁疗能量被，总价值169.93万元。

26日 商都县举办纪念爱国卫生运动65周年暨全国第29个爱国卫生月活动启动仪式。该次活动的主题是“为了人民的健康——65年的历史与展望”。县爱国卫生委员会负责人出席活动，爱卫会成员单位负责人和各乡镇分管领导以及相关部门工作人员参加活动。

是日 由市文明办、市总工会、市卫计委联合主办的“劳动托起中国梦”庆祝“五一”国际劳动节、庆祝自治区成立70周年暨颁奖晚会在市广播电视台演播大厅隆重举行。商都县乌兰牧骑演职人员在晚会上表演歌舞《共圆中国梦》，受到观众的一致好评。

28日 为认真贯彻落实《中国共产党纪律检查机关监督执纪工作规则（试行）》，商都县纪委结合全县“两学一做”学习教育和纪检监察干部队伍建设年活动，在青少年活动中心举办全县纪检监察系统党规党纪知识竞赛。

5月

4日 为纪念中国共青团建团95周年，进一步弘扬“爱国、进步、民主、科学”的“五四”精神，展现全县团员青年的风采，商都县举办共青团“五四”青春献礼暨全县“一学一做”主题团日活动，以多种形式喜迎自治区70周年华诞，为中共十九大的召开献礼。

5日 县委组织部机关支部开展以“牢记习总书记重要指示”为主题的主题党日活动，在开展重温入党誓词、集体诵读党章、按月缴纳党费规定动作的同时，重点学习习近平总书记重要指示精神，牢固树立“四个意识”，特别是核心意识、看齐意识。

9日 商都县召开企业安全生产工作会议，会议主要任务是深入贯彻落实近期召开的三级安全生产工作视频会议精神，扎实开展企业安全生产工作，确保全县安全生产形势持续稳定向好发展。

10日 全县加强和规范党内政治生活暨推进“两学一做”学习教育常态化制度化工作调度

会在高级中学阶梯会议室召开。县委各常委，人大、政协主要领导，“全县加强和规范党内政治生活推进年”工作领导小组全体成员，领导小组下设的综合协调组、宣传教育组、督查指导组副组长和联络员，县委派出的10个督查指导组组长、副组长和组员，全县“两学一做”学习教育协调小组全体成员，各乡镇党委书记、党委副书记、纪检书记、组织委员，县直各单位（部门）主要负责人，党组织管理权限在商都县的驻县各单位（企业）主要负责人参加会议。

是日 商都县工商联（总商会）第十二次会员代表大会在政府七楼会议室召开。应到代表117人，实到代表105人，县人大常委会主任叶旺，县政协主席吕生金，县委副书记、统战部部长张丰生，政协党组书记郭守玉，县人大常委会副主任刘瑞明，副县长张云出席大会；政协副主席任笑春主持会议，乌兰察布市工商联、市委统战部负责人应邀出席大会。会议的主要任务是全面总结工商联第七届执行委员会过去五年工作，安排部署工商联今后五年工作任务，选举产生工商联（总工会）第八届执行委员会和领导班子。

11日 政府办党支部联合都山街社区党支部组织开展以“依托政府服务体系建设，推进社区管理创新，不断提高服务群众能力与水平”为主题的主题党日活动。县长曹凯宏，副县长陈耀、李晓军、张云、刘瑞参加主题党日活动。与会党员参观都山街社区民生服务大厅、文体活动室及法治长廊、党群共建长廊；随后召开了座谈会，会上传达学习全国、全区推进“两学一做”座谈会讲话精神以及《全县加强和规范党内政治生活推进年实施方案》，并围绕活动主题进行交流发言。县长曹凯宏对该次活动进行点评。

12日 商都县创建国家农产品质量安全县启动仪式在县政府七楼会议室召开。副县长冀飞出席会议并讲话。县农牧业局局长、副局长，财政局、公安局、工商局等相关科（局）负责人以及各乡（镇）长、分管农牧业副乡（镇）长，监管站站长，农牧业局各股、站（所）长参加会议。

13—15日 商都县纪委抽组城建、扶贫、审计、监察部门工作人员，由县委常委、纪委书记李震带队，就集中整治自查自纠情况对10个乡镇进行督查。督查组一行通过听取汇报、查阅档案、实地检查等方式，对各地在项目资金清理、农村集体“三资”和村级财务清查、不正之风和腐败问题线索起底等方面的工作进展情况进行全面督查，同时进行现场办公，并进行答疑解惑。

16日 商都县召开扶贫工作推进会。会议通报了扶贫资金项目、危房改造及村容村貌整治工程软件资料规范工作进展情况；安排部署当前扶贫重点工作，并对下一步工作提出明确要求。县四大班子领导，各乡镇党委书记，组织部、纪委班子全体成员，各金融机构及相关部门负责人参加会议。

17日 乌兰察布市“党的民族政策光辉实践”主题巡回宣讲走进商都县。市委宣讲团成员、主任王笑鸣、讲师王芳芳专程到商都县宣讲。

18日 为了庆祝自治区成立70周年，纪念乌兰夫110周年诞辰，并迎接第41个“5·18”国际博物馆日，由商都县文化旅游新闻出版广电局、商都县古驿七台民俗博物馆承办的“民族骄傲——乌兰夫同志光辉的一生”巡展活动在商都县博物馆开展。

23日 商都县召开旅游行业安全生产工作会议。会议的主要内容是分析当前全县的旅游安全形势，安排2017年的旅游安全工作任务。

24日 县长曹凯宏代表县人民政府与社员网CEO景岗签署大宗农产品上行销售暨农业大数据扶贫项目协议。社员网是北京中合利成电子商务有限公司创建的农业互联网综合服务平台，多年来致力于全国各地农产品上行、农业精准扶贫、农业大数据等服务。

25日 召开全县脱贫攻坚推进会，会议的主要任务是贯彻落实全市脱贫攻坚推进会议精神和各项扶贫措施，分析全县脱贫攻坚工作中存在的问题，安排部署全县扶贫工作。

31日 第30个“世界无烟日”来临之际，为了加大控烟宣传和健康教育工作力度，有力地推进商都县创建自治区卫生县城工作的开展，商都县卫生和计划生育局、商都县爱国卫生运动委员会办公室（以下简称县爱卫办）联合七台镇南湖社区，集中开展主题为“无烟、健康、发展”的宣传活动。

下旬 在加强城区环境管理，提升城市品位，提高环境质量，有效遏止违法占道经营和加工作业，营造良好发展环境，推动“五城联创”建设工作中，商都县城管局、建设局、交警大队等12个部门联手，以七台镇城区主干街道市容市貌环境为重点进行综合整治，并取得阶段性成果。

6月

2日 中共商都县第十三届纪律检查委员会召开第二次全体会议。县委书记靳前斌在会上作题为《强化标本兼治，始终挺纪在前，坚定自觉地推动全面从严治党向纵深发展》的重要讲话。县委常委、纪委书记李震主持会议并代表县纪委常委会作题为《坚持挺纪在前，强力正风反腐，坚定不移推进党风廉政建设和反腐败工作》的工作报告。会议深入贯彻落实中共十八届中央纪委七次全会、自治区纪委十届二次全会、市纪委四届二次全会和县委十三届二次全委（扩大）会精神，回顾总结2016年以来的党风廉政建设和反腐败工作，安排部署当前及今后一个时期的工作任务。全会审议并通过纪委常委会工作报告和《中共商都县第十三届纪律检查委员会第二次全体会议决议（草案）》。

3日 自治区党委副书记、自治区主席布小林先后到乌兰察布市察右后旗、商都县、化德县，走访看望贫困群众、调研脱贫攻坚工作。布小林要求各级各部门要进一步增强四个意识，认真落实精准扶贫、精准脱贫基本方略，坚持问题导向，层层压实责任，扎实推进脱贫攻坚工作。

5日 第46个“6·5”世界环境日来临之际，为营造公众参与、人人爱护环境的良好社会氛围，增强全民关心环保、支持环保、参与环保的积极性，商都县在祥和广场开展主题为“绿水青山就是金山银山”的世界环境日宣传活动，县委常委、副县长张美，各重点企业负责人，水漩志愿者，环保局全体工作人员参加活动。

是日 商都县纪委整治“雁过拔毛”式腐败问题优化招商投资环境监测点授牌仪式在内蒙古苏蒙科技电力设备有限责任公司举行。县委常委、纪委书记李震及监察局有关负责人和苏蒙科技电力设备有限责任公司总经理、蓝威斯顿商都太美工厂代表等二十多家企业代表参加授牌仪式。

6日 商都县2017年度入党积极分子培训班在县委党校开班。县委组织部、县委党校有关负责人出席开班仪式并作动员讲话。培训班共分2期，为期4天，共计160名入党积极分子参加。

是日 商都县召开2017年普通高校招生考试商都考区考前动员暨培训会。自治区、市两级巡视员，县招委会各成员单位负责人，全体监考员、考务人员、工作人员参加该次会议。

8日 商都县集中整治“雁过拔毛”式腐败问题、农村集体“三资”清理和村级财务清查专项推进会在县纪委会议室召开。县委常委、纪委书记李震出席会议并作重要讲话，各乡（镇）长、纪委书记及经管站站长等40余人参加会议。

是日 副市长、公安局党委书记、局长宝音德力格尔，市人民检察院检察长孙建民，深入商都县监管场所检查指导安全管理工作。

9日 国际档案日之际，商都县档案局组织全体档案干部在水漩公园举行纪念活动。活动中，围绕“档案——我们共同的记忆”主题，以展板的形式展示馆藏档案近100件、宣传画20幅，发放“走进档案”和“档案在你身边”宣传册500册。让广大民众走进档案、关注档案、促进档案事业健康发展。

是日 县政府办公室党支部组织开展以“投身脱贫攻坚，争当先锋模范”为主题的主题党日活动。县长曹凯宏，副县长郭玉广、张美、李晓军、张云、刘瑞参加主题党日活动。县扶贫办有关负责人就脱贫攻坚相关政策进行讲解；县长曹凯宏对该次活动进行点评。会后，与会党员分赴各自所包扶村开展工作。

是日 商都县举办扶贫领域预防职务犯罪暨扶贫工作培训会，推动廉洁扶贫、阳光扶贫，为打赢脱贫攻坚战提供有力保障。培训会邀请市人民检察院职务犯罪预防局局长，市扶贫办副主任进行专题讲座。

上旬 县委宣讲团一行4人深入各乡镇开展“党建引领脱贫攻坚领域政策理论，业务知识宣讲活动”。

11日 由乌兰察布市教育局主办、商都县教科体局承办的全市第三届中小学课堂教学改革好课堂大赛在商都县举办，赛期一周。来自全市11个旗县的268名参赛选手分高中、初中、小学3个学段，分别在高级中学、第二中学、世纪小学进行比赛。

13日 由商都县人民政府和乌兰察布市经济和信息化委员会共同组织举办的2017年度乌兰察布市商都·化德地区专场银企对接会在商都县召开。市经信委副主任闫植松围绕助保贷业务的开展作重点发言。

14日 为熟悉巡察业务流程、提升巡察业务水平，确保县委首轮巡察工作规范有序开展，县委巡察办举办首轮巡察工作业务培训会。县委巡察办、各巡察组全体人员，乡镇纪委书记、纪检干事，派驻机构纪检组组长（书记）参加会议。会议邀请乌兰察布市委巡察办秘书科负责人进行专题授课。培训内容紧紧围绕中央、自治区党委、市委关于全面从严治党的新精神、新要求这一主题，就开展巡察工作的法理依据、流程要求、公文格式、规范用语、体制机制和归档要求等方面的业务知识进行深入浅出、生动细致的讲解。

16日 商都县在祥和广场举行主题为“全面落实企业安全生产主体责任”的“安全生产月”咨询日活动。县委常委、副县长张美出席活动并讲话。安委会全体成员，有关企业负责人参加活动。

18日 教育部督导局专项督导处处长杨宇率督导组到商都县对农村义务教育学生营养改善计划进行专项督导检查。自治区教育厅体卫艺处处长武福英，市教育局体卫艺科科长杜志亮，县委常委、副县长李晓军，县教科体局有关负责人陪同督导检查。

19日 商都县党组织和党员基本信息采集工作培训会在县委党校举办。县委组织部有关负责人作详细讲解。该次培训按照全国党员信息化工程总体部署，对党组织和党员基本信息采集工作的目标要求、时间节点、方法步骤、组织关系进行详细的解读，保证全县党组织和党员基本信息采集工作扎实有序地推进。20个党委副书记、县直党务干事参加培训会。

19—20日 2017年上半年全市学校管理流动现场会在商都县召开。市教育局主要领导、各科（室）科长，市教育局教研室、电教馆、教育监测评估中心、普通话水平培训测试工作站、勤工俭学办公室、报社等部门主要负责人和各旗县市区教科体局局长、分管基础教育工作副局长，部分中小学校长、幼儿园园长及市直中小学、幼儿园、职业学校等单位负责人近160人参加会议。

21—22日 为了进一步提高基层党务工作者的综合素质和业务能力，以适应新时期党务工作的需要，商都县2017年度基层党务工作者培训班在县委党校举办。县委组织部、县委党校相关负责人出席开班典礼仪式并作动员讲话。该次培训为脱产学习，采取集中授课、个人自学、理论考试相结合的方式进行。县委组织部的领导和县委党校的教师分别就中共十八届六中全会精神、新形势下党内民主政治生活以及党风廉政建设准则和党务工作的基本知识等内容，进行深入浅出的讲解。78名党务工作者参加培训。

26日 国际禁毒日这一天，商都县禁毒委举行“把毒品涤荡，使青春飞扬，让草原更靓”主题宣传活动，通过出动宣传车、现场发放宣传单、焚烧收缴毒品等，营造“拒绝毒品、人人有责”、喜迎中共十九大和自治区成立70周年和谐稳定的社会环境。

28日 商都县举行安全生产宣讲会，特邀请乌兰察布市安全生产协会会长曹二忠就《中共中央、国务院关于推进安全生产领域改革发展的意见》《内蒙古自治区党委自治区人民政府关于进一步加强安全生产工作的决定》作专题宣讲。商都县四大班子主要领导、县委各常委和分管领导，县安委会成员单位主要负责人和分管安全领导，各乡镇党政主要负责人和安监站站长，县安监局全体干部，县重点企业主要负责人参加。

29日 中国扶贫开发协会与商都县委、县政府举行信息化扶贫和教育扶贫项目启动仪式。中国扶贫开发协会副会长王长春、腾讯智慧校园总监应承龙、北京内蒙古企业商会商都分会副会长李雄等参加仪式。县委书记靳前斌作重要讲话。县委副书记、县长曹凯宏主持仪式。

30日 为贯彻落实《关于开展2017年全国食品安全宣传周活动》的通知精神，增强居民对食品安全的参与意识，普及食品安全科学知识，商都县在祥和广场举行以“尚德守法，共治共享食品安全”为主题的食品安全宣传周活动启动仪式。

是日 在中国共产党96岁华诞即将到来之际，为庆祝党的生日暨自治区成立70周年，全面落实“强信念、提素质、讲规矩、正作风”的要求，大力推进一系列纪检监察干部队伍建设年活动的有效开展，表彰激励优秀共产党员和先进工作者及“干部队伍建设年”知识竞赛先进个人，县纪委监察局组织召开纪检监察系统庆祝中国共产党建党96周年和“七一”表彰颁奖。

是日至7月4日 商都县2017年“县长杯”校园足球联赛在高级中学体育场举行。

7月

1日 商都县召开庆祝中国共产党建党96周年大会。县委副书记、政府县长曹凯宏主持会议并讲话，对抓好“三到”资金扶贫项目、金融扶贫工作、村镇环卫公益性岗位人员落实、易地扶贫搬迁工程、充分发挥驻村工作队作用、打牢精准扶贫工作基础作出强调。全体参会人员重温入党誓词。会议邀请国务院扶贫办规划财务司副司长郭建军围绕学习领会习近平总书记扶贫开发工作战略思想、中央脱贫攻坚的决策部署、中央实施精准扶贫以来的工作进展情况、当前存在的问题及下一步工作考虑四个方面作专题讲座。县四大班子领导，自治区、市、县三级驻村工作队，县直单位主要负责人，乡镇党委书记、乡（镇）长、驻村第一书记、村支部书记及扶贫工作人员等参加。

11日 中国通用技术集团在商都县幼儿园举办“献爱心，送温暖”爱心捐赠活动。县委常委、副县长陈耀出席，中国通用技术集团领导、县教育科技体育局、市鑫雅书店负责人以及县幼儿园、各乡镇幼儿园负责人参加。

12日 商都县召开脱贫攻坚督查工作第一次联席会议。自治区驻商都脱贫攻坚督查组、自治区公安厅督察总队调研员李素才，县委常委、纪委书记李震，副县长冀飞及县委办、县委巡察办、组织部、政府办、扶贫办、住建局、审计局、农牧局等相关单位主要负责人或分管领导和5个督查组组长参加会议。

18日 自治区组建的“草原儿女心向党”宣讲团走进商都县进行宣讲。县四大班子领导出席报告会，县委常委、宣传部部长熊威主持。各乡镇、县直各单位副科以上领导、各单位理论骨干、县直各中小学负责人等参加报告会。

20—21日 商都县工商质监局举办特种设备安全负责人和安全管理人员培训班，来自全县的100多名学员参加培训。

21—25日 乌兰牧骑成立60周年庆典暨内蒙古第七届乌兰牧骑艺术节在内蒙古自治区赤峰市巴林右旗举行，来自全区各盟市的17支乌兰牧骑队伍、600多名队员参加展演，商都县乌兰牧骑队员陆进宇获一等奖，姚轶慧获优秀奖。

24日 全县征兵工作会议在县武装部四楼会议室召开，主要任务是贯彻落实区、市征兵工作会议精神，安排部署2017年全县征兵工作任务。县委副书记、县长、县征兵领导小组组长曹凯宏，县委常委、常务副县长、县征兵领导小组副组长郭玉广，副县长、县征兵领导小组副组长张丽霞，县人武部部长、县征兵领导小组副组长彭学奎，县人武部政委、县征兵领导小组副组长吴长军等县征兵领导小组成员出席会议，征兵办公室全体成员，各乡（镇）长、专武部部长和武装干事参加会议。

26日至8月1日 商都县特举办“守望相助，亮丽北疆”群众文化周活动，活动周分为乌兰牧骑专场、“非遗”传习所专场、乡镇专场、社区专场、社会文艺团体专场、全民健身专场、优秀节目展演等板块，每晚在水漩公园广场滚动上演。以歌舞、独唱、组合唱、二人台、现代小戏、小品、器乐合奏、健身操等方式，在传统文化中融入现代元素，唱响共产党好、改革开放好、伟大祖国好、民族团结好的时代主旋律，充分展示商都人民齐心协力奔小康的劲头和责任担当。

28日 乌兰察布市委常委、组织部部长蔺建军，副市长张翔在“八一”建军节即将到来之际，带领市人社局、民政局有关人员到商都县开展“八一”走访慰问。

29日 县委常委、政府副县长陈耀、李晓军带领招商局、教科体局等部门领导及教科体局部分股室站、4所学校（幼儿园）负责人赴北京市平谷区教委商谈教育对口帮扶事宜。

30日至8月1日 中国通用技术集团党组副书记、副总经理谭星辉一行到商都县考察扶贫工作。考察期间，召开中国通用技术集团定点帮扶商都县扶贫工作座谈会。会后，考察组在县委书记靳前斌、县长曹凯宏和扶贫办、经信商务局、教育科技体育局等部门负责人的陪同下，依次到大唐商都服务外包项目基地，县职业中学、中小学社会实践基地、大库伦乡、七台镇北大井村、通用小学等地进行实地考察。

8月

2—3日 为进一步提升全县党外干部及少数民族干部的思想政治素养和综合素质，增强他们的政治把握能力、参政议政能力、组织领导能力和协作共事能力，更好地为全县社会经济发展凝聚智慧力量，县委组织部、县委统战部、县委防范办、县委党校、县民族宗教事务局联合举办党外干部、少数民族干部培训班。全县60多名党外干部及少数民族干部参加培训。

11日 为进一步加强对全县砖厂和马铃薯加工企业的环境管理，提高空气和水环境质量，在环保局会议室召开商都县砖厂和马铃薯加工企业专项整治工作会。县委常委、副县长张美，环保局及监察大队负责人，砖厂、马铃薯加工企业负责人参加会议。

13日 为进一步学习贯彻好中共中央的新思想、新理论、新战略和习近平总书记系列讲话精神，强化“四个意识”，树立问题导向，增强担当精神，压牢压实责任，凝聚全县力量打赢脱贫攻坚战，全面建成小康社会，中共商都县委中心组召开（扩大）会议，会议特邀中共中央党校博士生导师、教授祝灵君及乌兰察布市委农工部副部长翟佳苏授课。县四大班子领导，法院院长、检察院检察长，公安局政委，四大班子办公室主任、副主任，县直、条管单位主要负责人，组织部、宣传部班子成员，扶贫办全体干部，各乡（镇）党委书记、乡（镇）长、副书记、分管扶贫工作的副乡（镇）长、组织委员、宣传委员、乡镇扶贫工作站全体成员，各村委会支书、驻村工作队成员、驻村第一书记、村级软件填写人员共计700余人村级会议。

17日 为贯彻落实市委相关文件精神，引导广大离退休干部为全市经济建设、政治建设、文化建设、社会建设、生态文明建设等方面取得的丰硕成果和巨大进步建言献策、点赞喝彩，由市委老干部局组织的市直“我看跨越发展中的乌兰察布”正能量老干部主题调研考察团走进商都县，对商都县进行实地调研考察。

19日 以“绿色理念、绿色生产、绿色消费”为主题的第十八届绿博会在包头开幕，本次展会共有37个展团、7大展区，1702家参展企业、15个国家特色产品及全国各名优绿色食品参展。商都县精心组织鑫磊蔬菜专业合作社、绿娃农业科技发展有限公司、希森马铃薯种业有限公司为代表的参展团赴展。商都特色的有机农产品在展会中受到消费者广泛赞誉，希森马铃薯种业有限公司和鑫磊蔬菜专业合作社荣获绿博会金奖。

是日 京蒙对口帮扶工作会议在商都县召开，平谷区政协主席闫维洪，政协副主席刘英，乌兰察布市委常委、副市长张爱冬，商都县委书记靳前斌，县委副书记、县长曹凯宏，县政协主席吕生金，县委常委、常务副县长郭玉广，县委常委、副县长李晓军，县政协副主席、统战部常务副部长任笑春，政协副主席张晓玲出席会议，县财政局、招商局、电视台等相关部门负责人参加会议。县委书记靳前斌主持会议。会上，曹凯宏介绍了商都县基本情况和2011—2017年京蒙对口帮扶及区域合作情况及下一步重点推进的京蒙对口帮扶工作。平谷区发改委主任介绍了与商都县近年来京蒙对口帮扶情况，同时根据两地实际情况协商下一步对商都县更具体的帮扶措施。闫维洪代表平谷区为商都县捐赠计算机100台，摄像机、照相机各1台。

19—20日 在锡林浩特市举办的第五届中国·内蒙古（锡林浩特）合唱艺术节，商都县“水漩之声教师合唱团”荣获一等奖“骏马奖”。中国·锡林郭勒“唱响内蒙古”千人草原国际合唱联谊活动有来自广州、南京、浙江、湖南、湖北、北京、天津、西安、延安、河北、山西等15个省市合唱团，还有来自内蒙古呼和浩特市、巴彦淖尔市、乌兰察布市、乌海市、包头市、锡林郭勒盟等区内合唱团以及来自国外的澳大利亚、美国、法国、韩国、蒙古国等国际友人共35个团队近2000人参加。

28日 “商都西芹”生态原产地产品保护专家评定会在商都县政府会议室召开。会议由内蒙古品牌战略促进会秘书长张贵龙主持。江苏出入境检验检疫局副处长邓建锋带队的评定专家组一行4人、评定指导机构中国生态道德教育促进会生态原产地保护产品（内蒙古）评定管理办公室主任高英杰、商都县人民政府副县长张云以及商都县工商质监局、环保局、国土局、水利局、农牧业局、气象局和商都县鑫磊蔬菜专业合作社的负责人出席会议。通过从见面会、现场勘察种植基地、专家合议以及总结会四个环节，评定专家组一致认为“商都西芹”符合《生态原产地产品保护评定通则》和《生态原产地产品保护工作导则》规定的要求，同意向国家质检总局生态原产地产品保护管理办公室推荐上报。

30日 首届中国商都马铃薯美食节在商都县不冻河西苑生态旅游区举办。有机马铃薯、希森系列、后旗红等14个品种，不同薯型、不同颜色的马铃薯展示商都县在马铃薯种薯繁育、种植方面的成就。土豆馒头、土豆饺子、土豆烙饼、多色馒头，彰显商都县土豆主粮化又一丰硕成果。

9月

1日　商都县龙湾国际花园小区举办第六届“点燃希望，放飞梦想”公益捐赠活动，为即将迈入大学门槛的莘莘学子献上一份关爱，现场为20名贫困生每人捐赠助学金5000元。

6日　全县县、乡两级人大、政府和县政协换届工作会召开。县委书记靳前斌在会上作讲话并与各乡（镇）党委书记签订换届工作责任状。县委副书记、县长曹凯宏主持会议，县人大常委会主任叶旺安排部署换届工作，县人大常委会副主任高加林宣读《商都县2017年县乡人民代表大会换届选举工作方案》。市委换届工作第十督查指导组第一组长、副市长曾萍到会指导并作重要讲话。

6—9日　为了进一步提升村党支部书记、驻村第一书记的素质和能力，充分发挥其在脱贫攻坚中的积极作用，全县村党支部书记、驻村第一书记培训班在县委党校举办。县委组织部、县纪委负责人出席开班仪式并作动员讲话。县委党校的教师分别就习近平总书记“7·26”重要讲话精神以及脱贫攻坚理论政策和《中国共产党党内监督条例》《中国共产党问责条例》等内容，进行详细讲解。全县90个重点贫困村党支部书记、驻村第一书记参加培训。

8日　商都县在青少年活动中心召开第33个教师节庆祝暨表彰大会，表彰在全县教育事业发展中做出突出贡献、取得优异成绩的先进个人。县委书记靳前斌，人大常委会主任叶旺，县委常委、副县长陈耀，政协副主席张晓玲，关工委主任马文亮和特邀市教育局副调研员陈登龙出席会议，各乡镇、相关部门、各级各类学校负责人和全县教师代表参加庆祝大会。

11日　商都县召开第二轮巡察工作动员部署会，正式启动第二轮巡察工作。县委常委、纪委书记、县委巡察工作领导小组组长李震出席会议并作动员讲话。

14—15日　县委副书记、县长曹凯宏率团赴北京市平谷区对接京蒙对口帮扶工作。北京市平谷区委常委、常务副区长吴小杰陪同活动。在平谷区期间，曹凯宏一行参观考察了北京千喜鹤食品有限公司和老才臣食品有限公司并参加北京市平谷区与商都县对口帮扶工作座谈会。商都县与平谷区签订《北京市平谷区与内蒙古自治区商都县携手奔小康对口帮扶协议》，平谷区和商都县举行110万元的对口帮扶资金交接仪式。

15—30日　根据县委统一部署，县委第一巡察组对人力资源和社会保障局党组开展巡察工作，县委第二巡查组对民政局党组开展巡察工作。

18日　市纪委副书记赵师军，市纪委常委、组织部部长张文华，市纪委宣传部部长邢明等一行4人，深入商都县检查指导工作。在县委书记靳前斌，县委常委、纪委书记李震及委（局）相关领导的陪同下，赵师军一行实地参观了执纪审查实训基地、县纪委纪律审查区、县委巡察办和集中整治“雁过拔毛”式腐败问题办公室。

27日　四子王旗纪委考察组和凉城县纪委考察组一行分别深入商都县就“谈话、笔录、取证”三项技能大练兵活动的开展情况和集中整治“雁过拔毛”式腐败问题等工作进行交流学习。

30日　为了深切缅怀革命先烈的丰功伟业，弘扬先烈的崇高精神，寄托后代哀思，告慰先辈英灵，商都县在县烈士陵园举行2017年烈士纪念日公祭活动，县四大班子领导、县直部门主要负责人、部分县直机关单位和学生代表参加活动。

10月

11日 商都县人民政府与内蒙古凯金新能源科技有限公司举行锂电池负极材料项目签约仪式。县委副书记、县长曹凯宏出席并代表县人民政府签约。

15日 为迎接庆祝中共十九大的胜利召开，由中共赤峰市委宣传部、赤峰市文化新闻出版广电局组织，赤峰市民族歌舞剧院创作演出的2017年度优秀大型话剧《草原丰碑》在商都县高级中学演出。

16日 市委常委、纪委书记云春生深入商都县实地调研脱贫攻坚和安全维稳工作。先后深入玻璃忽镜乡押地坊村、玻璃忽镜乡政府、县纪委、县信访局、县维稳办、县公安局进行实地调研指导，并召开座谈会。

18日 全县纪检干部大会在县纪委三楼会议室召开，各乡（镇）纪委书记及各派驻纪检组组长（纪委书记）、县委巡察办负责人、巡察组组长及委（局）全体干部参加会议。县委常委、纪委书记李震出席会议并讲话。会上，传达《中共内蒙古纪委关于在全区纪检监察系统实施监督执纪“百千万人才工程”的意见》、市纪委书记云春生传达全区纪检监察干部队伍建设座谈会精神暨全市纪检监察信息和保密安全工作会议上的讲话精神及市纪委副书记赵师军在全市纪检监察信息和保密工作会议上的讲话精神；宣读市纪委《关于认真做好对政府公职人员担保或直接产生不良贷款情况督促和约谈工作的通知》，并对该项工作进行安排部署。

22日 副市长、市公安局局长宝音德力格尔深入商都县屯垦队镇，就脱贫攻坚工作推进情况以及帮扶措施落实情况进行调研督查并召开座谈会，并走访包联贫困户。

26日 为扎实开展精准扶贫工作，商都县人武部工作人员在部长彭学奎、政委吴长军带领下，再次深入七台镇北大村和大库伦乡库伦图村进行走访慰问。

下旬 市委副书记、市长费东斌深入商都县调研时强调，要紧紧抓住京津冀地区产业转移的历史机遇，围绕全市经济社会发展大局，充分发挥国土资源对经济社会发展的保障支撑作用，进一步做好土地管理和利用工作，为加快乌兰察布发展提供有力保障支撑。

31日至11月2日 共青团商都县委员会召开第十六次代表大会第二次全体会议。会议通过《中国共产主义青年团商都县第十六次大会选举办法》，投票选举出由23名委员、10名候补委员组成的新一届共青团商都县委员会。

11月

1日 市委常委、纪委书记云春生深入包联点商都县玻璃忽镜乡指导学习宣传贯彻中共十九大精神主题党日活动，并向当地干部群众宣讲中共十九大精神。

3日 县委常委、纪委书记李震参加商都县卯都乡指导学习贯彻中共十九大精神主题党日活动，并向参加党日活动的干部群众宣讲中共十九大精神。

7日 为促进全县脱贫攻坚工作迈上新台阶，推进脱贫攻坚各项决策部署落到实处，进一步传导攻坚压力，加快脱贫进程，商都县召开全县脱贫攻坚督查工作第二次联席会议。自治区驻商都脱贫攻坚督察组、自治区公安厅督察总队调研员李素才，县委副书记王再华，县委常委、纪委书记李震，监察局主要负责人及县委督查组全体成员参加会议。

上旬 在2017年内蒙古呼和浩特市全国传统武术邀请赛上，商都县武术代表队获集体项目一等奖，个人项目金牌1枚、银牌3枚、铜牌1枚。

12日 北京平谷区人力资源和社会保障局局

长尉欣一行到商都县考察，并就下一步的就业服务合作事宜召开座谈会。县委常委、常务副县长郭玉广，县委常委、副县长李晓军出席会议，县人力资源和社会保障局、就业局等相关负责人参加会议。

22日 乌兰察布市宣讲团学习宣传贯彻中共十九大精神宣讲报告会在商都县举行。市委党校副校长曹锋作宣讲报告，县委书记靳前斌主持宣讲报告会。县四大班子领导，法院院长、检察院检察长，公安局政委，人武部部长、政委，全县副科以上领导干部，县委党校全体教师及县委宣传部全体干部参加宣讲报告会。

25日 以内蒙古自治区爱国卫生运动委员会办公室（以下简称自治区爱卫办）常务副主任孟和为组长的自治区爱卫办检查验收组到商都县，对创建自治区卫生旗县进行检查验收，市卫计委相关领导陪同检查。县委书记靳前斌，县委常委、宣传部部长熊威，县政协副主席张晓玲等出席会议，县创卫领导小组成员单位负责人、县爱卫办全体成员参加检查验收。

12月

1日 县委书记靳前斌，在县委常委、宣传部部长熊威、县政协副主席张晓玲陪同下深入商都县乌兰牧骑调研指导工作，靳前斌在调研中强调指出，广大乌兰牧骑队员和文艺工作者要认真学习贯彻习近平总书记对乌兰牧骑事业发展重要指示精神，以习近平总书记给乌兰牧骑回信为指引，创作出更多优秀文艺作品，永远做草原上的“红色文艺轻骑兵”。

是日 根据县委巡察工作领导小组的部署，县委第一巡察组向人社局党组反馈巡察情况，县委第二巡察组向民政局党组反馈巡察情况。

2日 第6个“全国交通安全日”，商都县开展以“遵规守法明礼、安全文明出行”为主题的交通安全宣传活动，旨在强化宣传教育，依法惩治交通违法行为，掀起交通安全宣传教育和交通违法整治新高潮。副县长、公安局局长王晓东出席活动并讲话。

3日 自治区党委常委、纪委书记刘奇凡一行深入商都县调研督导监察体制改革试点工作。

是日 市委政研督查室副调研员刘强，市农牧业局、草监局副局长巴特尔，市禁牧工作办公室副主任郭建新等一行对商都县禁牧舍饲工作进行现场督查和工作指导。

5日 商都县委第三轮巡察工作动员部署会召开。本轮巡察将对工商质监局党委、食品药品监督管理局党组、国土资源局党组、环境保护局党组、安全生产监督管理局党组和民族宗教事务局党支部6个党组织开展巡察。

是日 商都县召开脱贫攻坚推进会。会议的主要任务是分析扶贫工作中存在的问题，安排部署当前扶贫重点工作、全区扶贫交叉考核和第三方评估工作。县委书记靳前斌，县委副书记、县长曹凯宏，县人大常委会主任叶旺，县政协主席吕生金等四大班子领导出席会议，县直各单位主要负责人，各乡（镇）党委书记、分管副乡（镇）长、扶贫工作站站长、驻村工作队队长、第一书记、村支书等相关人员参加会议。

7—8日 中国人民政治协商会议商都县第十届委员会第一次会议召开。吕生金代表九届政协常委会向大会作《政协商都县第九届委员会常务委员会工作报告》。县委副书记王再华在会上讲话。会后，各讨论组围绕政协商都县第九届委员会常务委员会工作报告、政协商都县第九届委员会常务委员会关于九届政协提案工作情况的报告以及县委领导的讲话分组进行讨论。会议选举产生政协商都县第十届委员会主席、副主席、秘书长和常务委员。会议选举吕生金为政协商都县第十届委员会主席，选举任笑春、张占英、刘瑞明、葛有旺为政协商都县第十届委员会副主席，选举郭存富为政协商都县第十届委员会秘书长。

8—9日　商都县第十五届人民代表大会第一次会议召开。曹凯宏代表商都县人民政府向大会作政府工作报告，叶旺代表第十四届人民代表大会常务委员会向大会作工作报告，郭永国向大会作商都县人民法院工作报告，谢力向大会作商都县人民检察院工作报告。会议选举产生新一届人大、政府领导班子，监察委员会主任，法院院长、检察院检察长。叶旺当选为商都县第十五届人大常委会主任，高加林、李生智、张云、张丽霞当选为第十五届人大常委会副主任，曹凯宏当选为商都县人民政府县长，郭玉广、张美、张晓玲、刘瑞、王晓东、张日高当选为商都县人民政府副县长。选举产生商都县监察委员会主任，商都县人民法院院长，商都县人民检察院检察长和乌兰察布市第四届人民代表大会代表。

12日　根据县委关于巡察工作的统一部署，分别召开县委第一巡察组巡察国土局党组和食药局党组动员会、县委第二巡察组巡察县工商质量技术监督管理局党委及民族宗教事务局党支部动员会、县委第三巡察组巡察环境保护局党组及安全生产监督管理局党组工作动员会。

15日　为进一步规范无证无照经营行为查处，提高执法人员业务水平，乌兰察布市工商局在商都县组织开展《无证无照经营查处办法》培训班，培训班由市工商局副局长董建平主持，商都县副县长张晓玲出席开幕仪式并致欢迎词，自治区工商局处长卜彦出席并作讲话。市工商局基层科全体人员，各旗（县）工商质监局分管领导、相关股所负责人、业务骨干等人员参会，商都县26个单位也派人参加培训，共90多人参加本次培训。培训由市工商局基层科副科长刘海军负责对《无证无照经营查处办法》进行讲解，并针对大家在学习和实际工作中遇到的问题进行详细解答。

18日　副市长、市公安局局长洪赪灏在市公安局相关人员的陪同下到商都县就公安工作进行调研。

20日　商都县宗申小学与平谷区第一小学开展京蒙教育对口帮扶活动，并在平谷区教育局与商都县教科体局的帮扶合作框架下，签订对口帮扶合作协议。

22日　县政府党组书记、县长曹凯宏主持召开政府党组会议，研究完善《中共商都县人民政府党组关于进一步贯彻落实“三重一大”事项集体决策制度的实施意见》《商都县人民政府突发公共事件总体应急预案》，听取经济体制与生态文明体制改革任务完成情况、健康扶贫工作进展和自查情况的汇报，并安排部署当前重点工作。

25—26日　市委书记杜学军深入商都县调研实体经济、扶贫、维稳等重点工作，县委书记靳前斌、县长曹凯宏陪同调研。杜学军先后深入蓝威斯顿薯业、东盛硅藻土科技创新产业园、凯金新能源科技公司、佰惠生糖业、昌盛日电商都光伏产业示范园、十八顷镇大五号村、袁家村等地，听取有关负责人情况介绍，实地了解项目建设进度及脱贫攻坚进展情况。深入商都县政务服务中心、乌兰牧骑、监委会、信访局、综治维稳中心等单位，就乌兰牧骑建设、维稳等工作进行指导。

（编辑　魏　兆）

商都县概况

基本情况

【地理区位】 商都县位于内蒙古自治区中部、乌兰察布市东北部，地理坐标为北纬41°18′—42°09′，东经113°08′—114°15′。东与化德县和河北省康保县、张北县、尚义县连接，南与兴和县接壤，西与察右后旗交错，北与锡林郭勒盟的苏尼特右旗、镶黄旗毗邻。县境东西宽约50公里，南北长约90公里，总面积为4283.49平方公里。

商都县人民政府所在地七台镇是清代阿尔泰军台驿路（张家口—科布多）上的第七个军台驿站，距张家口市180公里，距北京市380公里，距呼和浩特市220公里，距二连浩特市280公里，是北接蒙古、东连京津冀地区的重要交通枢纽，也是塞外高原通往东北三省的一个节点重镇。

【历史沿革】 商都县建县时间较晚，从商朝起历经西周、东周、秦、汉、三国、西晋、南北朝、唐、宋、元、明直至清朝，一直是“天苍苍、野茫茫、风吹草低见牛羊”的大漠草原，先后有鬼方、匈奴、鲜卑、契丹、女真、蒙古等北方少数民族入主称雄，并以游牧方式创造了独特、古老的草原文明。清末放荒招垦“垂三十年”后，开始步入现代社会，先后于民国4年（1915年）、民国6年（1917年）设置商都垦务行局兼设治局和招垦设治局，以催生农业开发。到民国7年（1918年），随着草场的不断开发，商都人口迅速膨胀，经济社会日益发育，经中华民国政府批准，正式建县。

民国14年（1925年），商都县被划为察哈尔特别区之五警区；民国17年（1928年），察哈尔特别区改为察哈尔省，商都县直接隶属于察哈尔省管辖；下年，商都实行区域自治。民国23年（1934年），取消区域自治，改行县制。民国25年（1936年），商都被日本侵略军占领。其间，由于民国时期军阀混战、国民党专制统治和日军侵华等诸多政治因素的影响，这片刚刚开发的土地很快陷入社会混乱、经济萎缩、民生凋敝的泥潭，从而迟滞了前进的步伐。

为了争取民族独立和人民解放，商都县的各族人民在中国共产党的领导下，同日伪等各种邪恶势力进行英勇的抗争，民国34年（1945年）8月，商都县获得第一次解放。民国36年（1947年），为适应敌后斗争形势，中国共产党分别于1月和9月成立商化联合县和商化康联合县，民国37年（1948年）12月，商化康联合县建制撤销。1949年1月，商都县第二次解放，中国共产党商都县委员会暨商都县政府成立，商都县延续县级建制划归察哈尔省，隶属于察北地区管辖。

中华人民共和国成立后，1950年7月1日，商都县政府改为商都县人民政府。1952年11月，察哈尔省撤销，商都县划归河北省张家口专区管辖。1962年7月，商都县划归内蒙古自治区，属乌兰察布盟管辖。2004年8月，乌兰察布盟改称乌兰察布市，商都县隶属于乌兰察布市管辖。

【区划人口】 商都县辖6个镇、4个乡，211个村民委员会、22个社区居委会、688个村民小组。2017年，全县总户数15.09万户，总人口33.17万人，其中男16.95万人、女16.22万人。其中：城镇人口7.27万人，乡村人口25.90万人。蒙古族人口4971人，汉族人口32.57万人，其他少数民族人口1046人。

【自然环境】 商都县地势自西北向东南逐渐倾斜，呈不规则图形；地貌以低山丘陵为主，间布山间盆地、丘间宽谷、波状高原和冲积平原，海拔在1300—1600米。较高山脉有麻黄山、青石脑包山、马鬃山、公鸡山、黄龙洞山、元宝山、铜顶山等，较大的季节性河流有不冻河、五台河、十八顷河、六台河、铜钴辘河等，相对规整的平原有十八顷平原、小海子平原、八十五号平原、大黑沙土平原、玻璃忽镜平原等，较大的湖淖有察汗诺尔、田士沟海、二吉淖，较小的湖淖39处，有八股地中型水库1座，三面井和不冻河小型水库2座，较小型水库十余座。全县海拔最高点麻黄山1795米，最低点察汗诺尔1273米。

商都县属中温带半干旱大陆性季风气候，2017年，年平均气温5.1摄氏度，年降水量287.7毫米，年平均蒸发量约2020毫米，年无霜期137天，年平均日照2880.4小时，年大风61天，平均风速约2.4米/秒。

【耕地作物】 全县实有耕地面积150万亩，其中水浇地34.2万亩，农作物主栽品种为马铃薯、玉米、小麦、豆类、杂粮和蔬菜，正常年景粮食总产15万吨。全县马铃薯种植面积稳定在50多万亩，其中315套喷灌圈面积15万亩，膜下滴灌5万亩，旱作覆膜20万亩，年总产鲜薯70万吨。

【草场家畜】 全县实有草场面积235.2万亩，其中可利用草场面积134.5万亩。养殖业以奶牛、肉羊、生猪为主，年家畜饲养量200多万头（只）。

【林　地】 全县有林面积137.9万亩，其中灌木林100多万亩，各类活立木总蓄积量为76.98万立方米，森林覆盖率为25%。

【矿产资源】 全县已探明的矿产资源有20多种。其中，二氧化碳气体开采范围500平方公里，储量约50亿立方米，二氧化碳含量97.5%；石英石在全县80%的区域不同程度地裸体外露，储量约13亿吨，二氧化硅含量在96%以上，部分矿体达到99.9%；石灰石储量约1.3亿吨，氧化钙含量在52%以上；硅藻土储量约1780万吨，二氧化硅含量61.29%—70%；白泥储量约60万吨，三氧化二铝含量17.4%，氧化硅含量52.5%；高岭土储量约30万吨；长石储量约1000万吨，氧化钾、氧化钙含量在10%—13%。

【风能资源】 全县风能资源极为丰富，境内规划有吉庆和常胜梁两大风场。吉庆百万千瓦级风场位于县境北部，距县城35公里，海拔高度1346—1508米，规划面积777平方公里，规划装机容量240万千瓦，风场70米高年平均风速在8.56米/秒左右，风功率密度572.6瓦/平方米。常胜梁风场位于县境南部，距县城12公里，海拔高度1332—1497米，规划面积20平方公里，规划最高装机容量为10万千瓦，风场70米高年平均风速在7.04米/秒左右，风功率密度369.9瓦/平方米。吉庆和常胜梁两大风场风能资源丰富，地势平坦，林木及建筑物少且不易产生风的紊流现象，几乎没有破坏性风速。风场内已安装测风塔22座，其中70米高测风塔21座、40米高测风塔1座，为规模建设风电场奠定了良好的基础。全县风场接入系统靠近蒙西电网，入网条件优越。

【植　物】植物种类较多。药用植物有甘草、黄芪、麻黄、黄芩、防风、知母、苍术、柴胡、桔梗、秦艽、远志、车前子、玉竹、王不留行、芦根、漏芦、白茅根、苦甘草、百合、地榆、狼毒、苦参、山大黄、板蓝根、党参、枸杞、牛蒡子、天仙子、牵牛子、葶苈子、苍耳子、地肤子、刺蒺藜、沙棘、杏仁、红花、野菊花、洋金花、旋复花、山川柳、艾叶、荆芥、茵陈、青蒿、薄荷、蒲公英、小蓟、大蓟、扁蓄、败酱草、益母草、仙鹤草、卷柏、石苇、画眉草、石竹、多叶棘豆、鸡冠花、马兰等。纤维植物有芨芨草、芦苇、猪鬃草、马兰、野麻子等。淀粉植物有灰菜、沙蓬、野麦子、野荞麦、野豌豆、山葱葱、萹蓄等。食用菌及副食植物有蘑菇、发菜、地皮菜、山韭菜。牧草植物有菅草、冰草、羊草、冷蒿、针茅、隐子草、小叶锦鸡儿、百里香、禾草、苔草、柄扁桃、山榆、苜蓿、盐爪爪、白刺、杂草类等。用材植物有杨树、柳树、榆树、松树、山杏树。

【动　物】由于区域面积小、环境单调、气候寒凉的自然条件，天然上不能为动物的生存和生活提供优越的环境。因此，全县动物数量、种类都很少，有些迁徙性动物“来也匆匆、去也匆匆”，算不上商都土生土长的动物。从类别上分，有兽类、鸟类、爬行类、两栖类、昆虫、鼠类等。主要动物有狼、狐狸、獾、黄鼬、沙狐、黄羊、野兔、黄鼠、跳土、蛇、青蛙、蜥蜴、天鹅、丹顶鹤、石鸡、地甫、沙鸡、鹌鹑、白灵子、画眉、山雀、黄鹂、麻雀、鹞子、燕子、喜鹊、布谷鸟、山燕、啄木鸟、蓝靛、大雁、半翅、水鸭、乌鸦、杜鹃、雕、小翠鸟、蜻蜓、水蛭、萤火虫、蜈蚣、虻、蟋蟀、壁虎、蜘蛛、蝗虫、蝴蝶、蜜蜂、苍蝇、蚊子、蛐蜒、蝼蛄、斑蝥、蚯蚓等。

2017年经济社会发展情况

【概　况】2017年，商都县委、县人民政府带领全县人民深入贯彻落实中央、自治区、市决策部署，以中共十八届三中、四中、五中、六中全会及习近平总书记系列重要讲话精神为指导，按照县委十三届二次全委（扩大）会议确定的发展思路，坚持稳中求进工作总基调，积极推进供给侧结构性改革，强化投资拉动和项目带动，用好用活政策，做优做美环境，打好绿色、资源、区位“三张牌”，延伸丰富“六个一”绿色农字号产业和品牌，培育发展陶瓷建材、医疗器械、新能源、文化旅游、商贸流通“五大产业”。在经济发展新常态下，各项改革取得新成绩，保持了经济社会持续健康发展。

【人　口】年末，全县户籍人口33.17万人。其中，城镇人口7.27万人，乡村人口25.90万人；男性人口16.95万人，女性人口16.22万人；蒙古族人口4971人，汉族人口32.57万人，其他少数民族人口1046人。全年出生人口5324人，死亡人口3837人。

【生产值】初步核算，全年实现地区生产总值47.61亿元，按可比价格计算（下同），同比增长5.5%；其中第一产业增加值12.75亿元，同比增长5.3%；第二产业增加值15.30亿元，同比增长3.4%；第三产业增加值19.56亿元，同比增长7.4%。三次产业比例为26.8 : 32.1 : 41.1。

【农　业】全县农作物播种面积10.65万公顷，同比下降8.0%。粮食作物播种面积6.47万公顷，同比下降4.5%；经济作物播种面积为4.18万公顷，同比下降13.0%。粮食总产量为8.67万吨，同比下降5.7%；油料产量为3.89万吨，同比下降0.5%；甜菜产量为53.54万吨，同比增长15.8%；蔬菜产量为6.83万吨，同比下降32.2%。全县马铃薯播种面积为1.92万公顷，同比下降15.5%，产量为4.2万吨，同比下降5.3%。

全县牧业年度（6 月末）牲畜存栏头数达 41.86 万头（只），全年肉类总产量 0.7 万吨。

全年完成营造林面积 7500 余亩，其中人工造林 3300 余亩。年末全县森林面积 163.30 万亩，森林覆盖率达 25.06%。

【工　业】 全县全部工业增加值达到 12.04 亿元，同比增长 5.2%，其中规模以上工业增加值同比增长 5.8%。全年规模以上工业企业实现总产值 38.69 亿元，同比增长 –3.14%。按登记注册类型分：内资企业 24 家，实现工业总产值 35.35 亿元；港澳台商投资企业 1 家，实现工业总产值 3.34 亿元；按行业分：制造业 15 家（农副产品加工业 4 家，酒、饮料和精制茶制造业 1 家，非金属矿物制造业 3 家，黑色金属冶炼和压延加工业 7 家），实现工业总产值 32.56 亿元；电力、热力、燃气及水生产和供应业 10 家，实现工业总产值 6.13 亿元。工业企业产品销售率达 94.7%，同比上涨 9.1 个百分点。

主要工业产品产量：全县白酒产量达 719.04 千升；发电量达到 10.01 亿千瓦时，其中风力发电量 7.88 亿千瓦时、太阳能发电 2.13 亿千瓦时；成品糖产量达 9.64 万吨；水泥产量达 6.91 万吨；水泥熟料产量为 45.83 万吨。

全社会能源消费总量为 77.75 万吨标准煤，同比增长 4.25%。单位 GDP 能耗下降 1.21%，全社会用电量为 17.41 亿千瓦时。

【固定资产】 全县 500 万元以上项目固定资产投资完成 29.95 亿元，同比增长 –16.9%。从行业看，房地产完成投资 0.22 亿元，农林牧水项目完成投资 1.76 亿元，城市建设项目完成投资 7.18 亿元，工业项目完成投资 15.82 亿元，其他项目完成投资 4.97 亿元。

【建筑业】 建筑业增加值实现 3.26 亿元，同比增长 –2.7%。全县具有建筑业资质等级的建筑企业 4 家，施工企业房屋建筑施工面积 44.9 万平方米。

【社会消费品零售额】 全年社会消费品零售总额 35.1 亿元，同比增长 7.7%。其中，城镇消费品零售额完成 23.3 亿元，同比增长 8.1%；乡村消费品零售额完成 11.8 亿元，同比增长 6.9%。

【财政、金融】 全年完成公共财政预算收入 1.56 亿元，同比增长 –8.6%，公共财政预算支出为 27.48 亿元，同比增长 12.5%。

年末，全县金融机构人民币存款余额 68.63 亿元。其中，单位存款余额 13.79 亿元、个人存款余额 54.84 亿元。年末，全县金融机构人民币贷款余额 27.19 亿元。

【邮电、电信】 全年完成邮政行业业务总量 1430.23 万元。其中，邮政函件业务 1.21 万件，包裹业务 33.46 万件，快递业务 163.9 万件。

全年完成电信业务总量 1.04 亿元。年末，本地固定电话用户达到 4600 户，已通宽带的行政村比重达到 100%。

【教育、文化、卫生】 年末，全县共有普通中学 6 所，小学 15 所。年末，在校学生 1.64 万人。全县幼儿园在园幼儿人数 3560 人。

年末，全县拥有文化馆 1 座，美术馆 1 座，图书馆 1 座，文物管理所 1 座，民俗博物馆 1 座，文化市场综合执法大队 1 个，乌兰牧骑 1 个。

年末，全县拥有医疗卫生机构 23 个。其中，县直医院 2 个、乡镇卫生院 18 个、疾控中心 1 个、卫生监督所 1 个、妇幼保健计划生育技术服务中心 1 个。拥有医疗卫生机构床位 805 张，卫生技术人员 698 人。

【人民生活、社会保障】 年末，全部单位从业人员 9118 人，同比下降 0.1%，全部单位在岗职工平均工资 7.53 万元，同比增长 5.3%；年末，国有单位从业人员 8224 人，同比增长 5.6%，国有单位在岗职工平均工资 7.57 万元，同比上涨 3.9%；集体单位从业人员 520 人，同比下降 10.5%，集体单位在岗职工平均工资 7.89 万元，同比下降 4.6%。

全年全体居民人均可支配收入 1.48 万元，同比增长 8.8%。其中，城镇居民人均可支配收入为 2.58 万元，同比增长 8.6%；农村居民人均可支配收入为 9257 元，同比增长 8.3%。

年末，参加城镇职工基本养老保险 1.66 万人，参加城乡居民社会养老保险 14.56 万人。参加失业保险职工 8100 人。参加城乡基本医疗保险 27.84 万人。

年末，全县拥有各种社会福利收养性单位 4 个，床位 480 张。城镇居民最低生活保障 9362 人，农村居民最低生活保障 4.68 万人，农村“五保”户供养 3210 人。

（编辑　魏　兆）

全县机构设置和负责人名录

中国共产党商都县委员会

书记：靳前斌（2013.1— ）

副书记、县长：曹凯宏（2013.1— ）

副书记：张丰生（2016.7—2017.7）

王再华（2017.10— ）

常委、常务副县长：郭玉广（2015.12— ）

常委、副县长：张　美（2016.6— ）

常委、纪委书记：李　震（2016.6— ）

中共商都县委办公室

主任：王再华（2015.12—2017.10）

闫　军（2017.10— ）蒙古族

副主任：王　瑞（2013.9—2017.8）

马晓强（2013.9— ）

王　健（2012.6—2017.7）

肖建忠（2016.1—2017.8）

杨　凯（2017.7— ）

赵宇飞（2017.7— ）

商都县接待办

主任：付　军（2015.3— ）

副主任：宋　强（2011.6—2016.12）

郝治安（2014.11— ）

韩亚囡（2016.12— ）女

商都县保密局

局长：王　瑞（2013.9—2017.8）

肖建忠（2017.8— ）

副局长：吕彦平（2017.8— ）

商都县全面深化改革领导小组办公室

主任：王再华（2015.12— ）兼

常务副主任：杨玉山（2015.3— ）

副主任：肖建忠（2015.3—2016.1）

燕志军（2015.12— ）

中共商都县委组织部

县委常委、组织部部长：

王倩影（2016.6— ）女

副部长兼编办主任：

刘志宏（2008.6—2017.8）

武学兵（2017.8— ）

副部长：盛韶军（2009.12— ）

副部长、机关党委书记：

宋美军（2013.9— ）

副部长：

郭剑峰（2017.10— ）正科级组织员

副部长、人社局局长：

赵亚弼（2013.9— ）满族

副部长、老干部局局长：

姚淑芳（2016.12— ）女

中共商都县委宣传部

部长：熊 威（2013.5— ）

副部长、文明办主任：

张 祥（2016.6—2017.10）

副部长：郭冬羽（2001.8— ）

郭玉宽（2016.11— ）

智文旭（2017.10— ）

中共商都县委统战部

部长：任笑春（2012.10—2015.8）女

马凤英（2015.8—2015.12）

女，蒙古族

刘晓俊（2015.12—2016.7）

张丰生（2016.7—2017.9）

王再华（2017.10— ）

常务副部长：任笑春（2015.8—2017.12）女

副部长：范伟成（2009.12— ）

田俊楼（2009.12— ）

中共商都县委政法委

县委常委、政法委书记：

闫 军（2016.6—2017.10 调离）

荆 喜（2017.10— ）

副书记、综治办主任：

徐建源（2009.12— ）

副书记、防范办主任：

徐金兰（2013.06— ）女，回族

副书记、维稳办主任：

黄建军（2013.06— ）

副书记：王永春（2017.08— ）

商都县机构编制委员会办公室

主任：刘志宏（2013.9—2017.8）

组织部常务副部长兼

武学兵（2017.8— ）

组织部常务副部长兼

副主任：王辉宇（2013.6— ）

商都县老干部局

局长：姚淑芳（2016.12— ）女

副局长：李玲芳（2014.11— ）女

商都县关心下一代工作委员会

常务副主任：马文亮（2004.8— ）

副主任：康 宝（2002.9— ）

刘义仁（2002.9— ）

中共商都县委党校

常务副校长：郝 文（2015.12— ）

副校长：张志平（2006.4— ）

吴宏利（2015.3— ）女，蒙古族

商都县档案管理局

局长：薛银山（2013.9— ）

副局长：燕 军（2013.12— ）

门正达（2015.4— ）

中共商都县委党史领导小组办公室

主任：魏 兆（2007.7— ）兼

商都县人民代表大会常务委员会

商都县第十四届人民代表大会常务委员会

党组书记、主任：

叶 旺（2012.11—2017.12）

副主任、党组副书记：

高加林（2012.11—2017.12）

副主任、党组成员：

李生智（2012.11—2017.12）

罗　宏（2012.11—2017.12）

副主任：刘瑞明（2016.3—2017.12）无党派

商都县第十五届人民代表大会常务委员会

党组书记、主任：叶　旺（2017.12—　）

副主任、党组副书记：

高加林（2017.12—　）

副主任、党组成员：李生智（2017.12—　）

张　云（2017.12—　）

副主任：张丽霞（2017.12—　）无党派，女

人大办公室

（内设规范性文件备案审查服务中心和计划预算审查服务中心）

主任：兰瑞新（2017.1—2017.6）

李雅东（2017.6—　）

副主任：赵利霞（2016.5—　）女

财政经济工作委员会

主任：忻船飞（2008.7—　）

副主任：苏布登花（2008.7—　）女，蒙古族

教育科技文化卫生工作委员会

主任：张瑞峙（2008.7—　）女

副主任：张晓红（2015.3—　）女

法制工作委员会

主任：朱　根（2009.11—　）

副主任：吴晓霞（2008.7—　）女

选举任免代表联络工作委员会

主任：薛　美（2013.9—　）

副主任：姚　斌（2016.6—　）

商都县人民政府

县委副书记、县长：曹凯宏（2013.1—　）

县委常委、常务副县长：郭玉广（2015.12—　）

县委常委、副县长：

张　美（2016.8—　）

陈　耀（2016.8—　）挂职

李晓军（2017.3—　）挂职

副县长：

张丽霞（2011.12—2007.12）女，非党

张晓玲（2017.12—　）女，非党

张　云（2012.4—2017.12）

刘　瑞（2011.12—　）

冀　飞（2015.12—2017.12）

王晓东（2014.11—　）

张日高（2017.12—　）

商都县人民政府办公室

主任：郑　直（2013.9—　）

副主任：张　朝（2007.6—　）兼

张飞鹏（2013.9—　）兼

王继永（2013.9—　）兼

王小平（2016.12—　）兼

赵瑞军（2009.12—　）兼

于建国（2016.11—　）

张树彬（2016.11—　）

张玉清（2017.8—　）

商都县政务服务中心

主任：张飞鹏（2013.9—　）

副主任：任效栋（2007.6—　）女

商都县公共资源交易中心

主任：刘建萍（2014.11—　）女

商都县政府信息化工作办公室

主任：张　朝（2011.6—2017.7）

商都县信访局

局长：王小平（2016.12—　）

副局长：张奋龙（2016.12—　）

　　　　范　军（2016.12—　）

商都县人防办

县政府办副主任兼人防办主任：

赵瑞军（2015.4—　）

商都县地方志编纂委员会办公室

主任：魏　兆（2004.7—　）兼

中国人民政治协商会议商都县委员会

中国人民政协协商会议商都县第九届委员会

主席：吕生金（2012.10—2017.11）

党组书记：吕生金（2012.11—2016.7）

　　　　　郭守玉（2016.7—2017.10）

副主席：任笑春（2012.11—2017.11）女

　　　　张占英（2012.11—2017.11）

　　　　张晓玲（2012.11—2017.11）女

　　　　金建民（2012.11—2017.11）

中国人民政治协商会议商都县第十届委员会

主席：吕生金（2017.11—　）

党组书记：吕生金（2017.11—　）

副主席：任笑春（2017.11—　）女

　　　　张占英（2017.11—　）非党

　　　　刘瑞明（2017.11—　）非党

　　　　葛有旺（2017.11—　）

办公室

办公室主任：郭存富（2013.8—　）

副主任：郭晓雯（2012.6—　）女

提案委

提案委主任：黄学文（2015.12—　）

副主任：王建峰（2015.12—　）

社会事务委

社会事务委主任：刘蓉晖（2015.12—　）女

副主任：王雪萍（2015.12—2017.6）女

　　　　赵琰璞（2017.6—　）女

经济委

经济委主任：王若筠（2015.12—　）女

副主任：武玉军（2015.12—　）

民族宗教和文史委

民族宗教和文史委主任：

穆　锴（2015.12—　）

副主任：李占建（2015.12—　）

中国共产党商都县纪律检查委员会（监察局）

县委常委、纪委书记：李　震（2016.7—　）

县纪委副书记、监察局局长：

高　鸿（2013.9—　）

县纪委副书记：郭冬云（2014.11—　）

商都县总工会

主席：曹利和（2014.11—　）

副主席：赵亚琼（2013.4—　）女，满族

　　　　边淑芳（2015.4—　）女

共青团商都县委员会

书记：杨雪林（2010.10—　）

副书记：李志伟（2015.3—2017.10）

　　　　古　洋（2013.4—2017.10）

　　　　吴　昊（2017.10—　）

　　　　李晓芳（2017.10—　）女

商都县妇女联合会

主席：常利琴（2004.6— ）女
副主席：郭　晏（2004.10— ）女
　　　　李海东（2004.10— ）女

商都县科学技术协会

主席：姚学云（2006.4— ）女
副主席：尚兴业（2004.6— ）

商都县红十字会

常务副会长：杨德福（2013.9— ）
副会长：任春玲（2005.6— ）女

商都县文学艺术界联合会

主席、党支部书记：王爱贤（2007.6— ）
副主席：张晓霞（2017.8— ）女

商都县残疾人联合会

理事长：郑　荣（2008.6—2017.8）
　　　　马占平（2017.8— ）
副理事长：张少华（2006.4— ）
　　　　　王素文（2010.2— ）

商都县工商业者联合会

主席：张建国（2013.9— ）
副主席：翁立新（2004.10— ）

商都县计划生育协会

常务副会长：王誉芳（2008.7— ）女

商都县公安局

局长：王晓东（2014.11— ）
政委：闫　佩（2012.3— ）
副书记：李林祥（2002.8— ）
副政委：霍高俊（2007.6— ）
副局长：逯志远（2007.6— ）
　　　　景秀平（2007.6— ）
　　　　刘占斌（2008.7— ）
纪检书记：康杰峰（2005.11— ）
副局长：郭　震（2012.7— ）
　　　　索占坡（2013.9— ）

商都县交警大队

大队长：杜永旺（2016.3— ）
教导员：冀　刚（2016.4— ）
副大队长：樊　强（2016.4— ）
　　　　　孟庆滨（2016.4— ）
　　　　　李　娟（2016.4— ）女

商都县公安消防大队

（一）消防大队
教导员：银　春（2014.12— ）
大队长：田小金（2014.12—2016.12）
（二）消防中队
指导员：崔　勐（2015.12— ）
中队长：郝志远（2014.12— ）

商都县人民检察院

党组书记、检察长：
　吴德霖（2012.3—2017.10）
党组书记、拟任检察长：
　安世杰（2017.10— ）
副检察长：谢　力（2007.6— ）
　　　　　师占军（2010.7— ）
　　　　　赵云宙（2010.7— ）

商都县人民法院

党组书记、院长：郭永国（2014.11— ）
党组副书记、常务副院长：
　李建军（2012.9— ）

商都县司法局

局长：薛丙文（2013.9—　）

副局长：张亚军（2006.6—　）

　　　　徐艳霞（2010.1—　）女

商都县人民武装部

部长：刘志敏（2015.4—2017.5）

　　　彭学奎（2017.7—　）

政委：吴长军（2017.7—　）

副部长：姚建勇（2017.7—　）

武警商都县中队

中队长：胡适其（2016.1—2017.12）

指导员：刘金键（2016.5—2017.12）

商都县人力资源和社会保障局

局长：赵亚弼（2013.4—　）满族

纪检组组长：王雪亮（2013.6—　）

副局长：刘建忠（2017.10—　）

副局长兼医保局局长：王　权（2009.12—　）

商都县社会保险事业管理局

局长：张连江（2009.11—　）

副局长：郭和平（2004.6—　）

　　　　孙志强（2007.6—　）

商都县劳动就业服务局

局长：简立峰（2016.5—　）

商都县医疗保险管理局

局长：王　权（2009.12—　）

副局长：张润珍（2009.12—　）女

　　　　张莲珍（2012.8—　）女

商都县扶贫开发办公室

主任：李雅东（2015.3—2017.6）

　　　兰瑞新（2017.6—　）

副主任：王一鸣（2013.9—　）

　　　　任明科（2013.9—　）

商都县民政局

局长：任海清（2016.7—　）

副局长：张义军（1999.6—　）蒙古族

　　　　刘宏斌（2008.6—　）

　　　　武　勇（2008.6—　）

商都县民族宗教事务局

局长：高　河（2013.9—　）蒙古族

副局长：胡利芳（2006.3—　）女

　　　　马登芳（2002.8—　）女，回族

商都县发展和改革局

局长、党委书记：燕志军（2015.12—　）

专职副书记：孙　涛（2013.4—　）

副局长：刘利新（2013.10—　）

　　　　王素英（2013.10—　）女

　　　　霍会元（2015.3—2017.7）

　　　　刘　洋（2017.10—　）

商都县国土资源局

党组书记、局长：逯吉元（2011.2—　）

党组成员、副局长：张世平（2014.5—　）

　　　　　　　　　张建民（2003.8—　）

　　　　　　　　　王彦祥（2003.11—　）

　　　　　　　　　李晓东（2011.1—　）

商都县工商质监局

局长：李德胜（2015.3—　）

副局长：郝亚安（2007.3—　）

闫　志（2008.3—　）
刘向海（2011.11—　）

商都县安全生产监督管理局

局长：何　军（2016.1—　）
副局长：周树根（2004.10—　）
曹　敏（2004.10—　）

商都县食品药品监督管理局

局长：武　举（2014.11—　）
副局长：赵存爱（2012.10—　）
马晓宇（2002.4—　）
周　冰（2014.6—　）

商都县招商局

局长：霍会元（2012.4—2017.7）
安永光（2017.7—　）
副局长：安永光（2012.4—2017.7）
王旭东（2012.4—　）

商都县审计局

局长：赵江海（2009.5—2017.10）
李　军（2017.10—　）
副局长：李　凯（2006.4—　）
李重阳（2007.7—　）女
田宏斌（2012.5—　）

商都县统计局

局长：闫德民（2013.9—　）
副局长：张葆琳（2010.10—　）女
李宝兵（2015.4—　）

国家统计局商都调查队

队长：李永杰（2014.9—　）
副队长：闫旭岗（2017.12—　）

商都县农牧业局

党委书记、局长：李　军（2013.9—　）
副局长：赵凤仙（1996.6—　）女
安秀丽（1996.6—　）女
田玉林（2012.6—　）
刘　忠（2016.6—　）

商都县林业局

局长、党委书记、森林公安局政委：
王建喜（2012.6—2018.3）
副局长：翁　河（2013.4—　）
高春利（2015.3—　）女

商都县园林局

局长：张晔宇（2016.1—　）
副局长：曹淑平（2016.1—　）
郝　凯（2016.1—　）
书记：田　虎（2016.1—　）

商都县水利局

局长：葛有旺（2006.3—2017.10）
孙　庆（2017.10—　）
副局长：许　铎（2006.6—　）
赵保平（2006.8—　）

商都县农牧业机械管理局

局长：庞学峰（2002.8—　）
副局长：陈存金（2010.2—　）
赵宏广（2010.2—　）

商都县气象局

局长：杨自强（2016.7—2017.6）
张　豹（2017.6—　）
台长：青德孟（2016.8—　）
副局长：王轶博（2015.5—2017.2）

商都县经济信息商务局

局长、党委书记：袁海宏（2016.6— ）
副局长：张燕飞（2015.3— ）
霍高云（2015.3— ）
高　瑾（2015.3— ）
韩润平（2015.3— ）

商都县工业园区管理委员会

主任：李　智（2013.4— ）
副主任：赵海军（2012.6— ）
张晓霞（2011.7— ）女，蒙古族

乌兰察布电业局商都供电分局

局长、党总支副书记：郑宏才（2016.9— ）
党总支书记、副局长：邓建忠（2016.9— ）
副局长：任志刚（2011.3— ）
张国飞（2015.5—2017.5）
管　峰（2016.9— ）

商都县交通运输局

局长：荆　喜（2012.6—2017.10）
赵江海（2017.10— ）
副局长：达林太（2014.1— ）蒙古族
张梓雨（2014.11— ）

商都县邮政管理局

局长：宋　强（2016.12— ）

商都邮政分公司

经理：庄鸿斌（2013.2— ）
副经理：温旭升（2011.10— ）

中国移动商都县分公司

总经理：赵　丽（2015.9— ）女
副总经理：齐春雷（2015.2— ）

中国联通商都公司

党支部副书记、总经理：陈永刚（2014.6— ）
党支部书记、副总经理：艾仁俊（2014.6— ）
副总经理：温俊杰（2013.9— ）
冯　珅（2015.12— ）

中国电信商都分公司

党支部书记、经理：刘发才（2010.9— ）

商都县住房和城乡建设局

党总支书记、局长：翁占斌（2009.11— ）
党总支副书记、总工程师：
纪忠义（2013.7— ）

商都县房地产管理局

党支部书记、局长：李佃峰（2006.3— ）
副局长：张永红（2012.6— ）

商都县城镇管理局

局长：王继永（2013.9— ）
副局长：韩　杰（2013.5— ）
胡建文（2013.6— ）

商都县规划局

局长：李军光（2012.5— ）
副局长：
薛岩江（2012.5— ）兼征补办主任
朱旭升（2012.5— ）

商都县房屋征收与补偿管理办公室

主任：薛岩江（2014.3— ）兼
副主任：郭登龙（2013.6— ）

商都县住房公积金管理部

主任：李文亮（2013.9— ）

商都县环境保护局

局长：王雪海（2016.1—2017.9）
田文生（2017.9—　）
副局长：谷建军（2006.6—　）
丁凤武（2006.6—　）

商都县供销合作社

主任：吴全喜（2006.3—　）
副主任：张庆利（2008.2—　）
崔利芳（2008.2—　）女

内蒙古自治区商都县烟草专卖局乌兰察布市烟草公司商都县卷烟营销部

局长（经理）：邢世彪（2012.5—　）
副局长：张　忠（2006.5—　）
副经理：张建忠（2006.5—　）

中国石油内蒙古乌兰察布销售分公司商都经营部

经理兼书记：王城和（2015.12—　）

商都县盐业配送中心

经理：刘体平（2011.1—　）

商都县财政局

政协副主席、财政局局长：
金建民（2012.2—　）
副局长兼金融工作办主任：
张　彦（2013.5—　）
副局长兼农业综合开发办主任：
黄利程（2013.9—　）
纪检组组长：冯彦军（2013.6—　）
副局长兼政府采购办主任：
曹建军（2007.6—　）

商都县国家税务局

党组书记、局长：王　栋（2016.5—　）
党组成员、副局长：李宏瑞（1994.12—　）
任向东（1999.3—　）
张　慧（2007.1—　）

商都县地方税务局

党组书记、局长：
马占江（2012.11—2017.12）
王春晓（2017.12—　）
党组成员、副局长：
梁志忠（1999.4—　）
王新光（2002.7—2017.11）
王国兵（2003.3—　）

乌兰察布银监分局商都县办事处

主任：薛　广（2013.11—2017.7）
薛　峰（2017.7—　）

商都县金融办

主任：张　彦（2009.12—　）

中国人民银行商都县支行

行长：宋永东（2015.3—　）
副行长：侯建军（2011.11—　）
樊秀琴（2012.9—　）女

中国农业银行商都支行

行长：詹起昌（2014.3—2017.10）
张建平（2017.10—　）
副行长：李小军（2012.10—　）
赵炜峰（2015.9—　）

中国农业发展银行商都县支行

行长、党支部书记：刘江虹（2015.1—　）

副行长、支部委员：渠志刚（2015.8— ）

商都县农村信用合作联社

党委书记、理事长：高英龙（2014.2— ）
纪委书记、监事长：田海广（2015.12— ）
党委委员、主任：彭国华（2015.12— ）
党委委员、副主任：李世革（2014.4— ）
赵永宏（2015.12— ）
郭宏伟（2016.8— ）
丁 慧（2016.8— ）

工商银行商都县支行

行长、党支部书记：
刘 冰（2013.1—2017.3）女
秦立军（2017.3— ）
副行长、支部委员：
郑 龙（2016.7—2018.3）
许笑梅（2018.4— ）女

包商银行乌兰察布商都支行

行长：刘宏波（2015.1— ）

人寿保险公司商都县支公司

经理：李俊峰（2013.11—2017.1 离任）
王金波（2017.1— ）
副经理：赵迎春（2016.12— ）

财产保险公司商都县支公司

经理：张 斌（2012.5— ）

安华农业保险商都支公司

经理：罗燕青（2014.9— ）
副经理：曹德志（2016.6— ）

商都县教育科技体育局

党委书记、局长：贾益顶（2015.4— ）
党委副书记、常务副局长：
吕生宝（2015.4— ）
纪检书记：张立新（2015.4— ）
副局长：张志义（2015.4— ）
张 秀（2015.4— ）
史文娟（2015.4— ）女
赵有亮（2015.4— ）

商都县文化旅游新闻出版广电局

党总支书记、局长：王 利（2013.9— ）
党总支副书记、副局长：王日刚（2013.9— ）
副局长：王文涛（2013.9— ）
王 岭（2016.6— ）

内蒙古广播电视网络集团有限公司商都分公司

经理：冯 涛（2013.1— ）
副经理：钱维平（2013.1— ）

商都县新华书店

经理：张 明（2010.3— ）
副经理：任永东（2010.3— ）

商都县卫生和计划生育局

局长：赵建军（2016.8—2017.7）
王雪海（2017.8— ）
副局长：姚建国（2016.3— ）
王誉芳（2016.3— ）女
马兰春（2016.3— ）
刘军强（2016.3— ）
谢 军（2016.3—2017.6）
王少云（2016.3—2017.12）

商都县医院

院长：褚金国（2016.8— ）
副院长：王 宏（2014.5— ）
潘小建（2014.5— ）

商都县中医院

院长：杜建民（2016.3— ）

副院长：张　启（2016.3— ）

毛润来（2016.3— ）

赵爱生（2016.3— ）

副书记：郅红军（2016.3— ）

七台镇

党委书记：张日高（2013.5—2017.12）

党委副书记、镇长：李振维（2016.1— ）

小海子镇

党委书记：陈亚明（2015.12— ）

党委副书记、镇长：

武学兵（2016.5—2017.7）

李　广（2017.7— ）

十八顷镇

党委书记：赵　云（2012.6— ）

党委副书记、镇长：田振钢（2016.6— ）

大黑沙土镇

党委书记：马永平（2012.6— ）

党委副书记、镇长：武建斌（2012.6— ）

屯垦队镇

党委书记：孙　庆（2012.6—2017.8）

董　亮（2017.8— ）

党委副书记、镇长：

田文生（2013.4—2017.8）

马　科（2017.8— ）

西井子镇

党委书记：叶世海（2016.1—2017.11）

邢　福（2017.11— ）

党委副书记、镇长：

邢　福（2012.6—2017.11）

张　祥（2017.11— ）

大库伦乡

党委书记兼人大主席团主席：

李　军（2015.10—2017.10）

党委书记：田　冰（2017.10— ）

玻璃忽镜乡

党委书记：张　暐（2011.6— ）

党委副书记、乡长：

田　冰（2012.2—2017.10）

古　洋（2017.10— ）

卯都乡

党委书记兼人大主席团主席：

杨晓宇（2016.1—2017.10）

党委书记：曹　军（2017.10— ）

三大顷乡

党委书记：翁彦君（2016.1— ）

党委副书记、乡长：

曹　军（2012.6—2017.10）

李志伟（2017.10— ）

中国共产党商都县委员会

县委重要决策

【概　况】中共商都县委内设机构为办公室、政研室、督查室、机要局、保密局、县委全面深化改革领导小组办公室（2014年5月5日成立，以下简称县委改革办）。

【重要会议】1月23日，中共商都县十三届二次全委（扩大）会议召开，县委书记靳前斌作题为《抢抓战略机遇　致力脱贫攻坚　为全面建成小康社会而努力奋斗》的工作报告。会议的主要任务是认真贯彻落实中共十八届六中全会、中央经济工作会议、自治区第十次党代会、自治区十届二次全会和市第四次党代会、市四届二次全会精神，深入落实县第十三次党代会确定的决策思路，总结2016年工作、部署2017年主要任务，动员全县各级党组织和广大干部群众，振奋精神，凝聚合力，抢抓战略机遇，致力脱贫攻坚，为全面建成小康社会而努力奋斗。

5月16日，商都县召开扶贫工作推进会。会议通报扶贫资金项目、危房改造及村容村貌整治工程软件资料规范工作进展情况；安排部署当前扶贫重点工作，并对下一步工作提出明确要求。县四大班子领导，各乡（镇）党委书记，组织部、纪委班子全体成员，各金融机构及相关部门负责人参加会议。县委书记靳前斌作重要讲话，政府县长曹凯宏主持会议。

5月25日，召开全县脱贫攻坚推进会，会议的主要任务是贯彻落实全市脱贫攻坚推进会议精神和各项扶贫措施，分析全县脱贫攻坚工作中存在的问题，安排部署全县扶贫工作。自治区驻商都县扶贫督导组组长宋国义、县委书记靳前斌出席会议并作重要讲话。县委副书记、统战部部长张丰生主持会议。县人大常委会主任叶旺、政协主席吕生金等四大班子领导出席会议。

6月2日，中共商都县第十三届纪律检查委员会召开第二次全体会议。21名县纪委委员出席会议；县四大班子领导，法院院长、检察院检察长及乡（镇）科（局）主要负责人112人列席会议。县委书记靳前斌在会上作题为《强化标本兼治，始终挺纪在前，坚定自觉地推动全面从严治党向纵深发展》的重要讲话。县委常委、纪委书记李震主持会议并代表县纪委常委会作题为《坚持挺纪在前，强力正风反腐，坚定不移推进党风廉政建设和反腐败工作》的工作报告。

8月13日上午，中共商都县委中心组召开（扩大）会议，会议特邀中共中央党校博士生导师、教授祝灵君及乌兰察布市委农工部副部长翟佳苏授课。进一步学习贯彻好中共中央治国理政新理念、新思想、新战略和习近平总书记系列重要讲话精神，强化“四个意识”，树立问题导向，增强担当精神，压牢压实责任，凝聚全县力量打赢脱贫攻坚战，全面建成小康社会。

【重要活动】 2月10日，由商都县2017春节元宵节文化活动领导小组主办，县委宣传部承办的“佰惠生”秧歌大赛在祥和广场隆重上演。

3月28日上午，商都县在七台镇都山社区开展“关爱贫困母亲　关注妇女健康”暨送医送药送健康主题活动。

4月12日上午，全县2017年度机关干部职工义务植树活动在西山义务植树基地启动。

4月26日，商都县举办纪念爱国卫生运动65周年暨全国第29个爱国卫生月活动启动仪式。

5月18日，由商都县文化旅游新闻出版广电局、商都县古驿七台民俗博物馆承办的“民族骄傲——乌兰夫同志光辉的一生”巡展活动在商都县博物馆开展。

5月24日，商都县政府与社员网举行项目签约仪式。

6月11日，由乌兰察布市教育局主办，商都县教育科技体育局承办的全市第三届中小学课堂教学改革好课堂大赛，拉开帷幕。

6月16日，商都县在祥和广场举行主题为“全面落实企业安全生产主体责任”的安全生产月咨询日活动。

6月27日上午，商都县委老干部局组织十多位离休老干部实地参观商都县南湖公园。

6月30日上午，商都县在祥和广场举行以“尚德守法，共治共享食品安全”为主题的食品安全宣传周活动启动仪式。

6月29日上午，中国扶贫开发协会与商都县委、县人民政府举行信息化扶贫和教育扶贫项目启动仪式。

6月30日，商都县2017年“县长杯”校园足球联赛在高级中学体育场隆重开幕。经过四天半的激烈角逐，联赛于7月4日上午取得圆满成功。

7月11日，中国通用技术集团在商都县幼儿园举办“献爱心，送温暖”爱心捐赠活动。

7月18日，自治区组建的“草原儿女心向党”宣讲团走进商都县进行宣讲，迎接中共十九大胜利召开，庆祝自治区成立70周年。

8月30日，2017首届中国商都马铃薯美食节开幕。乌兰察布市人大常委会副主任雷忠宝，市政协副主席苍导元、王越华，市政协农牧委主任刘建军，市人大常委会秘书长蒙彪，市政协农牧委办公室主任李新权以及特邀自治区餐饮协会专家评委等出席开幕式活动。

9月30日，商都县在县烈士陵园举行2017年烈士纪念日公祭活动，深切缅怀革命先烈的丰功伟业，弘扬先烈的崇高精神，寄托后代哀思，告慰先辈英灵。

10月15日，为迎接庆祝中共十九大胜利召开，由中共赤峰市委宣传部、赤峰市文化新闻出版广电局组织，赤峰市民族歌舞剧院创作演出的2017年度优秀大型话剧《草原丰碑》在商都县高级中学演出。

（供稿　王子江）

县委办公室工作

【信息工作】 拓宽参谋渠道，全员狠抓信息。为解决办公室信息工作人员少、任务重的矛盾，办公室打破科室壁垒，整合壮大信息工作力量，确立所有文秘人员都有收集、编发、报送信息的职责。并出台乡镇、部门党委信息目标管理考核办法，拓宽信息渠道，加大考核力度，做到目标到位、责任到位，使文秘人员人人成为“信息员”，信息工作力量得以成倍增加。在及时、准确、全面提供信息的前提下，狠抓信息的收集和反馈工作，抓住重点、难点、热点、特点，突出超前性、苗头性、综合性、指导性，为领导决策提供高质量的信息。商都县的信息工作在全市名列前茅，得到市委办公厅领导的充分肯定。2017年，向市委信息科报送各类信息1960篇，编发《信息工作通讯》12期，被自治区党委信息处采用118篇，被市委信息科采用343篇。

【调研工作】 提高参谋质量，创新调研方法。在调研内容上紧紧围绕全县大局和中国共产党的中心工作，抓住党委决策的重大问题和关注点，捕捉社会经济生活方面的热点和难点问题，随时抓住当前工作的新情况、新问题，有目的、有计划、有组织地深入基层、深入群众、深入实际中去调查研究，掌握第一手资料，准确反映客观真实情况，敏锐地发现问题，为党委政府和领导决策献计献策。在调研方法上，实现由被动型调研向主动预测型调研转变，由随机调研向规范化调研转变，把信息、调研、督查等工作有机结合起来，强化中心意识、超前意识、创新意识和精品意识，增强调研工作的全局性、前瞻性，发展性和对策性。2017年，先后开展调研活动28次，形成《龙头企业与农牧民利益联结机制》《关于加强驻村工作队、第一书记工作的几点建议》等一批有情况、有分析、有建议、有价值的调研报告。

【督查工作】 促进决策落实，强化督查督办。督查工作深入实际，突出规范性、实效性、权威性。2017年，采取灵活多样的督查方式，抓重点、突热点、攻难点，形成“议必决、决必行、行必果、果必报”的督查制度。前后组织督查人员深入现场，对乡村道路建设、土地整理、机关干部勤政廉洁等八项规定执行情况、精准扶贫、为民办实事等一系列全县重点工作、重点工程项目和领导批示进行跟踪督查督办，保证县委、县政府安排部署的重点工作得以有序推进，充分发挥督查室抓决策落实的“主力军”“左右臂”作用。2017年，开展督查119次，编发《督查工作》45期，答复网民留言7条，上报招商信息13期、专项工作督查报告31篇、督查与调研137篇，努力开创政研督查工作新局面。

【机关管理】 完善内部管理，细化工作制度。2017年，县委办公室以开展“两学一做”活动为契机，修订完善《县委办公室考勤制度》《县委办公室车辆管理制度》《县委办公室理论学习制度》和《县委办公室值班制度》等一系列工作制度。坚持按章办事，建立科学的管理方法和工作手段，形成以制度约束人、用机制管理人的工作格局。合理确定分工，理顺工作关系，健全运行机制，使办公室工作进一步规范化。

【办文办会】 规范办文办会，改进机关作风。2017年，办公室在综合协调上下功夫，全体干部职工端正服务态度，改进工作作风，牢固树立公仆意识和服务观念。工作上热情细致、高度负责、步调一致、配合默契，齐心协力地完成领导交办的任务。公文处理严格按照上级的要求，严格控制数量，规范办文程序，提高质量，做到及时、准确、安全、高效，努力实现科学化、制度化、规范化。办会加强预见性和计划性，细致周密地做好会前筹备和服务工作，做到各环节联系紧密细致、无疏漏，会议紧凑，秩序好、效果佳，保证会议顺利召开，圆满完成。

【后勤保障】 提高工作效率，改善后勤服务。2017年，办公室借助“建制度、强管理、抓改革”三条主线，狠抓后勤保障的优质服务建设。积极搞好协调，认真安排县委领导的各类公务活动，妥善解决县委领导和干部职工在生活上的各种困难，使县委领导能够安心工作。加强车辆管理，强化安全教育，办公室管理的车辆全部实行派车制度，要求司机定期检查维修，做到安全、高效、清洁。

【接待工作】 塑造良好形象，提高接待质量。随着商都县对外开放的日益扩大，招商引资的不断加强，接待量逐步增大。办公室接待工作人员，在面对接待工作人手少、条件差、任务重等具体情况下，树立“接待无小事、接待也是树形象、也是生产力”的观念，重点从提高服务质量下功夫，认真研究如何加强和改进接待工作，精心编制接待方案，妥善处理每个细节，做到让客人满意、让领导放心，做到少花钱多办事，花了钱办大事，充分展示商都人的礼仪风范和对外形象。

【机要工作】 实现安全运转，狠抓机要工作。机要工作重点围绕“重投入、建网络、强队伍、严管理、优服务”的工作思路，采取有效措施，加强对密码通信网络的使用和管理。机要局坚持24小时值班制度，做到全方位、全天候服务，认真做好机要文书的及时传递工作。保密工作扎实开展，2017年，在全县范围内加大保密法规的宣传力度，切实增强各级干部的保密意识。层层落实党政领导干部保密工作责任制，加强对涉密文件、涉密会场和重要考试的保密管理。特别注重计算机网络的安全保护，2017年5月、10月，先后两次对涉密人员和涉密计算机进行督导检查，对违规问题限期进行整改，有效防止网上失泄密事件的发生。

【党建工作】 转变工作作风，抓好机关党建。2017年，以开展“两学一做”活动为契机，先后组织办公室党员干部集中学习60余次，积极开展主题党日活动，观看《建国大业》《榜样》等影片，学习习近平总书记一系列讲话精神，并在每次学习完组织专题讨论，结合自身、身边和办公室具体工作积极发言，把学习的效果推向更深层次。通过学习，进一步提高全体党员干部的思想觉悟，转变作风，树立社会主义核心价值观，增强反腐倡廉意识，激发扎实工作、奋发有为、乐于奉献的工作热情。

【班子建设】 强力打造“钢班子”，领导以身作则。办公室班子坚持民主集中制原则，定期召开主任办公会，班子成员讲团结、顾大局，大事讲原则，小事讲协调，重大事项集体研究，民主决策。在日常工作中，班子成员模范带头、勇挑重担，除了完成联系、分管的大量工作，还主动深入信息调研、督查督办、办文办会、后勤保障等具体环节。在自身要求上，班子成员严于律己、秉公办事，认真执行《中国共产党党员领导干部廉政从政若干准则》和廉洁自律的各项规定，个个勤政务实、处处率先垂范，充分发挥“主心骨”与“核心堡垒”作用，带动办公室全体干部职工思想上合拍、感情上和谐、工作上合力，相互尊重、相互信任、相互支持，圆满完成各项工作任务。县委办公室班子还充分发挥牵头揽总作用，加强与人大、政府、政协办公室班子的协调，保证“四大班子”办公室有序协调运转。

【人才培养】 大力锻造“铁队伍”，加速人才培养。按照“班长抓班子，班子带队伍，队伍促发展”的思路，2017年，在人才队伍建设上，办公室狠抓思想政治、业务提高、结构优化三项建设。首先，思想政治工作重实际、求实效，既加强干部职工的理论学习、党性锻炼和人格修养，教育干部职工树立正确的世界观、人生观、价值观，又积极创造条件，主动帮助干部职工解决生活、住房等实际困难，最大限度地发挥干部职工的主观能动性。其次，对办公室工作人员，有针对性地进行业务培训，重点培养干部职工的实际工作能力和做好本职工作的能力，有效避免工作吃“老本”，任务来了才查资料甚至闭门造车的现象。

（供稿　王子江）

接待工作

【概　况】 2006年3月，商都县接待办公室成立，与党政机关事务管理中心合署办公，是隶属于党委序列的正科级事业单位，核定科级领导职数一正二副，事业编制15人，实际在编人数14人。

【接待制度改革】 改革公务接待制度，提升公务接待质量。2017年，严格贯彻落实中央八项规定、《党政机关国内公务接待管理规定》和自治区、市、县相关配套规定精神，合理安排公务接待，大力倡导勤俭节约，努力改进工作作风，着力推进公务接待社会化改革，不断提升接待服务水平。全年共接待来宾348批次，约2658人次。（1）规范公务接待管理。在日常接待中，严格执行公务接待制度和标准，规范接待行为。依据县委（包括常委部门）、人大、政府、政协及各办公室主任审签的《公务接待通知单》或接待公函安排接待，否则不予接待。（2）严格执行饮食和食宿标准。对接待对象餐饮、住宿一般安排在定点宾馆，执行协议价格；工作餐开支在参考市接待办公务接待用餐标准的基础上，并参考地区物价标准，确定为早餐每人48元以内，正餐每人100元以内。接待对象在10人以内的，陪餐人员不超过3人；接待对象在10人以上的，陪餐人员不得超过接待对象人数的三分之一。住宿用房以标准间为主，房间内除宾馆标配的生活用品外，一律不得添置其他物品，不配鲜花、水果，不额外配发洗漱用品等。（3）提升公务接待质量。加强学习交流。坚持每月一次的集中学习制度，组织学习上级相关规章制度及方针政策，把握接待工作新形势，掌握接待工作新要求。吸纳其他地方好的接待经验和做法，提高接待能力和水平。注重细节管理。从编写接待方案入手，准确把握接待工作特点，提前做好安全检查，力争做到零差错、零失误。突出地方特色。根据商都县的地域优势和“六个一”农字品牌，推出简朴大方又品味独特的本地特色套餐。加强督促指导。紧扣质量标准，不定期对定点接待场所进行督促指导，狠抓菜品和服务质量，为县域经济和社会发展提供服务保障。

【公共机构节能工作】 稳步开展公共机构节能工作。（1）建立科学、完整、统一的节能减排统计、考核体系。切实做好节能减排统计工作，加强调查研究，逐步建立和完善节能减排统计制度，确保能耗数据及时、准确、全面、真实。（2）围绕主题，扎实开展宣传周活动。利用“6·12”节能宣传周，紧紧围绕“节能有我，绿色共享”，分别通过在办公区悬挂横幅，板报展示、张贴温馨提示牌、发放节能宣传小手册和节能宣传进社区、进学校等多种形式，大力宣传公共机构节能的意义，让每一位广大干部职工从现在做起，从自身做起，从小事做起，自觉养成勤俭节约、珍惜资源的好习惯。

【物业管理工作】 做好物业管理工作，确保办公区正常运行。（1）落实党政机关办公用房管理工作。在办公用房十分紧张的情况下，根据掌握的办公用房及人员实有情况，合理调配，有效缓解办公用房的供需矛盾，实现国家资产的有效利用。（2）做好公共设施设备维修维护工作。当前所管理的办公楼使用时间较长，维修维护工作十分艰巨，为保证维修工作的时效性，接到修理任务后及时到场妥善修理，并合理安排工期，其他公共部位定期巡检，确保机关事务正常运行。（3）特种设备、设施日常维护。加强对电梯、楼宇自控系统、保安监控系统、火灾报警系统等特种设备、设施的日常维护，及时发现和处理问题，有效消除安全隐患。

（供稿　逯文博）

保密工作

【概　况】 2017年8月，商都县国家保密局单设为正科级科局。根据市编委《关于市直及旗县市区国家保密局机构编制事宜的批复》要求和商都县2017年第三次编委会精神，商都县国家保密局核定行政编制5人，内设综合宣传法规股、监督指导股和科学技术股。同时，参照市国家保密局机构设置，商都县保密技术检查与涉密载体销毁中心，核定事业编制5人。县国家保密局仅配备科级领导2人（一正一副），其余工作人员尚未配备。

【保密宣传教育】 开展保密宣传教育，提高保密意识。围绕提高各级干部保密意识的目标，与县委党校密切配合，督促党校将保密教育列入党校教学工作计划，开展授课、讲座、交流等多种形式的保密教育。加大保密宣传力度，对党政机关工作人员和全县涉密人员进行保密知识测试，将保密法规知识和保密基础知识装订成册，发至个人手中进行学习。在县委党校设立保密教育基地，通过进行保密宣传漫画展，用生动形象的保密漫画来增强干部职工的保密意识。先后组织县“四大班子”领导观看保密教育宣传片《胜利之盾》和《红线》，组织县直部门特别是涉密单位征订《保密工作》。

【保密规章制度】 修订完善《商都县党政领导干部保密工作责任制规定》《办公室保密制度》《公文流转过程中的保密管理》《涉密会议保密制度》《秘书人员保密制度》《涉密移动存储介质管理规定》《计算机上网安全保密管理规定》《计算机维修维护管理规定》《笔记本电脑安全保密管理规定》《国际互联网上发布信息的管理规定》《计算机信息系统保密规定》《密级文件销毁管理制度》等一系列管理制度，发至重点单位和个人手中。

【保密安全管理】 加强对保密要害部门、重点部位的安全管理。2017 年 10 月，对全县重点涉密单位的涉密文件资料、涉密文件资料电子文档和计算机信息系统进行保密检查，针对技术中心检查中发现的问题，及时制定下发《关于进一步加强办公自动化和计算机信息系统保密管理工作的通知》，加强对各单位机要室涉密文件和各类涉密文件的印制、保管、清理、归档、销毁工作的保密安全管理，要求各单位按照《机关公文处理办法》，从工作流程上杜绝纸制文件泄密。对计算机及各种移动磁介质的检查后，均要求各单位对办公使用的计算机、笔记本电脑、移动磁介质等办公用品建立详细准确的台账。同时，要求各单位根据业务工作特点对涉密与非涉密计算机予以明确区分，确定办公文件制作专用电脑为内部单位保密信息涉密计算机，做到与局域网脱离连接，同时规定不准上因特网以防失泄密；加强电脑资料的保管，未经单位领导同意，严禁将单位软件资料打印或拷贝给外单位人员。此外，对全县所注册网站进行浏览检查，并要求有注册网站的单位和部门依据《国家秘密及其密级具体范围的规定》，对互联网站内容进行全面自查。并依据各单位上报注册网站域名进行浏览检查，未发现注册网站刊登国家秘密信息。2017 年，全县未发生泄漏、失密事件。

【涉密人员管理】 加强对重点涉密人员的管理。准确界定重点涉密岗位和涉密人员的涉密等级，对涉密人员进行岗前审查和培训，根据各涉密部门的涉密等级，明确涉密人员类型；组织全体涉密人员签订《保密承诺书》。

【重点会议活动保密】 圆满完成重点会议和重要活动的保密工作。强化会议涉密文件资料的保密管理、场所保密管理，做好保密设备配备、网络保密管理和工作保障，确保全县召开的重要会议不发生失密事件。在高考前夕专门对相关部门开展专项检查，圆满完成全县 2017 年高考保障工作。

（供稿　吕彦平）

全面深化改革

【概　况】 2017 年年初，研究制订《商都县全面深化改革领导小组 2017 年工作要点》，明确 2017 年县本级要实施改革任务 290 条。并细化分解落实到各专项小组和责任单位，扎实推进各项改革工作任务。截至年底，共制订出台方案或推进落实 213 条（完成率 73.4%），正在推进 35 条，等待顶层设计 42 条。

经济体制和生态文明体制改革

2017 年共制订出台方案或推进落实 125 条，正在推进 26 条，等待顶层设计 28 条。

【政府机构改革】 将政府组成部门由 28 个精简至 24 个。经信商务、工商质监、食品药品、卫生计生、文化广电等管理体制进一步重组完善。多措并举推进“放管服”改革，非行政许可审批事项全部取消，并将“权责清单”向社会公开。县本级行政审批事项减少至56项，行政事业性收费项目减少至30项。整合国土、房产、林业、农牧部门有关职能成立商都县不动产登记局，不动产统一登记实现“停旧发新”。率先在全市组建县级公共资源交易中心，政府采购、土地交易和国有产权交易等实现管办分离、集中交易。率先在全区开展“三证合一”“五证合一”“多证合一”和“一照一码”商事制度改革。2017年，商都县工商质监局被评为“全国商事制度改革先进窗口单位”。

【农业供给侧结构性改革】 紧紧围绕发展壮大以“六个一”绿色农字号为主导的农畜产品加工产业，全面推进市场化、规模化、品牌化和安全化建设。“商都西芹”先后获得国家农产品地理标志产品、国家地理标志证明商标和中华人民共和国生态原产地保护产品三大权威认证，商都县获得自治区农畜产品质量安全县。“三品一标”农产品基地认证面积达39.76万亩，产品达到19个。全县农畜产品加工企业发展到78家，年营业收入500万元以上农畜产品加工企业发展到27家，农畜产品加工转化率增长到58%。

【生态环境综合治理体系机制】 按照《乌兰察布市全面推行河长制工作方案》要求，出台推进河长制工作方案，建立健全河长制工作组织机构和制度考核办法。持续推进南湖公园和不冻河水利风景区建设，与水漩公园、府前广场、祥和广场、军民共建绿化基地形成“两园两场一河一基地”生态景观。城乡建设与规划管理并重，城镇建成区绿化覆盖率达到35.9%，重点生态工程和重点区域绿化55.14万亩，小流域治理68.5平方公里，森林覆盖率达到25%。先后对非法营运三轮车以及占道经营、乱摆乱放、违规停车、违章建筑开展专项行动和集中治理，主要街区新增停车位，乡镇所在地及所有行政村卫生保洁实现全覆盖。

【财税体制改革】 全面贯彻落实增值税收入划分过渡方案，实现增值税：中央50%、省级15%、市级17.5%、县级17.5%。截至年底，共有13个项目入自治区PPP项目库，并在“财政部PPP综合信息平台系统”向社会公开，共完成2个项目实施方案的评审工作。同时，按照财政部、自治区财政厅和市财政局的统一部署，县财政局督促各部门加紧做好部门购买服务指导性目录工作，并开展综合财务报告工作。

【农村牧区综合改革】 为切实解决好全县小村整合后的土地流转问题，专门成立土地流转服务中心，共流转土地69495亩，涉及6个乡（镇）、23个行政村、44个自然村、743户村民。在村干部和村民代表共同参与基础上，启动全县外业测绘工作，共完成全县694个自然村和小庙子嘎查的4个联户小组的外业划界工作。由县农牧业局牵头，县公安局和各乡（镇）配合，全面开展农牧户信息采集与录入工作，共完成4个乡（镇）的信息采集和2个乡（镇）的信息录入工作。

【医药卫生体制改革】 将药品零差率销售作为推进公立医院改革的关键环节来抓，全面落实政府投入责任。药品零差率销售减少收入的30%由财政列入预算，医院的基本建设和大型设备购置全部由政府承担。全县公立医院全部实行药品零差率销售。制定出台《关于印发商都县控制公立医院医疗费用不合理增长的实施意见》，切实减轻群众看病就医负担。进一步加强对口帮扶工作，建立京蒙对口帮扶和骨干医师培训制度，全县2所公立医院与北京、自治区4所三级医院对口帮扶，2所公立医院又与乡（镇）卫生院结对帮扶。

【教育领域综合改革】 深入开展课堂教学改革、教学评比、校长论坛、励志讲堂等活动，全年累计完成各级各类校长、教师培训8000多人次，全县教师专业化水平大幅提升。全县公立幼儿园已经发展到7所，学前三年教育入园率达71%。义务教育巩固率达到98%以上，通过国家义务教育均衡发展验收；全年引进高层次人才3人，新聘教师41人，进一步提升教育教学水平。学前、小学、初中、高中教师高一层次学历比例，分别达到91.15%、96.07%、97.63%、91.36%，职业学校“双师型”教师比例达到62.1%。全县乡（镇）以上中小学全员、全学科、全覆盖推行课堂教学改革，取得显著成效。

【文化旅游业改革创新发展】 紧紧围绕提升商都知名度和一、二、三产业有机融合发展的思路，大力发展以不冻河国家AAA级旅游景区为代表的水利旅游景点，以中国商都马铃薯美食节、“百道土豆宴”创吉尼斯上海大世界纪录为代表的创意节会旅游，以巴达木图文化交流大会为代表的集贸文化活动，以巨弘温州建材城、华联商厦为代表的商贸物流业，以阿里巴巴、乐村淘等知名电商企业引进和县级电子商务服务中心、农村快递物流集散中心、村级电商服务站建成为代表的电子商务服务业等产业为代表的文化旅游业。

民主法制领域改革

2017年，共制订出台方案或推进落实10条，正在推进2条，等待顶层设计1条。

【创建“人大代表之家”】 2017年，全县继续开展“人大代表之家”创建工作。2015年，在全县10个乡（镇）和4个社区建成14处“人大代表之家”，实现“人大代表之家”在乡（镇）的全覆盖。2016年，又将人大代表活动阵地向村委会一级延伸，在9个乡镇的9个行政村和1个社区建设10处“人大代表活动室”。2017年，全县人大代表活动场所达到24处。

【政党协商、政协协商计划】 制定《商都县委落实中共中央、自治区党委和乌兰察布市委关于加强社会主义协商民主建设的贯彻意见》，按照加强协商民主建设的总体要求，明确基本原则、协商渠道、程序方式。切实加强政党协商，积极开展人大协商，扎实推进政府协商，进一步增强政府协商的广泛性、针对性。全面加强政协协商，明确政协协商的主要内容、完善政协会议及其他协商形式，努力通过协商加强政协民主监督工作，加强人民政协制度建设。

【城乡社区治理】 制订《关于坚持党建引领加强城乡社区协商的实施方案》，扎实推进城乡社区协商制度化、规范化和程序化。到2020年，全县力争基本形成协商主体广泛、内容丰富、形式多样、程序科学、制度健全、成效显著、保障有力、群众满意的城乡社区协商新局面。进一步明确协商内容、协商主体、协商形式、协商程序、结果运用。

【法律顾问制度】 为推进依法决策，完善县委法律顾问工作，制定《中共商都县委法律顾问工作规定》，县委办党内法规工作机构承担县委法律顾问工作办公室职责，负责日常管理和联络协调工作。县委法律顾问由县委办党内法规工作机构人员和聘请的法学专家、法治工作者、律师组成。县委办党内法规工作机构以集体名义发挥法律顾问作用。县委法律顾问工作办公室根据工作需要，从全县或全市法学专家、法治工作者、执业律师中择优选择适当数量人员，报请县委批准后建立商都县法律顾问专家库。

【群团组织改革】 组建工会领导机构，大力推进职工职业技能培训，强化职工思想政治工作，加强劳动模范选树和管理服务；完善职工权益维护和保障机制，创建网上工作服务平台。以体制机制改革为突破口，努力构建“凝聚青年、服务大局、当好桥梁、从严治团”的共青团工作新格局。对妇联领导机构、运行机制和机构设置进行改革，改进干部管理方式，创新动员妇女服务大局的服务载体和方式，切实提高服务妇女、维护妇女合法权益能力。科协通过工作手段信息化、组织体系网络化、社会治理现代化，进一步提升服务科技工作者、服务创新驱动发展战略、服务公民科学素质提高、服务党委和政府科学决策的能力。

文化体制改革

2017年，共制订出台方案或推进落实5条。

【制作和出版分开改革工作】 坚持正确的出版导向，确立完善工作机制，出台政策措施。通过图书制作和出版分开改革工作，努力实现整合资源、优势互补、创新机制、激发活力，出版更多内容健康、质量合格、市场认可、人民喜爱的精品图书，满足人民群众日益增长的文化阅读需求。

【新闻出版制度机制】 新闻出版业市场涉及机构准入、业务准入、人员准入。根据现行新闻出版管理机构准入，采取审批登记制度和人员准入必须实行持证上岗制度。

【公共文化服务体系考核】 通过政府主导、部门配合、社会参与，为群众提供公共文化产品和文化服务的组织形式和服务网络。对县、乡镇（街道社区）、行政村（嘎查）三级公共文化服务体系进行评价考核。通过实施目标化管理，明确和细化任务指标，层层签订责任状，使考核工作刚性化、制度化。

【文化产业】 加快推动全县传统媒体转型升级，充分运用新技术新应用创新媒体传播方式，占领信息传播制高点，掌握网络空间话语权，进一步提高主流媒体传播力、公信力、影响力和舆论引导能力，构建现代化立体传播体系。

社会体制改革

2017年，共制订出台方案或推进落实34条，正在推进6条，等待顶层设计4条。

【司法责任制相关配套措施】 落实合议庭和独任法官办案责任制，明确法官的审判主体地位，以相对固定合议庭为原则，完善审判组织运行模式，明确审判辅助人员工作职责，完善合议庭共同参与机制。建立裁判文书签发机制，健全审判委员会工作机制，加强审判管理和审判监督机制，建立健全审判责任追究制度。

【律师队伍建设】 制订《公职律师、公司律师队伍建设及为政府和企业提供法律服务实施方案》，大力拓宽律师来源，多渠道、多形式地壮大律师队伍规模。采取各种优惠政策和鼓励措施，把社会上已取得律师资格的人才吸收到公职律师、公司律师队伍中来。积极鼓励机关、企业单位的从事法律事务的人员参加法律培训和考试，将其培养成公职律师或公司律师。

【申诉法律援助制度】 对不服司法机关第一次裁判和决定的申诉，逐步实行律师代理制度。坚持平等、自愿原则，完善便民工作机制，探索建立律师驻点工作制度。建立联席会议制度，定期沟通工作情况，共同研究解决律师代理申诉工作中的重大问题。

【媒体案件报道】 按照习近平总书记提出的48字新闻舆论工作职责要求，牢固树立“四个意识”，不断提高新闻舆论传播力、引导力、影响力、公信力，为商都县改革发展凝聚强大的正能量。强化宣传纪律，规定新闻就业人员必须遵守职业道德，加强新闻审查制度，建立健全责任追究制度。

【“谁执法、谁普法”普法责任制】 全面推动法律“六进”活动深入持久开展，教育引导全民增强法治观念，养成知法守法好习惯，树立法治信仰，为法治商都建设营造良好的法治环境。通过公正司法、严格执法，法律“六进”活动，“以案释法”，突出重要时间节点，针对社会热点问题，利用固定法治文化阵地，强化系统行业内部七个方面进行普法。

【警务辅助人员正规化建设】 成立规范管理警辅工作领导小组，警务辅助人员管理遵循“谁使用、谁管理、谁负责”的原则，纪检、督察部门参照对民警管理将辅警纳入日常监督管理范围；辅警与民警可一同加入所在工作部门党团组织，享受同等权利和义务。进一步推进警务辅助人员管理正规化工作，继续着力解决警务辅助人员队伍中存在的问题，进一步推动辅警管理的制度化、规范化、法治化建设。

党的建设制度改革

2017 年，共制订出台方案或推进落实 25 条，正在推进 1 条，等待顶层设计 8 条。

【干部实践锻炼机制】 紧紧围绕服务社会、推动党建制度改革开展工作，切实找准当前工作中存在的矛盾问题，探索研究解决的有效措施办法，为干部健康成长服务，创新理念，拓宽思路，丰富内容，完善机制，构建科学化、规范化、常态化的实践锻炼模式，形成广领域、多层次、宽渠道的干部实践锻炼格局。建立从基层一线选拔干部的具体制度措施，完善干部实践锻炼的模式路径，加强和改进挂职干部考核管理工作。

【选人用人责任制】 坚持党管干部原则，健全完善选人用人责任制，逐步实现干部选拔任用工作科学化、民主化、制度化，大力提高选人用人公信度，努力建设高素质干部队伍。坚持将干部选人用人责任制贯穿于干部选拔任用工作始终，形成完备的干部责任制体系。通过动员部署、调查摸底、全面实施和总结经验四个阶段，建立健全科学规范选人用人机制，建立健全惩防并举的监督机制与民主开放的评价反馈机制。

【外出党员服务机制】 加强和改进外出党员管理服务，充分发挥党员的先锋模范作用，全面理清底数，凝聚工作合力，改进工作方法，构建长效机制。明确流出地党组织工作职责、流入地党组织工作职责、驻外党组织工作职责，强化责任落实、经费保障、督查指导、宣传引导等相关工作。

【干部能上能下机制】 以疏通“下”的出口，严把“上”的入口为标准，着力解决干部能上能下问题，不断增强干部竞争意识，激发工作动力，打造出一支充满活力、与时俱进、开拓创新的高素质干部队伍。通过动员准备、调查摸底、全面实施和总结经验四个阶段建立长效机制。采取信息、简报等形式，定期反映工作动态，通报进展情况，以完善干部能上能下机制为切入点，扎实推进各项工作的有序开展。

【法律服务人才跨区域流动机制】 大力推进人才强县战略，充分发挥法律服务经济、服务社会进一步快速发展的水平，通过培养引导、协作输送、管理激励等方式解决双语法律服务人才短缺的需求。建立健全组织领导机构，加强业务培训工作，加大经费保障，完善双语人才培养投入机制，加强宣传教育，增加社会舆论氛围。

纪律检查体制改革

2017 年，共制订出台方案或推进落实 14 条，等待顶层设计 1 条。

【“两个责任”督导机制】 认真执行《乌兰察布市各级党委（党组）落实党风廉政建设主体责任的具体规定（试行）》。先后下发《关于印发〈全县加强和规范党内政治生活推进年实施方案〉的通知》《中共商都县委员会关于 2017 年党风廉政建设和反腐败工作重点任务的分解意见》《中共商都县委办公室关于对全县党风廉政建设“两个责任”落实情况进行自查的通知》《商都县 2017 年惩治和预防腐败工作要点》《商都县廉政风险防控要点》等文件，强化对党风廉政建设工作的组织领导，组织开展党风廉政建设“两个责任”落实情况专项检查，对各级党委开展相关工作和纪律遵循进行规范和要求。严格执行县委关于落实“两个责任”的实施意见，进一步加大问责力度。全县对“11・29”较大道路交通事故涉及的 2 名副科级干部行政问责；对造成无地农民非正常上访的 8 个乡（镇）党委和 2 名乡（镇）长通报批评，对 2 名乡（镇）党委书记和 3 名科（局）

主要领导诫勉谈话。

【“四种形态”处置】 认真贯彻落实《中国共产党廉洁自律准则》和《中国共产党纪律处分条例》，制定出台《坚持挺纪在前，实践“四种形态”的意见（试行）》《关于建立商都县党政干部容错纠错机制的实施意见（试行）》和《关于鼓励干部干事创业，治理不作为、慢作为、乱作为的实施意见》等文件。2017年，共受理信访举报143件，处置问题线索92件，立案52件，结案51件，处分49人，组织处理2人。四种形态处置比例分别为51%、40%、4%、5%，形成结构性梯次。先后对8起发生在群众身边的典型案例进行通报。

【巡视巡察工作】 按照上级党委关于开展巡察工作的相关要求，印发《开展巡察工作的意见》《巡察工作实施细则（试行）》《关于建立商都县委巡察工作协作机制》《商都县巡察组会议制度》《商都县委巡察工作信访信件办理规定》《商都县委巡察组请休假制度》等文件，组建县委巡察工作领导小组办公室，配备巡察办主任1名，副主任1名，并选调6名工作人员开展工作。组建2个巡察组进行专题学习培训，并开展巡察工作。首轮完成对2个乡（镇）的巡察工作，第二轮完成对2个县直单位的巡察工作，第三轮正在对6个县直单位进行巡察工作。

【派驻纪检机构管理体制】 强化上级纪委对下级纪委的领导，推动党的纪律检查工作双重领导体制具体化、程序化、制度化，坚持下级纪委向上级纪委定期报告、专题报告、即时报告制度。严格落实县纪委《机关工作人员若干纪律规定》《请销假制度》《委局各室工作职责》《派驻机构工作管理考核制度》《县纪委与派驻机构负责同志进行约谈制度》《县纪委与派驻机构联合制度》《派驻机构干部调训制度》《派驻机构干部学习培训制度》《派驻机构工作管理考核制度》等制度，共选调20名派驻纪检干部进行轮训，选派27名干部参加上级各类业务知识培训，组织全县纪检干部进行业务培训学习。深入开展“三项技能”练兵活动，建成“三项技能”练兵实训基地并投入使用，共完成8轮练兵活动。

【学习教育长效机制】 以学习《中国共产党纪律检查机关监督执纪工作规则（试行）》为重点，先后印制《监督执纪规则》“口袋书”等学习资料150余册；组织全县纪检监察干部集中学习30次，3次专题培训，2次考试，撰写交流研讨文章53篇。强化执纪审查安全工作，建立和完善4项执纪审查安全规章制度，层层签订《依纪依法安全文明执纪审查责任书》和《纪律审查保密承诺书》，增强执纪审查人员的安全保密意识。完善《县纪委常委会议议事制度》，出台《县纪委常委会工作制度》和《派驻纪检干部执纪轮训制度》，着力破解纪检组“弱监督、轻执纪、不问责、零办案”的难题。成立2个督查组，对系统内纪律审查安全进行专项检查。强化关键环节、重点岗位的监督管控，进一步规范借调人员管理，开展干部队伍家访工作，注重干部八小时以外的监督，防止“灯下黑”。

【监察体制改革】 成立商都县深化监察体制改革工作小组办公室，纪委书记任办公室主任，副书记任副主任，各室主任任成员，明确职责分工。制订《商都县深化监察体制改革试点实施方案》。组织召开深化国家监察体制改革试点工作培训会，成立5个专项工作组。对转隶人员进行摸底调查，组织开展谈心谈话活动。重新整合内设机构，并配齐工作人员。经法定程序，选举产生首届监委主任，任命监委副主任、委员。

【多措并举深化改革】 强化组织领导，全力推进工作。县委主要领导高度重视全面深化改革工作，及时梳理县内重要领域改革事项，列出专题事项，不定期组织召开县委全面深化改革领导小组会议，研究出台县内重点领域改革方案，并形成专题会议纪要，推动改革工作深入开展。截至年底，累计召开领导小组会议17次，研究制定各领域改革文件20个。2017年，组织召开领导小组会议3次，研究制订改革文件方案5个。累计召开办公室会议31次。

健全组织机构，完善工作制度。根据人事变动情况，及时调整深改办组成人员，由县委办公室主任兼任县委改革办主任，发改粮食局局长兼任副主任，并配备1名常务副主任（正科级），1名专职副主任，3名工作人员，确定6个专项小组联络员和工作人员，并明确责任分工。进一步完善工作制度，制定领导小组工作规则、专项小组工作规则、领导小组办公室工作细则、深化改革督察实施办法和工作考核评价办法等各项制度，健全完善深化改革事项会议研究、资料备案、信息报送等制度。

紧扣时间节点，提高改革成效。按照市委深化改革的整体安排，结合商都实际，按季度排出改革事项任务清单，明确任务内容、任务时限，牵头单位和责任单位。依据各专项组工作开展情况，随时掌握该组改革动态，安排部署下一阶段改革工作。县委深化改革领导小组定期听取汇报、审议改革方案、部署改革任务、解决改革难题。县领导将上级改革任务与业务工作有机融合，做到以改革促工作，以工作落实改革，形成强有力的改革合力，有效促进各项改革工作任务的落实。

强化督察与信息，提高工作效能。采取听取汇报、召开座谈会、查阅资料、现场核查等方式进行督察，做到上级督察与下级自查相结合、独立督察与联合督察相结合、督察结果公开与社会监督相结合，切实提高督察效能。先后针对农村土地产权制度改革、行政审批制度改革、县级公立医院改革等开展专项督办8次。同时，及时收集汇总县内改革动态信息，第一时间报送给市委改革办、市委信息科、乌兰察布日报社等部门。全年累计上报各类改革信息66篇，被市委《改革动态》《信息专报》《乌兰察布日报》等刊物采用23篇。并利用县人民政府网、商都电视台、《新商都》报社等媒体联合，加大改革工作宣传力度，累计在政府网、《新商都》刊发各类改革文章58篇，通过电视播放各类改革视频30余次。

（供稿　董　裴）

政研督察

【概　况】 2017年，政研督察室配合县委中心工作，深入基层，深入实际，对标年初规划目标，及时督察工作进度，反映工作进展情况。全年撰写工作情况通报40余篇，为县委决策提供依据。

【政研督察工作】 2017年，开展一系列调研督查工作：2月3日，《部分乡镇与科局春节期间值班工作情况》。2月23日，《关于县城道路积雪清扫情况的督查通报》。3月27日，《全县集中整治非法开荒专项行动进展情况》。3月27日，《全县集中整治非法开荒专项行动进展情况》。4月24日，《各乡镇与部分科局扶贫工作进展情况》。5月9日，《全县重点项目建设进展情况》。7月27日，《全县城镇建设与管理工作现场办公会》。5月29日，《关于全县脱贫攻坚驻村工作队进驻情况的通报》。5月31日，《关于对全县脱贫攻坚工作督查情况的通报》。6月1日，《关于对全县脱贫攻坚工作督查情况的通报》。6月3日，《关于对全县脱贫攻坚工作督查情况的通报》。6月10日，《关于对全县脱贫攻坚工作督查情况的通报》。6月13日，《关于对部分乡镇脱贫攻坚工作督查暗访情况的通报》。6月15日，《关于对全县脱贫攻坚工作督查情况的通报》。6月21日，《关于对部分乡镇脱贫攻坚工作督查情况的通报》。6月29日，《关于对全县脱贫攻坚工作督查情况的通报》。7月10日，《关于对全县两个乡镇脱贫攻坚移民搬迁工作督查情况的通报》。7月18日，《关于对全县两个乡镇脱贫攻坚移民搬迁工作督查情况的通报》。7月20日,《关于对全县其他六个乡镇脱贫攻坚移民搬迁工作督查情况的通报》。7月28日,《全县各行政村建立农民专业合作社进展情况》。8月4日,《2017年上半年全面深化改革任务推进情况》。8月15日,《小海子镇移民搬迁与小村整合工程进展情况》。8月15日,《大黑沙土镇移民搬迁与小村整合工程进展情况》。8月16日,《十八顷镇移民搬迁与小村整合工程进展情况》。8月19日,《三大顷乡移民搬迁与小村整合工程进展情况》。8月21日,《七台镇移民搬迁工程进展情况》。8月25日,《屯垦队镇移民搬迁与小村整合工程进展情况》。8月26日,《西井子镇移民搬迁与小村整合工程进展情况》。8月28日,《2017年8月28日玻璃忽镜乡移民搬迁与小村整合工程进展情况》。8月30日,《大库伦乡移民搬迁与小村整合工程进展情况》。8月31日,《卯都乡移民搬迁与小村整合工程进展情况》。9月5日,《全县各乡镇移民搬迁与小村整合工程进展情况》。9月14日,《七彩湖旅游项目建设现场办公会各项工作进展情况》。10月9日,《部分乡镇与科局国庆中秋假期值班工作情况》。10月12日,《整改落实自治区党委第八巡视组巡视反馈意见工作情况》。10月25日,《卯都乡各行政村脱贫攻坚工作进展情况》。11月29日,《部分单位和部门"帮扶通"使用情况》。12月1日,《屯垦队镇部分行政村扶贫对象动态管理工作进展情况》。12月4日,《卯都乡易地扶贫搬迁工作进展情况》。12月5日,《玻璃忽镜乡易地扶贫搬迁工作进展情况》。

（供稿　燕　勇）

组织工作

【概　况】 县委组织部内设机构：机关党委、办公室、干部组、组织组、考核组、党员教育中心、党建研究室、人才组、档案管理中心、社区服务管理中心。

【从严管党治党工作】 认真履行从严治党"1+3"制度体系，调整充实县委党的建设工作领导小组及办公室人员。出台《商都县委党的建设工作领导小组2017年工作要点》和《县级领导引领乡镇、联系村（社区）2017年度工作方案》，深入推进"三级示范抓引领"工作。2017年，召开2次县委常委会、4次党建工作例会和16次党建工作协调会，专题研究党建工作。通过定期听取汇报、定期研究部署、定期统筹调度、定期督促落实、定期考核评价等措施，进一步压实党建责任，有效推动全面从严治党向基层延伸。

【学习贯彻中共十九大精神活动】 全县各级基层党组织把学习宣传贯彻中共十九大精神作为当前和今后一个时期的首要政治任务，摆上重要议事日程。10月18日上午，全县各级基层党组织集中组织党员干部收听收看中共十九大开幕会。并研究制订《学习宣传贯彻中共十九大精神工作方案》，启动全县大学习大讨论活动，举办知识竞赛，组建宣讲团深入机关事业单位、学校、社区、农村、企业开展宣讲活动60余场次。特别是"红色文艺轻骑兵"乌兰牧骑自创自演十九大主题节目，把学习贯彻中共十九大精神引向深入，在全县营造浓厚学习氛围。

【"两学一做"学习教育】 以"加强和规范党内政治生活推进年"为总载体，以开展主题党日活动为总抓手，全县各级党组织分层分类扎实推进。县委举办"脱贫攻坚我先行、守望相助当先锋"的主题党日活动。各基层党支部通过开展为老党员送"党课随身听"、为贫困人口"送温暖、献爱心"等活动，报纸、电视、网络、微信、手机短信等全媒体参与。特别是县四大班子主要领导以上率下，全面梳理自身问题，逐一建立学习台账、问责台账、整改台账。推进"六个专题教育""四个专项整治""十项制度"和意识形态工作的落实，进一步严肃党内政治生活。

【人大、政府、政协换届工作】 印发《换届工作通知》，成立换届工作领导小组及其办公室，以及由市委常委，市人大常委会、政协主要领导任组长的10个指导督查组。召开换届工作业务培训会，对县、乡两级负责换届工作100多名工作人员开展专题培训。严格执行《干部任用条例》、"凡提四必"（讨论决定前，对拟提拔或进一步使用人选的干部档案必审，个人有关事项报告必核、纪检监察机关意见必听、线索具体的信访举报必查，坚决防止"带病提拔"）等要求，严格履行考察责任，圆满完成乡镇人大、政府换届工作。同时，组织500余名干部填写纪律承诺书，观看"两片一书"（专题片《镜鉴》《不可触碰的底线》和书籍《严肃换届纪律文件选编》），印发"换届纪律知晓卡"2000余份，开展谈心谈话100人次，确保换届纪律风清气正。

【抓党建促脱贫攻坚】 积极推进党建"实心工程"（以面对面倾听呼声、心贴心接触交谈、实打实解决诉求为主要内容的党建"实心工程"），出台组织、纪律等一系列政策措施，压实县、乡、村三级党组织脱贫攻坚责任。推动县级领导干部联乡、县直部门单位联村、县直机关干部联户，解决群众生产生活问题、化解社会矛盾，实现政策在村落地、资源在村整合、组织在村建强、干部在村成长、成效在村体现的"三联两解五在村"党建引领机制的落实。全县10个扶贫工作团，220个驻村工作队，213名驻村第一书记，630名县、乡、村三级扶贫工作人员，3924名各级党员干部奋战在脱贫攻坚一线，形成"一人去帮扶、单位全支持"的工作氛围。配齐配强乡镇党委副书记、组织委员、宣传委员、党务工作干事；组织调整31名村党组织书记；通过"一带一培"，全县共培养463名村级后备干部；发展85名农牧民党员；从全县218名科级后备干部中，选派119名担任驻村第一书记，并将部分科级后备干部充实到驻村工作队。8个软弱涣散村级党组织全部实现转化。深入推进集体经济"清零递增"行动，县委专门成立工作领导小组，深入开展"村企合作"。实现村集体经济收益778.53万元，全县212个村实现"全覆盖"。其中77个村集体经济收入达到5万元以上，占全县212个村的36%。

【干部队伍建设】 严把动议、民主推荐、考察、讨论决定"四个关口"，实行考察全程纪实制度，并征求纪检（监察）、综治、检察、审计等部门意见，填写《领导干部个人有关事项报告表》以及生活圈、社交圈"两圈"登记表，由单位党组织书记和纪委（纪检）书记对考察对象做廉洁自律评价。并坚持做到"五个不研究"（民主推荐票数不过半的不研究，未经组织考察的不研究，酝酿不充分的不研究，未征求纪检、计生等部门意见的不研究，问题未查清的不研究）、无记名票决制、任前公示和任职试用期制度，进一步健全选人用人机制。坚持监督、干部任用报批备案、干部谈话、日常监管约束、"一报告两评议"共五项制度，设立"12380"举报受理平台，根据市委组织部"一报告两评议"反馈意见，2016年，商都县选人用人满意度名列全市第一。进一步强化干部监督管理。坚持评价从严，着力改进干部考核。制定《2017年商都县领导班子和领导干部年终实绩考核办法》，健全完善考核指标体系，将意识形态工作列入实绩考核中，并加大意识形态工作比重。制定《商都县脱贫攻坚工作督查考评奖惩激励暂行办法》《商都县脱贫攻坚目标责任考核实施细则》《商都县驻村第一书记到村任职工作考核办法》，强化脱贫攻坚正向激励和反向问责。印发《2016年度商都县领导班子和领导干部委托考核结果》，为选用干部提供依据，初步规范领导班子年度实绩考核工作。

【巡视反馈问题整改工作】 制订《整改工作方案》，印发《整改落实任务书》，对整改任务进行详细分解，形成"一个问题一本台账"和整改任务销号制。组织部牵头的中央巡视"回头看"11

项和自治区党委巡视9项整改任务，全部有效推进。完成超配干部、超编单位和超编人员的消化任务；运用提醒、函询、诫勉等组织处理手段，及时消除“圈子文化”的苗头性、倾向性问题；通过党建述职评议、年度考核等工作，层层压实抓党建工作责任；将“六个专题教育”纳入县委中心组和基层党组织“三会一课”学习内容，切实强化党员干部理想信念；三类村级党组织全部转化提升；突出学、做、改、推，“两学一做”学习教育扎实推进；加强党支部规范化建设，力促“三会一课”制度化、规范化、常态化；认真贯彻落实干部选拔任用工作的相关文件精神，切实强化干部选用管理监督。

【基层党建】 认真落实基层党建重点任务，统筹推进各领域党建工作。率先将党建直通车与智慧社区云平台有机对接，秒级切换，实现县、乡、村三级联动，常态沟通，推动资源共享，机制衔接，功能优化。达到机关、乡镇、社区“全覆盖”和村党支部合理布点的目标。为贯彻落实全区城市基层党建工作座谈会精神，经市编办批准，成立社区服务管理中心，专门管理七台镇城镇社区，有效改变七台镇既管社区又管农村的局面，真正把工作重心转移到抓党建、抓服务上，创新社区管理服务方式。按照“人往基层走、钱往基层投、物往基层用”的原则，强化基层基础保障。村级活动场所均达到300平方米以上，并按时足额发放村干部待遇报酬，村级党组织工作经费达到8万元。持续推进精品社区打造，机关作风进一步转变，非公企业和社会组织“两个覆盖”进一步巩固。

【人才工作】 扎实推进“人才强县”战略，采取项目合作、专题培训、“请进来、走出去”等多种途径，大力开展引才育才活动。整合各类资源平台，全年共培训6000余人次，培养本土实用人才400多人。特别是邀请中国科学院、内蒙古农业大学7名专家对全县400多人科技人员进行集中培训。推荐商都县绿娃科技有限公司与鑫磊蔬菜专业合作社两家企业申报自治区“草原英才”工程。紧紧抓住“首届乌兰察布发展大会”这一契机，与商都籍返乡参会的各界精英人士沟通联系，继续完善“县籍在外优秀人才”信息库，鼓励吸引商都籍在外优秀人才回县创业就业。信息库共收录包括党政、教育、医疗卫生、文化传媒等各类域外优秀人才387条。

【党建制度改革和法治队伍建设】 制定《商都县深化党的建设制度改革2017年工作要点及分工》，进一步明确改革项目、改革任务、成果形式、牵头单位、参加单位、责任领导、责任科室、启动时间和完成时间，并实行销号制。2017年，34条改革任务数，完成25条，等待顶层设计8条，正在推进1条。制定《商都县法治队伍建设2017年工作安排》，印发法治队伍任务分解表，将21项工作任务分解到各个部门和单位。至年底，完成目标任务11项，正在推进4项，其余6项需要待上级出台制度后再贯彻落实。

【组织部门自身建设】 围绕“忠诚、干净、担当、建功、奉献”的目标，积极开展以“守纪律、强作风、树形象”为主题的专题思想教育，自身建设水平全面提升。研究制订《在全县组织系统开展专题思想政治教育的实施方案》，认真开展“五个一”活动，将中共十九大精神作为日常学习的重要内容，认真开展大学习、大讨论。强化组工干部实践锻炼，重点在所帮扶的玻璃忽镜村开展工作，带领村“两委”班子，切实抓好农村基层党建，扎实开展精准帮扶工作。抓好组工干部挂职锻炼，选派4名干部驻村担任第一书记，选派5名干部驻村担任工作队队员。推进自身规范化建设，制定印发内部管理相关制度文件，对办公室工作人员职责分工、会务管理、财务规程等内容进行规范。专门设立文书档案办公室，扎实推进文书档案管理，加强对重点工作的督察督办工作，组工信息、网络宣传和综合性文稿起草工作得到进一步加强。

（供稿　张　清）

宣传工作

【概　况】县委宣传部核定内设机构为办公室、文明办、网信办、外宣办、理论文艺科。核定行政编制12人，实有10人；工勤编制2人，实有2人。核定部门正职职数1人、副职2人，文明办主任1人，实有正职1人、副职3人，文明办主任由1名副职兼任，网信办主任1人，电视台、电台台长1人。

【理论武装】围绕学习习近平总书记系列重要讲话和考察内蒙古重要讲话精神，结合“两学一做”学习教育常态化、制度化，以宣传贯彻中共十九大精神为重点，全年共举办县委中心组学习13次。先后6次邀请专家学者到商都县开展专题讲座，举办“学习中共十九大精神全县理论骨干培训班”和“全县科级领导干部中共十九大精神培训班”，培训人次达2500人次。举办各类中共十九大宣讲报告会86场，受众达1.5万人次。

【意识形态工作责任制】以“意识形态督查年”为抓手，加强意识形态领域的引导和管理。出台《商都县“意识形态责任落实督查年”实施方案》《关于建立意识形态领域形势分析研判工作机制的实施意见》等规范性文件，成立以县委书记任组长的意识形态工作领导小组，同时县委宣传部成立意识形态工作管理科，配齐全县10个乡镇的党委专职宣传委员。充分发挥47家意识形态工作责任单位的作用，推动意识形态工作层层压实责任。

【新闻宣传报道】5月，邀请央视《老故事》频道《影响中国》摄制组一行，走进档案局、博物馆、绿娃公司、田士沟七台湖、大石架石林公园、不冻河、南湖公园、商都印象、白醋铺等进行为期一周的实地采访。7月，“绿镜头·发现中国”中央级多家媒体走进商都，就商都县冷凉蔬菜、马铃薯的种植和加工进行采访，所有稿件除在《人民日报》《中国气象报》刊登外，还同步在搜狐、新浪、今日头条、网易、凤凰网、腾讯、UC等其他11个平台刊发，使商都的冷凉蔬菜名扬大江南北。

【精神文明建设】通过多种形式大力宣传社会主义核心价值观，在城区干道、广场公园制作讲文明树新风、“五城联创”、中国梦等公益广告、宣传标语1000平方米，建筑围挡宣传彩绘、彩喷2000平方米。以基层道德评议会为依托，扎实开展“我推荐、我评议身边好人”活动，深入开展各级道德模范、身边好人、文明家庭、文明校园、美德少年等评选活动。商都县职业技术学校被命名为“全市文明校园”。胡懿等3位同学入选乌兰察布市第五届“美德少年”名单。评选自治区文明村镇3个；市级文明家庭5个；道德模范5人；“商都好人”13人。

【文化生活】组织举办形式多样的活动，极大地丰富人民群众的文化生活。举办全县2017年“县长杯”校园足球联赛、全县干部职工乒乓球公开赛、全县干部职工篮球赛。组织开展“塞外明珠·魅力商都”书法、绘画、摄影、美术作品展、“民族骄傲——乌兰夫同志光辉的一生”巡展活动、“诗意商都·墨韵水漩”笔会、“守望相助七十载，亮丽北疆风景线”全县中小学生校园艺术节、“守望相助·亮丽北疆”商都县庆祝自治区成立70周年群众文化周、“文化扶贫惠民百团千场进基层演出”、“走过70年”——惠民工程天天演走进各行各业慰问演出、“迎庆中共十九大胜利召开2017年度优秀剧（节）目惠民巡演”。组织召开各文艺家协会会员代表座谈会。参加庆祝自治区成立70周年“中国梦·草原颂·守望情”全市群众合唱节表演比赛。

【网络信息工作】年初，建立属地网络巡查报告制度，对全县属地网站进行细化分类，及时掌握属地网站名称开设的微博、微信公众号。根据《互联网信息服务管理办法》《互联网新闻信息服务单位约谈工作规定》《互联网用户账号名称管理规定》等法律法规，对有违规行为的网站负责人进行约谈，全年共约谈网站负责人5人次，关闭网站4家。5月初，网信办对县内关键信息基础设施的数量、分布情况、主管单位、网络安全管理机构，运维机构及联系方式等进行统一摸底排查，摸清关键信息基础设施底数，排查网络安全问题和隐患。对检查中发现的高危漏洞隐患和安全管理问题，及时提出整改意见，列入安全整改计划，确保基础设施万无一失，确保网络基础数据安全。9月下旬，在县祥和广场举行2017年全县网络安全宣传周启动仪式，安全周期间共印发宣传材料5000余份，解答群众问题200多人次，市电视台播放商都县网络安全宣传活动2期，在户外LED屏幕播放网络安全视频10条，并通过LED屏宣传车流动播放网络安全宣传视频。

（供稿　田　野）

统战工作

【概　况】 县委统一战线工作部核定机关行政编制7人、工勤编1人、事业编4人。核定领导职数3人。在职在编实有人数9人。内设办公室、党外干部股、民族宗教股、经济统战股和台办侨联5个职能机构。

【统战工作重点】 3月，召开全县统战工作会议，结合市委统战工作会议要求，回顾总结2016年统战工作，部署2017年重点工作。会议强调要坚持贯彻落实中央关于统一战线重大决策部署，重点做好民族、宗教、非公有制经济、党外代表人士以及港澳台海外统战工作，努力打造一支讲政治、敢担当、重本领、善用网的统战队伍。为保证中共十九大胜利召开、自治区成立70周年以及繁荣全县社会经济、维护地方和谐稳定提供广泛力量支持。

【协商民主工作】 2017年，继续贯彻《商都县委关于落实〈乌兰察布市委落实中共中央、自治区党委关于加强社会主义协商民主建设的贯彻意见〉的实施方案》精神，逐步规范引导统一战线各有关成员，充分发挥在协商民主中的重要作用。主要从围绕县委、县政府的中心工作，服务改革开放和经济建设的发展大局，凝聚人心、汇聚力量。鼓励无党派人士、党外知识分子，充分发挥在人大、政协中的作用，积极开展调查研究，撰写调研报告和社情民意，共形成《人生有梦不觉累》《健全大统战机制，构建大统战格局》《城市民族工作面临的问题及对策研究》《健全完善党外人才发现的体制机制问题研究》《提升统战工作领导体制和工作机制效能问题》等调研报告，为县委、县政府从经济、政治、文化、社会、生态等各个领域，提供有价值的决策依据。

在逐步完善协商制度、明确协商内容的工作中，重点加强政党协商、政府协商、政协协商。积极开展人大协商、人民团体协商、基层协商，努力构建广泛多层制度化的协商格局。在全县新农村建设、扶贫攻坚、城镇建设等重点工作中，多方听取党外人士的意见和建议，有力地促进全县工作的民主化、科学化。

【党外干部队伍建设】 全县共有党外干部1876人，无党派代表人士46人，党外知识分子384人。全县科级党外领导干部39人，处级4人。2017年，按照上级有关部门精神要求，继续巩固完善组织部、统战部党外干部联系会议制度。按照工作计划，定期组织召开党外干部联系会议，对照相关工作要求，就如何进一步做好党外干部的发现、培养、使用和管理工作进行研究商讨。7月，按照上级关于党外干部的配备要求，有1名党外干部调到县政协社会事务委员会任副主任。8月，为进一步提升全县党外干部参政议政能力，更好地为全县社会经济发展凝聚智慧力量，县委组织部、县委统战部、县委防范办、县委党校、县民族宗教事务局联合举办一期党外干部、少数民族干部培训班。通过集中授课、专题讲座等方式，就中央统战、民族工作会议精神及《中国共产党统一战线工作条例》、习近平总书记关于意识形态领域工作重要讲话精神、习近平总书记考察内蒙古重要讲话精神和党的民族理论政策、反邪教警示教育片《正道》等内容进行教学。全县60多名党外干部及少数民族干部参加培训学习，取得良好效果。

【民族政策宣传和法治教育】 按照县委出台的《关于加强和改进新形势下民族工作的实施意见主要政策措施的分工方案》，努力构建全县和谐稳定、团结进步的民族宗教新局面。将党的民族理论方针政策纳入县委党校的教学内容和县委宣传计划。2017年5—7月，县委统战部联合民族宗教事务局，抽组相关人员深入乡镇、村委会（社区），宣传贯彻《中华人民共和国民族区域自治法》（以下简称《民族区域自治法》）、《内蒙古自治区蒙古语言文字工作条例》、《乌兰察布市人民政府蒙汉两种文字并用管理办法》等法律法规，发放《中央民族工作会议精神》《民族宗教蒙古语文法律法规选编》《民族理论手册》《宗教事务条例》等宣传资料8000多份，有效推动全县民族宗教理论政策法律法规宣传普及力度。

【蒙汉文并用情况监督检查】 继续加强对党政群机关、窗口单位蒙汉两种文字并用情况的监督检查，对存在的问题及时修改和规范。继续做好蒙汉两种文字并用管理工作。7月，联合民族宗教局重点加大对乡镇、社区路面指示牌以及街面上商铺蒙汉文并用情况监督检查，责令不符合法律法规的商户进行整改。

【信教群众正面引导】 根据《全县处置民族宗教领域群体性突发事件应急预案》的相关要求，及时、有效、排查涉及全县的民族宗教突出问题。继续在宗教界人士和信教群众中开展爱国主义教育活动。严格按照《商都县“三级”宗教网络工作方案》，重新调整完善县、乡、村三级宗教工作管理网络和乡、村两级责任制。各乡（镇）明确专兼职宗教委员，各行政村选配专兼职宗教联络员。全县共有乡（镇）宗教委员10人，专兼职宗教联络员248人。

【非公有制经济发展调研】 围绕促进全县经济建设，促进非公有制经济健康发展和非公有制经济人士健康成长，深入开展调查研究。围绕工商联职能发挥情况、会员队伍建设情况开展调研，撰写《开拓创新、突出特色，商都县经济统战工作跃上新台阶》等调研报告。引导非公有制经济人士围绕全县经济社会发展中的热点、难点问题，提出有价值的议案、提案、社情民意20多篇。

【非公有制经济人士组织管理】 2017年1—3月，继续协调工商联对全县非公有制经济人士进行综合评价。根据中央、自治区、市级统战部门精神要求，结合县工商联换届工作，共对61名非公有制经济人士进行综合评价，为2017年人大、政协换届工作提供人才信息依据。

【对工商联换届工作的领导】 2017年5月，召开商都县工商联第八次会员代表大会。县委统战部在会前加强领导，会议始终坚持“十二字”（爱国敬业、创新守法、诚信贡献）方针，促进“两个健康”（非公有制经济健康发展、非公有制经济人士健康成长），努力提升工商联工作新水平的原则，严格遵循工商联换届工作的程序和要求，统筹安排、精心组织，高标准、高质量、高效率地完成商都县工商联换届工作，选举产生新一届工商联（总商会）领导班子。会员代表、特邀代表、有工作联系单位代表、县委统战部及工商联全体领导干部共120余人参加会议。

【“泛海助学”活动圆梦贫困大学生】 2017年8月中旬，自治区党委统战部印发《泛海助学行动实施方案》，要求在全区范围内贯彻实施。根据文件精神，“泛海助学行动”项目由中国泛海控股集团出资，与自治区党委统战部、教育厅、扶贫办共同组织实施，主要是资助2017年参加高考并被高校录取的建档立卡贫困家庭大学新生、残疾大学新生和残疾家庭大学新生。为落实好这一惠民政策，县委统战部、教育局、扶贫办、残联等部门认真部署、广泛宣传、协调配合，认真做好审核把关、统计上报、统筹发放等各项工作，确保符合条件的困难大学新生能够公平得到救助。经审核，全县共有248名学生符合资助条件，每名新生获得资助金5000元，资助金额达124万元，资助金已于9月底全部拨付到受资助学生的银行账户。

【第十届政协委员换届工作】 按照《政协商都县第十届委员会换届委员人事安排工作方案》要求，政协商都县第十届委员会换届工作由县委统战部牵头主抓。9月15日，县委组织部、统战部会同政协，按照人选条件范围、党内外结构比例等要求对上届政协委员进行综合分析，初步提出留任委员名单。10月20日，召开乡镇、有关县直部门关于政协委员的推荐会议，推荐出一批新的政协委员。多次听取各方意见，上下反复沟通，形成政协十届委员的建议名单。换届共设中国共产党界、无党派人士界、共青团界、妇女联合会界、工商业联合会界等11个界别。共推荐政协委员人选123人。其中，中共党员54人，占委员总数的44%；党外人士69人，占委员总数56%。

在十届政协委员换届中，注重推荐党外人士，通过严格把关审核，切实把政治上能够与党同心同德、亲密合作，有较强的代表性和社会影响力，有较强的参政议政水平和组织领导能力，有一定的群众基础和得到社会公认的优秀党外人士选拔上来。县委组织部、纪检委、统战部等部门计划抽调考核组，对入选的政协委员进行考核和综合评价。

【对台和侨联工作】 上半年，继续贯彻落实市委统战部相关精神要求，扎实有效地开展全县侨情普查工作，摸清全县归侨、华侨、侨眷、海外留学生及港澳台同胞的基本情况。全县共普查登记华侨15人、侨眷15人、海外留学生2人、台属5人，为做好港澳台和海外统战工作奠定坚实的基础。

【精准扶贫工作】 2017年，县委统战部坚持“围绕中心，服务大局”，在抓好统战领域常规性工作的同时，按照县委、县政府统一安排，积极落实好精准扶贫、精准脱贫等重点和中心工作。5月，县委统战部扶贫工作队在所包扶的玻璃忽镜乡押地坊村委会召开扶贫等重点工作座谈会。会上研究布置当前党建重点工作，进一步分析该村贫困情况，听取村委会干部对帮扶工作队的意见和建议，协商帮扶脱贫规划，深入了解贫困户致贫原因和发展需求，制订“一户一策”贫困户帮扶规划。研究讨论村委会发展集体经济问题。统战部出资1万元用于组织贫困户着力加强该村花栏墙、路、房等基础设施建设，改善村容村貌。统战部2名帮扶责任人深入玻璃忽镜乡二道沟村，为6户贫困户购买价值1200元的小鸡、饲料，帮助他们发展生产。

【宣传工作】 构建多维立体的宣传平台。2017年，共向市委统战部和县委报送统战工作信息5期和工作动态3期，有效地宣传商都县统战工作，为领导决策提供依据。

【党建工作】 按照上级要求，全面落实好党风廉政建设、加强和规范党的组织生活、深入推进“两学一做”学习教育常态化制度化，进一步改进工作作风，规范统战工作各项制度，着力提升统战部门和统战干部工作科学化的水平，构建团结、民主、温暖、守纪的大统战格局。

（供稿　许丽娟）

机构编制

【概　况】 商都县机构编制委员会办公室挂商都

县行政审批制度改革领导小组办公室和商都县事业单位登记管理局牌子，内设综合办、行政事业管理股。机关行政编制6人，工勤事业编制3人。核定科级领导职数3人（一正二副）。下设商都县事业单位登记中心，机构为正股级，核定事业编制4人；商都县电子政务中心，机构为副科级，核定事业编制3人，核定科级领导职数1人（副科）。

【“超编人员消化”工作】 2017年，通过自然减员，对满退休年龄的机关事业单位工作人员及时办理退休手续；按规定将部分单位的超编人员向其他有空编的单位有序流动；开展事业单位零空编管理等措施。全面完成机关、事业单位超编人员消化工作，得到县委、县政府和上级机构编制部门的充分肯定。

【机构编制动态管理】 落实上级机构编制部门批复和县委、县政府、县编委议定事项。按照“严格把关、总量控制、盘活存量、优化结构、动态调整、有增有减”的原则，采取“职能有转有变、机构有设有撤、编制有增有减、人员有进有出”的动态管理办法，解决编制紧缺问题，确保重点领域和行业发展需要，较好地发挥机构编制资源使用效益。

【“减编控编”工作】 2017年，全面完成上级机构编制部门下达的控编、减编任务。全县行政编制（含政法专项编制）、事业编制均不突破上级编制部门核定的总额，并在核定的编制数额内配备人员。同时，不再审批行政类、生产经营类事业机构，不再审批机关工勤编制。

【机构编制工作制度建设】 严格执行编委会议事制度，制定出台《商都县机构编制委员会工作规则》，进一步规范编委会议事制度，认真执行县委办、政府办《关于印发〈县直机关事业单位空编增人录用调配实施办法〉的通知》精神，通过“三联单”制度，规范组织、编制、人社、财政空编增人“四部门”协调、制约机制。强化组织、人社部门对聘用或调入人员的资格审查。杜绝违规进人现象发生。积极开展机构编制问题自查自纠。6月，印发《关于转发〈关于加强机构编制问题整改推进审批联动的实施意见〉的通知》，要求各乡镇、县直机关单位对本系统、本单位存在的机构编制问题开展自查自纠，编写《问题整改台账》，明确整改措施、整改时限及整改责任人。

【深化事业单位改革工作】 按照乌兰察布市编办有关文件要求，在商都县机构编制委员会办公室挂商都县事业单位登记管理局牌子，同时原商都县事业单位登记管理局更名为商都县事业单位登记中心，机构规格由副科级降格为股级事业单位，只保留登记服务相关职能，监督管理职能划归主管部门。

【行政审批制度改革工作】 2017年9月，全县行政审批制度改革工作由法制办移交审改办负责，在承接行政审批制度改革工作后，积极谋划，深入研究，创新工作方式，取得“开门红”。（1）深化行政审批制度改革，持续精简行政审批事项。根据《关于贯彻落实〈国务院关于取消一批行政许可事项的决定〉的通知》有关精神，进一步梳理行政审批事项，在征求县直有关部门意见的基础上，计划在原有审批事项基础上取消7项。已完成意见征求、汇总工作，并通过法制办审查。经县领导阅示后，按程序行文并公布。（2）完成清理规范各类证明事项工作。印发《关于进一步清理规范各类证明的通知》，明确清理工作目标、范围、原则、实施步骤等内容。在充分调研掌握并核实需要开具各类证明情况和盖章环节的基础上，组织人员对各单位报送的证明事项内容进行逐条审核。经过部门自查、编办审核，共梳理出依申请行政权力证明48项，事业单位证明事项14项。证明事项清单已呈报县政府审核。待审核完成后及时向社会公布，广泛接受监督，并建立清单动态管理机制，确保需要开具的证明公开透明，只减不增。

【事业单位网上登记工作】 根据上级事业单位登记管理部门关于开展事业单位登记管理和统一社会信用代码证书申领工作的有关要求，印发《关于开展机关、群众团体统一社会信用代码赋码工作和事业单位法人年度报告工作的通知》，对开展事业单位网上登记管理和年度报告工作及统一社会信用代码证书申领工作明确具体的工作要求和工作时限。全县事业单位网上年度报告工作快速推进，完成率达100%。按照要求，建立事业单位和执法人员2个名录库。在123家事业单位名录库、5名执法人员名录库中，采取电脑随机抽取方式，从“两库”中随机抽取确定3家检查对象和3名执法检查人员名单，并对检查对象下发“抽查通知书”后对抽取的对象进行检查，圆满完成“双随机一公开”工作。

（供稿　宁　河）

老干部管理与服务

【概　况】 商都县老干部局是县委的职能部门，主要任务是认真贯彻执行上级关于老干部工作的方针、政策，落实好老干部的各项待遇。内设办公室、生活待遇股、关心下一代工作委员会办公室。核定编制6个，实配人数8人（其中政策离岗2人）。核定科级正职1人、副职1人；实配科级正职1人、副职1人。办公室1人，生活待遇股2人，关心下一代工作委员会办公室1人。

【老干部工作发展态势】 县委按照《关于进一步加强和改进离退休干部工作的意见》和自治区《关于进一步加强和改进离退休干部工作的实施意见》的精神，召开会议专题研究、全面部署。成立以县委副书记为组长，县委办公室主任、县政府常务副县长、组织部部长、财政局局长为副组长，相关科局负责人为成员的离退休干部工作领导小组。结合全县实际制定中共商都县委《关于进一步加强和改进离退休干部工作的实施意见》和《关于全面组织开展离退休干部为党的事业增添正能量活动的意见》。县委要求各单位、各部门认真贯彻落实，全面开展老干部各项工作。

【保障机制完善】 按时足额发放全县离休干部的离休费，并按规定及时增补艰苦地区津贴。建立门诊费每年增加500元的长效机制，2017年人均累计达到6300元，加上年底为80周岁以上有伤残的离休老干部每人增发100元，2017年每人达到6400元，并于9月初全部足额发放到老干部手中，共计发放39多万元。多年来，聘用懂老年人理发技术的理发员免费为老干部理发。将列入县财政的医药费160万元用于离休干部看重病住院治疗，按时下拨老干部局，进行实报报销。2017年，为离休老干部报销医药费110多万元。每年组织全县离休干部进行一次健康体检，做到无病早预防、有病及时看。从老干部局经费中，为每位离休干部增加200元洗澡补贴及120元的收视费补贴。

【思想政治学习】 坚持学习常态化，结合开展“两学一做”学习教育，组织离退休干部学习中共十九大以来系列会议精神和习近平总书记系列重要讲话精神，特别是习近平总书记考察内蒙古时的重要讲话精神以及市、县两级政府的各项政策和规定，使老干部坚定理想信念，不断增强政治意识、大局意识、核心意识、看齐意识，坚定正确的政治方向。在学习中，实行“送学上门”，为行动不便的老干部送去学习资料，并按照老干部的意愿，建立学习长效机制，定期邀请党校老师为老党员作专题讲座。

【应邀参加重要会议】 遇县委召开重要会议时，安排老干部代表列席、参加。春节前及迎春座谈会，县委、县政府向老干部通报一年来全县经济和社会发展情况，并就全县今后的发展向老干部们广泛征求意见。

【家访、慰问】 春节前，看望慰问离休老干部及遗属，逐户登门看望慰问所有居住在县城七台镇的离休干部及遗属，并为外地居住的离休干部寄去慰问金。2017年，探望住院老干部43人，看望慰问去世老干部2人。

【报纸杂志订阅】 在保证阅览室报纸、杂志订阅的同时，老干部局为每位离休干部订阅《老年世界》《读友报》《求是》《乌兰察布日报》等，2017年，新增《新周报》《北方新报》《参政消息》《半月谈》等多种刊物，进一步丰富老干部们的精神文化生活。

【阵地建设加强】 为改善老干部活动中心室内环境，2017年，新增桌椅，配备教学投影仪，各活动室挂置图板及书画作品，不断充实局电脑室、书法室、麻将室、象棋室、台球室、阅览室、健身室、棋牌室及离休干部党支部等活动室器具，有效保证老干部文体活动正常开展，丰富老干部的精神文化生活。

【温馨服务】 老干部局专门对老干部生日进行造册登记，每当有离休老干部过生日时，都由局领导班子把生日蛋糕亲自送到老干部家中为老人祝寿。

【社会化服务】 老干部局在七台镇的都山街、澳淳、商海、文化街4个社区设立老干部活动室和老年大学分校，并于2015年正式挂牌运转。切实发挥出社区使老干部实现就近学习、就近活动、就近得到关心照顾和就近发挥作用的“四个就近”作用，使老干部们心情舒畅地安度晚年。

【老干部正能量作用发挥】 以各类文化活动为载体，进一步推动全县老年文化事业的健康发展，教育引导老干部以积极心态，正确看待和适应社会发展。（1）以“创办夕阳晨读”为主题，县委老干部局非建制党支部将热爱阅读的老年人组织起来，利用老干部活动中心的图书室以及各社区的活动室，开设朗诵课堂，每天阅读半小时，通过丰富阅读形式，进一步促进老年人身心健康。（2）开展多种形式正能量活动，为全县经济社会发展“点赞”。6月27日，老干部局组织离休老干部实地参观南湖公园。8月，全县组织开展喜迎十九大全民健身活动，老干部局组成秧歌队参加活动。由老干部局和文联在老干部局活动中心联合举办主题为“诗意商都、墨韵水漩”书画摄影展。市委老干部局领导和市书画界的名家应邀观摩指导，书画摄影展共展出全县老干部书画、摄影方面40多幅作品。9月1日，开展“我看跨越发展中的商都”弘扬正能量考察活动，考察团分别深入旧城棚户区巨弘华府小区、温州建材城、内蒙古东盛硅藻土科技创新产业园有限公司、内蒙古乐耕食品有限责任公司、不冻河水利风景区、商都县基层党建展厅等项目点进行考察。通过组织老干部参观学习，让更多老年人走出来、动起来，真正实现老有所学、老有所为、老有所爱、老有所乐，引导老干部在了解行业发展、社会变化中提高感受度，增强生活幸福感，体验美好生活。

【精准扶贫】 按照县委、县政府关于精准扶贫和精准脱贫工作的决策部署，老干部局包扶工作人员经常深入小海子镇梁宏村，与村干部和村民代表一起座谈，共商该村精准扶贫和精准脱贫的措施办法。对贫困户从资金、致富信息等方面进行“一对一”的帮扶，并出资5万元。12月，老干部局举办送温暖献爱心活动，给梁宏村送去米、面各204袋，为梁宏村脱贫致富尽绵薄之力。

（供稿　王睿雄）

关心下一代工作

【概　况】 商都县关心下一代工作委员会内设办公室、法制工作部、科技工作部、学校工作部、文体工作部、社区工作部。

2017年，全县各级关工委以中共十八大及中共十八届四中、五中、六中全会精神为指导，深入贯彻习近平总书记对关心下一代工作重要指示和中央领导对关工委工作的重要批示，按照自治区党委领导有关重要指示和自治区、市关工工作会议精神以及市委、市政府中心工作和具体要求，坚持服务青少年的正确方向，推动关心下一代事业创新发展。

【社会主义核心价值观教育】 深入开展“爱学习、爱劳动、爱祖国”主题教育活动，县关工委报告团成员深入县直中小学校进行社会主义核心价值观讲座并与学生互动交流，开展“三爱”宣传教育，升华青少年对“三爱”的理解和认识，激发“三爱”热情，凝聚“三爱”力量，形成“三爱”氛围。

【中国梦主题教育活动】 举办五好小公民“老师您好，我的好老师”主题教育读书活动，召集中小学校关工委积极参与，共征订1800余本书，联合学校的读书节、读书周进行宣讲、读书指导、撰写心得、知识竞赛、主题演讲，把读书活动与核心价值观，与学校其他教育活动相结合，全县共收到征文1109篇、书画208件、书法作品190件等，经专家评选，30篇选送到教育部关工委“华人作文”比赛组委会，获得一等奖1篇、二等奖2篇、三等奖4篇，是历年来获奖最多的一年，居自治区前列，其中世纪小学郝然、育苗小学刘波妮应邀到北京参加颁奖仪式。教育局关工委第三次获得部级“先进集体”称号，世纪小学，育苗小学获得优秀组织奖。

【“大手牵小手”关爱活动】 全县中小学、幼儿园共有留守儿童、贫困学生、单亲家庭学生2400多人，这一现象引起商都县各级关工委的重视。扶贫助学，为留守儿童和贫困家庭学生排忧解难是学校关工委工作的重要抓手。各校建立留守儿童、贫困学生、单亲家庭学生档案。建立留守、贫困、单亲家庭学生关爱、帮扶的机制，时刻关注留守儿童、贫困学生的学习和生活，解决好这些弱势群体的实际困难，倡导扶贫济困的道德风尚，培养和践行社会主义核心价值观。县关工委帮助寻求助学单位和个人为贫困学生进行帮扶，在第三中学教职工中开展献爱心活动。第三中学建立“导师帮扶”结对制度，由学校关工委牵头开展帮扶活动，倡导每一名教职工每学年至少关心帮扶一个贫困留守学生，每位班主任坚持每月帮扶一名留守学生，每年教师节获奖教师自愿拿出获奖金额的10%资助贫困学生和留守儿童。县关工委组织动员社会力量，通过开展“手拉手”“一帮一”等活动。广泛搭建爱心桥，为贫困生献爱心、送温暖、办实事、办好事。县关工委会同县委宣传部先后为二中、三中、四中捐赠图书2678册，县关工委会同红十字会为宗申小学捐赠150套被子及其他生活日用品，会同县妇联在宗申小学举办共享蓝天——关爱留守儿童的活动，为贫困留守儿童捐资1万元，会同县团委为宗申小学捐赠150套衣服、书包、图书等。

【“五老”队伍建设】 关工委组织完成关心青少年健康成长的历史使命，必须加强组织队伍建设，实现关工组织网络化，全县基本上形成组织网络化、工作规范化、活动经常化的格局，县关工委在全县“五老”中开展写1份调研报告，帮扶1名贫困学生，帮助1名“问题学生”，帮教1名失足青少年，就地建立1个关工小组“五个一”活动，确保各项工作有序进行。完善内部机制，增强服务意识，改进活动方式，提高综合协调能力和工作效率。力争在帮扶困境儿童，改善孩子学习环境，提升青少年法制意识等工作中形成合力，取得明显效果。

（供稿　赵　平）

党校教育

【概　况】 中共商都县委党校于1960年由县委批建。1996年9月，中共商都县委第十二次常委会研究决定，由商都县委党校兼办商都县行政干部学校，实行一个机构、两块牌子，于2010年参公。共有在职人员12人，其中在职领导正职1人、副职2人、专职教师8人、保管员1人。离退休人员共12人，其中离休1人、退休11人。在职党员7人，其中女3人、男4人。离退休党员9人，其中女2人、男7人。中共商都县委党校、商都县行政干部学校为科级事业单位。实有内设机构7个：校长室、副校长室、财务室、办公室、教务室、教研室、后勤室。

【干部培训】 按需施训，精心谋划主体班次。突出干部在学习培训中的主体地位，做到经济社会发展需要什么就培训什么，干部履职尽责和健康成长需要什么就培训什么。2017年，举办全县学习贯彻习近平总书记系列讲话精神、中共十八届六中全会精神、《中国共产党章程》、《中国共产党党内监督条例》、《关于新形势下党内政治生活的若干准则》、《中国共产党廉洁自律准则》、《中国共产党纪律处分条例》、中共十九大精神等为内容的入党积极分子培训班；基层党务工作者培训班；全县妇女干部培训班；全县党外干部、少数民族干部培训班；村党支部书记、驻村第一书记干部能力提升、理论骨干等培训班10期，培训人次达1000人。

【巡回宣讲培训】 深入基层，灵活开展巡回宣讲，把主体班学习下设到各乡镇、部门（单位）。按照中央政策先行宣传，县委决策先行解读，重大部署先行落实的要求，以宣传解读中央及自治区、市、县委的重要会议精神、重大决策部署和干部群众关心、关注的热点、难点问题为重点，充分发挥“流动党校”的作用，分季度深入各乡镇、部门（单位）开展以习近平总书记关于意识形态领域工作的重要讲话、中共十八届六中全会精神、扶贫攻坚政策、《中国共产党党内监督条例》、民族政策、中共十九大精神等为内容的巡回宣讲40多讲，培训人次达2500多人，从而确保党和国家以及地方党委、政府的“声音”能及时、准确地宣传到基层，传递到干部和老百姓的心中。

【党建工作】 2017年，校党支部紧紧围绕“党要管党、从严治党”这一主线，全面贯彻落实自治区、市、县党委要求，努力践行“三严三实”精神，协调推进“四个全面”战略布局，筑牢党建之基。始终坚持“围绕民生抓党建，抓好党建促发展”的党建工作理念，全面落实班子成员党务工作职责，不断夯实党建工作组织基础。同时，为讴歌中华民族实现伟大复兴的奋斗历程，追寻革命先辈光辉足迹，颂扬中国共产党的丰功伟绩，引导党员干部增强民族自尊心、自信心和自豪感，认识时代赋予的崇高责任，热爱祖国，热爱中国共产党，为此，构建党建文化教育宣传长廊、党建文化展厅，购置党建直通车。增强党员干部们对党和社会主义祖国的认同和热爱，积极传承党的优良传统，踊跃投身到全面建成小康社会的伟大实践中去，努力营造党建文化氛围，搭建党情、党史学习交流平台，使“学党史、知党情、跟党走”成为全校党员干部的响亮口号和自觉行动。

【扶贫工作】 坚持把包村联户工作作为密切党群、干群关系的重要途径，重心下移、关口前移，及时了解群众所需、所急、所盼，对群众反映的问题千方百计地帮助解决。本着办一件实事、暖一片人心的原则，结合驻村工作队特点，主动为农民解决生产、生活中的实际困难。为积极响应上级号召，驻村第一书记和驻村工作队共6名骨干到大营子村、磨石山村驻村蹲点，主动为群众排忧解难、真帮实促，努力做好村民的贴心人。按照精准帮扶工作要求，结合党的群众路线教育实践活动和基层组织服务体系建设工作，认真摸清帮扶贫困户基本情况，找准帮扶办法，制订帮扶脱贫计划，按照“不脱贫不收队”的工作要求进行帮扶。通过扶贫工作队进行实地调研、进村入户走访、分析致贫原因并找准帮扶突破口，结合实际认真制订出具有可操作性的工作方案。2017年，扶贫工作队严格按照规模分解、初选对象、公示公告、结对帮扶、计划、填写手册、数据录入、联网运行、数据更新九个步骤，按照相应的时间节点，完成大营村行政村1户1人和磨石山5户11人建档立卡工作。12月，对所包的大黑沙土镇大营子行政村、磨石山行政村常住户进行慰问，为每户送去"爱心大米"1袋，并认真倾听贫困群众诉求，耐心询问每一户家庭情况，为下一步精准施策奠定基础。

（供稿　贺　宏）

档案管理

【概　况】 商都县档案局（馆）受县委、县人民政府双重领导，由一套人员、两个机构组成。机构为正科级一级全额拨款参公单位。内设二级机构5个，即综合办公室、社会辅导技术处理股、编研股、现行文件查阅中心、爱国主义教育基地。核定编制11人，实有在编在册人员8人。单位领导3人（一正二副）、中共党员6人、专业技术人员5人，年龄在30—50周岁之间，学历全部为大专以上。

【馆藏档案】 商都县综合档案馆是集中统一保管商都县党政机关、团体、企事业单位档案资料的综合性管理机构。综合档案馆馆藏档案13.1万卷（册）（其中中华民国时期珍贵历史档案24卷、革命历史档案20卷），73个全宗。其中，文书档案9.9万卷、科技档案518卷、会计档案1.66万卷（册）、专业档案3473卷、实物档案267件、声像档案376卷（册）、人事档案1.08万卷、另存资料1.61万卷（册）。档案各种检索工具齐全。

【档案法律法规宣传】 加大档案法律法规的宣传。2017年1月12日，中国档案报《行进中国、精彩故事、最美档案馆》栏目记者杨太阳在自治区档案局法规处副处长黄丽萍的陪同下，采访商都县档案馆，并以《闪耀在塞外商旅驿道上的明珠——走进内蒙古自治区商都县档案馆》为题，在《中国档案报》头版专门报道商都县档案馆。《乌兰察布日报》《商都县报》相继转载该篇报道。6月9日国际档案日，县档案局在水漩公园开展档案宣传活动，制作大型展板，展示馆藏珍贵档案和黑白照片，以及"6·9"国际档案日宣传挂图。发放《档案法律、法规宣传手册》《档案馆指南》等资料200册。同时订阅《中国档案报》《中国档案》《档案与社会》等档案报刊丛书，利用媒体等多种形式对档案法律、法规以及商都县档案征集、接收、管理等办法规定进行广泛宣传。为宣传档案文化，制作50多块宣传展板，分商都地图、馆藏纸质档案、实物档案3个系列，在一楼至三楼楼道展示商都档案文化。

【档案工作社会辅导】 加强档案工作社会辅导力度。2017年，县档案局先后对人民银行、财政局、西井子镇、十八顷镇、小海子镇、三大顷乡等单位历年来工作中形成的各类档案资料均按照国家规定的档案规范化要求进行收集、分类、归档整理。每到一个单位，从档案室的日常配置到条例上墙，再到案卷摆放、检索目录等都给予耐心细致的跟踪辅导。年内，中国人民银行商都县支行晋升为自治区一级单位，小海子镇人民政府、三大顷乡人民政府的档案室晋升为市级甲级示范档案室。

【档案资料收集接收】 继续开展档案资料的收集、接收工作。2017年，县档案局共接收人社局、教育局、公安局等单位的档案2600卷。接收名人手稿、证书等档案20件，具有代表意义的实物档案40件。随着馆藏量的增加，档案利用率大幅提高，为全县广大人民群众和谐的生产和生活做出贡献。

【民生档案全文数据库建设】 加强对国家重点档案信息采集录入工作。按照国家重点档案普查信息采集的要求，对民国档案和革命历史档案进行文件级目录数据库的建设工作。至2017年年底，文件级目录数据库全部建成，共录入文件级目录革命历史档案20卷，1724条；民国档案24卷，2199条，实现微机检索。年内，县档案局新购入1台64T浪潮服务器，为下一步按照国家重点档案信息采集的要求，进行全文扫描录入工作奠定坚实基础。2017年，共接待机关、企事业单位人员，特别是离退休干部、职工600人次，档案利用卷数5000卷，出具有效证件500多件。

【编研工作】 继续加强编研工作。继续开发利用档案资源，年内编研出版档案开发利用丛书之五《史话商都》和之六《商都县行政区划暨地名简介》。爱国主义教育基地在完善纸质档案展厅的基础上，新建实物展厅，展厅墙面以黑白照片为主，反映1945年商都县第一次解放至改革开放期间商都县方方面面的变化。展厅展现文化、生活、军事等六大类247件实物档案。

【重要事件】 1月，中国档案报《行进中国、精彩故事、最美档案馆》栏目记者杨太阳在自治区档案局法规处副处长黄丽萍的陪同下，采访商都县档案馆，并以《闪耀在塞外商旅驿道上的明珠——走进内蒙古自治区商都县档案馆》为题，在《中国档案报》头版专门报道商都县档案馆。

3月，商都县档案局上门为离退休老干部、老同志赠送馆藏档案开发利用系列丛书，以实际行动为他们提供一份精美的文化大餐。

6月9日国际档案日，商都县档案局组织开展以“档案——我们共同的记忆”为主题的宣传活动。

8月，商都县档案局全体干部职工深入屯垦队镇六盆地、大陆公司村委会，与动态管理研判后的贫困户进行对接。

10月，乌兰察布市档案局局长景利东一行到商都县档案局（馆）调研档案基层工作情况。

12月，乌兰察布市档案局副局长丁春雷一行到商都县档案局（馆）进行年终考核验收。

【荣　誉】 商都县档案局（馆）不断创新，扎实推进各项工作，被乌兰察布市档案局评为“2017年度工作实绩突出单位”。

（供稿　鲁富兵）

党　史

【概　况】 2017年9月，商都县史志编纂工作人员增加到2人，担负商都县党史编研、网络宣传工作以及承办上级部门部署的任务。

【改革开放史编研工作】 根据2017年4月20日中共内蒙古自治区委员会党史研究室关于开展“内蒙古改革开放实录”课题编研的通知、2017年5月18日中共乌兰察布市委员会党史研究室关于开展“乌兰察布市改革开放实录”第一批课题研究编写工作的通知精神，2017年5月，中共商都县委办公室、商都县史志办公室启动《商都县改革开放实录》专题研究编纂工作。

《商都县改革开放实录》专题以改革开放以来中国特色社会主义的历史发展为线索，力争把商都县在推进改革开放过程中的一系列富有特色的重要决策、重要举措、重要事件、重要成果、重要经验等反映出来。确定的专题：农村经营体制改革；行政机构改革；工商企业产权制度改革；实施“三化互动”战略；全面深化改革。专题确定后，首先收集资料、查阅档案、走访知情人、征编口述史，在此基础上组织材料、编纂稿件。并征集部分图片，作为历史的佐证。计划在2017年8月底完成编纂任务，上报市委党史研究室、自治区党史研究室。经过研究，决定编纂并印刷出版《商都县改革开放实录》专题集，力求留下反映改革开放历程中重大事件、重要探索、巨大成就、宝贵经验的历史事实，发挥资政、育人功能。

【党史第二卷编修工作】 2017年9月中旬，为贯彻落实中共中央《关于进一步加强党史工作的意见》精神，按照自治区、市党史研究室对党史工作的统一部署要求，决定启动《中国共产党商都县历史》第二卷编纂工作，全面、系统、科学、准确地记述中共商都县委从1949年至1978年组织带领全县人民进行社会主义革命和建设的历史，反映这一时期经济、政治、文化、社会、生态建设和党的建设的伟大成就及应当汲取的经验教训。

第二卷编纂工作从2017年9月启动，预计到2020年8月出版发行，大体分为筹划准备、收集资料、撰写初稿、统稿修改、审查定稿、终审出版6个阶段。2017年9月，着手编纂方案、编纂要求和编纂纲目；10月，按照方案要求和纲目，开始查阅档案资料。11月，在掌握一定资料的基础上，根据编纂纲目，开始编纂初稿，按照设定的编章，采取分编分章逐一编纂。12月，将部分初稿送自治区党史研究室，请党史研究专家初审，把握正确导向和编纂要求，指导编纂工作顺利进行。

【党史网络宣传工作】 2017年，按照全国党史网络宣传干部培训会议精神，继续在商都县人民政府网站的“地方资料库”网页发布党史信息，每月至少发布1条，内容包括自治区及市有关部门领导视察检查工作，参加自治区组织的党史业务培训,《中国共产党商都县历史大事记》连载，《商都县改革开放实录》《中国共产党商都县历史》第二卷编纂动态等信息，共18条，约15万字。每条信息点击量均达1000人次，受到县内外众多网民关注。

（供稿　魏　兆）

商都县人民代表大会

商都县人民代表大会常务委员会

【概　况】 商都县人大常委会下设1个办公室、4个工作委员会、1个纪检组，办公室内设2个股级事业单位。人大机关共核定行政编制数20个、事业编制数为10个、工勤编制数2个。至2017年年底，在职实有人数为31人、退休33人。

2017年，商都县人大常委会在县委的领导下，深入贯彻中共十八大、中共十八届历次全会和习近平总书记系列重要讲话精神，认真落实“四个全面”战略布局，以“五大发展理念”为引领，围绕中心，服务大局，强化监督，依法履职，为保障和促进全县经济社会发展发挥积极作用。

重要会议

【代表大会会议】 2月7—8日，商都县第十四届人民代表大会第六次会议召开。应出席代表181人，实出席代表158人，因事因病请假23人。会议听取审议政府县长曹凯宏所作的《政府工作报告》、县人大常委会主任叶旺作的人大常委会工作报告、县人民法院院长郭永国作的法院工作报告、县人民检察院检察长吴德霖作的检察院工作报告，审议商都县人民政府关于2016年国民经济和社会发展计划执行情况与2017年国民经济和社会发展计划草案的报告、商都县人民政府关于2016年财政预算执行情况和2017年财政预算草案的报告。大会选举刘瑞明为县人大常委会副主任；表决通过《关于政府工作报告的决议》《关于商都县2016年国民经济和社会发展计划执行情况与2017年国民经济和社会发展计划的决议》《关于商都县2016年财政预算执行情况和2017年财政预算的决议》《关于人大常委会工作报告的决议》《关于人民法院工作报告的决议》《关于人民检察院工作报告的决议》。

12月8—10日，召开商都县第十五届人民代表大会第一次会议，应到代表189名，实到代表185名。曹凯宏代表商都县人民政府向大会作政府工作报告，从六个方面回顾总结过去五年政府工作，在肯定成绩的同时，指出经济社会发展中存在的困难和问题，并对今后五年全县经济社会发展的总体思路、预期目标和主要工作任务进行安排部署。叶旺代表第十四届人民代表大会常务委员会向大会作工作报告，县人民法院院长郭永国向大会作商都县人民法院工作报告，县人民检察院副检察长谢力向大会作商都县人民检察院工作报告。会议选举产生新一届人大常委会、政府领导班子，监察委员会主任，法院院长、检察院检察长。叶旺当选商都县第十五届人大常委会主任，高加林、李生智、张云、张丽霞当选第十五届人大常委会副主任，曹凯宏当选商都县人民政府县长，郭玉广、张美、张晓玲、刘瑞、王晓东、张日高当选商都县人民政府副县长。选举产生商都县监察委员会主任、商都县人民法院院长、商都县人民检察院检察长和乌兰察布市第四届人民代表大会代表。新当选的县第十五届人大常委会主任、副主任，商都县人民政府县长、副县长，监察委员会主任，人民法院院长，人民检察院检察长，在大会中与代表见面并面对宪法宣誓。新当选的商都县人民政府县长曹凯宏代表新一届政府领导班子作表态发言。县委书记靳前斌对县人大及其常委会、县人民政府和县人民法院、县人民检察院及各部门的工作提出要求。人大常委会主任叶旺对新一届人大常委会组成人员提出希望。

主要工作

【政府工作监督】 人大常委会认真贯彻实施《中华人民共和国各级人民代表大会常务委员会监督法》，完善监督方式，履行监督职能，监督工作成效明显。切实加强工作监督，促进经济健康发展。人大常委会把促进经济社会持续健康发展作为服务大局、依法履职的重点，密切关注宏观经济运行情况。先后听取和审议县人民政府关于2016年财政决算、调整预算和2017年分部门预算的报告、县人民政府关于2017年上半年国民经济和社会发展计划及财政预算执行情况的报告、县人民政府关于2016本级财政预算执行及其他财政财务收支情况的审计报告，提出审议意见，促进经济平稳运行。对全县城区基础设施建设、电子商务运行情况分别进行专题调研，促进相关工作顺利开展。

【民生保障监督】 高度重视群众利益，保障民生持续改善。人大常委会坚持以人民为中心，高度关注民生。对全县布病防治情况进行专题调研，提出建议意见，为人民群众的生命安全提供保障；对全县食品加工园区建设情况进行专题调研，就食品加工园区规划、建设、管理提出建议，推动全县食品业健康发展；对全县客运出租车管理工作进行专题调研，对规范客运出租车市场秩序提出合理化建议，为居民安全、有序、方便出行提供保障；对全县园林县城创建工作进行专题调研，推动宜居、宜业、宜游县城建设步伐。

【法律实施监督】 切实加强法律监督，全面推进依法治县。人大常委会以全面推进依法治县为己任，切实加强法律监督，保障社会和谐稳定。对《中华人民共和国食品安全法》（以下简称《食品安全法》）、《中华人民共和国红十字会法》（以下简称《红十字会法》）、《中华人民共和国精神卫生法》（以下简称《精神卫生法》）、《中华人民共和国种子法》（以下简称《种子法》）、《内蒙古自治区城镇基本医疗保险条例》和《内蒙古自治区职工养老保险条例》等法律法规开展执法检查和执法调研，促进相关法律法规的贯彻实施，为经济社会发展营造良好的法治环境。先后听取县人民法院和县人民检察院上半年工作报告，以及公安局关于规范化执法工作情况报告，提出建议意见，促进依法行政、公正司法。

【人事任免监督】 依法行使人事任免权，促进被任命人员依法履职。坚持党管干部和依法任免干部相统一，不断完善人事任免工作程序，适时开展对拟任命人员的法律知识考试，继续规范任前提交供职报告、会上供职发言、任后监督等工作程序，促进新任命干部信守履职承诺，增强勤政廉政意识；继续实施向宪法宣誓制度，强化被任命干部的宪法意识。2017年，任命县人民政府挂职副县长1人，接受辞去挂职副县长1人；任命政府组成部门负责人2人，免去政府组成部门负责人2人；任命监察委员会副主任2人，监察委员会委员4人；任命人大常委会委办负责人1人，免去人大常委会委办负责人1人；任命县人民法院审判委员会专职委员2人、审判员4人、法庭庭长3人，免去法庭庭长4人。

【重大事项决定】 依法行使重大事项决定权，推动重大决策贯彻落实。按照经济发展新常态、跨越赶超新任务、依法治国新要求，研究制定《商都县人大常委会讨论决定重大事项的暂行规定》，进一步明确内容，界定范围、规范程序，使重大事项决定权的行使有规可依、有章可循。2017年，先后对县人民政府关于2017年政府融资项目、变更南湖公园北两宗规划用地性质的议案进行审议，并作出相关决议、决定，推动县委重大决策部署的贯彻落实。

【规范性文件备案审查】 适时开展规范性文件备案审查，切实推进法治政府建设。人大常委会以规范性文件备案审查为抓手，全力推动法治政府建设和依法行政。先后对《商都县统筹整合涉农涉牧资金管理办法》《商都县建档立卡贫困人口大病慢性病扶贫爱心基金管理办法（试行）》《商都县招商引资扶持政策》3个规范性文件进行备案审查，为促进工业经济发展、加快“美丽乡村”建设、打赢脱贫攻坚战提供法律保障。

【代表工作制度】 人大常委会坚持尊重代表、依靠代表、服务代表的原则，创新代表工作方法，搭建代表履职平台，人大代表的主体作用得到充分发挥。搭建履职平台，规范代表履职行为。围绕工作有计划、活动有制度、形式有创新、经费有保障的“四有”目标，巩固和完善人大代表之家和代表活动室。乡镇人大以此为载体，组织代表开展学习培训、调查研究、集中视察、联系选民、述职评议等活动，进一步丰富代表活动内容。深入实施代表工作的各项规章制度，进一步规范代表的履职行为。坚持邀请人大代表列席常委会会议，参与常委会组织的执法检查、专题调研、集中视察等活动，进一步拓宽代表的履职渠道。坚持常委会组成人员联系代表、代表联系选民制度，开通人大门户网站，进一步密切与代表和选民的经常性联系。

【代表学习培训】 加强学习培训，提高代表履职能力。人大常委会以“两学一做”学习教育为契机，组织代表深入学习习近平总书记系列重要讲话精神，进一步提升人大代表的政治理论水平。采取以会代训、外出培训、观摩学习等多种形式，强化对代表的学习培训，进一步提升代表的业务知识水平。为人大代表之家和代表活动室订阅《中国人大》《内蒙古人大》《人民代表报》等报刊，有效地拓展代表的知情知政渠道，为代表依法履行职务奠定基础。

【代表建议督办】 加强建议督办，增强代表履职动力。人大常委会把督办代表建议、意见作为联系人大代表的重要抓手，建立健全重点建议领导督办、办理情况年度报告、优秀代表建议评选等规章制度，明确代表建议收集分类、登记交办、审核答复、结果报告、整理归档等工作程序。采取重点督办、跟踪检查、专项视察等方式，加强对代表建议、意见办理工作的督促指导，代表建议意见办理工作取得明显成效。十四届人大六次会议期间，共收集代表建议、意见66件，办理结果已全部答复代表，并对优秀代表建议和承办单位进行表彰，进一步激发代表的履职热情，调动承办单位办理代表建议、意见的积极性。

【换届选举】 2017年，县、乡两级人大同步进行换届选举。为完成该项政治任务，人大常委会认真落实各级党委关于换届选举的部署要求，精心组织、科学安排、严明纪律、扎实推进，圆满完成换届选举的各项工作任务。（1）坚持党的领导，精心组织指导。全市换届选举工作会议之后，及时成立县换届选举工作领导小组，组建选举工作机构，为换届选举工作提供坚实的组织保障。制订换届选举工作方案，保证换届选举依法有序进行。召开换届选举工作会议，明确换届选举的重大意义、法律规定、法定程序、工作纪律。加强业务培训，培养一批政治觉悟高、业务素质好、工作责任心强的换届选举骨干。指导乡镇依法合理划分选区，方便选民参选和代表当选后联系选民。认真组织选民登记，为流动人口参选创造便利条件，切实保障选民的选举权利。严格提名条件、依法酝酿推荐、适时组织考察、按时有序投票，选举产生乡级代表621人、县级代表189人、市级代表37人，代表结构进一步优化。（2）充分发扬民主，广泛宣传动员。为切实提高选民的知晓率和参选率，县换届选举委员会牢牢把握舆论主导权，在统一印发《告全体选民书》的同时，充分发挥主流媒体的舆论导向作用，广泛宣传人民代表大会制度，宣传宪法法律有关规定，增强选民的参与意识和责任意识，引导广大人民群众依法参加选举。各乡镇换届选举委员会采取制作图板、悬挂横幅、刷写标语、出动宣传车、发短信、聊微信等多种形式，向广大选民宣传换届选举的重要意义、方法程序、时间安排、投票地点等相关事项，切实保障选民的知情权、选举权和被选举权。（3）严明换届纪律，严格依法办事。为确保选举依法、有序、健康、平稳进行，县换届选举委员会按照“九个严禁，九个一律”（严禁拉帮结派，对搞团团伙伙、结党营私的，一律给予纪律处分；严禁拉票贿选，对在民主推荐和选举中搞拉票、助选等非组织活动的，一律排除出人选名单或者取消候选人资格，并视情节给予纪律处分，贿选的依法处理；严禁买官卖官，对以谋取职务调整、晋升等为目的贿赂他人或者收受贿赂的，一律先停职或者免职，并依纪依法处理；严禁跑官要官，对采取拉关系或者要挟等手段谋取职务或者职级待遇的，一律不得提拔使用；严禁造假骗官，对篡改、伪造干部档案材料的，一律对相关人员给予组织处理或者纪律处分；严禁说情打招呼，对搞封官许愿或者为他人提拔重用说情打招呼的，对私自干预下级干部选拔任用的，一律记录在案，情节严重的严肃追究责任；严禁违规用人，对突击提拔调整干部、超职数配备干部和违反规定程序选拔任用干部的，一律宣布无效，并视情节对相关人员给予纪律处分；严禁跑风漏气，对泄露、扩散涉及换届人事安排等保密内容的，一律追究相关人员责任；严禁干扰换届，对造谣、诬告他人或者妨害他人自由行使选举权的，一律严厉查处，涉嫌违法犯罪的移送司法机关处理）的要求，认真汲取辽宁贿选案、衡阳破坏选举案的深刻教训，坚持教育在先、警示在先、预防在先，组织人大机关干部、乡（镇）人大主席团主席、选举工作人员、代表候选人，认真学习换届选举纪律，引导他们牢固树立“四个意识”，提高政治站位和政治觉悟，切实增强做好换届选举的责任感和使命感。以“零容忍”的政治态度、规范严谨的法定程序、科学有效的工作机制、严肃认真的纪律要求，有效杜绝拉票贿选、破坏选举等违法违纪问题的发生，营造风清气正的换届环境。

【自身建设】 人大常委会适应新常态、新形势、新任务的要求，坚持与时俱进，加强自身建设，努力提高依法履职水平。（1）加强思想政治建设，提高依法履职能力。人大常委会把思想政治教育放在自身建设的首位，常抓不懈。深入开展“两学一做”学习教育，做到学习工作两不误、两促进；坚持开展主题党日活动，增强人大党组和机关党支部的凝聚力和战斗力；坚持理论武装、学法用法和业务培训常态化，组织常委会组成人员和机关工作人员学习政治理论、法律法规和业务知识，为常委会依法履职奠定坚实基础；坚持用制度规范履职行为，进一步健全和完善人大议事、会议、日常工作等一系列规章制度，为人大常委会依法履职提供制度保障。（2）切实改进工作作风，提高机关工作效率。人大常委会坚持内强素质、外树形象，把作风建设贯穿于人大工作的始终。围绕建设学习型机关，健全学习制度，制订学习计划，营造学习氛围，切实改进机关内部的学习风气；围绕建设务实型机关，严格落实“三严三实”要求，精选调研议题，深入开展调查研究，密切联系代表和群众，广泛听取意见、建议，较好地发挥人大机关的参谋助手作用；

围绕建设廉洁型机关，认真落实“一岗双责”，着力加强“四风”整治，人大机关的思想观念、组织纪律、法纪意识、对外形象有了大幅提升，工作质量和效率有了明显提高。（3）广泛开展联系指导，提升整体工作水平。加强与市人大常委会的联系，各项工作在市人大常委会的指导下有序开展，并取得较好成效。加强与兄弟旗、县、市、区人大的交流，借鉴好的经验和做法，推动商都县人大工作创新发展。指导乡（镇）人大健全代表活动场所、完善代表工作制度、制订工作计划、依法行权履职，切实提高乡（镇）人大的工作水平。密切与人大代表的联系，广泛听取代表意见建议，为人大民主决策提供依据。

（供稿　薛　美）

商都县人民政府

县政府施政要略

【概　况】商都县人民政府主要职能部门分别是政府办公室、发展和改革局、经济信息商务局、教育科技体育局、民族宗教事务局、公安局、民政局、司法局、财政局、人力资源和社会保障局、国土资源局、住房和城乡建设局、交通运输局、水利局、农牧业局、林业局、文化旅游新闻出版广电局、卫生和计划生育局、审计局、环境保护局、统计局、安全生产监督管理局、食品药品监督管理局、工商质量技术监督管理局。

【县政府党组会议】2017年，共召开12次县政府党组会议。

3月9日，召开第三次县政府党组会议，学习中央、自治区、市纪委全会精神和全区旅游发展大会精神，研究全域旅游、七彩湖项目建设等事项。

4月13日，召开第四次县政府党组会议，研究2016年政府工作报告任务分解事宜，安排部署全县扶贫工作，并研究2016年易地搬迁实施方案。

5月24日，召开第五次县政府党组会议，传达学习中央、自治区党委、市委和县委关于加强意识形态工作的有关精神，安排全县文化广电新闻网络领域意识形态工作；研究大唐电信商都服务外包基地项目有关事宜；部署2017年易地扶贫搬迁推进工作。

6月15日，召开第六次县政府党组会议，安排部署迎接全区生态环境保护大检查工作；研究清理整顿企业用地和耕地占用税缴纳有关事宜。

7月25日，召开第七次县政府党组会议，学习增强“四个意识”，争做合格党员；研究乐耕食品公司融资贷款有关事宜；研究讨论开展贯彻转变经济发展方式“五个结合”不力专项整治工作方案；安排部署生态环境保护工作。

8月9日，召开第八次县政府党组会议，研究中国通用技术集团帮扶资金注入城投公司入股大唐电信商都服务外包基地有关事宜；讨论商都县易地扶贫搬迁进城安置办法和商都县招商引资扶持政策有关事宜；研究整顿全县黏土砖生产企业等事宜。

【县长办公会议】2017年，共召开30次县长办公会议。

3月19日，召开第二次县长办公会议，专题研究全县保险助推脱贫攻坚相关事宜。

6月15日，召开第七次县长办公会议，专题研究部分国有资产整合划拨事宜。

7月26日，召开第九次县长办公会议，研究红星街西棚户区城中村改造项目贷款相关事宜。

8月16日，召开第十三次县长办公会议，专题研究商都县光伏扶贫商业化投资有关事宜。

9月14日，召开第十五次县长办公会议，专题研究解决商都县长盛工业园区商集路段开通接口事宜。

10月7日，召开第十九次县长办公会议，专题研究易地扶贫搬迁2015—2017年方案变更相关事宜。

11月24日，召开第二十五次县长办公会议，研究商都县特慢病贫困患者送药上门医药费报销相关事宜。

【政府工作概况】 2017年，全县七项主要经济指标“五升二降”，其中，由于房地产市场低迷萎缩和一产项目部分行业投资降幅较大，固定资产投资完成30亿元，下降16.9%。一般公共预算收入受全面推行“营改增”、共享收入分成比例调整和减税降费等政策性减收影响完成1.56亿元，下降8.6%。其余五项指标均呈不同程度增长，其中全县地区生产总值完成47.6亿元，增长5.5%；规模以上工业增加值同比增长5.8%；社会消费品零售总额完成35.47亿元，增长7.7%；城乡居民人均可支配收入分别达到2.58万元和9257元，增长8.55%和8.28%。做实基数后，为实现高质量发展创造了有利条件。全年工业用电量达到15.12亿千瓦时，增长10.5%；规模以上工业产品销售率达到94.7%，增长9.1%；公共财政预算支出27.48亿元，增长12.4%；非税收入占比由上年的29.2%下降到24.95%；三次产业结构由上年的27.8∶31.7∶40.5进一步调整为26.8∶32.1∶41.1，呈现出经济稳中向好、稳中提质的良好势头。

【脱贫攻坚】 扶贫投入持续加大，全年共计投入各类扶贫资金2.59亿元，同比增长26.3%。精准扶贫的基础更加牢固，新识别贫困人口2021户、4280人，返贫556户、1340人，自然变更增加253人，减少611人，未脱贫贫困人口1.34万人。年内，1.13万名贫困人口实现稳定脱贫，16个贫困村退出贫困序列，贫困发生率由7.47%下降到5.15%。

【现代农牧业发展】 农牧业标准化、品牌化、市场化、规模化、产业化持续推进，被评为全区推进标准化三年行动计划成绩突出旗县。“三品一标”建设持续推进，新认证面积7.29万亩，累计达到78.89万亩；新认证有机和绿色农产品32个，累计达到43个；“商都西芹”在获批农产品地理标志认证基础上，又获国家地理标志证明商标和中华人民共和国生态原产地保护产品。新增著名商标1个、知名商标4个。奥淳酒业绵柔型白酒等3个产品评为“内蒙古名牌产品”。围绕创建国家农产品质量安全县，建立县、乡、村三级农畜产品质量安全监管网格化管理体系，新纳入自治区农畜产品质量安全监管追溯信息平台企业或合作社7家，达到10家。“一薯两菜”优势特色作物种植比重由45%提高到51%，增长6个百分点。蔬菜、马铃薯专业合作社累计达到164家，年外销鲜薯20万吨、冷凉蔬菜6.5亿公斤，形成设施蔬菜以番茄、彩椒、香蕉、西葫芦、瓜类等为主，露地蔬菜以西芹、大白菜、红胡萝卜、甘蓝、莴笋、圆葱等为主的特色冷凉蔬菜。累计建成奶牛、肉牛、肉羊、生猪、蛋鸡规模化养殖场71处，养殖规模化比重达到22%，同比增长3.4%。蓝威斯顿法式薯条裹涂生产线、溢源马铃薯营养醋生产线、健坤农产品净菜加工生产线等一批绿色农字号产业项目相继建成投产，“六个一”绿色农畜产品加工业整体实力进一步提升，农畜产品就地加工转化率达到58%以上，累计创建自治区级和市级农牧业产业化龙头企业10家。

【调整产业转型升级】 长盛工业园供水厂、燃气工程和110千伏变电站相继投入运行，燃气主管道铺设14.3公里，实现与企业对接互通。华盛绿能标准化产业孵化园初见规模，园区承载能力和集聚效应进一步增强。园区全年实现总产值32.3亿元，占全县工业总产值的84.2%。坚持引进与淘汰并举，加快新旧动能转换步伐。全年实施重点工业项目18个，完成投资15.89亿元。引进签约项目26个，到位资金7.07亿元。凯金能源锂电池材料、恒盛锂电池负极材料、华腾宝珠砂、华鑫高纯硅等新材料产业项目落地建设、异军突起，为工业经济发展注入新动能。传统铁合金产业产值占比下降42%，税收占比下降18.5%。以现代服务业为主的第三产业逐步攀升，增加值同比增长7.4%，达到19.6亿元。巨弘温州建材城建成运营，巨弘商业步行街、3D影院、巨弘宾馆、大唐服务外包项目等重点项目主体工程全部完成，华联商厦装修接近尾声。建成县级电子商务服务中心、农村快递物流集散中心和91个村级电商服务站，吸引52家合作社和13家农畜产品加工企业、8家本地电商企业、5家快递物流企业合作运营，2000余家微电商蓬勃发展，全年电商交易总额达到2.16亿元，是上年的19.6倍。国家电子商务进农村综合示范项目在全区初次绩效评估中位列第一。成功举办首届中国商都马铃薯美食节，百道土豆宴创吉尼斯上海大世界纪录。不冻河国家AAA级旅游景区基础设施更加完善，七彩湖旅游风景区荣获内蒙古名片优秀文化旅游景区品牌，旅游业发展初显端倪。

【城镇规划管理】 完成《七台镇总体规划》评估，编制实施七台镇停车场专项规划和商都县通信基站专项规划，编制完成七彩湖、察汗淖尔云丹（五台海）2个旅游总体规划，编制完成小海子镇特色小镇规划，并获得自治区特色小镇称号。年内实施以道路畅通、基础设施、环境改善为重点的10项市政工程，总投资2.1亿元。踏铺沥青及硬化道路56条26.7万平方米，硬化路肩15.6万平方米，打通断头路、拓宽瓶颈路21条；安装交通护栏5500米、红绿灯9组、生态围挡板近8000延长米。新建改造水冲式厕所21座，累计达到46座；新建、铺设供水、排水、天然气、供热管网68.2公里。深入推进城市管理综合执法改革，成立城市管理综合执法局，梳理划转行政处罚权力清单172条，职能职责划归工作有序推进。成立由12家执法单位联合组成的综合整治执法队，对非法营运三轮车以及占道经营、违规停车、违法建筑开展专项行动，全年清理占道经营行为900余起，清除占道“僵尸车辆”68辆，拆除违法建（构）筑物48处，清理违规设置落地牌匾、挂式灯箱、横幅等共1400多块（条），主要街区新增停车位1700个，将170余家分散经营的工程机械、建材、汽车经销商集中到巨弘建材城，市容市貌市政管理得到进一步改善和加强。对清河巷南、红星街西2个片区实施棚改工程，完成2500户安置任务，累计完成棚户区拆迁安置5800户，整理出建设用地2500亩。城镇污水处理率达到90%，生活垃圾处理率达到93%，集中供热率达到78%，供水普及率达到97.4%，建成区绿化覆盖率达到35.9%，宜居县城基础更加牢固。

【“美丽乡村”建设】 开展以生态、水利、土地、矿山为主的乡村综合整治提升行动。新增经济林面积7565亩、林业生态建设面积1.64万亩。实施水土流失治理面积19.8平方公里、坡改梯8325亩、节水灌溉面积1.15万亩。新建安全饮水工程69处。实施农村电网10千伏及以下改造线路553.9公里。查处无证开采非煤矿山企业51家，彻底取缔42家，取缔不符合国家环保政策的黏土砖厂13家；优化村庄布局。累计完成124个村的小村整合任务和53个村的易地搬迁工作。编制完成向阳村和小庙子嘎查2个美丽宜居乡村建设规划，累计完成375个村庄规划，七台镇房家村、大库伦乡古城子村等5个村申报为自治区新农村新牧区建设示范村；加强农村基础设施及公共服务水平建设。危房改造4837户、累计达到3.75万户，全县85.2%的农村常住户乔迁新居。全县212个行政村的供电供水、广播电视及光缆敷设基本实现覆盖，有条件的行政村全部通了沥青水泥路，医疗卫生室、文化活动室和超市实现全覆盖，社会保障也达到应保尽保，开发村镇公益性环卫就业岗位1105个，农村基础设施水平和公共服务均等化能力实现跨越式发展，农村面貌发生历史性变化。

【社会事业全面进步】 在财力紧张情况下，继续加大保障民生力度，财政用于民生支出达到15.23亿元，占财政总支出的55.4%。扎实推进就业创业工作，城镇新增就业1320人。建成温宁·巨弘建材物流创业园、携农大学生电子商务创业孵化平台及大众创客中心，共入驻163家创业团队及创业者，吸纳创业就业人员1200多人；进一步完善社会保障体系，建成配齐覆盖乡镇、社区及村一级的劳动保障机构、平台或工作人员。成立县、乡、村三级外出务工人员综合服务管理机构，设立外出务工人员综合服务窗口，率先在呼和浩特和包头服务中心开通“一卡通”异地年检，建立覆盖12.8万名外出务工人员的基础信息数据库，进一步提升服务外出务工群众工作水平。社会养老保障实现制度全覆盖，城乡居民医疗保险应保尽保。新建和改建城镇公立幼儿园3所，累计达到10所，学前三年教育毛入园率达到78.7%。新建和改造改善涉及春明小学、一中等7所学校的教学楼、宿舍、操场、足球馆等重点教育教学基础设施。3.5万平方米县医院及公共卫生服务大楼投入试运营。创建3所市级农牧民满意乡镇卫生院和22个农牧民满意村卫生室。有序实施全面“二孩”政策，全面加强人口计生工作。推进文化惠民工程，乌兰牧骑、文化馆“送欢乐、下基层”演出累计达116场，惠及9万多人次。严格落实意识形态工作责任制，强化“阵地意识”“关口意识”，舆论引导的有效性不断增强。

【社会管理】 社会治安防控体系“六张网”（社会面治安防控网、城乡社区村庄治安防控网、机关事业单位内部安全网、重点领域治安防控网、信息网络防控网、源头安全防控网）建设不断加强，“三打击一整治”（严厉打击传统“盗抢骗”犯罪、电信网络诈骗犯罪、网络贩枪犯罪，整治重点地区高危职业犯罪群体）专项行动扎实开展。深入推进社会矛盾纠纷排查化解工作，在重要时段节点未发生进京、赴区、到市越级非正常上访和群体访。以落实安全生产责任制、安全生产大检查和重点行业领域专项整治为抓手，排查消除各类安全隐患近1000起，全年未发生安全生产事故。以企业示范创建达标工作为抓手，严控食品药品生产经营潜在风险，在全县628家餐饮企业开展“搬家式”卫生大清洁行动，大力推进明厨亮灶和量化分级管理。不动产登记工作实现“停旧发新”，全年发放不动产权证书和证明3024本。妇女儿童、红十字、老龄和残疾人事业健康发展；消防、应急、档案史志、人民武装等工作取得长足进步；民族宗教工作得到新加强，和谐稳定局面得到进一步巩固。

【政府自身建设】 深入推进“两学一做”学习教育常态化制度化，认真学习贯彻习近平新时代中国特色社会主义思想和中共十九大精神，开展“贯彻落实习近平新时代中国特色社会主义思想，担当作为谋发展，尽责实干促跨越”大学习、大讨论活动，进一步树牢“四个意识”，增强“四个自信”。自觉接受县人大及其常委会法律监督和工作监督、政协民主监督、社会各界的群众监督和舆论监督，64件人大代表建议、60件政协委员提案全部办结。及时回应社会关切，开展农民工工资清欠工作，通过建立应急周转金、整合财政资金和严格执法清欠等措施，及时按照上级要求兑现政府性工程拖欠农民工工资，督促企业及时发放农民工工资。全年办理各类审批服务事项29万件，办结率99%；行政事业性收费由30项减为19项。全面落实党风廉政建设主体责任，连续4年召开政府系统廉政工作会议，进一步严肃党内政治生活，落实落细“三重一大”集体决策制度，政府系统党风廉政建设不断加强。

（供稿　师志光）

县政府办公室工作

【概　况】 2017年，县政府办紧紧围绕全县工作大局，主动适应新形势、新任务、新要求，立足新起点，扎实工作，狠抓落实，圆满完成各项工作任务。

【调研工作】 围绕事关全县经济社会发展的重大问题、民生问题和社会热点问题，紧扣领导决策需求，找准重点、难点和切入点，主动搞调研、理思路、想对策，全年撰写高质量调研报告20余篇，为领导决策提供有价值、多角度、深层次的决策参考。

【办文办会】 严格收发文办理制度，建立完善收发文办理流程，明确收发文各个环节的职责要求。进一步精简会议活动，严格控制会议规模和时间，坚持少开会、开短会、开解决问题的会。高标准做好县政府党组会议、县长办公会议、县政府专题会议等重要会议的承办工作，抓好会前准备、会中服务、会后落实三大环节。精心做好会议通知、参会人员确认、会议材料收集、会场布置等会务准备工作，密切把握议程动态，及时起草会议纪要并印发。

【政务信息】 严格政务信息的搜集、编辑、审核、报送程序，把牢质量关，确保报送的信息在要素齐全的基础上文题相符、表述精确、逻辑严密、条理清晰。全年上报政务信息1389条，采用232条，在全市旗县排名中位列第一。县政府门户网站充分发挥正面引导作用，坚持导向性与新闻性、指导性与可读性、权威性与群众性、思想性与服务性的有机结合，全年公布经济社会建设、项目建设、安全生产、生态治理、民生工程、招商引资等重点领域信息3678条，回复网民留言37条，成为政府和民众之间真情交流的桥梁。

【应急值守】 严格执行24小时值班和领导带班制度，及时向领导报告当天发生的重要信息，提高应急反应和处置能力，确保各类突发事件的报告和处理不在县政府办环节出现失误。保持电话、传真等设备处于良好状态，实行“事前预警报、事发及时报、事中随时报、事后统一报”工作法，全年上报《应急快讯》35期。针对群体性上访事件、食品药品安全等重点领域修订完善专项应急预案40个，全面提升应急处置能力。

【督办问效】 紧紧围绕脱贫攻坚、民生保障、安全生产、干部作风等全县经济社会发展的重大问题，着力推动县委、县人民政府各项决策部署落到实处，转化成科学发展、跨越发展的实际成果。（1）紧扣重点工作。对政府党组会议议定事项和《政府工作报告》任务分解的2017年全县经济社会发展主要指标和重点工作进行督查，坚持即时即办、限时完成、全程跟踪，推动重大决策部署事事有回音、件件有着落。（2）强化问责问效。抓住一些关键环节，大胆督查、跟踪督查，问题不解决不放过，群众不满意不放过；特别是对久拖不决的事，紧盯不放，一抓到底。2017年，编发《督查通报》31期。

【信访工作】 紧紧围绕打造“阳光信访”“责任信访”“法治信访”工作目标，开通商都县信访微信公众号，拓宽群众诉求表达平台的基石，让信访工作在阳光下进行，让群众随时随地反映合理诉求，真正做到让数据多跑腿、让群众少跑路。同时，把工作的重心从事后处理转移到事前排查化解上来，努力做到早发现、早化解、早控制、早处理。在矛盾排查化解中，重点排查群众反映强烈的热点、难点问题，对排查出来的问题，逐案建立工作台账。全年处理群众信访案件421批次。

（供稿　师志光）

政务服务工作

【概　况】 商都县政务服务中心编制8人，实有工作人员 6 人，内设综合科、管理监督科、网络信息科。

【政务服务工作】 2017 年，优化服务环境，努力向标准化服务大厅迈进。合理调整和增设部门窗口，实现方便群众最大化，新增外出务工人员、邮政代办和供电业务等服务窗口，推进医疗保险、社会保障、教育扶贫、不动产登记等“一站式”服务窗口；结合民族地区特点，服务大厅内的各种指示告知导引等标志全部配有蒙文；协调部门编印服务指南，大厅配备专职导引服务人员；改造扩建停车场解决群众停车难的问题。

助推深化改革措施，促进全县各项改革成果落地。2017 年，政务服务中心协同配合各部门全面落实各项深化改革措施，完成商事制度改革“多证合一”、不动产登记业务整合、重大项目建设“绿色通道”、城乡居民医保报销一体化服务及精准扶贫医疗保险“一站式”服务、身份证办理自助电子化等。

加强村级便民服务站建设，实现便捷服务全覆盖。继续巩固便民服务体系成果，2017 年，为各便民服务站配置多功能打印一体机 108 台，实现全覆盖，为各村开展扶贫工作和群众办事提供方便。

【荣　誉】 2017 年，商都县政务服务中心获得“全市政务公开工作先进集体”“市级民族团结进步先进集体”称号。

（供稿　张飞鹏）

公共资源交易工作

【概　况】 商都县公共资源交易中心编制 10 人，实有 4 人，内设政府采购部、土地交易部、国有产权交易部。

【公共资源交易】 2017 年，推进公共资源交易管理体制建设，坚持政府主导、管办分离、集中交易、规范运行、部门监管、行政监察原则和“一委一办一中心”（公共资源交易管理委员会、监督管理办公室、交易中心）管理运行模式，不断完善交易规则，努力优化交易流程，坚持交易市场“八统一”，即统一交易受理登记、统一信息发布咨询、统一时间场所安排、统一评标专家抽取、统一发放中标（成交）通知、统一费用收取退付、统一交易资料保存、统一电子监察监控，确保交易信息公开、程序公正、结果公平。

全年政府采购共完成 105 项，预算金额 5136.8 万元，中标金额 4654.4 万元，节约财政资金 482.5 万元，节约率 9.4%；土地交易方面，共成功出让 24 宗，面积 48.51 万平方米（727.8 亩），起始价 4075.6 万元，成交价 4237.8 万元，增价 162.2 万元；国有产权交易完成 1 项，成交价 339.88 万元。

（供稿　张飞鹏）

信息化工作

【概　况】 2007 年，商都县政府信息办成立，为正科级全额拨款事业单位，事业编制 3 人，其中正科 1 人，工作人员 3 人。2017 年 9 月，归并到县政府办。

【政府网站信息报送】 政府网是发布政务信息的权威网站，作为增强政府与公众交流、扩大公众知情权和参与权、展示政府执政为民和亲民爱民形象的重要载体，商都县人民政府网充分利用网络媒体传播快、范围广、内容多等特点，每天更新充实政务信息，准确及时地把党和政府的声音、身影反映出去，把商都县经济社会建设成果反映出去，做到网上有文有图，尽力美文美图。

【政府门户网站信息报送】 2017 年，在《今日商都》《图片新闻》《政务公开》《政民互动》《办事服务》《通知公告》等栏目共发布新闻动态、政府文件、政策法规、通知公告等各类信息达到 3891 条，其中各乡镇 82 条、县直部门 3801 条，完成在线访谈 8 期；有效发挥《县长信箱》《公众留言》《在线访谈》《热点关注》等栏目作用，解答回应群众关切，搭起政府联系群众、为民排忧解难的桥梁。为落实常态化管理，对信息采编人员网站更新维护工作进行责任分解，按照栏目一一对应落实到每个人，进一步明确责任，促进网站信息更新、维护工作。将各乡（镇）、县直各单位信息采用情况在政府门户网站进行通报，充分调动他们报送信息的积极性和主动性，使政府门户网站信息更新得到更大改善。进一步加大向市政府门户网站报送信息力度，提升商都政府门户网站形象，发挥对外宣传的主渠道作用。

【政府门户网站建设及运行管理】 商都县人民政府网站基础设施建设情况：有1台服务器，机房托管到乌兰察布市华为云计算中心，符合国际T3标准，存储器为华为云主机。硬件和网络运维保障相关工作由华为专业的技术人员负责。网站建设维护由第三方深圳市浩锐科技有限公司负责。网站的日常运行由政府信息办人员负责，严格按网站信息审核发布制度执行。

（供稿　吴少华）

信访工作

【概　况】 商都县信访局内设办信办案室、信息室、督查督办室、综合办公室、联合接访中心，编制人数11人，大学以上学历3人、大专以上学历8人，平均年龄40.6周岁。

2017年，信访局认真贯彻落实中央、自治区、市关于信访工作的一系列会议及文件精神，坚持从改革、发展、稳定的大局出发，扎实开展社会矛盾纠纷排查化解，以信息信访网络建设为重点，深入推进基层基础建设，以坚持依法行政建设法治社会，建立健全依法及时就地解决群众合理诉求机制，努力为全县社会经济平稳发展营造良好社会环境。

【社会矛盾纠纷排查化解】 2017年，继续把工作的重心从事后处理转移到事前排查化解上来，努力做到早发现、早化解、早控制、早处理。在矛盾排查化解中，重点排查群众反映强烈的热点、难点问题，对排查出来的问题，逐案建立工作台账，落实包案领导，限期予以化解，实实在在把矛盾和问题解决在萌芽状态、化解在基层。进一步强化乡镇党政主要领导和县直部门“一把手”接待上访群众制度，其主要领导要亲自解决问题，发挥表率作用，带头落实信访工作制度，集中处理重点信访问题。进一步加大对疑难复杂案件的协调解决力度，积极主动处理和解决好职责范围内的信访问题。督促各乡镇、县直各部门的主要领导把力促问题彻底解决作为化解信访问题的终极目标，特别是对信访部门交办的一些重点案件，落实责任、强力攻坚，紧盯不放、一抓到底，推动问题彻底解决，切实做到案结事了、息诉罢访。坚决防止和杜绝基层对信访问题“推、躲、等、靠”，上交矛盾纠纷。

【信访工作制度化建设】 按照《关于完善县级领导信访接待日制度的通知》的要求，县级领导在接访大厅接待来访群众，现场进行答复和处理，每个案件的涉案单位也须现场陪同答复，对当场能解决的信访事项，交主管部门予以办结；对当场不能解决，需日后协调解决的，明确办结时限，由分管领导包案，信访局跟踪督办，直至案结事了；对不予受理的信访事项，以口头形式告知信访人，并说明理由；对不再受理的信访事项，以书面形式告知信访人，并说明理由。

【信访积案“百日攻坚”专项行动】 要求各涉案乡镇和单位综合考虑，开拓思路，创新方法，多管齐下，千方百计化解积案，最大限度地减少存案。（1）切实加强组织领导。坚持和落实“主要领导负总责、分管领导具体负责、其他领导一岗双责，一级抓一级、层层抓落实”的领导体制，做好化解信访案件的组织保障。要求各乡镇党政主要领导、县直各部门“一把手”率先垂范，对信访案件做到心中有数，对重点信访群体和信访人员知根知底、掌握动向，逐一分析梳理信访案件，研究化解措施，把工作责任落实到每一个具体人头上，集中人力、物力、财力、多措并举，切实化解信访积案。（2）建立和完善化解信访积案工作台账。各涉案乡镇、涉案单位全部都建立交办信访事项工作台账，按照“五个一”标准建档立卷，即落实一名包案领导、一个工作班子、一套化解方案、一份会议纪要、一套稳控措施。（3）加大事要解决的力度。努力做到：诉求合理的解决问题到位、诉求无理的思想教育到位、生活困难的帮扶救助到位、行为违法的依法处理到位。对群众合理的诉求，采取经济、法律、调解等办法限期解决；对暂时不具备解决条件、可以逐步变通解决的，列出解决时间表，做好面向群众的沟通工作。对诉求不合理，但生活困难的，要耐心做心理疏导工作，采取政府救助、社会救济等手段，使其基本生活得到保障。（4）强化组织督查督办。为加强信访案件的化解力度，县信访工作联席会议办公室组织联合督查组对重点单位、重点地区进行督导检查，真实掌握案件办理进展情况。根据督导情况形成调研报告，定期向县委、县政府报告工作情况。

【重要事件】 6—7月，商都县信访局整合国有资产资源，重新改建办公场所与接待场所。

8月12日，市委常委、政法委书记肖军到商都县信访局调研矛盾纠纷排查化解工作，指导县综治维稳中心开展工作，并提出工作要求。

12月27日，市委书记杜学军在县委书记靳前斌和乌兰察布市信访局局长常达伟陪同下，到商都县信访局调研指导信访工作。

（供稿　范　军　张国祯）

地方志工作

【概　况】 2017年9月，商都县史志编纂工作人员增加到2人，担负商都县地方志编研、网络宣传以及上级部门部署的任务。

【综合年鉴编纂出版】 2015年11月，启动商都县综合年鉴编纂工作，并发出编纂《商都年鉴》2015卷的通知；2016年2月，发出编纂《商都年鉴》2016卷的通知；至2017年3月，已完成《商都年鉴（2015）》（30万字）、《商都年鉴（2016）》（32万字）编纂任务；2017年6月，《商都年鉴（2015）》《商都年鉴（2016）》同时出版印刷。

2017年2月，中共商都县委办公室、商都县人民政府办公室联合发出关于编纂《商都年鉴（2017）》的通知，要求各乡镇、各单位按照有关格式提供资料，全面、客观、系统地反映2016年各项工作开展情况及完成结果。截至4月下旬，共有58个部门单位提供资料，还有64个单位未提供资料。经过县政府办再次电话联系督促，到5月下旬，征集资料工作全部完成。

《商都年鉴（2017）》的编纂，从2月征集资料开始，随时征集随时编纂，到5月下旬，初稿编纂基本完成。5月23日，接到自治区、市地方志办公室发的文件，要求报告综合年鉴编纂启动及进度。商都县上报《商都年鉴》启动时间及2015卷、2016卷、2017卷编纂进度。5月25日，《商都年鉴（2017）》准予上报中国地方志指导小组办公室，被列入民族地区与贫困地区年鉴资助工程，将给予资金扶持，由方志出版社出版。5月27日，完成《商都年鉴（2017）》初稿，5月28日打印初稿，上报中国地方志指导小组办公室。经过修改校对，6月上旬，完成《商都年鉴（2017）》（40余万字，包括彩页）第二稿。10月，修改补充，完成第三稿（50余万字），接受方志出版社三审。

【第一部专业志编辑出版】《商都物语志》作为商都县第一部专业志于2017年12月由中国广播影视出版社出版。

《商都物语志》是“商都风物丛书”的第一

部，于2015年8月由北京市“京韵水漩”助学公益协会的商都籍人士李昆、李夺、李维、任飞、胡彦成、赵均、李继东等发起编纂，经过筹备、实地察看、调查访问、查阅资料、撰写修改，反复斟酌，几易其稿，再三审核，2017年11月定稿，12月出版。

《商都物语志》分为“物”“语”两大编。“物”收集商都县过去或现在的动物113种、植物314种、矿产27种、用具174种等，“语”包括商都县汉语言中的语音、语汇、语法，其中以“语汇”为主，收集了商都县民间流传的方言俗语数千条。全书一律彩印，图文并茂，鲜明生动。

《商都物语志》旨在传承优秀民族民间传统文化，充分挖掘商都县历史文化精髓，展现商都县民族民间文化瑰宝，揭示传统文化的根脉与灵魂，从中可见商都建县100年来翻天覆地的发展变化，激发人们不忘初心，牢记使命，坚定信念，继续前进。

中共商都县委书记靳前斌、商都县人民政府县长曹凯宏为该书作序，感谢北京市“京韵水漩”助学公益协会及全国各地的商都籍人士对商都县经济建设和社会事业的大力资助和支持，并提议全县人民和所有商都籍人士继续弘扬民族民间优秀传统文化，为建设富裕、民主、文明、和谐、美丽的新商都而努力奋斗。

【地方志网络宣传】 2017年，按照全区方志网络宣传干部培训工作会议精神，继续加强地方志网络信息宣传，在商都县人民政府网站“地方资料库”网页发布地方志信息，内容包括《全国地方志事业发展规划纲要（2015—2020年）》《内蒙古自治区地方志事业发展实施方案（2016—2020年）》《乌兰察布市地方志事业发展实施办法》《商都县地方志事业发展实施计划》，第二轮《商都县志（2005—2013年）》出版发行，全区地方志工作电视电话会议，参加全区组织的第二轮方志与年鉴业务培训，全国地方志工作经验交流会，《商都年鉴》编纂和出版情况等，共24条，每条信息点击量均达1000人次，受到县内外许多网民关注。

（供稿　魏　兆）

中国人民政治协商会议商都县委员会

中国人民政治协商会议商都县委员会常务委员会

【概　况】政协商都县委员会常务委员会设置办公室、提案委、社会事务委、经济委、民族宗教和文史委。

主要工作

【办公室工作】2017年，组织委员培训140人次，走访慰问委员160人次，开展调研、视察8次，接待区、市政协及各旗县市政协组织考察调研5次。

【信息工作】共编报社情民意信息47篇，动态信息21篇，被市政协采用2篇，社情民意信息工作在全市旗、县考核中排名第三。

【调查研究】通过调查研究，形成5份报告：《关于加强中小学生思想品德教育的调研报告》；《从腾博、林青等养殖公司看我县养鸡业发展现状》；《棚改之举、百姓之福——对商都县棚户户改造情况的调查》；《全县禁毒工作面临的挑战》；《商都县燕麦产业发展情况》。

【提案工作】政协九届六次会议期间，共收到委员提案63件，参与提案的委员98人，共立案58件。在立案的提案中，其中联名提案7件。按提案类别分，经济建设方面6件；科教文卫方面20件；城镇建设与管理方面19件；其他方面13件。

政协十届一次会议期间提案委共收到委员提案101件，参与提案的委员99人。共立案96件，其中联名提案5件。按提案类别分，经济建设方面10件；科教文卫方面39件；城镇建设与管理方面25件；其他方面22件。

【文史资料工作】2017年，经过重点收集、系统整理商都县传统村落的由来及其发生过的历史事件，编辑出版30万字左右的《商都往事拾零》以及约6万字的文史专辑《商都县土地改革回眸》2本专辑。

【经济工作】2017年，全力推进“美丽乡村”建设。按照县委、县政府要求，政协机关选派6名干部分别担任驻村第一书记，主动发挥引导、协调和联络等作用，开展政策宣传，组织发动群众，在屯垦队镇壕欠、东伙房、卯都图、立本公司等6个村委会进行危房改造84多间。扎实开展脱贫攻坚。政协委员和机关干部积极响应县委号召，主动作为，倾情倾力帮助贫困户查找致贫原因，制定脱贫措施，寻求扶贫项目，积极开展捐资助学、扶贫济困和“献爱心、送温暖”活动，体现政协委员关注贫困群众的高尚情怀和主动奉献的精神。

重要会议

【常委会议】1月24日，召开政协商都县第九届第十一次常委会议，会议审议通过关于召开政协商都县第九届委员会第六次会议决定的建议（草案）；审议通过政协商都县第九届委员会第六次会议议程（草案）；审议通过政协商都县第九届委员会第六次会议日程（草案）；审议并原则通过政协商都县第九届委员会常务委员会工作报告；审议并原则通过政协商都县第九届委员会常务委员会关于政协九届五次会议以来提案工作情况的报告；审议有关人事事项。

2月7日，召开政协商都县第九届第十二次常委会议，会议审议通过增选政协常委候选人建议名单（草案）；审议《选举办法（草案）》；审议总监票人、监票人、计票人建议名单（草案）；审议通过中国人民政治协商会议商都县第九届委员会第六次会议政治决议（草案）；审议通过关于政协商都县第九届委员会常务委员会工作报告的决议（草案）；审议通过政协商都县第九届委员会关于政协九届五次会议以来提案工作情况报告的决议（草案）；审议通过政协商都县第九届委员会第六次会议关于提案审查情况的报告（草案）。

11月30日，召开政协商都县第九届第十三次常务委员会会议，会议协商决定政协商都县第十届委员会委员人选；审议通过关于召开政协商都县第十届委员会第一次会议决定的建议（草案）；审议并原则通过政协商都县第十届委员会第一次会议议程（草案）；审议并原则通过政协商都县第十届委员会第一次会议日程（草案）；审议并原则通过政协商都县第十届委员会第一次会议主席团和秘书长建议名单（草案）；审议并原则通过政协商都县第十届委员会第一次会议主席团常务主席建议名单（草案）；审议并原则通过政协商都县第十届委员会第一次会议各次大会、主席团会议执行主席值日分工和主持人建议名单（草案）；审议并原则通过政协商都县第十届委员会第一次会议提案审查委员会建议名单（草案）；审议通过政协商都县第十届委员会第一次会议讨论组召集人及编组建议名单（草案）；审议并原则通过九届政协常委会工作报告；审议通过九届政协常委会工作报告人建议名单；审议并原则通过九届政协提案工作情况报告；审议通过九届政协提案工作情况报告的报告人建议名单。

【全委会议】 2月6日至7日，召开中国人民政治协商会议商都县第九届委员会第六次会议。会议应到委员122名，因病因事请假8名，实出席委员114名，符合《中国人民政治协商会议章程》的规定。听取审议政协商都县第九届委员会常务委员会工作报告；听取审议政协商都县第九届委员会常务委员会关于政协九届五次会议以来提案工作情况的报告；听取讨论中共商都县委领导讲话；列席商都县第十四届人民代表大会第六次会议，听取并讨论政府工作报告及其他报告；审议通过政协商都县第九届委员会第六次会议政治决议（草案）；审议通过关于政协商都县第九届委员会常务委员会工作报告的决议（草案）；审议通过政协商都县第九届委员会常务委员会关于政协九届五次会议以来提案工作情况的报告的决议（草案）；审议通过政协商都县第九届委员会第六次会议关于提案审查情况的报告（草案）；表彰优秀提案者、提案承办先进工作单位。

12月6日至9日，召开中国人民政治协商会议商都县第十届委员会第一次会议。会议应到委员127名，因病因事请假11名，实出席委员116名，符合《中国人民政治协商会议章程》的规定。会议听取审议政协商都县第九届委员会常务委员会工作报告；听取审议政协商都县第九届委员会常务委员会关于九届政协提案工作情况的报告；听取讨论中共商都县委领导讲话；列席商都县第十五届人民代表大会第一次会议，听取并讨论政府工作报告及其他有关报告；选举政协商都县第十届委员会主席、副主席、秘书长和常务委员；审议通过政协商都县第十届委员会第一次会议政治决议（草案）；审议通过关于政协商都县第九届委员会常务委员会工作报告的决议（草案）；审议通过政协商都县第九届委员会常务委员会关于九届政协提案工作情况报告的决议（草案）；审议通过政协商都县第十届委员会第一次会议提案审查情况报告（草案）。

【重要事件】 2月9日，县政协组织部分爱好书法的政协委员到屯垦队镇东伙房村，为村民写春联、送福字，把节日的祝福送到村民家门口。

3月12日，乌兰察布市政协主席云淮一行到商都县调研，县政协主席吕生金、党组书记郭守玉，驻商都县市政协委员代表，县政协委员代表、政协机关干部及政协参加单位负责人陪同调研，云淮一行先后深入商都县委员之家，七台镇棚户区以及蓝威斯顿进行调研。

4月12日，按照县委的统一部署，商都县政协办公室组织干部职工参加全县的义务植树活动，政协副主席张占英、政协办公室主任郭存富和各委办主任等参加植树活动。

4月17日，按照全县精准扶贫工作的安排布置，商都县政协办公室组织全体干部职工多次深入所帮扶的屯垦队镇东伙房、壕欠、立本公司、卯都图、二号村等行政村，进行春耕走访，详细了解贫困户生活情况和春耕春播情况，协调解决贫困户的生产生活困难，并为每户贫困户送去200元现金用于购买农资。

6月8日，市政协副主席王越华等一行5人到商都县就全市人才资源数据库信息收集工作和民族宗教方面的工作进行调研，商都县政协办公室及时召集统战部、民委等相关单位人员召开座谈会。

7月4日，市政协视察督导组在市政协副主席于生龙、工越华带领下，到商都县视察督导重点工作，县政协主席吕生金，副主席张占英、任笑春、张晓玲陪同视察，督导组一行先后深入巨弘商业综合体项目、商都县电子商务进农村综合示范项目、党政小区、不冻河水源地保护区综合治理工程、商都县城乡居民服务中心（党建服务中心）、商都县中地生态牧场有限公司、南湖公园、三大顷董家村、商都县污水处理厂、七台镇骆驼盘村等20多个项目点进行视察督导。

11月6日上午，商都县政协党支部组织开展学习《中共中央关于认真学习贯彻党的十九大精神的决定》主题党日活动。在单位的党员干部均参加该次主题党日活动，共同聆听纪检三组组长赵海飙领学《中共中央关于认真学习贯彻党的十九大精神的决定》内容，并认真做好学习笔记。

（供稿　王建峰）

中国共产党商都县纪律检查委员会

纪律检查（监察）

【概　况】 商都县纪律检查委员会（监察局）设有办公室、政治部、信访室、审理室、党风政风监督室、案管室、纪检监察一室、纪检监察二室、纪检监察三室、纪检监察四室、信息中心；纪委领导班子职数7人，常委7人，其中书记1人、副书记2人（包括监察局局长1人）；1名副局长兼任常委，3名常委兼任室主任。监察局领导班子职数3人，其中局长1人、副局长2人（其中1名监察局副局长兼任常委、1名非党副局长）。纪委（监察局）机关共有在职干部30人，38个编制，其中行政编制26个、机关工勤编制4个、事业编制8个。

2017年，县纪委、监察局及全县各级纪检监察机关坚持党要管党、从严治党，坚持把纪律挺在前面，持续强化监督执纪问责力度，加快反腐败体制机制创新，深入推进“三转”（转职能、转方式、转作风），不断加强自身建设，全县党风廉政建设和反腐败斗争工作取得阶段性成果。认真贯彻落实自治区纪委十届二次全会、市纪委四届二次会议精神，坚持党要管党、从严治党，进一步严明纪律和规矩，严肃党内政治生活，加强党内监督，驰而不息纠正“四风”，集中整治“雁过拔毛”式腐败问题，强化监督问责，保持惩治腐败高压态势。

【“主体责任”督促落实】 围绕党要管党、从严治党要求，层层传达压力，协助县委下发《关于印发〈全县加强和规范党内政治生活推进年实施方案〉的通知》《中共商都县委员会关于2017年党风廉政建设和反腐败工作重点任务的分解意见》《中共商都县委办公室关于对全县党风廉政建设“两个责任”落实情况进行自查的通知》等9个文件，对各级党组织开展相关工作和纪律遵循进行规范和要求。对全县各级党组织落实党风廉政建设主体责任情况督查2次，针对存在的问题，提出整改意见，要求限时整改，进一步增强各级组织的责任意识。进一步加大问责力度，特别是对一些因工作失职、失责造成严重后果或不良影响的领导干部和主要责任人，启动问责机制，进行追责问责。2017年，对“11·29”较大道路交通事故涉及的2名副科级干部进行行政问责。对造成弃地农民上访的8个乡镇党委和2名乡镇长进行通报批评，对2名乡镇党委书记和3名科局主要领导进行诫勉谈话，通过问责，进一步提高党员领导干部从严治党的政治自觉、思想自觉和行动自觉，有力地推进全县各级党组织主体责任的落实。

【作风建设常态化监督检查】 继续贯彻落实中央八项规定精神，自治区党委、市委和县委有关配套规定，紧盯重要节点、“关键少数”，深挖细查严纠。坚持抓细抓实，密切关注“四风”新形式、新动向，着力整治“一桌席”、“二次宴请”、违规接待上酒水、陪餐人数过多、隐蔽就餐共五个方面的问题。2017年，共对乡镇和单位部门以及对乡镇和科局信访稳控和两会、清明节重要时间节点信访稳控等工作开展督导检查249批次，发现并解决问题15个，组织处理56人，处理当事人51人，追究领导责任5人，对违反中央八项规定精神，乱发经补贴问题，立案1起，实现违反中央八项规定立案零的突破。传达学习习近平总书记在深度贫困地区脱贫攻坚座谈会上的讲话精神，学习中央纪委书记王岐山在扶贫领域监督执纪问责工作会议上的讲话精神以及自治区纪委书记刘奇凡在乌兰察布市调研时的讲话精神，出台《商都县脱贫攻坚督查工作联席会议制度》，开展专项监督41次，印发通报41期，约谈34人。

【运用“四种形态”监督执纪】 认真落实《监督执纪工作规则》，建立起“信访调度、以室办案、案管督办、案件排查”的执纪审查机制，形成线索、研判、批办条理化、程序化。2017年，认真落实市委、县委出台的《坚持挺纪在前，实践“四种形态”的意见（试行）》精神，准确把握适用情形、处置方式，对各形态之间的转化进行认真分析研判，运用好监督执纪第一种形态，抓早抓小、让“红红脸、出出汗”成为常态，用纪律管住大多数。1—11月，全县共受理信访举报143件，处置问题线索92件，立案52件，结案51件，处分49人，组织处理2人。按照“四种形态”统计，全县纪检部门第一种形态处置53件，占处置总数的51%；第二种形态处置42件，占处置总数的40%；第三种形态处置4件，占处置总数的4%；第四种形态处置5件，占处置总数的5%，形成比较科学合理的梯次态势。先后对8起发生在群众身边的典型案例进行通报，实现案件通报常态化的突破。

【“雁过拔毛”式腐败集中整治】 2017年，按照自治区、市纪委的统一部署，开展集中整治“雁过拔毛”式腐败问题专项治理工作，先后召开11次专门的工作会议进行动员或安排部署。深入开展问题线索大起底工作。共清理问题线索428件，其中立案99件，党纪政纪处分95人，共计追缴资金135.9万元，清退资金27.11万元。全县共清理“一卡通”4539张，清理城乡低保86人，涉及资金50.43万元。强化问责力度，1—11月，共受理“雁过拔毛”式腐败问题线索66件，信访了结15件，正在初步核实9件，函询4件，立案38件，给予党政纪处分38人，组织处理6人，追缴资金41.73万元，并3次对8起“雁过拔毛”式腐败问题典型案例进行通报。

【警示教育活动】 为进一步增强广大党员干部“四个意识”，不断提高廉洁自律意识和拒腐防变能力，引导广大党员领导干部把理想、信念、宗旨立起来，做到懂法纪、明规矩、知敬畏、存戒惧，组织召开全县领导干部警示教育大会，结合发生在身边的10起违纪违法典型案例进行总结分析，指出干部违纪违法问题类型、特点，分析产生问题的原因，提出预防腐败的措施，实现警示教育剖析零的突破。各乡（镇）党委、纪委，县直各委、办、局和人民团体党委（党组）、总支（支部），派驻纪检组分别以专题学习、专题党课、谈心谈话、观看警示教育专题片、参观廉政教育基地等多种形式开展警示教育。通过深入推进“点、线、面”廉政教育模式，发挥廉政教育基地、廉政文化示范点，各行业、各系统廉政教育多条“线”的作用，全县先后有3000多名党员、干部接受各类警示教育，为推动全县经济社会发展营造浓厚的廉政氛围，提供坚强的政治保证。

【巡察工作】 县委巡察办组建成立后，先后到市委巡察办、友邻旗县学习，集中自学和研讨39次，并按照上级党委关于开展巡察工作的相关要求，制定印发《开展巡察工作的意见》《巡察工作实施细则（试行）》《关于建立商都县委巡察工作协作机制》等16项长效机制。组建2个巡察组，共完成两轮巡察，先后巡察2个乡镇和2个县直科局党组织，共组织谈话了解254人次，收到信访件20件，发现问题173条，移交问题线索28条，提出意见建议37条，向被巡察党组织反馈问题79条。第三轮巡察准备派出3个巡察组，采取“一托二”（指同一时间对两个地点进行巡察）的方式，对6个党组织开展巡察。

【纪检监察干部队伍建设】 按照“一年打基础、两年上台阶、三年争一流”的思路，围绕“强信念、提素质、讲规矩、正作风”，开展为期三年的干部队伍建设年活动。2017年，以学习《中国共产党纪律检查机关监督执纪工作规则（试行）》为重点，印发“枕边书”“口袋书”等学习资料150余册，组织全县纪检监察干部进行3次专题培训、2次考试，对考试不及格的组织补考，撰写交流研讨文章53篇；开展自查自纠，共形成自查情况报告113篇；开展征求意见、谈心谈话和家访活动，征求各类意见建议100余条；选拔成绩优秀者组成6个参赛队进行监督执纪规则知识竞赛，并抽组3名纪检干部参加市纪委组织的执纪监督规则知识竞赛；建立学习教育长效机制，集中学习30次，开展1次党性教育，纪委书记专题讲党课2次，组织召开1次组织生活，组织开展8次主题党日活动，进一步严肃党内政治生活，提升广大纪检监察干部政治免疫力。深入开展“三项技能”练兵活动，建成“三项技能”练兵实训基地并投入使用，紧贴实战进行战前动员，采取红蓝对抗方式，开展谈话、笔录、取证实战演练，共完成9轮练兵，并参加市纪委组织的“三项技能”竞赛，通过练兵进一步推动依纪依规监督执纪能力的提升。

【执纪轮训学习】 为解决派驻人员新手多、专业人员少，工作中存在的轻执纪、弱监督，零办案问题，按照执纪监督和执纪审查“全覆盖”要求，实行派驻纪检干部执纪轮训制度，共选调26名派驻纪检干部进行轮训。同时让工作经验丰富的纪检监察员，积极发挥“传帮带”作用，形成比学赶超的工作氛围。通过实行派驻纪检干部轮训制度，派驻纪检干部得到培训，纪检监察干部队伍整体素质得以提升。特别是通过开展轮训，开创由过去的“几室办一案”变成“一室办几案”，增加执纪审查力量，极大地提高执纪审查工作效率。进一步强化执纪审查安全工作，建立和完善4项执纪审查安全规章制度，层层签订《依纪依法安全文明执纪审查责任书》，执纪审查人员全部签订《纪律审查保密承诺书》，进一步增强执纪审查人员的安全保密意识。

【监察体制改革深化试点工作】 按照全自治区、全市深化国家监察体制改革试点工作要求，精心组织，周密安排，稳步推进各项工作。成立以县委书记为组长的全县深化国家监察体制改革试点工作小组，建立健全工作推进机制和联络协调制度，县委常委会审议通过《商都县深化监察体制改革试点实施方案》，并对监察委的选举与人大换届的衔接工作进行安排。组织召开深化国家监察体制改革试点工作培训会，有关部门负责人及涉改人员50多人参加培训。启动5个专项工作组，参照自治区的文稿范本草拟“1+4”配套制度，积极落实支持配合监察体制改革试点工作的制度体系及纪法、法法衔接的监察工作流程再造以及舆论引导等改革试点工作任务。对转隶人员进行摸底调查，并与涉改人员开展谈心谈话，涉改部门共转隶55名编制，转隶43人。县委将西附楼整栋四层1600平方米的办公用房统一交付纪委使用，满足监委办公用房。对内设机构进行重新整合，拟设14个，并在人员力量配备上，向监督执纪一线倾斜。将选举监委主任列入12月7日召开的县人民代表大会议程，提出监委副主任、委员初步人选，保证监委班子能按时产生。同时，对挂牌工作进行相关准备，确保监委班子产生后及时对外挂牌并正常运转。

（供稿　董红兵）

群众团体

商都县总工会

【概　况】 商都县总工会有行政编制9人，工勤编1人，核实科级领导职级3名，其中正科1人，副科2人。依照县编办批复，下设“三部一室”，即组宣部、经保部、财务部和办公室。办公地点在县党政综合大楼四楼，办公面积近200平方米，另有一处占地面积3493平方米、建筑面积3296平方米的职工文化活动中心。该中心共有羽毛球场5个、乒乓球案18张、舞蹈排练厅1个、文化阅览室1个、棋艺室2个，是一个集职工健身、体育比赛、文艺演出与读书阅览为一体的多功能建筑厅。

【精准扶贫】 大力推进精准扶贫、精准脱贫，确保所帮扶对象如期实现脱贫目标。2017年，县工会根据自治区、市委、县委及市总工会的关于精准帮扶脱贫工作精神，大力推进精准扶贫，深入了解贫困户贫困原因，指导帮助贫困群众发展特色种植业、养殖业等。指导制订贫困人口脱贫计划和填写精准扶贫相关档案资料。全面掌握贫困人口家庭、生产基本状况，分析致贫原因，了解贫困户的发展意愿，帮助贫困户分类扶贫计划，取得较好工作成效。

【思想文化建设】 加强思想文化建设，职工队伍素质进一步增强。充分发挥工会“大学校”作用，深入开展中国特色社会主义、中国梦、社会主义核心价值观以及中共十九大精神宣传教育活动。在推进职工文化建设上出实招求实效，组织和动员广大职工广泛开展职工技术创新工程，把提高职工技术素质、开展岗位技能竞赛作为深化“创建学习型组织，争做知识型职工”活动的核心内容来抓，职工素质教育工作取得突破。

【职工维权工作】 加强职工维权工作力度，促进构建和谐劳动关系。县总工会坚持共建共享共赢原则，不断深化劳动关系和谐企业创建工作，进一步完善利益协调、诉求表达、矛盾调处、权益保障机制，在参与加强和创新社会管理中取得积极成效。2017年，县总工会以集体协商和“两个普遍”（依法推动企业普遍建立工会组织，依法推动企业普遍开展工资集体协商）为抓手，继续大力推进以工资集体协商为重点的集体合同制度建设，着力提高集体合同质量，扩大覆盖面。针对有职业病危害的企业，县总工会大力推进职业病防治专项集体合同，督促企业从源头上预防、控制和消除职业病危害，有效推动职业病防治工作。健全以职代会为基本形式的厂务公开民主管理制度，引导企业实现民主管理。截至10月底，全县建立厂务公开和职代会制度237家，覆盖2.57万名职工，有力地维护职工的合法权益。

【基层工会组织建设】 加强基层工会组织建设，提高基层工会工作能力。按照“建起来、转起来、活起来”的工作要求，为进一步加强基层工会规范化建设，充分发挥基层工会作用，根据市总工会关于开展“双亮、双比、双推”活动的要求，县总工会在全县建会企业中开展工会组织亮牌子、工会主席亮身份，工会组织比规范、工会干部比作风，推进“两个普遍”、推进创建劳动关系和谐企业活动。2017 年，选树奥淳就业等 5 家企业作为“双亮”活动的示范企业。

为加强基层工会组织规范化建设，大力推进“六有”工会建设，紧密结合全县实际，积极探索符合不同地区、行业、企业及职业特点的农民工入会方式，不断创造新的模式，探索新的思路，总结新的经验，把全面推进农民工入会工作提升到一个新的水平。按照“哪里有职工，哪里就必须建工会”的要求，在抓建基层工会数量的同时，下大力气提高建会质量。对未建工会组织的企业通过宣传动员和多次做业主工作，促使其按要求建立工会组织。

【“互联网 +”工会工作】 探索“互联网 +”工会工作模式，创新性地开展工会工作。为更好地联系和服务职工群众，县总工会引入“互联网 +”工作模式，充分利用网络的便捷、快捷等优势，建设开发商都县总工会微信公众平台，用于发送工作信息，传输各地工会动态，让工会组织和广大职工实现信息共享和互联互通，实现工会工作信息传输网络化。微信公众平台的使用，将互联网的创新成果深度融合于工会工作之中，全面提升工会的创新力和生产力，推动工会工作更好地服务经济社会发展。特别是在涉及广大职工切身利益的大病救助、困难帮扶、子女金秋助学工作中，将救助条件、标准、申报程序、所需提供的资料等在县总工会的微信公众平台上予以公布，相当于给广大职工每个人都发了一份救助文件。

【干部职工学习教育】 狠抓干部职工学习教育，夯实思想基础，提高业务工作能力。按照县委、县政府以及上级工会的要求与部署，认真总结近年来开展主题教育实践活动的好经验、好做法，以主题党日活动为抓手，结合单位实际情况，有针对性地开展专题教育，对学习内容、专题研讨内容、学习研讨方式、学习研讨要求进行精心部署。领导班子带头学习，对照党章党规，对照有关制度，制订个人学习计划，撰写学习笔记，把个人自学与集中学习结合起来，认真学习《中国共产党章程》《中国共产党纪律处分条例》《中国共产党廉洁自律准则》《习近平总书记系列重要讲话读本》（2016 年版）等内容，做到读原著、学原文、悟原理，增强自学的针对性和实效性。通过集中组织学习，听党课、个人自学等多种形式，对各自思想上、作风上存在的差距和问题开展批评与自我批评。领导班子成员根据近期学习的情况，并结合各自工作岗位交流如何投身学习教育，搞好本职工作，做一名合格共产党员。

【救助与帮扶工作】 建立健全公开透明、公平公正的帮困机制，切实做好困难职工帮扶工作。2017 年，县总工会继续加大对困难职工的帮扶力度，让困难职工真切感受到来自党和政府的温暖和关怀。在组织开展帮困送温暖活动方面，继续开展“四送”活动。在困难职工的帮扶工作中，真正实现救助条件公开、救助结果公开，全程接受广大困难职工监督的“两公开一监督”工作制度。从而保障将有限的救助资金真正用于困难职工身上，真正起到解危救困的救急应急作用。除上级拨付的救助资金，又将节约下来的 15.6 万元“三公”经费用于困难职工救助。2017 年，共对 1003 位特困、重病对象，下岗职工，困难农民工和困难老劳模进行大病、困难和助学救助。

在关爱环卫工人方面，从健康关爱、爱心驿站建设、困难职工子女助学、营造关爱氛围多个方面出台措施，开展环卫工人关爱行动，让环卫工人感受到工会组织的温暖。县总工会筹集 18.8 万元为坚守在一线的 660 名环卫工人提供健康体检；新增 2 家爱心驿站，为工作在一线的环卫工人提供休息、饮水的地方；县总工会重点对低保救助范围以外的困难环卫工人子女在接受高等教育阶段开展救助，每个学生救助1000元。对其他教育阶段的困难环卫工人子女上学确有困难的，发现一户救助一户。2017年，先后有2名一线环卫工人被评为市级“最美城市美容师”。

【荣　誉】 内蒙古奥淳酒业有限责任公司化验室被评为自治区“工人先锋号”先进班组。

商都县国家税务局办税服务厅、商都县绿娃农业科技有限公司育苗车间分别被评为市级“工人先锋号”先进班组。

内蒙古奥淳酒业有限责任公司被授予市级“五一劳动奖状”。

商都县市政建设开发中心职工李继林，商都供电分局班组组长乔宏伟，商都县高级中学教师陶影（女、达斡尔族），商都县人民医院功能科医师郭秀玲（女），商都县绿娃农业科技有限公司育苗车间主任武占江，商都县地税局科员刘秦岭获得市级劳动模范称号。

（供稿　李　鑫）

中国共产主义青年团商都县委员会

【概　况】 中国共产主义青年团商都县委员会内设3个部门，行政编制6人，工勤事业编制1人。

【中共十九大精神学习宣传活动】 中共十九大召开前夕，为提高青年对中国共产党和国家的认知，凝聚青年力量，团县委组织全县各级团组织开展“喜迎党的十九大·不忘初心跟党走”主题活动，并通过“1+100”（1名团干部联系100名团员青年）直接联系青年网络平台开展线上“不忘初心跟党走”专题活动，组织全县各级团组织通过微博、微信参与“青春喜迎十九大·不忘初心跟党走”“砥砺奋进的五年”等系列话题活动。围绕各项活动的开展，团县委还印发《习近平关于青少年和共青团工作论述摘编》读本，为各级团组织和广大团员青年认真学习中共十九大精神营造良好氛围。

为更好地学习宣传贯彻中共十九大精神，中共十九大召开之后，团县委及时组织全体干部集中收看中共十九大开幕式与闭幕式，并通过举办培训班，及时组织各级团干部学习中共十九大精神，使基层团组织和广大团干部进一步增强“四个意识”，坚定“四个自信”，把思想意识集中统一到中共十九大精神上来，把智慧和力量凝聚到实现中共十九大确定的奋斗目标和各项具体任务上来，使中共十九大精神在共青团领域转化为实际应用、落地落实。在社区青年爱里和学校，团县委聘请自治区青年马克思主义理论宣讲班3名成员为在校学生和社区青年宣讲中共十九大精神，收到良好效果，实现中共十九大精神学习宣传到基层的目标。

【自治区成立70周年庆祝活动】 “五四”期间，团县委举办“五四”青春献礼暨“青春献礼70载，不忘初心跟党走”主题团日活动，通过升国旗，合唱《没有共产党就没有新中国》《光荣啊！中国共青团》，新老团员宣誓（重温）入团誓词，团支部书记为新团员佩戴团徽，新团员代表发言，新团员“不忘初心跟党走”签名等七个环节，让参与活动的团员切身感受到自治区七十年的发展变化与辉煌成就，同时彰显共青团员的光荣感和责任感。各乡镇、县直各中学团委、机关企事业单位团支部也纷纷通过举办表彰会、入团宣誓、校园文化艺术节、书法绘画舞蹈合唱、知识竞赛、演讲比赛等多种形式喜迎自治区成立70周年，展示“学习总书记讲话，做合格共青团员”教育实践成果。

【共青团改革攻坚】 全团深化改革以来，团县委高度重视、积极行动，先后7次组织全县各级团组织和团干部深入学习领会习近平总书记对共青团工作的重要论述；学习传达书记秦宜智在内蒙古考察调研时的重要讲话精神；深入学习自治区团委十三届九次全委会、团市委二届三次全委会及相关工作会议和三级共青团改革方案精神，强化改革意识，弘扬改革精神，通过多种途径学习改革、宣传改革，把改革的精神吃透、悟透，引领广大团干部、团员青年进一步凝聚起改革共识。同时，结合中央、自治区、市三级共青团改革方案精神，制订的《商都县共青团改革方案》（以下简称《改革方案》）于2018年2月通过县委常委会审议并印发。《改革方案》立足“三性”（工作主动性、工作前瞻性、工作创造性）定位，规避“四化”（机关化、行政化、贵族化、娱乐化）倾向，坚持党的领导、坚持问题导向、坚持青年导向、坚持基层导向，以体制机制改革为突破口，更加注重青少年的思想引领，更加注重团干部的队伍建设，更加注重广泛覆盖青少年和服务青少年。结合共青团改革契机，着力加强团的工作作风和工作机制建设，深入开展“五级示范抓引领”工作，建立健全“常态化联系服务青年在基层”、团干部“8+4”“4+1”和“1+100”联系服务青年制度，引导广大团干部将工作重心放在基层，放在后进团组织，与各行各业青年建立起广泛联系。

为进一步加强全县各级学校团组织关于对《内蒙古自治区中学共青团改革实施方案》《内蒙古自治区少先队改革实施方案》中各项改革任务的落实，12月22日，团县委召开学校共青团、少先队改革工作推进会，向各学校发放任务清单，明确改革重点任务。2017年，商都县初中毕业班和高中毕业班的团青比例分别为30%、59%。

在市青联第二届委员会委员中，商都县委员共10人。

【从严治团】 共青团中央《关于新形势下推进从严治团的规定》出台后，团县委根据文件精神，及时组织全县各级团干部集中学习从严治团、从严治党和机关纪律作风方面的相关内容，领会各级文件精神，并利用青年之声、微信、微博公众平台和团干部交流工作群等媒介全面地将工作信号传到基层、传递给广大团员青年，引导广大团干部、团员青年进一步树立管团、治团的责任意识。

【团的领导机构建设】 根据《中国共产主义青年团章程》和《中国共产主义青年团地方各级代表大会组织选举规则（暂行）》规定，按照市委组织部、团市委《关于做好旗县市区团组织换届工作的通知》和县委要求，团县委下发《关于共青团商都县第十六次代表大会代表选举工作的通知》，经过精心组织、统筹安排，10月31日，召开县第十六次团代会，选举产生新一届团县委领导班子，圆满完成县团委换届工作任务。该次换届后，一大批素质高、能力强的优秀青年充实到了团干部队伍中来，优化团县委班子和各基层团干部队伍结构，为今后共青团工作发展打下坚实的基础。该次换届严格按照《共青团乌兰察布市委员会改革方案》的要求，基层青年代表的比例达到83.8%。同时，少数民族代表、先进人物代表、非公企业和青年组织的代表比例也有适当提高。选举产生的常务委员、委员基层青年代表的比例分别达到29%、52%。为拓宽团代表意见表达渠道，该次换届还为每位代表发放了代表建议、意见表，并将征求上来的建议和意见提交有关部门参考，以便进行下一步的安排和部署。

【团干部队伍建设】 严格贯彻落实内蒙古团委《关于进一步规范和加强全区团干部协管工作的实施意见》要求，各乡镇、县直各单位配备专（兼）职书记。为进一步加强团干部队伍建设，以“三会两制一课”（指支部大会、支部委员会、团小组会，团员教育评议制度、团员年度团籍注册制度和团课）为抓手，督促团干部认真开展对照检查，认真查摆问题，认真开展批评与自我批评，坚决抵制和纠正发生在身边的“四风”问题。根据《内蒙古团委关于进一步加强全区团干部教育培训工作的实施意见》要求，团县委认真落实团干部分类培训计划，对新调任的团干部和团的工作者进行集中学习培训，教育引导广大团干部坚定理想信念、转变工作作风、严守团的纪律，带头密切联系青年，带头遵守团章团规，以身示范，做出表率。

【“学习总书记讲话，做合格共青团员”教育实践】 为深入学习习近平总书记系列重要讲话精神，扎实开展好“学习总书记讲话，做合格共青团员”教育实践工作，3月21日，团县委制订印发《学习总书记讲话做合格共青团员教育实践实施方案》；3月31日，团县委及时召开2017年全县共青团工作会议暨“学习总书记讲话，做合格共青团员”教育实践动员部署会。团县委机关全体干部，各乡镇团委书记，县直各单位团总支（支部）书记，各学校团委书记、少先队辅导员，企业团组织负责人及全县共青团系统优秀信息员、网络志愿者参加会议。会议紧紧围绕2月22日共青团中央召开的全团“学习总书记讲话，做合格共青团员”教育实践动员部署电视电话会议精神，对全县共青团“学习总书记讲话，做合格共青团员”教育实践及团的重点工作作出具体安排部署，重点强调全县各级团组织要夯实学习教育，紧紧围绕强“三性”、去“四化”目标，切实增强团员青年的先进性和光荣感。全县各级团组织积极行动，召开动员会，学习计划，认真有序地开展学总书记重要讲话、学团章团史、学共青团改革精神等专题学习活动，并通过开展“怎样做一名合格共青团员”主题团课和举办演讲征文比赛等活动，切实增强学习效果。为保障“学习总书记讲话，做合格共青团员”教育实践不走过场，各级团组织适时召开学习教育推进会，规范学习教育活动流程；通过开展组织生活会，广大团员青年在参与教育实践的过程中重新审视自己、认识自己，坚定理想信念，锤炼高尚品格。

【发展团员和团员管理】 严把团员入关口，严格按照上级团组织确定的名额控制发展团员。2017年，全县新入团360人，并且统一使用团市委制作和下发的入团志愿书，严格执行团员编号制度，截至年底，全县团员注册成为志愿者达8320人。改进团员教育管理，动员全县各级团组织广泛开展团员教育实践活动，认真落实好集中性教育和经常性教育，不断增强团员的先进性和光荣感。将共青团中央、自治区团委、团市委团费收缴、使用和管理办法的规定相关文件下发到各级团组织，每个团员按照规定自觉缴纳团费，团费的使用和管理做到公开透明。

根据上级团委的要求，团县委制定下发《关于规范基层团组织“三会两制一课”的通知》。要求各学校每学期至少召开两次支部团员大会，每月召开一次支部委员会和团小组会，认真开展批评与自我批评，切实提高团组织的凝聚力和号召力。2017年度，各基层团组织负责人也通过“1+100”“驻校蹲班”等活动为联系基层团组织和团员青年讲授团课95场，召开民主生活会72次。

【基层服务型团组织建设】 2017年，共青团线下依托社区青年爱里青少年法律维权站、心理咨询室、就业培训室、志愿者服务站等多个服务机构，从青少年思想教育、文体娱乐、就业创业、法律援助等方面入手，通过时事学习、开通绿色通道、举办小额贷款、开展技能培训和创业指导等服务项目，积极开展各类培训、服务活动达74场，服务青年2138人，对青年问题给予面对面解答和帮助，为社区广大青年提供全面细致的服务。“鹿王街社区青年爱里”被评为自治区级示范青年爱里；“西苑社区青年爱里”被确定为乌兰察布市级示范青年爱里。在非公企业中，团县委采取抓大促小、分类指导的办法，扎实有效地推进非公团建工作，2017年，全县建成非公企业团委12个。

【“网上共青团”建设】 以“青年之声”和“智慧团建”为平台，重点从提升团的服务青年能力入手，实现团网深度融合、团青充分互动、线上线下一体运行，商都县“青年之声”组建专家服务队45人，用户近180人，浏览量累计达21.87万人次。根据自治区、市团委关于“智慧团建”相关工作的要求，团县委结合自身实际，确定组宣部长专门负责，积极动员乡镇、社区、机关单位及学校，共创建五级团组织18个，五级组织信息录入进度达100%，六级团组织118个，确保基层团组织在“智慧团建”系统中应录尽录。并联系各乡镇、社区、机关单位及学校尽快整理团员基本信息，为第二阶段的团员信息录入打好基础。除“青年之声”网上平台、各重大节日、活动网上宣传报道之外，针对春节过后商都出现的失地农民要地突发情况，商都县共青团网络宣传员积极主动作为，通过QQ群、微信群等新媒体手段，广泛宣传《中华人民共和国土地承包法》（以下简称《土地承包法》）、《中华人民共和国土地管理法》（以下简称《土地管理法》）等相关法律法规，正确引导农民，有效发挥共青团舆论引导的积极作用。积极转发、跟帖、发布团中央、自治区、市团委、政府信息中心、宣传部微博、微信和团县委工作信息。2017年，团县委工作信息多次在《乌兰察布日报》、乌兰察布市电视台、《商都报》、商都电视台宣传报道。全年，商都共青团微信公众号发布信息153条，阅读量达2.3万次，“学雷锋”、“五四”千人主题团日等多项活动信息被自治区团委采纳转发。

【团干部直接联系青年活动】 认真贯彻执行团干部“8+4”（每年安排一半的机关干部在机关工作8个月，在基层工作4个月）、“4+1”（机关全体干部除每周在机关工作4天外，还至少拿出1天时间到基层报到）、“1+100”直接联系服务青年工作机制，8名专职团干部按照“五有”（每天有声音、每周有互动、每月有话题、每季度有线下活动、每年有面对面交流）标准共直接联系青年909人。线上互动123次，线下活动95次，上传照片179张，精华分享95篇，基层感悟11篇，收到评论77次，点赞591次。按照自治区团委、团市委关于“走进青年、转变作风、改进工作”大宣传大调研活动的相关要求，结合“五级示范抓引领·常态化联系服务青年在基层”行动和“1+100”团干部直接联系青年工作，团县委多次深入调研地屯垦队镇，在当地团委的配合下，创新工作模式，积极带领乡镇团员、青年开展一系列“走进青年”示范活动，强化青少年思想引领和作风建设，夯实团干部队伍建设和基层团组织建设，扩大团组织影响力和凝聚力。按照共青团中央下发的《关于推进团干部直接联系青年工作举办团的领导机关专题开放日及相关活动的通知》要求，结合自身实际，通过整合各方面资源、拓展服务阵地、活跃基层团组织，团县委组织全县各级团组织和青年文明号集体开展4次“开放日活动”，使共青团员了解共青团、熟悉共青团、热爱共青团。为深入贯彻落实中央党的群团工作会议精神，密切学校战线共青团干部与广大青年学生的联系，深入基层，走进学生，团县委全体干部，教育局团委负责人，中学、中等职业学校分管领导共12人参加“驻校蹲班”活动。活动围绕“凝聚青年、服务大局、当好桥梁、从严治团”四维工作格局的要求，按照“三级示范抓引领·常态化联系服务青年在基层”、学校共青团深化改革的总体部署，通过调研的方式，对所联系学校和班级团学工作进行全面了解，广泛听取学校班主任、任课教师、团学干部、团员学生等对团学工作的意见和建议；每人直接联系指导1个团支部，陪同班级同学走进课堂、食堂、宿舍、操场，深入了解学生学习生活情况、所思所想及行为习惯；讲授关于习近平总书记系列重要讲话精神，中央对共青团和青年工作的重要要求，中央党的群团工作会议精神等；与100名以上学生及青年教师结对子交朋友；做好与学校党政领导深入沟通，帮助学校相关部门协调解决工作中的实际困难，为学校共青团工作创造更好的环境。

活动期间，团干部们认真填写“驻校蹲班”工作手册和撰写调研报告，较好地完成各项任务。

【“学雷锋”志愿服务】 广泛开展“学雷锋”志愿服务月和清明祭奠活动。除开展主题班队会、清理环境卫生、关爱空巢老人、义务理发、义诊等常项“学雷锋”志愿服务活动外，团县委还组织司法行政、检察院、法院等政法战线的志愿者对问题青少年和服刑在教人员子女开展心理疏导和关爱慰问活动；组织志愿者参与文明城市创建、维护交通安全活动；组织自行车俱乐部开展“践行雷锋精神，低碳出行、护卫蓝天公益骑行”等多项特色活动。商都县职中等7个单位开展的学雷锋活动图文信息被自治区共青团网站采纳。清明节期间，团县委组织广大共青团员、少先队员积极开展线上线下清明节祭奠烈士活动。线上，2500余名共青团员、少先队员在网上通过敬献花篮、发表感言等途径表达自己的爱国之情和报国之志；线下，县直中小学校2000余名共青团员、少先队员到烈士陵园，通过默哀、宣誓、敬献花圈等形式表达对革命烈士的哀悼与敬意，各中小学校也通过举办主题团日、队日活动，以朗诵、征文、读革命故事、唱红色歌曲等多种形式开展祭奠活动。

【青少年“增绿减霾”植绿护绿活动】 4月12日，团县委响应政府工作安排，积极参与全县植树活动，并组织县水漩志愿者协会和机关社会100余名青年志愿者开展植树护绿增绿减霾植树活动，栽植山杏苗木260株，为商都生态文明建设增添一份绿色。

【服务青年就业创业活动】 4月底，团县委联合县经信局利用2天时间对乡镇团组织负责人、村（社区）支部书记和青年电商带头人进行培训，近100人参加培训。培训重点以电子商务发展趋势与发展模式、网上开店、网上营销、电商管理和运营为主要内容，为从事电商行业的创业青年和意向青年掌握网上营销模式和线下资源整合提供有力帮助。7月，团县委组织全县10名青年电商代表参加团市委举办的青年电子商务培训班，帮助电商青年树立“互联网+”思维，进一步提高其创业能力。11月初，团县委组织8名青年电商从业人员参加自治区团委举办的“千名电商培育计划”，在全县电商从业人员中起到示范带头作用。

【预防青少年违法犯罪、保护未成年人合法权益】 为全面维护青少年合法权益，努力实现青少年权益工作新突破，团县委扎实推进重点青少年群体服务管理和预防犯罪工作，进一步加强对社会闲散青少年的教育、帮助和管理工作，大力完善预防青少年违法犯罪工作机制，深入推进社会管理创新。为切实保护未成年人身心健康、培养未成年人良好品行、有效预防和减少未成年人犯罪，团县委印发《中华人民共和国未成年人保护法》（以下简称《未成年人保护法》）、《中华人民共和国预防未成年人犯罪法》（以下简称《预防未成年人犯罪法》），集中发放到各中小学和社区，为青少年学法用法提供有效服务。12月26日，团县委召集预防青少年违法犯罪专项组成员单位召开商都县预防青少年犯罪工作推进会，听取各成员单位关于预防青少年违法犯罪工作的汇报，并详细部署下一步相关工作。

【少先队组织阵地建设】 为推进全县各级少先队组织阵地建设，完成少先队鼓号队标准化配备，有效地丰富全县各学校少先队活动，9月，团县委积极申报争取到共青团中央捐赠的少先队鼓号14套，总价值42万元，已全部发放到县直、乡（镇）各小学。结合共青团改革，团县委重点对各基层团组织团员档案规范、团员发展程序、团费收缴、团组织生活等进行检查、规范、整顿。

【《中长期青年发展规划（2016—2025年）》学习贯彻】 为认真贯彻落实中共中央、国务院印发的《中长期青年发展规划（2016—2025年）》

精神，团县委借助召开工作会的契机对全县各级团组织进行《中长期青年发展规划（2016—2025年）》专题培训，通过培训和学习引领广大团员青年始终牢记以习近平同志为核心的中共中央的亲切关怀与殷切期盼，以更加饱满的热情、更加扎实的本领、更为坚忍的意志创造无愧于时代和人民的青春业绩，在矢志投身实现中华民族伟大复兴中国梦的宏伟征程中展现新一代青年的责任担当。

【脱贫攻坚助力】 扎实推进“脱贫攻坚青春建功”行动。认真贯彻落实中央、自治区和市团委关于对脱贫攻坚的工作要求，根据县委、县政府对脱贫攻坚总体部署，结合团县委实际情况，组织全县各级团组织开展“脱贫攻坚青春建功”行动，并多次召开精准扶贫动员部署会和工作推进会，为确保商都县贫困户能早日脱贫，团县委选派2名干部为驻村第一书记，剩余2名干部也全部作为包扶责任人深入村镇。团县委在原有组建的14支青年突击队和青年志愿者服务队的基础上，2017年，组建精准扶贫志愿者队伍，多次聘请扶贫办领导和精准扶贫专业人员对参与扶贫人员进行扶贫相关理论政策等方面的培训，并组织参与扶贫人员进村入户，实地了解掌握村级扶贫工作开展情况、评选流程、软件档案等，深入农户家中熟悉扶贫工作具体措施，模拟互查问询环节。国务院扶贫办第三方评估组入驻商都县后，团县委组织10名志愿者开展志愿服务，得到第三方成效评估组的认可和赞扬。

2017年，多次深入包扶贫困户家中，为他们送去米面粮油、衣服等生活必需品；与贫困户规划商讨种养殖计划，为每个贫困户发放蛋鸡10只；为13名贫困户和非贫困户家庭子女发放8.5万元助学金；为三大顷乡新海子村改进居民饮水安全工程筹款5000元；与商都县柒玖山鼎种养殖专业合作社商讨新海子村养殖专业产业扶持发展计划；争取北京市团委支持，为商都县捐赠入冬棉衣1万余件，全部发放到各乡镇的困难群众手中。暑假期间，团县委针对县直部分留守儿童在社区青年爱里“红领巾之家”开展“缤纷假日快乐童年”主题关爱活动，让孩子们在活动中体验到少先队组织的温暖与关爱。10月，团县委争取乌兰察布青年志愿者协会支持，对小海子镇中心校48名留守、贫困学生进行暖冬助学献爱心全员资助活动。志愿者们用筹集到的1万多元善款为每个孩子都购买棉衣、棉裤、棉鞋、内衣、手套、帽子、水杯、书包、跳绳等生活、学习、活动用品，并对6名家庭特别困难的孩子实行“一对一”资金帮扶。

【贫困青年就业扶助】 多措并举，助推贫困青年就业。依照青年孵化器免税、免房租等孵化政策，努力搭建服务平台，为青年创业就业提供扶持。与帮扶企业建立联动帮扶机制，依托部分企业提供的岗位、人才、技术等优势条件，帮助有意向贫困青年实现就业创业；围绕就业部门开展的“春风行动”和“SYB培训班”等活动，为青年提供用工、培训等信息100多条；联合县劳动、职业技能培训机构开展创业就业培训12场，培训青年470人次。

【“京蒙牵手”扶贫助困】 开展“京蒙牵手”扶贫助困活动。按照共青团中央《关于做好脱贫攻坚对口支援工作的通知》和商都县东西部扶贫协作的总体部署和工作要求，团县委积极与平谷区团委对接、沟通、协商，本着聚焦贫困青少年健康成长、体现共青团工作特色的原则，从人才扶贫、教育扶贫、公益扶贫和贫困地区共青团基层基础团建工作方面入手，为东西部扶贫协作取得实效、平谷区团委与商都县团委携手共同打赢脱贫攻坚战贡献青春力量。为此，团县委与平谷区团委就脱贫攻坚事宜签订对口支援合作协议，建立对口支援机制，定期召开联席会议，每年年度计划，形成帮扶计划，确定帮扶项目，推进项目落地。12月底，团县委携手北京市平谷区团委在屯垦队镇中心校开展“京蒙牵手”扶贫助学行动，北京市平谷区团委为该校全体在校贫困户家庭子女和留守儿童捐赠的价值1万多元的书包、笔盒、钢笔等学习用品和团县委自购的20多件棉衣发放到所有学生手中。

【脱贫攻坚宣传】 助力脱贫攻坚，加大宣传力度。在走访、宣传、普及扶贫政策的基础上，团县委利用微博、微信、青年之声、QQ工作群、微信群等媒介，大力宣传扶贫攻坚工作中涌现出的优秀团干及其先进事迹，为青年们树立可敬、可信、可学的榜样，积极引导广大青年深入基层一线，投入扶贫攻坚工作中，磨炼成长、砥砺成才。同时，结合扶贫工作，编创转发《干部应知应会的扶贫常识》，在网上唱响主旋律，形成强劲的青春正能量。

【党风廉政建设】 加强监督管理，落实主体责任。坚持把落实党风廉政建设主体责任与各项工作同部署、同安排，认真落实“谁主管、谁负责”的“一岗双责”要求，形成“一把手”负总责，班子成员各负其责，一级抓一级，层层抓落实的党风廉政建设良好格局。认真贯彻民主集中制度，严格按照“集体领导、民主集中、个别酝酿、会议决定”的方式，杜绝“一言堂”；党员干部学习、考勤、值班、行为规范等日常事务，采取日抽查、周通报、月兑现的过失倒扣分制度管理，同时在半年和年终进行班子成员和干部互评活动，采取公开监督电话、设置征求意见箱等方式，主动接受县委、县政府、县纪委、监察部门、职能部门、新闻媒体及社会各界对团县委工作人员行为的监督。牢固树立党风廉政建设意识。为进一步加强班子成员的党风廉政建设，按照纪委的相关文件要求，结合团县委实际，制订《共青团商都县委员会党风廉政建设和反腐败工作实施方案》。为更好地预防职务犯罪，牢固树立拒腐防变法律意识，签订《党风廉政建设责任书》，并在全团广泛开展理想信念、职业道德和警示教育，更好地增强团县委干部拒腐防变自觉性。认真贯彻执行纪委“三重一大”民主决策制度。团县委将“三重一大”民主决策制度落实到每项具体工作和活动中，并结合工作实际制定《商都团县委“三重一大”决策制度》。领导班子认真履行职责，严格管好职权范围内的人和事，领导班子成员以身作则，严格执行中央、自治区、市、县关于领导干部廉洁自律的各项规定，做到相互监督。

（供稿　吴　昊）

商都县妇女联合会

【概　况】 商都县妇联在岗人数为8人，在编人数8人，其中行政编制7人、工勤事业编制1人。机关内设机构3个，即办公室、权益组宣部（妇女儿童工作委员会办公室）和发展部。

【纪念表彰活动】 召开纪念“三八”国际妇女节107周年表彰大会，对受到市妇联表彰的2个“先进集体”、4个“先进个人”和11户“最美家庭”代发奖牌和荣誉证书，并对2017年度全县各级妇女组织和各条战线上的“先进集体”“优秀妇女”和“最美家庭”表彰奖励，该次共表彰“巾帼文明岗”集体2个、“巾帼建功标兵”24人、“最美家庭”17户。通过表彰，更好地调动广大妇女干部工作的热情，推动妇女儿童工作再上新台阶。

召开全县乡镇妇联工作会议，结合全县的重点工作，对当前和今后一段时期的乡镇妇女工作作出全面部署和安排，特别是对常态化推进寻找“最美家庭”“巾帼脱贫”和农村贫困妇女“两癌”资料的收集及救助作出重点部署。

【妇女素质培训】 联合商都县法律援助中心在都山社区开展“建设法制商都·巾帼在行动”法律宣传教育进社区活动，参加讲座的社区居民有40多人，发放《中华人民共和国反家庭暴力法》（以下简称《反家庭暴力法》）等宣传资料。各乡

（镇）妇联在“三八”维权周进村入户开展法律知识的宣传普及，发放《反家庭暴力法》5000多册。联合教育科技体育局、科协、县委宣传部、县委组织部、文化旅游新闻出版广电局、环保局等单位在祥和广场开展“商都县科技活动暨商都县第二十二届科普活动宣传周”活动，接受群众咨询达100余人次，发放护蕾手册、妇女儿童维权知识手册、《反家庭暴力法》宣传手册等宣传资料800多份，营造浓厚的科普宣传氛围，取得良好的宣传效果。

联合县委组织部、县委党校在县委党校举办全县妇女干部培训班，参加培训的有乡（镇）妇代会主任、社区妇代会主任、县直各单位妇委会主任和10个乡镇妇联主席共计100多人。通过培训，丰富妇女干部的理论知识，提升素质和能力。为推动妇联组织自身建设和改革创新，妇联积极组织七台镇等10个乡（镇）的25名妇代会主任参加由乌兰察布市妇联举办的嘎查村妇联主席、“妇女之家”负责人培训班。通过培训，提高妇联干部的履职能力。

【寻找“最美”推进活动】 弘扬家庭美德、传播良好家风，妇联在开展寻找“最美家庭”活动中，强调只增不减、保质保量，在基层推选的基础上经过筛选共上报市妇联10个家庭。

为充分调动全县各族妇女立足岗位建功立业的积极性、主动性和创造性，汇聚起广大妇女守望相助、团结奋斗、一往无前的巾帼力量，联合县委宣传部、文明办开展“寻美”活动，共向上级部门推选“最美行业女性”8人、“最美身边女性”10人和“三八红旗手”3人。

【精准扶贫工作】 充分发挥妇联组织在服务精准扶贫大局中的职能作用，进行系列工作。一是入户调查走访、帮扶对接；二是积极宣传政策；三是帮助脱贫措施；四是切实帮助农户进行脱贫。并从办公经费中挤出2万元，助力小海子镇脱贫攻坚工作。同时帮扶干部深入所包扶的小海子镇西大井村开展“送化肥进贫困户”活动，为17户贫困村民每户送去2袋化肥。对西大井村5个自然村280户常住户，开展“送温暖献爱心”慰问活动，每户送去1袋大米，把党的关怀和温暖送到群众身边。

积极争取商都县贫困妇女8人免费参加自治区妇干校举办的农牧区贫困妇女母婴护理（月嫂）培训和面点制作培训，使她们习得一项技能助力脱贫。积极为小海子镇的秀霞苗圃专业合作社争取到“全国妇联巾帼脱贫示范基地”的项目支持资金5万元，以合作社带动贫困妇女的方式，帮助建档立卡的贫困妇女16人增加收入，早日脱贫。

【“两规划”实施推进】 召开全县妇儿工委工作暨“两规划”[《中国妇女发展纲要（2011—2020年）》《中国儿童发展纲要（2011—2020年）》]监测统计培训会，详细讲解上报的2016年度统计报表和监测报告工作，安排部署2017年妇女儿童“两规划”监测工作，为确保妇女儿童“两规划”的各项指标顺利完成，提供科学依据和有力保障。

【丰富妇女儿童生活系列活动】 联合关工委、教育科技体育局在商都县春蕾幼儿园开展以“书香家庭亲子共读”为主题的阅读活动启动仪式，向学校赠送图书。组织选拔60名擅长搓莜面的妇女，参加全县马铃薯节搓莜面比赛。在此基础上，选拔优秀选手参加第六届中俄蒙国家美食节暨首届乌兰察布美食文化节“百名大妈搓莜面大赛”，参赛的13名妇女获得不同奖项。

【关爱贫困母亲、关注妇女健康】 主动联系有关部门，关爱贫困母亲、关注妇女健康。（1）开展“关爱女性　珍爱家庭”健康知识讲座。听取讲座的女性多达130余人。发放《妇女“两癌”预防宣传手册》4000册，把“两癌”预防知识宣传给妇女，希望广大妇女做到早发现、早治疗、早康复。（2）在商都县七台镇都山社区开展“关爱贫困母亲　关爱妇女健康”为主题的义诊活动，共接诊477人次，诊治妇科疾病68人、B超检查135人、内科72人、量血压137人、中医65人。发放“两癌”防治等各种卫生健康宣传资料2000多份。（3）县妇幼保健所对西井子镇、屯垦队镇、七台镇部分妇女3500余名妇女进行“两癌”免费筛查，确诊宫颈癌1例、乳腺癌1例、癌前期病变者8人。（4）联合县安康医院开展“关爱女性公益体检活动”，免费为3000名妇女进行妇科病的检查。积极向上级妇联争取项目，对10个乡（镇）40名患“两癌”的贫困农牧民妇女每人发放1万元的救助金，共计发放40万元。

【妇女儿童合法权益维护】 充分发挥职能作用，维护妇女儿童合法权益。（1）加强法律、法规的普法宣传。采取开展专题讲座、街头发放宣传手册等形式，宣传维权知识、法律法规、艾滋病预防知识、毒品危害、预防邪教知识，让法治理念植根于妇女群众心灵深处，使广大妇女办事依法、遇事找法、解决问题用法、化解矛盾靠法。（2）继续加强乡镇维权站和“12338”维权热线的建设。最大限度地发挥乡镇维权站和维权联络员的维权功能，帮助妇女解决生活困难、家庭矛盾等问题，把非正常上访事件化解在萌芽状态，做到来访事件得到处理或转介。（3）认真接待妇女群众来信来电来访。继续加强巩固法律服务网络的建设，改变妇联单一维权的局面，提高妇联维权工作的整体水平。对妇女的来信来访事件做到件件有记载、事事有回音，共接待上访事件16例，都逐一办理落实。

【基层组织建设】 抓好基层组织建设，增强妇女组织凝聚力。按照《中共乌兰察布市委员会关于加强和改进党的群团工作的实施意见》及《乌兰察布市妇联改革方案》文件精神和“优化群团领导班子结构，适当增加妇联基层一线妇女比例”的具体要求，制订《商都县妇联改革方案》，在全县10个乡（镇）召开妇女代表大会，完成乡（镇）妇联区域化改革，经选举产生乡（镇）专职妇联主席10人、专职副主席5人、兼职副主席15人、执委250人。12月，七台镇18个社区完成会改联工作，产生社区专职妇联主席18人、兼职副主席18人、执委142人。

【“两学一做”学习教育活动】 按照县委关于对“两学一做”活动安排要求，制订学习计划，采取集中与自学的方式，加强对机关全体党员的学习教育活动。同时积极开展主题党日活动，“迎‘七一’·讲党课”活动，增强党员干部的责任感、使命感、荣耀感，更好地带领广大妇女听党话、跟党走。

【荣　誉】 先进集体。商都县人民法院审判管理办公室被市妇联授予“巾帼文明岗先进集体”称号；商都县妇联被市妇联授予“巾帼建功先进集体”称号。

先进个人。冀小平、赵淑芬、吕俊丽、张明霞被市妇联授予“巾帼建功标兵”称号；宋丽霞、庞利家庭等5户被市妇联授予“最美家庭”称号；白桂枝、李金家庭等6户被市妇联评为“最美家庭”提名奖。

（供稿　赵俊霞）

商都县科学技术协会

【概　况】 商都县科学技术协会（以下简称县科协）内设机构：办公室和科学技术普及工作部。人员编制5人，核定科级领导职数2人（一正一副），实有3人，缺编2人；领导实有2人，一正一副。

【精准扶贫工作】 2017年，科协在精准扶贫脱贫攻坚工作中，成立驻村工作队。工作队每月20多天在包扶村大库伦乡西营子村开展工作；为包扶村建立绿色科普书屋；为残疾人贺某云送去轮椅；为包扶户每户每年送去200元现金用于购买生产资料；为包扶村大库伦乡西营村80多户，户均送去价值近1万元的生活必需品；对以发展生产为主的精准扶贫户进行多次培训。解决群众的实际困难，推进脱贫步伐。

【科技助力精准扶贫】 根据中国科协、内蒙古科协关于科技助力精准扶贫工作的总体部署和要求，科协抽组农牧系统的专业技术人员组成专家团队，为适合产业发展的贫困户建档立卡，专家组成员分别对自己所包的村户进行集中培训和现场指导，现场技术指导76次，解决疑难问题62个。

【科普活动】 科协坚持面向农村、面向社会、面向学校、面向基层，积极与相关部门密切配合，充分利用各部门的业务专长，广泛深入地开展多种形式的科普宣传活动，通过“第二十二届科普宣传周”“全国科普日”以及各类宣传月、周、日，共计开展科普宣传活动20次，现场观摩培训8次，印发科普宣传资料10多种，发放科普宣传材料1万余份，科普宣传覆盖全县10个乡（镇）。

【流动科技馆巡展】 开展“中国流动科技馆”巡展活动，以“体验科学、感受科技”为主题，共设置科学表演区、数字魅力展区、电磁探秘展区、声光体验展区、小球旅行记展区、运动规律展区、健康生活展区等八大主题展区、50件互动展品，历时2个月，全县2000多名中小学生参观展览。

【科普大篷车巡展】 科普大篷车巡回县、乡中小学校，开展科普宣传教育活动，连续展示光学、力学、声学、电磁学、激光等科技作品25件。全县近5000多名学生参观展览。巡展活动采用游戏互动参与为主的多样化教育形式，激发广大中小学生的创新性，培养他们学习科学的情趣和积极性。

【基层科普行动计划项目】 科协将农村中学科技馆建在商都一中，充分利用现有的场地条件，设立科普展品20件，分为数学、声学、力学、光学、电磁学多个展区，主要通过互动的方式展示和模拟科学原理，寓教于乐。2017年，组织县、乡两级中小学生3500多人次参观科技展览，提高学生们的科学素养，体验科普带来的无穷魅力。

青少年科学工作室设在第三中学，规划为4个区，即培训交流区、科普展览区、科学试验区、机器人工作室。工作室配备1名兼职管理人员和2名科技辅导员。作为学校的科普活动场所，开展形式多样的科技教育活动，培养青少年的科学素养和创新能力。

【科技培训】 科协与相关单位协作，组织开展多形式、多层次的科技培训和宣传，培训乡镇师资25人，农技协会员1550人，奶牛养殖户1000户，寒羊养殖户1800户，马铃薯及反季节蔬菜种植户2000户，普及性培训5万人次。

【科普储备项目申报】 根据内蒙古科学技术协会有关文件精神，科协积极与相关业务部门联系，选报符合条件的项目，经过大量的调研、考核、层层筛选，最后确定对商都县中小学社会实践基地，乡镇、社区科普信息化建设、县级青少年工作室3个项目进行组织申报。

（供稿　孙利芳）

商都县工商业者联合会

【概　况】 商都县工商业者联合会（以下简称县工商联）内设办公室、会员部、经济部、非公有制企业党建办4个机构；人员编制6个，其中行政编4个、事业编和工勤编各1个。截至2017年年底，已退休2人、缺编2个。

【非公有制经济代表人士综合评价】 根据自治区党委统战部、自治区工商联等15个部门《转发中央统战部等14部门〈关于加强和改进非公有制经济代表人士综合评价工作的意见〉的通知》精神，工商联于2月上中旬积极配合县委统战部、协同各相关部门，顺利完成对全县63名非公有制经济代表人士的综合评价工作。为2017年度自治区、市、县三级人大、政府、政协、工商联换届全县非公有制经济代表人士的政治安排奠定坚实基础。

【商都县工商联（总商会）换届】 根据《中共乌兰察布市委办公厅转发〈市委统战部关于全市工商联（总商会）2017年换届工作的意见〉的通知》精神，按照商都县委的研究决定，5月10日召开商都县工商联（总商会）第八次会员代表大会。大会全面总结工商联第七届执行委员会过去五年的工作，安排部署工商联今后五年工作任务，选举产生工商联（总商会）第八届执行委员会。八届执委会第一次会议，选举主席、副主席、会长、副会长、秘书长等领导班子成员，顺利完成县工商联（总商会）第八次换届的历史使命，为新一届工商联（总商会）各项工作的正常开展奠定坚实的组织基础。

【自身建设】 根据《自治区工商联2017年“五好”旗县级工商联建设工作实施方案》精神，按照市工商联的安排部署，在县委、县政府大力支持下，3月中旬，县工商联开始着手创建“五好”旗县级工商联。通过历时8个多月的不懈努力，更换办公场所、增加办公面积、改善办公条件、增设会议室、完善规章制度、规范档案软件、做到图表上墙，并对历届遗留下的工作不足进行认真的查漏补缺。11月中旬，顺利通过自治区工商联“五好”旗县级工商联建设第三检查组的检查验收。12月中旬，自治区工商联下发《关于命名2017年度全区“五好”旗县级工商联和“四好”商会的决定》，商都县工商联正式被命名为自治区级“五好”工商联。12月下旬，在全区工商联基层组织建设推进工作现场会上，商都县工商联被授予自治区级“五好”工商联荣誉奖牌。这是商都县工商联在历史上首次获此殊荣。

【企业扶贫工作】 积极配合县委、县政府在全县范围内开展“村企合作”精准扶贫工作。6月底，县委、县政府责成工商联、扶贫办、发改局、经信局等相关单位协同合作、全力筹组93家民营企业，与10个乡（镇）的212个村委会开展覆盖全县的“村企合作”精准扶贫开发行动，由企业帮助村委会发展壮大村级集体经济、实现帮扶对象在2020年全部脱贫目标。

按照县委、县政府的指示精神，工商联在3个多月的时间内，认真做好企业摸底、调查研究、结对安排、召开企业家座谈会听取意见等大量艰苦、细致的前期准备工作，并于10月中旬，会同上述相关单位，共同协助县委、县政府制订《商都县“村企合作”精准扶贫实施方案》。在该方案实施过程中，由工商联牵头，扶贫办和各乡镇党委、政府配合，共同开展覆盖全县范围的“村企合作”精准扶贫开发行动。经过两个半月的不懈努力，截至12月底，共有57家企业以“服务创收型”的方式为144个村委会拨付各种有偿服务费509.35万元，有力地促进村级集体经济的发展壮大，助推全县精准扶贫工作的深入开展。

【对口支援友好合作工作】 开展与北京市平谷区工商联的对口支援友好合作工作。根据《中共中央办公厅、国务院办公厅印发〈关于进一步加强东西部扶贫协作工作的指导意见〉的通知》精神，北京市平谷区和商都县结为精准扶贫对口支援友好合作区县。县工商联作为两个区（县）对口合作的成员单位之一，负责和平谷区工商联进行友好合作，开展精准扶贫的相关工作任务。

9月下旬，工商联主要负责人随同县人民政府主要领导到北京市平谷区进行对接考察，并在平谷区与商都县对口帮扶工作座谈会上与平谷区工商联加强工作上的相互交流、建立友好合作关系。10月下旬，二次赴京，与平谷区工商联就具体合作事宜进行进一步探讨和磋商。12月底，县工商联和平谷区工商联正式签署《携手奔小康助力打赢脱贫攻坚战对口支援合作协议书》。

根据协议，平谷区工商联动员会员企业、所属商会及社会爱心人士，自2018年起与商都县小海子镇任家村、二道洼2个贫困村连续3年结对，每年给予每个结对贫困村5万元捐助资金，并通过商都县工商联交付结对贫困村管理，用于发展壮大集体经济、帮助建档立卡贫困户实现脱贫目标。至此，县工商联与平谷区工商联的精准扶贫对口支援友好合作工作正式启动。

【商都企业商会成立】 指导和帮助在北京发展的商都籍企业家成立北京商都企业商会，搭起北京市、商都县两地经济交流合作的又一座平台。10月中旬，根据县委、县政府关于成立北京商都企业商会的指示精神，指导和帮助北京商都企业商会筹备工作小组制定《北京商都企业商会章程》和《北京商都企业商会第一届理事会和监事会选举办法》，确定该商会领导班子、理事会、监事会候选人名单。11月中旬，工商联主要负责人随同县委、县政府分管领导赴京出席北京商都企业商会成立大会，并对该商会今后的工作和任务提出殷切希望。北京商都企业商会的正式成立，成为继2016年11月北京内蒙古企业商会商都分会成立之后，促进北京、商都两地经济交流和合作、鼓励在京商都籍企业家回乡创业、助推商都县招商引资和精准扶贫工作的又一个有效载体。

【与自治区内外工商界的交流合作】 进一步加大与自治区内外工商界的交流合作力度，为商都县招商引资工作做出不懈努力。4—8月，先后与陕西大江生物科技有限公司、内蒙古汗都建筑工程有限公司、北京中电家美环保科技有限公司进行多次对接和洽谈，并分别就开发商都县中草药种植产业、引进建设防水器材厂、投资城管局的相关环保项目达成初步意向。9月中旬，邀请深圳知名农畜产品销售公司——四方集团各分公司总经理到商都县实地参观考察商都县马铃薯、蔬菜种植规模和加工生产的具体情况，并和该公司达成商都县农畜产品销售意向，为商都县农畜产品销售打开深圳、香港、珠海渠道并辐射广东奠定坚实基础。

【精准扶贫工作】 积极响应县委、县政府号召，切实做好本单位的精准扶贫工作。按照县委、县政府精准扶贫工作指示精神，根据本单位实际和工作需要，2017年3月，县工商联调整驻七台镇东坊子村委会第一书记人选，派出驻七台镇田士沟村委会工作队，并将单位75%的干部职工确立为上述2个村贫困户的帮扶责任人，确保本单位精准扶贫工作的有效开展、切实提高精准扶贫工作成效。2017年，单位为驻村第一书记、工作队长发放生活、交通补贴费累计达2.1万元，用于慰问单位所包村的贫困户和常住户的资金达1.16万元。

【重要事件】 5月10日，召开商都县工商联（总商会）第八次会员代表大会，完成工商联（总商会）第八次换届的历史使命。

9月15日，商都县工商联和北京市平谷区工商联正式开启精准扶贫对口支援友好合作活动。

10月中旬，由商都县工商联牵头，扶贫办和各乡镇党委、政府配合，93家民营企业参与，共同开启覆盖全县范围的“村企合作”精准扶贫开发行动。

11月18日，县工商联指导和帮助在北京发展的商都籍企业家成立北京商都企业商会，搭起北京、商都两地经济交流合作的又一座平台。

12月18日，商都县工商联在历史上首次荣获自治区级“五好”工商联荣誉称号。

【荣　誉】 2017年度，商都县工商业者联合会获自治区级“五好”工商联荣誉称号。

（供稿　张建国）

商都县红十字会

【概　况】 商都县红十字会是从事人道主义工作的社会救助团体，有专职工作人员5人，内部机构设置赈济救援部、筹资培训部2个，人员编制5人。基层红十字组织89个，团体和个人会员达5000余人，志愿工作者300多人。

县红十字会大力弘扬“人道、博爱、奉献”的红十字精神，深入开展造血干细胞捐献、应急救护培训、红十字博爱家园建设、“学雷锋”志愿服务、预防艾滋病宣传。2017年，在学校、社区、机关、农村开展应急救护和预防艾滋病宣传活动，惠及3.8万人；农村地区和幸福院的群众享受免费义诊人数6000多人；实施活动“博爱送万家”和“学雷锋志愿服务活动”，共发放救助款物81.3万元；登记入中华骨髓库的捐献造血干细胞志愿者29人。坚持不懈地开办红十字博爱课堂，传播红十字基本知识；举办红十字自纠自查工作总结；努力为群众办实事、办好事。

【筹资募捐】“博爱一日捐”活动是红十字会开展的一项公益募捐活动。在县委、县政府的大力支持下，县红十字会于2017年全年实施“博爱一日捐”募捐收入84.5万元，救助大病、贫困家庭共计19万元，受益183人次。同时注入贫困人口大病慢病扶贫爱心基金50万元，用于救助全县参加城乡居民基本医疗保险的建档立卡的贫困人口。

【红十字知识宣传】（1）人道文化建设。县红十字会在七台社区和进修综合楼分别建立人道文化传播点，已投入使用，该点既有红十字运动知识宣传，又有应急救护知识等核心业务工作内容，有宣传品展架；经常开展人道文化宣传活动，效果明显。（2）开展人道文化宣传。七台社区、职业技术学校、平安小学、宗申小学、第一中学是县红十字会人道文化知识传播的主要基地，2017年，县红十字会在学校开展相关知识培训3场次，培训人员3000多人，其中学校红十字会都有课件、宣传资料；七台社区有活动文字材料、照片。在全县广泛传播“人道、博爱、奉献”的红十字文化，达到红十字运动基本知识普及率的要求。宣传教育群众万余人次，并在重大节日集中进行宣传，在商场、宾馆等公共场所设立募捐箱，扩大社会人道主义意识的培养。县红十字会向各级部门提供简报40余篇。2017年，为新注册会员购买人身意外保险，保障其在志愿服务期间的权益，该举措提高了入会积极性、扩大了红十字会影响力。

【备灾救灾工作】 为深入贯彻实施突发事件应对法，完善应急管理预案体系、体制、法制建设，县红十字会及时利用灾害管理系统和纸质两种形式对自然灾害进行上报。根据自治区、市两级规定标准，县红十字会对备灾物资库加大仓储面积、容积，对各类物资进行分类存放；与民政部门建立灾情信息共享机制，对本辖区内发生的灾害根据应急预案开展救援工作；把“博爱一日捐”捐款的20%转入备灾基金。9月20—26日，县红十字会对各乡镇红十字会救援队进行为期一周的下乡轮流培训和演练活动，收到预期效果。加强应急管理组织体系和应急处置保障能力，提高应急综合水平。

【红十字志愿服务】 截至2017年年底，在原有三营图互助幸福院、汽车站、永泰社区3个志愿服务队的基础上，又在十八顷马栈幸福院、袁家村建立志愿服务队，吸纳水漩志愿者协会32名人员为县红十字会志愿者并建档发证，并对志愿者进行培训。志愿服务队能够依托服务基地开展经常化的志愿服务活动。传递人间真情，增强红十字组织的吸引力和人道精神感召力。

【器官及造血干细胞捐献】 2017年，新增造血干细胞血样采集入库的志愿者29人，开展造血干细胞捐献登记工作以后，县红十字会共有494人份的血样资料进入中国造血干细胞捐献者资料库，供患者检索配对。

【基层组织建设拓展】 县红十字会积极在城市社区（街道）、农村乡镇（村）、企业和事业单位、学校、医疗机构和其他组织中建立红十字会，传播红十字精神。加大对学校红十字会工作的组织化程度，成立红十字会工作委员会，认真贯彻中国红十字总会和教育部《学校红十字会工作规划》，积极创建红十字示范学校。强化职业技术学校、第二中学、宗申小学3个示范校管理的同时，又建立平安小学示范基层组织，并做到组织机构健全、志愿队伍稳定、有固定的活动场所、有固定的宣传栏，经常开展具有现实意义的特殊活动。在学校阵地组织开展一系列红十字青少年活动：一是用班（队）会、板报宣传栏等多种形式宣传红十字精神；二是组织防灾减灾知识竞赛，增强青少年防灾减灾的自我保护意识；三是在红十字示范校组织红十字青少年预防灾害应急演练活动和卫生救护知识普及培训。组织会员认真学习各类制度、文件和其他相关知识。由于县红十字会重视学校红十字会的建设与发展，学校建会率稳中有升，每个学校的红十字都有健全的组织机构、会员队伍、宣传阵地，能有声有色地开展许多特色活动。

【"三救三献"精准发力】 2017年，红十字会在县委、县政府的正确领导下，在市红十字会的关心支持下，坚持以人为本，着力实施"三救三献"（紧急救援、紧急救护、人道救助和献血液、献造血干细胞、献人体器官组织）工作。为改善民生、推动和谐，在精准扶贫工作上，尤其是对"5个100"（保障100个红十字人道文化传播点、100个应急救护点、100个应急救护角、100个博爱家园项目、100所红十字示范学校）、"2个20"（20个红十字人道文化传播基地、20个志愿者服务示范基地的建设规划）项目的实施做出大量行之有效的工作。

（供稿　王文静）

商都县文学艺术界联合会

【概　况】 根据上级有关精神，经2007年5月29日县编制委会议研究，决定成立商都县文学艺术界联合会，挂靠县委宣传部，为正科级建制，使用事业编制的群团机关，设主席1人、副主席1人，工作人员5人，核定事业编制7人。

【期刊出版发行】 编辑出版《不冻河·小说专号》杂志（2017年第1期），免费赠送各乡（镇）、县直有关单位，受到县级领导、读者的一致好评。加强通联工作，更好地为读者、作者服务。

【表彰奖励】 4月12日，召开乌兰察布市文学艺术界联合会工作会议，会上颁发2015—2016年度乌兰察布市文学艺术创作基金；表彰2016年度文学艺术工作先进集体及个人，商都县王爱贤、余晓明两位文艺工作者被评为2016年度先进个人，王爱贤、张建新、孙福的文学、摄影作品得到乌兰察布市文艺创作发展基金资助。

7月末，政协商都县第九届委员会委员王爱贤、王如泉的书法作品双双入选由中国文联出版社发行的《同心礼赞——乌兰察布市政协系统庆祝内蒙古自治区成立七十周年书法美术作品集》一书，政协商都县委员会荣获"优秀组织奖"。

【精准扶贫】 2017年6月，县文联的3名精准扶贫帮扶责任人，为所包扶的小海子杜管营村、河柳村的6户贫困户送去尿素、白面、枕巾等，解决他们生产、生活中的困难问题。

【文学创作】 商都县文学创作不断繁荣发展。2017年上半年，中国诗歌学会会员、内蒙古作协会员王爱贤创作的诗歌《情感的抵达》刊登在《草原》（2017年第3期）上，创作的诗歌《我的诗，为元宵节做一回鼓槌》发表于《乌兰察布日报》、诗歌《精神家园的守护者——给一位文学编辑老师》发表于《乌兰察布日报》、诗歌《"菜篮子"颂——商都县南菜园走笔》发表于《乌兰察布日报》；乌兰察布市作协理事段璟虹创作诗歌《我是一颗心》《听雪》；乌兰察布市作协会员王柚创作诗歌《芦绪》《心之旅》；文学爱好者张润兰创作散文《永远，是一种美丽的情怀》。2017年，商都县成立水漩诗社，10名诗社社员活跃在县内外，创作出一定数量的诗词。

【文艺活动】 年初，县文联组织部分市书协会员，深入小海子镇河柳行政村开展送春联进村活动，共书写春联100余幅，为村民们送去新春的祝福和节日的欢乐。10月13日，在中共十九大召开前夕，县文联、县委老干部局联合举办“诗意商都·墨韵水漩”书画摄影展，其中，书法美术作品入展40幅、摄影作品入展10幅。展览期间，有关单位、部分学校组织干部职工、师生观看书画摄影展，第一中学初一年级组织观看展览，其中，几位同学还接受县电视台的采访。

【培训学习】 11月11—12日，商都县文联选派商都县高级中学教师王小龙、七台镇居民钱英兰、商都县世纪小学教师胡梅芳和王艳慧4名诗词爱好者，参加由乌兰察布市文联主办、乌兰察布市诗词学会承办的“2017年乌兰察布市诗词培训班”的学习；11月13—15日，商都县文联选派卯都乡村民张梅梅、王玲，商都县职业中学教师赵武君、贾宽剑，小博士幼儿园教师张润林5名手工技艺艺人，参加由乌兰察布市民间文艺家协会举办的“乌兰察布市手工技艺培训班”的学习。12月14日，市文联召开关于开展学习习近平总书记给苏尼特右旗乌兰牧骑回信精神座谈会，会上商都县乌兰牧骑队长杨景泽作《牢记使命　不忘初心　砥砺前行》的发言，受到与会人员的一致好评。是日下午，在市文联会议室召开市委第五巡视组与文艺家座谈会，按照会议要求，商都县文联办公室主任梁旭东从开展主题文艺活动、推动文艺精品创作、推进文联深化改革和职能转型、加强文联系统队伍建设四个方面发言。

【文学艺术创作发展基金资助申报】 12月中旬，商都县文联组织王爱贤、张聪、梁旭东等7名商都籍文艺工作者、爱好者申报乌兰察布市文学艺术创作发展基金资助作品，涉及文学、美术、摄影、民间文艺四类，展示商都县2016年11月至2017年10月间在文艺创作方面的文化软实力。

（供稿　梁旭东）

商都县残疾人联合会

【概　况】 商都县残疾人联合会（以下简称县残联）为正科级单位，有干部职工18人，其中理事长1人、副理事长1人、正科级6人、副科级2人，工勤人员3人、退休人员5人。内设办公室、康复办、残疾人综合服务中心3个职能股室。

县残联是管理全县1.5万名残疾人的群团组织，履行“代表、服务、管理”的职能职责，承担全县残疾人的康复、培训、就业、体育、维权等工作。

【换届选举】 2017年12月19日，召开商都县残疾人联合会第七届代表大会，大会总结过去五年的工作，部署今后五年的工作。选举产生第七届主席团和执行理事会。

【残疾人概况】 2017年，全县有持证残疾人1.28万人，其中农业人口8194人、非农业人口4601人；全县建档立卡贫困残疾人1803人，占农业残疾人口的22%，其中，享受政策脱贫856人、未脱贫806人、返贫141人。危房改造352户，其中四类人员245户、非四类107户。建档立卡贫困残疾人中有残疾人证的1372人，无残疾人证的431人。

【残疾人康复工作】 2015—2017年，为1109例白内障患者免费手术，使他们重见光明；免费为89名下肢截肢患者安装假肢，改善他们生产和生活状况；对有医疗康复需要的758名困难残疾人，针对他们的个性需求，进行康复指导和免费辅助器具适配等服务，共有222人通过康复训练，102名聋儿经语言训练、配戴助听器后能随班就读；同时，为57名残疾人进行辅助器具适配；为275名精神病患者实行免费救助服药，31名精神病患者实行帮扶住院治疗。免费为291名下肢行动不便残疾人配送轮椅，帮助他们恢复生活和生产能力。

县残联千方百计地争取多方支持，为全

县各类残疾人先后建成残疾人康复无障碍通道2000余米。实施残疾人康复无障碍设施改造30多处，为残疾人适配助听器，发放轮椅、拐杖、语音闪光门铃、语音闪光开水壶等辅助器具配置2480件，极大地改善他们的生存状况，初步实现残疾人"人人享有康复服务"的工作目标。

【残疾人教育助学】 视力、听力和智力三类残疾儿童义务教育入学率达85.17%，普通高校上线生全部录取入学就读。2017年，在第28次全国助残日活动现场，16名困难家庭残疾学生，每人领取2000元的助学金，减轻家庭负担和学生压力。2015—2017年，县财政共安排助学经费100多万元，使全县230名残疾学生得到救助。同时，县残联积极配合教育部门，扎实做好未入学残疾儿童少年调查统计，配合教育部门做好送教上门服务工作。落实并完善残疾学生特殊学习用品、教育训练、生活费和交通费等补助政策。

【康复中心康复训练】 拥有减重支持步态训练系统、平衡评估与训练系统、上肢多关节训练系统、下肢本体感觉评估与训练系统、电动直立床、多体位治疗床、运动治疗和作业治疗设备、智能康复设备等康复医疗设备，价值达1000多万元。2017年10月，康复中心又新增开展商都、化德、后旗3个旗县0—8周岁脑瘫、孤独症、智力障碍、低视力、听力语言障碍等残疾儿童抢救性康复工程治疗，康复训练效能明显。

【劳动就业帮扶】 县残联始终把落实按比例安排残疾人就业办法作为为残疾人办实事、支持残疾人事业发展的重要举措，重新修订出台《商都县按比例安排残疾人就业办法》。该措施的实施，得到全县各用人单位的积极响应，安排残疾人就业1752人，其中集中安置残疾人就业885人。围绕全县未就业残疾人的就业需求，在各乡镇多次开展上门送政策、送岗位、送服务活动，开展有针对性的就业培训6次。同时，为符合条件的残疾人福利企业和残疾人个体从业人员，落实享受税收减免政策11.06亿元。县残联主动作为，举办就业培训班7期，有组织地向外地输出农村残疾人124人，全部落实三个保险，解除他们后顾之忧及家庭、社会负担。农村和城镇残疾人在"三免"（免费培训、免费住宿、免费就餐）政策的推动下，自谋职业、自主创业发展势头良好，自主就业增加212人。

【扶贫保障】 2017年，始终把解决残疾人"两不愁、三保障"（不愁吃、不愁穿，义务教育、基本医疗、住房安全有保障）作为工作重点，通过"实打实"走访、"面对面"沟通、"心贴心"解难，树立残联的良好形象。将全县符合条件的756户、2109名困难残疾人，及时纳入重度护理补贴和最低生活保障等社会救助范围。经村（社区）、乡镇、县三级审核认定，3581名残疾人低保户和重度残疾人为发放生活补助和护理补贴对象，发放生活补助、护理补贴资金909.72万元。全县有2050名残疾人，申领残疾人生活补贴和重度残疾人护理补贴；农村"三无"（无劳动能力、无生活来源、无法定赡养抚养扶养义务人）残疾人全部实现"五保"（保吃、保穿、保住、保医、保葬）。

【文体工作】 2017年，残疾人宣传文体工作紧紧围绕残疾人事业发展大局，积极拓展宣传阵地，营造扶残助残良好氛围，努力打造文化品牌，丰富残疾人文体生活，打造社区康园文化品牌；组织开展残疾人读书活动，活跃和丰富残疾人精神文化生活；开展精神健康服务计划，举办精神残疾人文艺展能活动以及郊游活动，促进精神残疾人身心健康，大力推进全民助残健身工程，有力地促进全县残疾人工作更好更快发展。

【包村帮扶】 精准扶贫工作实施以后，残联选派党组成员、副主任科员任驻村第一书记兼扶贫工作队长，另派2名工作人员组成驻村扶贫工作队，其中队长及1名工作人员为常驻队员。他们与单位业务脱钩，全身心地投入精准扶贫工作中。在村设立扶贫工作固定办公场所，配齐生活用具，确保他们每月驻村不少于20天。工作中，他们主动作为，既是“联络员”，又是“服务员”。通过他们居中联络和协调，残联党组织与村党支部计划上共商、难题上共谋、实事上共促，有力地推动帮扶村扶贫工作不断深入。

2017年，残联所包的32户贫困户，每户得到200元扶助金和1袋大米。同时，机关干部积极与贫困户开展结队帮扶，累计捐款捐物达3万多元。

【党建工作】 2017年，针对原党支部书记离职卸任、党员无法过组织生活、一些组织活动也无法正常开展的现象，县残联积极报请组织部，及时召开党员大会，通过无记名投票选出党支部组成人员，为党建工作卓有成效地开展，为各项工作提升奠定良好的组织、思想基础和作风保障。之后相继完善《党组议事规则》《民主生活会制度》《“三会一课”制度》等规章制度，出台《主题党日活动实施方案》《党风廉政建设实施方案》《“评星定级”实施方案》等行动准则，确保党建工作不断深化、制度不断完善、党风廉政建设责任制不留“死角”。

（供稿　韩　剑）

商都县计划生育协会

【概　况】 商都县计划生育协会为正科级建制，核定编制6人，会长由县处级领导担任，设常务副会长1人，其中常务副会长为法人代表，秘书长1人，办事员4人。内设办公室、财务室、生育关怀办。

【基层群众自治示范县项目】 商都县被中国计划生育协会确定为全国首批计划生育基层群众自治示范县，打造七台镇都山街社区为项目示范点，经过3年多的努力创建，2017年12月29日，中国计划生育协会正式授牌，确定商都县为全国32个计划生育基层群众自治示范县之一。商都县是自治区唯一获此殊荣的旗县。

截至2017年，共举办计生基层群众自治、计生政策法规等各类讲座或培训1240场（次），培训1.83万余人。印制宣传折页、宣传手册10万余份，制作移动图板24块，刷写固定标语245条，在社区、行政村设立“计生协会员之家”，各乡镇计生协会员上门入户送宣传资料，讲计生政策法规。县计生协会还组织民间文艺宣传队编排二人台小戏《一杯奶》《幸福家园》《计划生育时时好》，快板儿《全面两孩政策赞》，三句半《基层群众自治》等文艺节目，巡回乡村演出，传播党和政府心系民生、计生协会关怀计生家庭、创建幸福家园的宗旨和行动。

【幸福工程项目】 2017年1月，争取到中国人口福利基金会“幸福工程——救助贫困母亲行动”项目91万元，该项目主要以贫困地区计划生育家庭的贫困母亲为救助对象，围绕“治穷、治愚、治病”，采取“小额资助、直接到人、滚动运作、劳动脱贫”的救助模式，帮助她们发展家庭经济，脱贫致富。依托鑫亚花木园林绿化公司，给田士沟村45位贫困母亲每人救助2万元，帮助她们在3年内稳定脱贫。

【书画展示】 商都县计生协会书画社被中国计生协书画社吸纳为团体社员，挂牌为“中国计生协书画社商都分社”。书画社占地面积500平方米，在“5·29”计生协会纪念日，分别举行主题为“中国梦——幸福家庭”“传承爱心、实现梦想、创建幸福家庭”“全面实施二孩政策·促进人口均衡发展”的书画展，展出县内外书画名家及爱好者的书法、绘画作品300多幅，同时举办少年少儿书画、手工制作、剪纸等作品比赛和展览500余幅，激发青少年及儿童创建幸福家庭的情怀。同时，书画社成为乌兰察布市少年少儿书画院的分院。5月14日母亲节、“5·15”国际家庭日，特邀全县各小学学生代表和家长举办“感恩母爱，祝福母亲——我为妈妈画幅画、写幅字”、“营养科学进万家”讲座、发出“健康家庭倡议书”等主题日系列活动，以此来表达对母亲的敬重和热爱。

【青春期健康教育项目】 承接中国计生协青春健康学生“成长之道”培训项目；承接中国计生协青春健康家长“沟通之道”培训项目；通过对青春期学生、家长的培训，有效地提高全县青少年性与生殖健康水平和身心健康素质，切实保障全县中小学生的全面发展与可持续发展。为此，县计生协筹资10万余元打造占地面积540多平方米的“青春健康教育基地”。从县直各中学选聘4名兼课教师。截至12月31日，共举办师资培训班1期，家长培训班45期，学生讲座64场，听讲家长900多人、学生8000多人受到教育。印刷《我青春我健康》宣传手册2万余册、《青春路上》宣传册和笔记本3万余册。2017年，整合社会资源，培训方案，拓宽宣传渠道，建立和完善政府、学校、家庭、社会“四位一体”的工作模式，全面、科学、有效地提升家长和孩子们对青春期健康教育的意识和能力，有力地推进全县青春期健康教育工作。

【流动人口服务项目】 2017年3月，承接自治区计生协会流动人口服务项目。项目投资15万元，服务目标人群为留守人群2.2万人，流入人口431人。依托现有卫生计生场所，在流动人口集中的地方开展健康教育、健康促进、关怀关爱、生殖健康、优生优育、避孕节育等知识的宣传和普及活动，推动流动人口基本卫生计生公共服务均等化，维护流动人口的合法权益。至年底，在流动人口集中的社区、企业建立流动人口计生协会22个，建立流动人口、留守人群档案8230份。打造七台镇南湖社区示范点，“5·29”会员活动日为流动人口提供免费体检、“两癌”筛查，组织居民聆听健康讲座，印制《把爱带回家》宣传手册1万份，达到“人口流动·健康同行”的目的。

【生育关怀工作】 为落实国家计划生育“三项制度”（农村部分计划生育家庭奖励扶助制度、计划生育家庭特别扶助制度、西部地区计划生育少生快富工程），确保奖励扶助目标人群能按时领取奖扶资金，计生协会出台常态化工作规范细则，不断完善符合条件的目标人群的奖扶申请、资格审查、群众公示、资金发放等流程，确保应纳入人群全部纳入，不重不漏。至2017年，全县共有4598人被列入奖励扶助对象，当年发放奖扶资金441.4万元；88个家庭145人被列入特别扶助对象，当年发放特扶资金87.9万元；17个家庭被列入少生快富扶助对象，发放少生快富资金5.1万元。从生活、生产方面给予帮扶，从精神上给予抚慰。2016年、2017年，给商都县特扶家庭每人每年500元抚慰金，共发放12.75万元。2017年，为特扶对象145人缴纳意外伤残死亡保险，遭受意外伤害导致伤残的给予1万元，遭受意外伤害导致死亡的给予5万元；同时缴纳住院护理补贴保险，因疾病住院每人每天报护理费100元，最多报销90天及900元。3月，为全县特殊人群145人全部在体检中心进行体检；9月，为每户发放价值700元的健康小药箱，并且启动紧急救援行动。还为6户当年失独家庭发放精神抚慰金6万元。

【新家庭计划实施】 2017年，承接新家庭计划工作，以创建幸福家庭、提高家庭发展能力为目标，实施新家庭计划。按照“十个一”建设标准投资25.5万元，精心打造都山街社区、祥和社区示范点。在社区设立亲子园、日间照料室等活动室，制作图板或展示墙，建设家庭文化大舞台；设立幸福家庭大讲堂；开展亲子教育、老年人日间照料、家庭健康教育等活动；印制新家庭计划·家庭发展能力建设之一《家庭保健与健康生活》、之二《科学育儿》、之三《老年人营养与膳食》知识宣传手册3万份。建立小豆豆早教中心科学育儿基地，13个社区设立亲子教育室。举办家庭科学育儿培训讲座15期，受培训人数达到1623人。特聘中国营养学会科普讲师李永繁授课，深入各乡镇、各社区开展“健康家庭行动系列巡讲进基层”活动26场，受益居民2040人；深入县直6所小学开展健康知识进校园科普讲座6期，受益师生800余人。以“健康家庭，营养先行”为主题的健康科普工作力争进校园、进社区、进机关、进企业，在中共十九大精神的正确指引下和健康扶贫的政策推动下，在全面建设小康社会的道路上，利用这一良好契机将健康知识送到千家万户，造福于百姓健康幸福家庭。

（供稿　赵晓慧）

法 治

政法委及综治

【概　况】 县委政法委内设机构：办公室、政治办、执法督察室。其中，综治办、防范办、维稳办与政法委合署办公。

【加强维稳工作构建“平安商都”】 2017年，政法委把维稳工作作为重中之重来落实，以“稳定是一切的基础、平安是一切的前提”为指导思想，以“打防结合，预防为主”为工作方针，切实履行“保一方稳定，促一方发展”的政治责任。全县共收集各类情报信息350余条，重大紧急情况预警率达到百分之百，定期上报市维稳办周研判28期，日报告96期，下发预警通知40余次。排查各类矛盾纠纷62件，化解55件。政法委负责重要节日、重大敏感节点期间全县维稳和安全保卫工作组织领导工作，制订工作方案，抽组人员成立维稳工作组，并严格安保督查工作。2017年，共出动警力2320人次、警车60台，检查车辆3.11万辆、人员9.17万人次，充分发挥“过滤网”和“桥头堡”的作用。对全县境内重点人员210人逐一排查，成功拦截各类重点人员27人，劝反危险品运输车50辆，查获吸毒人员1人，没收管制刀具10把。圆满完成全国两会、“自治区七十周年大型庆祝活动”和确保中共十九大胜利召开的安保工作，营造和谐稳定的社会环境，确保特防期全县社会稳定。年内，组织相关部门先后对商都县恒汇热电有限公司七台镇集中供热工程、七台镇污水工程雨污分流项目、七台镇新型城镇化建设项目等5项工程进行社会稳定风险评估，努力预防和减少因决策和处置不当引发的矛盾纠纷，取得良好社会效果。同时在提高评估质量上下功夫，切实防止评估走过场，真正发挥防范和化解风险的作用，最大限度地消除不稳定隐患。

【防范敌对势力渗透破坏】 县政法委防范办始终把“防范处理邪教工作无小事”的思想和“真抓实干才是硬道理”的理念深入贯彻到实际工作当中。全力抓好防范和处理邪教问题工作。认真贯彻落实自治区、市上级防范邪教部门的工作部署和要求，切实加大反邪教宣传教育工作力度。在全县积极开展反邪教宣传教育工作，建设反邪教“一橱一窗一室”载体、编排反邪教小品、发布崇尚科学抵制邪教倡议书、刊登反邪教宣传资料、印制宣传手册、悬挂横幅等方式在全县开展反邪教宣传教育活动。宣传活动中，共展出版面30余块，发放反邪教宣传资料及各类反邪教图书1万余册（份）。牵头组织对非法宗教和邪教人员的调查摸底和回访工作。抽组统战、民族、公安、国家安全保卫等部门人员组成联合调查组，对全县范围内非法宗教及涉邪人员进行排查摸底回访工作。与全县各村委会、社区签订帮教包保责任书120多份，详细掌握相关人员的基本情况及思想动态，巩固和拓展转化成果。

【社会矛盾排查化解】深入开展社会矛盾和隐患排查化解活动。组织动员全县综治、维稳力量进村入户，深入开展矛盾纠纷排查化解工作，及时发现苗头性、倾向性信访问题，采取有效措施及时就地化解，切实减少引发信访问题的各种因素。协调司法行政部门加强行业性、专业性调解组织建设，先后成立劳动仲裁法律援助工作点，道路交通事故人民调解委员会，医患纠纷调解委员会、环境保护纠纷调解委员会、物业管理纠纷调解委员会、法律援助工作站等调委会，进一步扩展行业性。

【技术视频防控网建设】2017年，县“平安城市”视频监控三期工程全部完成。共计投入1400万元，在视频监控薄弱的旧城区、棚户区改造区建设274个视频采集点，新增5套进出城卡口和5个电子警察，安装一体化智能相机36台，高清网络红外枪试摄像机421台。在中心广场制高点安装1台电子鹰眼，党政大楼对面、商业街中心区域制高点安装2台电子鹰眼相机，实施直观地掌握监控区域的治安动态。为提高居民住宅小区技防设施的运用，县综治办验收16个新竣工小区视频监控，确保新入住全部安装视频监控。

【县、乡、村三级中心建设】从2017年起，商都县总计投资50余万元，开展综治中心示范点建设工作。县综治中心负责受理分流涉法涉诉案件、开展信访当事人心理咨询、协调相关部门维护信访秩序、协调各部门加强联动配合，妥善有效地处置信访问题，积极推进社会治安综合治理各项措施的落实，指导下级综治中心开展工作。按照全市逐年实施、分步推进的要求，七台镇、十八顷镇建成高标准综治中心试点。负责接待、协调办理信访案件，组织社会矛盾、治安重点地区和突出治安问题排查整治工作，做好重点人员管控工作，组织开展综治和平安建设宣传活动，做好涉稳信息的收集和报送工作，开展治安防控，推进信息化建设，开展乡村平安创建，指导村级综治中心工作。村（社区）综治中心设在群众工作室，负责收集报送涉稳信息，化解辖区内的涉稳涉访矛盾纠纷，并按照要求做好辖区内治安管控、重点人员稳控以及反邪教等工作。完成乡镇综治中心交办的各项工作任务。

【重点人员管控】对全县638名工作对象和210名重点人员进行全面排查摸底，确保不漏管、不失控，该列管的及时列管，该撤管的及时撤管。坚决防止发生非正常越级上访。并定期组织91名在矫人员进行公共道德、法律常识等方面培训，增强在矫人员的法制观念、道德素质和悔罪自新意识。将全县66名重症精神病人全部录入重症精神病人管控平台，并对27名肇事肇祸精神病人落实管控措施，确保平时有人管、特殊时期专人管。

【打击整治行动】密切配合公安部门开展的震慑行动，组织社会治安集中排查整治专项行动，发动综治各成员单位、乡镇综治部门对重点部位、特殊行业、人员密集场所治安排查，通过开展对重点地区、部位和突出治安问题的排查活动，发现一批治安隐患，为开展震慑行动提供有力支持。年内，由综治办牵头2次抽组联合检查组对全县中小学及幼儿园进行联合检查，针对存在的问题，联合检查组对21所中小学共下发整改通知书19份106条，完成整改任务101条，整改率达96%，有力地维护校园及广大师生的安全。开展非煤矿山清理整顿工作。为巩固近年来全县非煤矿山的清理整顿成果，由县政法委牵头，国土资源局、安监局、环保局、电力公司、森林公安分局、矿山派出所等组成联合执法组，对全县范围内恢复生产的63家非煤矿山进行清理整顿工作，对51家无证生产企业全部进行关停，并且拆除生产设备。杜绝县境内私挖滥采的违法现象。积极协调、主动参与禁毒专项斗争、道路交通安全管理工作、惩治破坏森林资源违法犯罪工作、缉枪治爆专项行动、消防安全专项整治、强化监所管理、食品药品安全整治等一系列专项整治行动，有力地维护全县治安稳定。

【政法队伍建设】 2017年，政法委在全县政法系统中组织开展“忠诚、干净、担当”队伍政治专项活动和“加强和规范党内政治生活推进年”活动，进一步加强政法队伍建设，健全完善政法部门各项制度。（1）履行执法督察制度。年内政法委对政法系统的九个科、所、队、室工作进行督察。对各部门的10件重点案件进行评查，并对涉及案件的当事人进行约谈核实。对发现的3个问题，要求全部落实整改。（2）完善会议制度。进一步完善政法委员会会议制度、综治联合办公会议制度、书记办公会议制度、机关办公会议制度、“三会一课”制度等会议制度，及时掌握政法工作动态，不断增强工作的计划性、目的性，确保各项工作有计划、有部署、有检查、有落实，推动机关执行力的不断提升和各项工作的圆满完成。（3）规范学习制度。结合“忠诚、干净、担当”活动，明确每周一为干部集中学习时间，采取政治理论与业务学习相结合、自学与领学相结合、领导点题与个人选题相结合备课等方法，进一步强化机关学习，提升机关干部的综合能力，创建学习型机关。（4）规范推进制度。组织开展“加强和规范党内政治生活推进年”活动，组织实施采取“五个一”（一份清单、一个工作方案、一套工作制度、一本整改及问责台账、一套文字影像档案）的方式，精准查摆问题、精准制订方案、精准落实方案和精准考核评价四个阶段进行。在机关内部形成严肃党内政治生活的长效机制。（5）规范办公制度。着力从工作责任、考勤、办文规范、保密工作、印章管理和安全卫生等方面进行规范，使机关整体工作运转规范、富有活力，确保各项工作井然有序，工作效率得到提高。（6）在政法各部门开展集中整治“雁过拔毛”式腐败问题，进一步加强队伍建设，教育广大干警牢记党的宗旨，严守党的纪律，保持党的优良作风。加强廉政作风建设，建立清廉高效的政法队伍，警钟长鸣，防微杜渐，努力从源头上铲除滋生司法腐败的土壤。

【精准扶贫工作】 按照全县统一安排，组织干部下乡镇驻村、派驻第一书记到村任职，积极协调组织所包扶村完成精准扶贫的各项工作任务。并按照“帮扶到户、责任到人”的总体思路，精心编制田家卜子精准扶贫实施方案，确立贫困户主导产业，填写发放贫困户登记表、扶贫手册，贫困户脱贫计划，真正做到“有卡、有簿、有册、有档”，对贫困人口、贫困家庭实行信息化管理。并对识别出来的贫困户帮扶措施，通过分析致贫原因，对扶贫对象逐户确立帮扶项目，建立脱贫规划“明白卡”、台账，明确帮扶责任单位、帮扶人员。具体采取扶贫项目拉动、发展生产、就近务工等扶贫模式，集中力量予以扶持。

（供稿　丁　超）

法治政府建设

【概　况】 2017年，按照《乌兰察布市人民政府办公厅关于做好“放管服”改革情况自查工作的通知》要求，商都县主要进行“放管服”改革。

【简政放权】 商都县着力推进简政放权、放管结合、优化服务工作，进一步精简和下放行政审批权，规范审批环节，压缩审批时限，优化审批服务，提高审批质量和效率。非行政许可审批事项全部取消，并将“权责清单”向社会公开。2017年，县本级行政审批事项减少至56项，行政事业性收费项目减少至30项。

【商事制度改革】 商都县积极推进商事制度改革，把商事制度改革作为全面深化改革的“先手棋”和政府简政放权的“突破口”，2017年，率先在全市组建县级公共资源交易中心，政府采购、土地交易、国有产权交易等实现管办分离、集中交易。率先在全自治区开展“三证合一”“五证合一”“多证合一”和“一照一码”商事制度改革。

【权责清单制度】 按照《内蒙古自治区人民政府关于切实做好行政权力梳理工作的通知》和《乌兰察布市关于印发乌兰察布市开展行政权力梳理工作实施方案的通知》要求，商都县对35个行政执法单位进行权力梳理，并将权力清单向社会公布；在公布权力清单的基础上，再次对责任清单进行梳理，共梳理出10大类，并向社会公布，结合权力清单形成完整的权责清单体系，做到“有权必有责”“权责相一致”“权责受监督”。严格落实上级政府的决策部署，积极开展各项清单管理工作。在原有清单的基础上继续完善各类清单，严格把好清单管理关，确保各类清单不遗漏、不出错。

【事中事后监管】 落实全自治区商事制度改革、加强事中事后监管措施的电视电话会议精神，商都县专门召开企业信用信息共享与联合惩戒工作会议，签署《企业信用信息共享与联合惩戒备忘录》。全县在内蒙古自治区企业信用信息公示系统上报送行政许可信息315条，行政处罚信息6条。按照《乌兰察布市人民政府办公厅关于全面推行“双随机一公开”监管工作的通知》要求，及时推行“双随机一公开”监管制度，建立并公布“一单两库一细则”，并在工作中继续完善“市场主体名录库和执法人员名录库”。商都县工商质监部门对企业和农民专业合作社、个体工商户全部进行随机检查，并将检查结果及时上报。稳步推进企业信用信息公示工作，把企业、农民专业合作社和个体工商户年检制度改为年报公示制度。2017年，企业年报率达到91.3%，个体工商户年报率达到99.39%，专业合作社年报率达到90.97%。

【政府服务改进优化】 针对过去审批业务分散、群众办事“多头跑路”的问题，县政府召开专题会议研究，决定取消过去的“预约窗口”，全部设为常驻窗口，撤销部门的办事大厅，全部进驻政务服务大厅办理，对于部分业务量少的部门窗口整合为综合服务窗口。各单位的审批服务项目做到应进必进，着力提高行政许可服务集中率，切实解决“名进实不进”和“体外循环”的问题。共安排入驻49个部门、105人，进厅项目184项，其中行政许可项目56项、行政服务项目128项。在完成网上审批系统和电子监察系统建设、实现“外网申报、内网审批”的基础上，积极支持和推动各部门应用先进快捷的互联网技术为民服务。完成税务申报、缴费自助服务终端建设；为公安户籍业务配置身份证自助领取设备；设立“互联网服务窗口”为城乡居民提供就医挂号、航班查询、车票预订等各种网上便民服务。全面拓展三级便民服务体系的覆盖面。全县10个乡（镇）全部建成100平方米以上的便民服务中心，18个社区分别建成80平方米以上的便民服务站，劳动就业、社会保障、福利救助、计划生育、涉农补贴等惠民便民政策纳入基层服务机构办理。

（供稿　张树彬）

公　安

【概　况】 2017年，商都县公安局在职民警177人，离退休民警80人（其中离休1人、退休79人），地方事业编制人员289人，聘用人员25人。全局专项编制191人。在职民警中，副处级干部3人，正科级干部23人（三级警长3人、四级警长1人），副科级干部83人（一级警员17人、一般干部51人）。享受副科以上待遇干部占在职民警总数的71.8%，全局大专以上学历369人，占总人数的74.5%。

全局内设机构24个，政工监督室、纪检监察室、督查大队、指挥中心、警务保障室、情报中心、法制大队、国内安全保卫大队、治安管理大队、刑事犯罪侦查大队、禁毒大队、特警大队、基层基础工作科、经济犯罪侦查大队、网络安全保卫大队、出入境管理大队、安保特勤大队、校园安全保卫大队、城管治安大队、看守所、行政拘留所、反恐侦查大队、食品药品资源环境犯罪侦查大队、信访办公室。派出所21个：东都派出所、中都派出所、西都派出所、西坊子派出所、小海子派出所、十八顷派出所、大黑沙土派出所、玻璃忽镜派出所、三面井派出所、卯都派出所、屯垦队派出所、大南坊派出所、大拉子派出所、三虎地派出所、西井子派出所、格化司台派出所、大库伦派出所、矿山派出所、工业园区派出所、广兴建材派出所、小海子治安检查站。

2017年，商都县公安民警紧紧围绕全县工作大局，实现了优势工作保持领先，重点工作进步明显，单项工作争创特色，打、防、管、建整体工作名列全市前列。为维护全县社会稳定、服务经济社会发展、保障人民群众安居乐业做出了积极贡献。

【维护稳定】 立足网上、网下两个战场，全方位收集上报各类情报信息，查处非法宗教活动1起；大力开展网络舆情导控工作，关注涉稳微信群19个，巡查处置煽动性信息95条，落地查证43人，有效地预防网上负面舆情。全年处置包括“2·6”农民要地事件在内的群体性事件7起，依法刑事拘留9人，行政拘留37人，训诫56人次、谈话教育25人，有效地维护正常信访秩序。

【打击整治】 牢固树立“严打是公安工作主业”的理念，2017年，全县共立刑事案件405起，破案123起，破案率30.4%。其中，破获八类案件16起；破各类侵财性案件81起；抓获刑事作案人员72人，提请批准逮捕53人，移送审查起诉97人，同比分别上升12.5%、43.2%和59%，抓获在逃人员21人。共查处治安案件854起，其中查处涉赌涉黄案件230起，行政拘留86人，罚款362人。在惩治经济领域犯罪方面，立案11起，破案8起，抓获犯罪嫌疑人6人，挽回经济损失654万元。在惩治毒品犯罪方面，侦破各类毒品刑事案件11起，抓获犯罪嫌疑人18人，收缴各类毒品2437克；查处毒品行政案件141起，行政拘留168人，强制隔离戒毒54人，社区戒毒、康复36人。在惩治食药资环违法犯罪方面，加强与食药监、环保局等部门开展联合执法，破获食药资环刑事案件6起，查处行政违法案件45起，查封捣毁非法加工点、黑作坊6家。

【治安防控】 在建成全县“平安城市”视频监控系统一期、二期工程的基础上，投资1400万元建设三期工程，新增5个进出城卡口、5个电子警察、274个治安采集点共421个摄像机，制高点全景摄像机2台。在火车站、小海子公安检查站配备人脸识别系统2套，并在小海子公安检查站安装电子网络围栏1套。全面推行常态化和加强型网格化巡防模式，科学划分巡逻区域，优化防控力量布局，充分利用七台镇6个屯警点和火车站联勤点，推行交特警联勤联动和站地联勤联动模式，现场查控处置违法案件70余起次，社会面控制能力明显提升。

【基层基础设施建设】 投资450余万元对14个农村派出所和2个城镇派出所办公、生活用房进行修缮、改建、扩建，极大地改善基层民警的工作、生活环境。投资1900余万元新建看守所，从根本上解决看守所年久失修和超量关押的问题。投资60余万元升级物证保管室，实现物证保管专业化、规范化、智能化。积极筹措资金80余万元，采购各类警用装备743件（套），确保执勤民警的实战需求。

【公共安全】 深入开展“缉枪治爆”工作，查处涉枪涉爆行政案件2起，行政拘留3人，收缴各类枪支11支，军用子弹3279发，炸药250公斤，雷管259枚，各类炮弹、手榴弹10枚。深入推进散装汽油购销实名登记、异常情况报告制度。累计检查加油站435家，对3家违规单位进行停业整顿和限期整改。做好“保安全、保畅通、防事故”工作，查处各类交通违法行为6.5万余起，处理交通事故779起，行政拘留363人。加大消防安全检查力度，消防大队同辖区派出所对全县消防安全重点单位累计检查达2739家次，发现火灾隐患5274处，下发整改通知书2586家，全年未发生重大以上亡人火灾事故。

【规范执法】 建立网上考评与日常考评相结合的执法质量动态考评机制，全年网上考评各类刑事、行政案件517起；发布《案件公开情况通报》23期,《案件整改情况通报》8期。案卷评查271卷，提出整改意见1800余条，执法考评常态化促进了全局执法质量的大提升。深入开展刑事案件“两统一”（统一审核、统一入口出口）工作机制，与检察院召开联席会议，审核刑事逮捕案件26起50人，移送起诉案件50起90人。建立多元化执法培训机制，开展执法培训4次，参训民警420人次，组织77名民警参加各级执法资格考试。

【队伍管理】 开展“忠诚、干净、担当”专题整顿和“两学一做”学习教育常态化、制度化活动，全力抓好“三会一课”、主题党日活动和民主生活会，教育引导民警牢固树立“四个意识”，强化民警自觉学习、定期学习和常态学习的理念。持续深化从优待警工作，为全体民警、辅警安排体检，缴纳意外伤害保险，慰问烈士家属、离退休老干部、因公负伤及困难民警80人，进一步凝聚警心，提升队伍活力。

【脱贫攻坚工作】 全局包扶贫困户1052户2350人，帮扶民警遍布全县7个乡镇，并在大黑沙土镇派驻3个驻村第一书记和12支驻村工作队，通过宣传扶贫政策、脱贫计划、实施帮扶措施，进一步密切警民关系，树立公安机关的良好形象。

【重要事件】 1月3日，副市长，市公安局党委书记、局长宝音德力格深入商都县屯垦队镇顺城公司村和翟家村，慰问精准扶贫对接帮扶的8户贫困户，并送去慰问金。

1月10日上午，商都县公安局在农行大楼前开展以“公安110，为民保安宁”为主题的集中宣传活动。副县长、公安局局长王晓东，政委闫佩和公安局党委在家成员以及市局纪委副书记李龙全程参加宣传活动，并现场为群众发放宣传资料和解答疑难问题。

1月12日，商都县公安局接到群众匿名举报，称小海子镇向阳村池某家中藏有自制的土枪两把。接到举报后，局领导高度重视，周密部署安排，立即指派小海子派出所对举报线索进行进一步侦查。在派出所民警的说服教育下，池某本人将藏在家中的两把土枪主动交出，民警随即依法予以扣押，并给予违法人池某行政拘留十日的处罚。

1月13日上午，商都县公安局召开以“忠诚、干净、担当”为主题的整顿建设工作动员部署会。

1月17日，商都县公安局被政府信息化办公室评为2016年度政府网站信息报送先进单位，受到通报表彰。

1月17日下午，乌兰察布市政法委副书记、维稳办主任王少平一行在县委常委、政法委书记闫军，副县长、公安局局长王晓东，政委闫佩，政法委副书记徐建源的陪同下，一行先后深入商都县公安局指挥中心、城乡居民服务中心办证大厅、特警大队、指挥中心、中都派出所、交警大队、七台镇牧机路社区检查指导维稳及平安智慧城市视频监控建设情况。

1月18日下午，经商都县公安局提议，县委政法委同意，在政法委会议室召开公、检、法联席会议。会议由政法委书记闫军主持，副县长、公安局局长王晓东，公安局政委闫佩；检察院检察长吴德霖，副检察长谢力、赵云宙、师占军；法院副院长孙国平和政法委各副书记及公、检、法相关部门负责人参加会议。

1月19日上午，商都县公安局执法管理委员会召开2017年度第一次例会。

1月20日，春节即将到来之际，副县长，县公安局党委书记、局长王晓东，局党委副书记、政委闫佩一行，前往家中分别看望慰问离休老干部朱海龙，退休老干部冀应本、李茂春、赵瑞，患病民警苏秀全和遗属滑秀莲，并送上诚挚的问候和慰问金。

1月23日，商都县公安局召开2017年“震慑一号”暨“察哈尔10号战役”第一次集中统一行动动员部署会。局党委班子成员及各所队室负责人参加会议。会议由政委闫佩主持。

1月26日上午，商都县人大常委会主任叶旺一行代表县四大班子先后深入西都派出所、西坊子派出所、特警大队、中都派出所、指挥中心、刑警大队、拘留所、看守所、武警中队，慰问现役官兵和执勤民警，送上新春祝福，并分别向一线执勤民警和武警消防官兵送上慰问金和慰问品。

2月9日，在全市公安工作会议上，商都县公安局被乌兰察布市公安局评为2016年度“实绩突出公安局”荣誉称号。

2月10日，商都县公安局推出的“远程考勤”荣获全市公安机关“微改革、微创新”大赛二等奖。

2月24日，商都县公安局召开2017年全县公安工作暨党风廉政建设会议，全面回顾总结2016年公安工作和全局党风廉政建设工作，表彰2016年度先进集体和先进个人以及执法示范单位和优秀法制民警。

3月1日，为给全国两会创造安全稳定的社会环境，按照上级公安机关统一安排部署，根据当前全县维稳形势，商都县公安局在全县集中开展“震慑三号”暨“察哈尔11号战役”第一次“大排查、大检查、大清查”集中统一行动。该次行动，累计清查出租屋112家、旅店143家，检查党政机关企事业单位126家，水电油气重点单位43处，车站广场密集场所16处，发现火灾隐患9起，整改火灾隐患7起；设卡检查各类车辆683辆，检查盘查人员762人，查处违章停车、闯红灯等交通违法65起。查处涉毒案件2起；查处涉赌案件1起；破获刑事案件1起；查处治安案件3起，刑事拘留1人，行政拘留6人。

3月14日下午，市委书记艾丽华一行深入商都县小海子公安检查站督导全国两会安保工作。艾丽华一行对检查站的警力部署、安检装备器材、重点人员管控、监控设备运行等情况进行实地查看，详细查阅检查站车辆、人员登记情况以及重点人员排查情况，并询问执勤民警工作生活的安排情况，观看人证核查系统、人脸识别系统、车辆识别对比系统的应用情况。

3月15日下午，中共商都县委副书记张丰生，县纪委副书记、监察局局长高鸿，副县长、公安局局长王晓东一行深入商都县小海子公安检查站检查督导全国两会安保工作。

3月15日，商都县公安局指挥中心获自治区“三八红旗集体”荣誉称号。

3月29日上午，按照自治区公安厅和市公安局召开的公安机关集中整治“雁过拔毛”式腐败问题工作电视电话会议精神，商都县公安局召开集中整治“雁过拔毛”式腐败问题工作动员部署会，并安排部署“雁过拔毛”式腐败问题工作，参加会议的有局党委成员、各科所队负责人及局直所队全体民警，会议由局党委副书记、政委闫佩主持。

是日，为深入贯彻落实3月27日全自治区、全市危爆物品排查整治工作电视电话会议精神，结合正在开展的安全生产大检查工作，深刻吸取包头土默特右旗“3·25”爆炸事故教训，商都县公安局专门组织召开全县公安机关危爆物品安全大排查大整治专项行动工作会议，局党委成员，各所队主要负责人、民警参加会议，会议由局党委副书记、政委闫佩主持。

3月31日，商都县委第二考核组组长、组织部副部长盛留军，考核组副组长、组织部办公室主任郭志远等一行5人莅临商都县公安局，对2016年度县局领导班子和领导干部进行考核。考核大会由考核组组长、组织部副部长盛留军主持，局党委成员科级以上领导干部及部分科室民警参加大会。会议还对领导班子及领导干部进行民主测评。会后，考核组与局党委班子成员和科级以上领导干部进行谈话。

4月25日下午，乌兰察布市副市长，市公安局党委书记、局长宝音德力格尔，市公安局党委副书记、常务副局长张玺良一行深入商都县公安局大南坊子派出所检查指导工作。随后，副市长，市公安局党委书记、局长宝音德力格尔在商都县副县长、县公安局党委书记、局长王晓东陪同下深入商都县屯垦队镇顺城公司、翟家村，对包扶贫困户进行走访慰问。

4月26—27日，为确保“五一”节假日的治安稳定，进一步做好“一带一路”国际高峰论坛安保维稳工作，按照上级公安机关统一部署和有关要求，商都县公安局组织在全县范围内集中开展“震慑五号”集中统一行动，全面消除安全隐患，切实净化社会面治安环境。该次行动，共清查出租屋331家、旅店346家，检查党政机关企事业单位213家，水电油气重点单位118处，车站广场密集场所43处，发现火灾隐患22起，整改火灾隐患16起；设卡检查各类车辆1321辆，检查盘查人员1501人，查处违章停车、闯红灯等交通违法271起，查处酒驾6起、无保险1起、无证驾驶7起、准驾车型不符1起。查处涉毒案件1起，涉赌案件1起，破获2起刑事案件（深挖余罪破获盗窃案2起），抓获在逃人员2人，查处治安案件6起，刑事拘留3人，行政拘留9人。

5月4日上午，乌兰察布市公安局第六督导组副组长、反恐支队支队长李大伟带领市局治安支队副科长王文华、市局指挥中心副主任张喜东、市局办公室政务督办室主任王国红一行深入商都县公安局，对当前重点工作开展情况进行综合督导检查。

6月8日上午，乌兰察布市副市长，市公安局党委书记、局长宝音德力格尔，乌兰察布市人民检察院检察长孙建民，深入商都县监管场所检查指导安全管理工作。

6月26日上午9点，商都县禁毒委在七台镇祥和广场隆重举行以“把毒品涤荡，使青春飞扬，让草原更靓”为主题的“6·26”国际禁毒日大型禁毒宣传暨销毁毒品活动。县委常委、政法委书记闫军，副县长、县禁毒委第一副主任、公安局党委书记、公安局局长王晓东，县政协副主席、统战部部长任笑春，县禁毒委副主任、公安局政委闫佩及县禁毒委各成员单位领导，县交警大队、县公安局特警大队、东都派出所、中都派出所、西都派出所、经侦大队、国保大队、禁毒大队民警，县第二中学的学生方队及各界群众共计1000余人参加宣传活动。活动仪式由县禁毒委副主任、政法委副书记徐建源主持，闫军、王晓东分别讲话。

8月6—8日，内蒙古自治区成立70周年庆祝活动期间，为扎实推进全县治安卡口发挥好“防火墙”作用，有效地管控全县社会治安，维护首府地区社会稳定，商都县在各主干道设立的5个进出城治安卡口于8月6日全部启动一级警戒。8月8日上午，商都县委常委、县委办主任王再华，县委常委、宣传部部长熊威，县委常委、纪委书记李震，县委常委、政法委书记闫军，副县长、公安局局长王晓东及政府办、政法委相关领导，深入商都县各治安卡口督导检查安保维稳工作，看望维稳执勤民警及维稳工作人员。

10月4日上午，为确保国庆、中秋两节社会治安大局持续稳定，副市长、公安局党委书记、公安局局长宝音德力格尔在市公安局调研员孟志军，办公室负责人郭威的陪同下深入商都县督导检查国庆、中秋节安保工作，县委常委、政法委书记闫军，公安局党委委员、副局长郭震，党委委员、副局长、交警大队长杜永旺，党委委员、特警大队长赵永刚及相关所队负责人陪同。

10月11日，市公安局调研员孟志军、市局治安支队支队长梁翼、治安支队危管大队长张利国、办公室科员王国红一行深入商都县公安局督导检查中共十九大安保决战决胜阶段工作。

10月11日下午，商都县公安局召开中共十九大安保决战决胜阶段工作推进会。局党委成员、各科所队室负责人参加会议，会议由副县长、公安局党委书记、公安局局长王晓东主持。

10月16日下午，乌兰察布市委常委、纪委书记云春生，市纪委常委、秘书长、办公厅主任刘玮调研商都县公安局中共十九大安保及党风廉政建设工作。

10月17日，自治区公安厅党委委员、副厅长赵云辉率领第二督导检查组，深入商都县督导检查中共十九大安保工作开展情况。自治区公安厅指挥中心、治安总队、督察总队、警卫局等主要负责人，乌兰察布市副市长、市公安局党委书记、局长宝音德力格尔，孟志军调研员陪同督导。

12月13日下午，副市长、市公安局党委书记、局长洪赫颢，市政府法制办主任李晓帆、市政府应急办副主任李晋毅，市局党委委员、政治部主任王海英，在市局办公室副主任郭威陪同下，深入商都县公安局调研指导工作。

【荣　誉】 商都县公安局获全国优秀公安基层单位荣誉称号，获嘉奖一次。特警大队获全区五四红旗团支部、全区公安机关执法示范单位荣誉称号。治安大队、检查站立集体三等功。郭生军、张旭东分别立三等功，赵永刚、双小军分别获嘉奖一次。

（供稿　傅雅然）

交　警

【概　况】 商都县交警大队共设公路巡逻中队4个（三面井中队、小海子中队、屯垦队中队、七台服务站）、城镇中队1个、事故中队1个、车管所1个、指挥中心1个、法制宣传中队1个、综合办公室1个，共计10个部门。大队实有警力64人，其中正式干警18人（平均年龄50周岁）、辅警25人，借用公安局事业编人员21人。

【交通违法行为查处】 大队全年查处交通违法行为6.5万起，其中一般程序交通违法731起，无证驾驶466起，酒驾256起，伪造变造机动车驾驶证4起，暂扣期间驾驶机动车4人，吊销期间驾驶机动车6人，准驾不符39起，擅自改变机动车车外形6起，公交车超员5起，货车载人7起，行政拘留363人，立刑事案件13起，采集指纹929条、DNA 930人。

【交通事故处置】 2017年，商都大队接处警779起，一般程序事故172起，简易程序事故390起；人民司法调解处理157起；快处快赔处理29起，互联网快处系统（交管“12123”）处理31起，共受伤168人，死亡事故16起，死亡17人。

【安全标志设置】 2017年，在城区重点道路设置安全标志牌40块，禁停标志36块，规划停车泊位1453个，安装减速带520米，护栏4350米，翻新路面8万平方米，整改交通信号灯18处，新增9处，重新施划标线26公里，城镇交通安全设施建设取得新成绩。

【机动车交通管理】 大队大力推进车管所等级化创建活动，经支队批准，2017年，开设驾驶人科目一考试，参加开始人数达到714人，合格536人。机动车注册登记1161人，驾驶人审验1008人，互联网面签4803人，按照车管所等级化创建活动的工作要求，全面推进各项创建措施的落实。

七台古驿交通安全服务站在交通安全管理中发挥作用，2017年，依托缉查布控系统开展集中整治，成功拦截预警车辆120余台，破获逃逸案件9起，逃逸案件破案率达100%，查处酒驾25起，毒驾3起，开展宣传教育5次，对250人次开展安全提示。

【重要事件】 3月28日起，商都大队在全大队组织开展“雁过拔毛”腐败问题专项整治工作，并制订专项整治方案。

2017年，大队完成213个劝导站并全部挂牌，劝导员工426人。

年内，全大队投入宣传经费33万元，利用新旧媒体，多种宣传形式手段，认真开展春运、国庆节、中秋节、中共十九大、“12·2”全国交通安全等主题宣传活动等19次，发放宣传资料3.4万份，发布微信680条，微博240条，短信4300条。全年在各级报刊刊登稿件163篇，其中市级报纸刊登61篇、自治区级刊登72篇,《人民公安报》刊登2篇，大队自办的《商都交警视窗》宣传刊发行12期、6000份，发放社会各界，发挥良好作用。

年内，大队城镇中队新建活动房屋1间36平方米；自购警车4辆。

【荣　誉】 1月，杜永旺被市公安局交警支队评为“全市交警系统2016年度忠党爱国先锋”。

1月，商都县交警大队被乌兰察布市公安局交警支队委员会评为“2016年度农牧区交通管理工作先进单位”。

2月21日，樊强被乌兰察布市公安局授予2016年下半年全市公安机关个人嘉奖一次，奖励2000元。

2月，商都县交警大队被全市道路交通安全工作领导小组评为“2016年度全市道路交通安全工作先进集体”。

是月，董志亮被全市道路交通安全工作领导小组评为“2016年度全市道路交通安全工作先进个人”。

4月，杜永旺被乌兰察布市人民政府评为“2017年乌兰察布市劳动模范和先进工作者”。

7月，李娟、康保印被评为“2017年度优秀共产党员”。

10月27日，商都县交警大队被乌兰察布市公安局授予党的十九大安保工作集体三等功。王伟、张卫东被乌兰察布市公安局评为“党的十九大安保工作先进工作者”。

年内，商都县交警大队党支部被中共乌兰察布市公安局交警支队委员会评为“基层示范党支部”。商都县交警大队党支部被中共乌兰察布市公安局党委评为“优秀党支部”。

何立志、康保印、王卫平、冯建军、王晓东、赵毅、刘剑、张鹏飞、张勇被中共乌兰察布市公安局交警支队委员会评为“2016年度先进工作者”。

冀刚、李学琴、李娟被市公安局评为“2016年度优秀公务员”。

（供稿　杨万林）

消　防

【概　况】 商都县公安消防大队下设2个消防中队。大队共有官兵31人，干部8人，战士23人。有执勤消防车7台（水罐、泡沫消防车4台，抢险救援车1台，25吨重型水罐消防车1台，登高平台车1台），总载水量53吨，载泡沫量2吨。

【执勤战备】 大队党委从实际出发，不断完善各项管理制度，坚持从严治警，加强安全教育、健全安全组织、落实安全责任、执行安全制度，切实把人员管住、把车辆管死、把目标管牢。全年未发生任何违法违纪问题和责任事故。中队制定士兵量化考评机制，从一日生活制度落实入手，从点滴做起抓养成，不断推进部队正规化建设。大队、中队共组织各类考试20次，撰写心得体会和剖析材料50余份。重点整治士兵擅自使用手机、“两床被”、不假外出、骨干作用差等问题。大队严格落实周二、周四演练日制度，积极组织开展“六熟悉”（熟悉消防队责任区的交通道路、水源情况，熟悉重点单位的分类、数量及分布情况，熟悉主要灾害事故处置对策及基本程序，熟悉重点单位建筑物使用及重点部位情况，熟悉重点单位内部的消防设施情况，熟悉重点单位的消防组织及其灭火救援任务分工情况）和实战演练，提高部队实战能力。2017年，大中队共开展重点单位实战演练和“六熟悉”192次，修订灭火救援预案83份。全县共接警出动108次，出动车辆231辆次，出动警力895人次，抢救被困人员11人，疏散人员299人，抢救财产价值371.8万元。其中发生火灾事故94起，抢险救援和社会救助14次，无人员伤亡。成功完成处置“4·22”十八顷镇东营子村、小海子镇向阳村、“11·20”废品收购站火灾等任务，并成功处置多起抢险救援事故，完成各类大型活动的执勤安保任务。

【政治教育】 政治教育常抓不懈。（1）高举一面旗，充分发挥党员的先锋模范作用。一是“一个支部一个堡垒”，发挥党组织的战斗堡垒作用。旗帜鲜明地抓建设，遵循党对军队的绝对领导，以党的纲领、方针、政策组织指导部队全面建设的能力。二是“一个党员一面旗帜”，发挥党员的模范作用。大队设立“党员先锋岗”“党员示范班”“党员红旗车”，严格对党员实施量化考评，不断提高党员的先锋模范作用。（2）抓住“一条线”，充分发挥教育的思想引领作用。一是抓住教育主线，正反“双到位”。通过开展一系列主题教育学习活动和谈心活动，建立“官兵思想档案”，提高官兵的政治热情。二是抓住实践主线，分路“三股劲”。党员有干劲，定期开好思想分析会，充分发挥骨干带头作用；管理有巧劲，针对官兵思想，“一对一”沟通了解，及时发现、解决问题；发展有后劲，以讨论式学习、红门观影等多元化的教育方式充分激发官兵的奉献热情。（3）丰富“一个家”，充分发挥警营的暖心聚力作用。一是活动“多味”。节假日期间，大队组织丰富多彩的娱乐竞赛活动并给予相应的奖励。二是环境“变样”。大队组织对软件进行归档，新购置一批俱乐部器材，建设党建和廉政文化长廊。三是官兵“充电”。加强与地方单位的联系，积极组织官兵参加各种技能培训。

【后勤保障】 预算经费保障落实到位。2017年，大队积极争取地方党政机关和有关部门的支持，提高政府对消防的经费投入。大队预算经费达到450万元。营房建设和改造成果显著。一是开展明厨亮灶工作，改造厨房及其附属设施；二是新建军人俱乐部、体能训练室和党建廉政长廊，体能训练馆也已投入使用；三是新种植各类树苗，对院内进行绿化；四是新改建大队办公室、学习室、档案室和被装库等功能库室。装备保障建设再上新高。大队筹措资金180万元，新购置1辆25吨重型水罐消防车，1辆抢险救援车和1辆皮卡车；同时，大队还采购价值近38万元的个人防护装备和灭火救援器材，购置一台价值15.8万元的充气泵，投资近12万元购置4G单兵、4G布控球、数字对讲机等通信设备，全面提高后勤保障能力。

【防火监督】 2017年，大队深入推进“今冬明春火灾防控”和“夏季消防大检查”两大活动，并重点开展一系列专项整治活动，全县消防安全环境不断向好发展。（1）消防基层基础建设再上新台阶。市政消火栓建设任务全部完成，新建市政消火栓29个、消防水鹤3个，全县共有消火栓167个、消防水鹤3个。在新建养老机构、幼儿园和快递企业推广独立式感烟探测器安装，已安装400余个。（2）社会面火灾防控工作推进有力。对全县9家高层建筑开展巡查，发现问题隐患24处，当场责令整改5处，临时查封1家，开展宣传培训2次，向主管单位和部门通报情况3次；全县20个社区全部建成微型消防站，建成率达到100%。由县综治办牵头，行业部门配合，对棚户区、出租屋、“三合一”和九小场所开展大排查大整治，整治一批火灾隐患和消防违法行为。（3）消防监督检查和消防宣传培训工作开展扎实。2017

年，大队共出动监督检查人数5483次，检查单位2739家，发现火灾隐患或违法行为5274处，整改火灾隐患5239处，下发责令改正通知书2586份，下发行政处罚决定书78份，下发临时查封决定书35份，责令“三停”单位22家，罚款47.7万元。大队微信新增注册人数1800人，发布信息235条，微博发布信息752条，户外LED播放宣传资料600余次，发放宣传单2000余份。严格落实派出所指导日制度，举办讲座1次，实地指导5次。先后深入机关、企业、学校、医院、社区等各类单位、场所开展消防安全培训11次，培训人数1000余人。在公园、商业区和集商公路设置3个大型宣传图板；县消防科普教育基地建成。（4）圆满完成各项重大活动安保工作。大队克服任务重、人手少的困难，采取广泛发动、主抓重点、兼顾一般的工作措施，圆满完成各项安保期间的任务，火灾形势稳定。尤其是在中共十九大安保期间，大队在3个月的攻坚战中，以高度的政治责任心和历史使命感，恪尽职守，所有执法指标较2016年同期全部上升5%以上。

（供稿　李勇强）

检　察

【概　况】 商都县人民检察院有内设机构14个，派出机构4个。内设机构分别是办公室、政工科、侦查监督科、公诉科、反贪污贿赂局、反渎职侵权局、监所检察科、控告申诉检察科、民事行政检察科、职务犯罪预防局、检察技术科、法律政策研究室、案件管理办公室、法警大队。派出机构分别是小海子检察室、屯垦队检察室、玻璃忽镜检察室、卯都检察室。全院核定编制数54人（其中行政编制46人、事业编制8人），实有人数51人［其中行政编制43人（其中缺编3人）；事业编制8人］。

【刑事犯罪惩治】 充分履行批捕、起诉职责，全面贯彻宽严相济刑事政策，依法严厉惩治刑事犯罪。全年共受理提请批准逮捕案件46件68人，经审查批准逮捕42件63人；受理移送审查起诉的各类刑事案件123件162人，经审查提起公诉117件151人，正在审查3件4人，报送市人民检察院3件7人。对涉嫌犯罪但无逮捕必要的，依法决定不批捕5件6人。综合运用刑事和解、检调对接等手段，全力化解社会矛盾，构建法律文书说理机制，对案件加强释法说理。深化未成年人权益保护，落实涉罪未成年人帮教、矫正和监管工作，共办理未成年人犯罪案件4件9人，开展社会调查9次。对付某等冲击国家机关案、田某等非法集会案件，均指定专人，适时介入指导侦查，有效地震慑犯罪。

【职务犯罪惩治和预防】 坚决贯彻中共中央关于反腐败斗争的决策部署，切实履行政治责任和法律职责。2017年，共立案侦查职务犯罪案件7件12人，其中贪污贿赂犯罪6件9人、渎职侵权犯罪1件3人（其中处级干部1人），均侦查终结并已提起公诉。充分发挥派驻乡镇检察室作用，在屯垦队镇建立易地扶贫搬迁工作检察服务站，在大库伦乡建立120延长米的易地扶贫搬迁预防职务犯罪警示教育长廊，开展预防宣讲16场次，教育干部群众3000多人次，发放宣传资料3200余份，抽查易地搬迁项目村16个。受理行贿犯罪档案查询558次。

【诉讼监督强化】 坚持惩治犯罪与保障人权并重、实体公正与程序公正，将日常监督和专项监督相结合，保持监督韧劲。共办理侦查活动监督案件3件，共发出书面纠正违法通知书3份，均得到及时回复与整改；适时介入引导侦查案件9件并提出引导侦查意见，均被采纳。控告申诉检察积极排查化解社会矛盾，稳妥处理各种来信来访，共受理控告、申诉、举报线索76件，全部进行初核和分流。监所检察进一步强化刑罚执行和监管活动的监督，共办理羁押必要性审查案件5

件，发出变更强制措施建议5份，均被采纳；深化社区矫正监督，建议收监执行1人，已被采纳；对监管机关执法活动和社区矫正工作中存在的问题发出检察建议和纠正违法通知书共计32份，全部得到及时回复与整改。民事行政检察不断强化民事和行政诉讼监督，办理民事行政案件33件，发出检察建议33份，全部得到回复与整改。

【队伍建设及专题教育活动】 切实加强思想政治建设。严格按照县委和上级检察院的要求，扎实开展“两学一做”学习教育、以“忠诚、干净、担当”为主题的整顿建设专项行动和检察机关开展的精细化管理活动等，认真学习贯彻中共十八大、中共十九大以及习近平总书记系列重要讲话精神，专门邀请县委党校宣讲团解读会议报告和精神。学做结合，全体干警党性觉悟进一步提高，政治意识、大局意识进一步增强。切实加强领导班子建设。坚持民主集中制和批评与自我批评，通过各种形式广泛征求意见和建议，不断加强和改进法律监督工作。坚持每月一次党组中心组学习，健全领导干部廉政档案。班子成员遵循集体领导和个人分工相结合的原则，能够真诚相待，开诚布公，相互支持，密切协作，尽心尽职地履行职责。切实提高干警能力素质。加快高层次、复合型人才的培养，加大教育培训和岗位练兵力度，搭建“传、帮、带、练”人才培育模式，落实实训练兵、业务竞赛等人才培养举措。积极鼓励干警参加司法考试、岗位培训、技能比赛等，从时间和物质上给予支持。进一步强化机关党建工作。形成以机关党支部为中心，党务干部为骨干，党务工作为支点的新的党建工作格局；扎实开展每月一次的丰富多彩的主题党日活动。

【精准扶贫工作】 围绕县委精准扶贫攻坚战略，选派5名干警担任扶贫村党支部第一书记和驻村工作队队长，48名干警担任“一对一”帮扶责任人，认真梳理每个贫困户的致贫原因，制订切实可行的帮扶方案，真正做到“一户一策”精准扶贫。组织全院干警开展慰问帮扶活动，累计为贫困村捐款10万余元；积极协调水利、电力部门为三洼村解决人、畜安全饮水，农田灌溉和电力设备不完善等问题。竭尽所能为扶贫对象提供帮助，为帮助他们早日脱贫尽心尽力尽责。

【信息化建设】 进一步强化科技手段在执法办案、队伍建设中的应用。积极打造设施先进，功能齐全的现代化“检委会会议系统”。积极推进网上统一业务系统的应用，严格规范网上办案流程操作。推进检务公开信息化建设，建立检察门户网站、检察“两微一端”平台，为人民群众及时准确提供检察信息。通过延伸案件信息公开工作，拓展检务公开内容，完善检务公开形式，2017年，共导出案件程序性信息225条，发布重要案件信息14条，公开法律文书67份。

【检察开放日活动】 坚持党对检察工作的领导，适时向县委汇报检察工作重大部署、重大案件和重要情况，取得领导和支持，确保党的路线方针政策在检察工作中不折不扣地贯彻执行。认真落实《中华人民共和国各级人民代表大会常务委员会监督法》（以下简称《监督法》），自觉接受人大及其常委会的法律监督和政协的民主监督，及时通报检察工作情况。不断加强与人大代表、政协委员的联系，2017年，共开展代表委员联络活动12次，“检察开放日”活动邀请人大代表、政协委员、新闻媒体和社会各界人士视察检察工作，进行座谈并征求意见和建议，大大促进与人大代表、政协委员的沟通，深化检察宣传工作，增强检察工作的透明度、公正性和亲和力，从而使对检察工作的监督更加具体。

【党风廉政建设】 司法改革以来，参照上级院制定的绩效考核实施细则，专门制定检察院《绩效考核实施细则》，制订落实“两个责任”实施办法。院党组定期召开党风廉政建设专题会议，研究部署党风廉政建设工作，不断强化党风廉政建设主体责任和监督责任。纪检监察部门在工作中不断总结和探索，健全常抓不懈的廉政教育机制，真正用铁的纪律规范好检察人员的各种行为。通过邀请县党校教师讲授党课、领导班子成员轮流讲党课、开展各类党纪党规学习教育活动等，努力营造风清气正、干事创业的良好氛围。大力推进信息化建设，加强队伍管理，构建案管抓业务、纪检抓作风、办公室抓行政、政工抓队伍“四位一体”督查体系，继续保持干警零违纪、案件零差错。

【重要事件】 1月17日，检察院深入开展以“忠诚、干净、担当”为主题整顿建设专项活动，至12月底结束。

1月23日，商都县十八顷镇胡家村村干部，代表村民分别向商都县人民检察院和商都县人民检察院干警驻村第一书记赠送题有“扶贫助困，造福乡里”和“尽忠职守，为民服务”的锦旗，感谢商都县人民检察院和驻村干部贾海涛驻村任职以来所做的务实工作。

3月20日，自治区人民检察院案管主任郝建平莅临商都县人民检察院调研指导工作。就当前案件管理工作的主要情况以及《全国检察机关统一业务应用系统适应司法责任制改革升级完善需求报告（征求意见稿）》的意见及建议进行调研。

3月29日，市人民检察院党组书记、检察长孙建民一行5人组成的工作组莅临商都县人民检察院调研指导工作。围绕“八化”（执法规范化标准化、队伍专业化职业化、管理科学化信息化、保障现代化实用化）建设、创新创优项目建设、落实《绩效考核实施细则》、精细化管理、科技强检示范院创建、落实司法责任制以及贯彻落实全市检察工作会议精神共七项重点工作的开展情况，以干警大会、座谈会等形式指导调研。

4月18日，自治区人民检察院民行处副处长张蒙臣一行3人到商都县人民检察院检查指导工作。市人民检察院民行处处长梁建军陪同。

5月3日，自治区人民检察院预防处处长祁建华深入商都县，专题调研指导第一批重点易地扶贫搬迁预防监督项目挂牌督办工作。市人民检察院副检察长马世和、预防处处长刘长海陪同。

5月26日，商都县人民检察院开展“防治校园欺凌，护航未成年人成长”为主题的“检察开放日”活动。邀请县人大代表、政协委员、人民监督员、教育局、妇联、新闻媒体、师生代表等40余人参加。

6月8日，市人民检察院党组书记、检察长孙建民，市公安局党委书记、局长宝音德力格尔一行在县公安局党委书记、局长王晓东等有关领导的陪同下，深入商都县监管场所检查指导安全管理工作。

6月8日，兴安盟科右中旗人民检察院副检察长呼和带领该院反渎局、预防局及该旗扶贫办负责人到商都县人民检察院参观考察易地扶贫搬迁预防职务犯罪工作。

6月26日，河北省张家口市发改委、检察院、扶贫办三家联合组织相关工作人员到商都县人民检察院就易地扶贫搬迁预防监督项目挂牌督办工作考察学习。

6月27—28日，由市政法委综治办、市人民检察院、市人民法院、市公安局、市司法局五部门组成的联合检查组，对商都县范围内监外执行罪犯的执行情况和社区矫正情况全面检查。

7月13日，最高人民检察院反贪总局四局副局长肖中扬一行3人，深入商都县人民检察院调研指导易地扶贫搬迁预防职务犯罪工作。自治区人民检察院副检察长杨卫平，反贪局三处处长祁建华、副处长董艳丽，自治区公安厅反恐总队政委、派驻商都县扶贫督导组组长宋国义，乌兰察布市人民政府副市长张军，市人民检察院检察长孙建民、副检察长马世和，县委副书记、县长曹凯宏，县委副书记张丰生陪同。赤峰市人民检察院、兴安盟检察分院职务预防处主要负责人参加座谈会。

7月27日，全市预防扶贫领域职务犯罪工作现场会在商都县人民检察院召开。市人民检察院党组成员、副检察长马世和，办公室主任乔树平，预防局局长刘长海，预防局工作人员以及各旗县市区人民检察院检察长、分管预防工作副检察长，预防部门主要负责人参加。县委书记靳前斌、县政法委书记闫军出席会议。

10月20日，全市检察机关换届工作正式启动。商都县人民检察院党组书记、检察长吴德霖调至集宁区人民检察院任职。

10月25日，察右后旗人民检察院党组书记、检察长安世杰调至商都县人民检察院，任党组书记；2018年2月1日，任商都县人民检察院检察长。

11月8日，由乌兰察布市人民检察院监所处、市司法局社区矫正执法支队、市公安局监管支队等共同组成的专项检查组，由市人民检察院监所处副处长冯智飞带队，深入商都县对刑事执行领域清查事故隐患安全防范工作督导检查。

12月5日，县委宣讲团到商都县人民检察院宣讲解读中共十九大报告及中共十九大精神。

12月19日，商都县人民检察院10名检察干警转隶至商都县纪检监察委，商都县人民检察院领导班子及全体干警为转隶人员光荣赴任举行欢送会，并邀请县委常委、纪检委书记、监察委员会主任李震，纪检委副书记高鸿、郭冬云出席。10名干警中，有4名员额检察官，4名检察官助理，2名事业工作人员。

【荣 誉】 商都县人民检察院被市人民检察院评为2017年度先进基层检察院。办公室立市人民检察院集体三等功；侯彬立市人民检察院个人三等功；那仁图雅在民族团结进步事业中做出突出贡献，被评为全市民族团结进步模范个人；郭佳丁获全市首届公务员法律知识竞赛一等奖，被自治区评为全区公务员法律知识竞赛“优秀选手”；郑飞龙获全市“忠诚、干净、担当”演讲比赛三等奖。

（供稿 那仁图雅）

法 院

【概 况】 商都县人民法院设民事一庭、民事二庭、刑事庭、行政庭、执行局、法警大队、立案庭、玻璃忽镜法庭、屯垦队法庭、西坊子法庭、格化司台法庭、十八顷法庭、研究室、政工科、审管办、审监庭、办公室、监察科18个机构和机关事务管理中心1个。核定各类人员编制78人，聘用人员42人。

2017年，商都县人民法院深入贯彻落实中共十八大和中共十八届历次全会及中央政法工作会议精神，深入学习贯彻习近平总书记系列重要讲话精神，紧紧围绕“努力让人民群众在每一个司法案件中都感受到公平正义”的目标，牢牢把握“司法为民、公正司法”这一主线，扎实做好法院各项工作，成绩稳步提高，取得自治区级精神文明单位、全区法院司法保障工作先进单位等荣誉称号，法院绩效考核指标完成情况年年提升，在2017年上半年全区法院绩效考评中，获得全区法院综合排名第一的好成绩，为全县经济社会发展创造了良好环境。

2017年，全院全年共受理各类案件1697件，审（执）结案件1459件，结案率88%，绩效考核排名全市第一。全年共受理刑事案件121件，审结102件，给予刑事处罚114人；受理各类民商事案件1149件，审结996件，撤诉222件，调解305件，判决451件，其他方式结案18件，结案率87%，民事案件调撤率52%；受理行政案件1件，判决1件；受理各类执行案件426件，执结363件，执行金额1.3亿元。

【刑事案件受理】 全年共受理刑事案件121件，审结102件，给予刑事处罚114人。全年共判处危害公共安全类犯罪49件49人，破坏社会主义市场经济类犯罪6件10人，侵犯公民人身权利类犯罪10件11人，侵犯财产类犯罪20件35人，妨害社会管理秩序类犯罪12件13人，贪污贿赂类犯罪4件5人，渎职类犯罪1件3人，有力地惩治犯罪，维护社会安定。坚持尊重和保障人权，恪守罪刑法定、证据裁判、疑罪从无原则，全年共有2案3人免予刑事处罚。坚持以审判为中心，严格非法证据排除，严格执行证人、鉴定人出庭制度。全年有2案1名证人、1名鉴定人出庭作证。加强青少年审判工作，突出教育挽救原则，全年共审理2案9名未成年人。全面加强量刑规范化建设，规范法官的自由裁量权，使每个案件都得到公正、准确的裁判，有效地解决“同案不同判”的问题。尊重和保障律师依法履职，建立机制充分保障律师辩护权利和查询、查阅案件材料的权利等，规范法官与律师之间良性互动的关系，提高审理案件的质量和效率。

【民商事案件受理】 全年共受理各类民商事案件1146件，审结993件，撤诉222件，调解305件，判决448件，其他方式结案18件，结案率87%，民事案件调撤率52%。婚姻家庭、抚养、赡养、邻里纠纷案件313件，经济合同等类型案件589件，劳动报酬、权属、物权纠纷、医疗赔偿、侵权案件244件。

【行政案件受理】 全年受理行政案件1件，判决1件。

【执行案件受理】 全年受理各类执行案件426件，执结363件，执行金额11亿元。自2016年开始，全国四级法院统一严抓执行工作，县人民法院加大执行力度，向执行难全面宣战。（1）开展执行专项行动，在全区法院开展的“草原风暴”执行活动、全市法院开展的“霸王行动”和“秋风行动”执行活动中，县人民法院全力以赴，狠抓各项措施的具体落实，确保系列活动取得显著成效。（2）增强执行软硬件建设，建成具备网络查控、远程指挥、快速反应、信息公开等功能的执行指挥中心，利用信息技术助力执行工作。（3）加大执行震慑力度，用足用好拘留、罚款、限制高消费、限制出境等有效措施。进一步加强执行网络查控工作，拓展查控范围，已与全国21家银行及工商、车管等部门联网，实现网络查控；建立失信被执行人名单制度，通过媒体公开，公布失信被执行人50人；加大惩戒力度，2017年，共对11名被执行人采取拘留措施。（4）加强对执行工作的宣传，与县电视台、报社合作，对执行工作及时报道，制作执行工作宣传片在电视台播出。

【立案登记制改革】 进一步解决立案难问题。变审查立案为登记立案，对依法应当受理的案件，做到有案必立、有诉必理，基本解决立案难问题，为人民群众依法维护自身权益敞开大门。加强立案监督，杜绝有案不立、拖延立案、年底不收案等现象，加大改革督察力度，坚决制止另设条件限制立案做法。简化立案程序，加强繁简分流，依法适用简易程序、小额诉讼程序、刑事案件速裁程序，减轻群众诉累。配合立案登记制改革，推进网上申诉信访工作，实行律师参与化解和代理涉诉信访案件。

【人民陪审员制度改革】 进一步加强司法民主。新选任38名人民陪审员，圆满地完成人民陪审员“倍增计划”，完善陪审员参审机制，通过网络进行随机抽选，推行大合议制等举措，更好地发挥陪审员作用。

【法官员额制改革】 按照中央司法体制改革的总体部署，建立和完善司法人员分类管理制度，将法院工作人员分为法官、司法辅助人员和司法行政人员三类，各类人员各司其职、各负其责，其中核心的内容是法官员额制改革。县人民法院首批员额内法官选任工作圆满完成，从具有报名资质的36名法官中，遴选出21名法官入额，对于未入额的法官，转入司法辅助岗位，实现把最优秀的人才配置到办案一线，进一步提升审判质量和效率。

【司法责任制开启】 开启全新审判模式。按照以员额法官为核心，法官助理、书记员分工协作、紧密配合的专业化审判团队构建模式，结合法院工作实际，组建7个新型审判团队。审判团队建立后，员额法官按照新的审判权运行机制，主持庭审、合议、撰写及签发法律文书。深入落实“让审理者裁判、由裁判者负责”的改革要求，积极推进以审判为中心的诉讼制度改革，提高证人出庭率、律师辩护率。打造亮点工作，出台司法体制改革试行制度和个人业绩档案制度雏形，该项工作走在全市法院系统前列。

【司法公开建设】 以公开促公正。每季度面向公众媒体召开一次新闻通报会，通报审判动态。实时更新法院官网、微博、微信和今日头条等官方平台内容。健全审判流程、裁判文书、执行信息三大公开平台建设，在审判流程平台公布案件流程，在中国裁判文书网公布434件裁判文书，在执行公开平台公开执行案件信息，方便当事人随时查询案件进展情况。加强庭审公开，在法院门外设置LED大屏幕宣传普法，方便群众监督，下一步将配套庭审直播程序。加快建设智慧型法院，依托全国法院“一张网”，强化信息平台应用，推进电子卷宗录入、庭审语音识别、审判智能服务等科技系统与办公办案平台融合，提升信息化建设水平，促进公正司法。2018年，将继续开展电子送达、微信送达等送达制度改革，用科技智慧便民利民。

【党建工作】 法院始终将党的建设工作放在重要位置，以党建带队伍、促审判，认真落实“一把手”抓党建责任制，建立完善党建工作机制。牢牢坚持党的领导，深入学习贯彻中共十八届历次全会精神，坚决维护以习近平同志为核心的中共中央权威，严肃党内政治生活，加强党内监督。坚定社会主义法治信仰。在群众路线教育实践活动中，集中开展大走访大服务活动；结合实际查找“四风”问题，以整风精神开展批评与自我批评；落实“四个注重”，确保“三严三实”专题教育活动落到实处；把积极开展“两学一做”学习教育作为队伍建设的龙头任务抓紧抓好；着力开展“忠诚、干净、担当”专题教育活动和“加强和规范党内政治生活推进年”活动。建立党建展览室，将系列活动成果全面展出，每月开展院长讲党课活动，深入包扶的贫困村开展主题党日活动。干警写读书笔记78本，心得体会156篇。

【领导班子建设】 牢固树立政治意识、大局意识、核心意识和看齐意识，始终把讲政治作为第一位要求，严守党的政治纪律、组织纪律和政治规矩。党组切实履行好主体责任，党组书记切实履行好第一责任人职责。纪检监察部门进一步深化转职能、转方式、转作风，强化执纪监督问责。严格落实“一岗双责”，做到廉政建设和业务工作同部署、同研究、同落实，确保案件不出问题，业务不出问题，队伍不出问题。

【司法能力建设】 按照上级法院要求，切实抓好多层次法律人才的教育培训，特别是加强对新出台法律、法规、司法解释和信息化技术应用的培训，不断提高广大法官的公正司法能力、维稳能力、做群众工作能力和应用现代信息技术的能力。全年集中组织开展各类培训420人次，参加上级法院各类培训12人次。

【廉政作风建设】 深入学习贯彻《中国共产党廉洁自律准则》和《中国共产党纪律处分条例》等党纪法规，把警示学习教育纳入党组中心组、各支部日常学习活动中，纳入法官教育培训大纲。开展警示教育3次，进行廉政约谈78人次，开展审务督察4次。认真落实防止干预案件的“两个规定”、司法人员与相关人员交往行为的规定，破除任何形式的“潜规则”，斩断司法腐败的“利益链”，无一名干警违纪违法。

【各界监督】 认真向人大及其常委会报告工作，积极配合人大常委会开展执法检查等活动。自觉接受民主监督，加强与人民政协及委员的沟通，充分听取意见建议，不断加强和改进工作。走访人大代表、政协委员23人次，邀请人大代表、政协委员视察法院19人次、旁听庭审54人次，聘请6名人大代表担任廉政监督员，聘任2名人大代表、政协委员担任人民陪审员。

【审判工作基础建设】 建成诉讼服务中心，注重依托大数据、云计算等现代信息技术，积极拓展服务功能。对涉及关乎民生案件建立“绿色通道”，坚持立案、审判、执行“三优先”，对弱势群体优先立案并给予司法救助。建设执行指挥中心，狠抓“执行难”工作。新建执行指挥中心连接公安、房管、银行、工商、税务等单位端口，开通实时查询功能。同时，执行指挥中心的建成实现了视频、音频的实时传输、录音录像，大幅度强化法院执行工作的快速反应能力、节约司法成本，提高工作效率，促使执行工作规范化。

【审判管理】 严抓绩效数据，加强审判管理。制定和完善《关于规范立案审查的制度》《案件质量评查管理办法》《司法过错责任追究办法》《判后答疑制度》《巡回审判工作规定》《司法建议工作的意见》等一系列制度，掌控好审判活动中的重要流程和重要环节。建立健全审判质效分析制度，按季度公布“案件评查情况通报”，并将“两评查”活动由过去的“月评查月通报制”改为“案案评查案案通报制”。强化审判委员会职能，制定实施《商都县人民法院审判委员会议事规则》，强调审委会委员发表意见的说理性，强化审委会的“学术性研究”。

大力开展巡回审判，实现司法便民。以人民法庭、固定巡回审判点、社区联络点为支撑，大力开展巡回审判，以建立简易固定巡回审判点为主要模式，保证有法官定期联系、定期服务，满足群众的法律需要。2017年，全县设立巡回审判点29个，社区联络点2个。

【精准扶贫】 将精准扶贫作为一项重要工作来抓，制订方案，明确目标，责任到人，帮扶玻璃忽镜乡4个行政村13个自然村162户困难群众脱贫。干警人均走访贫困户10次，针对贫困户分析梳理其当前最急迫需要解决的现实困难，制订出脱贫的具体措施，派出驻村工作队扎根贫困村。为九股地村打人畜饮水机井1口，为玻璃忽镜乡中心学校17名贫困学生购置衣物、书籍，为帮扶的元山子村委会提供办公设备，为162户帮扶对象购置大米，干警捐款采购帮扶村小南瓜4.5吨。积极融入全县重大的民生建设，派出审判员常年为棚户区建设提供法律服务；选派精干力量驻村入户，配合乡镇开展“美丽乡村”建设工作，为农村建设提供司法保障。进一步拓展、延伸审判职能，继续开展法律进企业、进社区、进农村、进学校等活动。

【荣　誉】 商都县人民法院获全市基层法院实绩考核第一名；刑事审判庭庭长李大川获全区人民法院办案标兵称号；司法警察大队获集体三等功。李建军、冯建强、王文革、魏庆国、李东平获最高人民法院荣誉天平奖章。

李建军获自治区高级人民法院涉诉信访工作先进个人称号；民二庭庭长魏继光立个人三等功；张慧敏被评为全县三八红旗手。

（供稿　王学吾）

司法行政

【概　况】 商都县司法局下设8个股室、10个基层司法所，共有在职工作人员66人，商都县机构委员会核定专项编制44人，其中局长1人，副局长2人，科级领导13人（主任科员2人、副主任科员2人、副科级司法所所长9人）。现有干警中，大学本科学历16人、大学专科学历50人。

【基层工作】 2017年，组织基层司法所及人民调解委员会开展矛盾纠纷隐患排查化解百日攻坚等专项活动6次。由基层司法所在各乡镇组织全面矛盾纠纷大排查，涉及土地、农民工工资、邻里纠纷等问题，司法所先受理调解，调解不成功的再逐级上报。2017年，累计排查并受理人民调解案件2050件，调解成功1998件，调解成功率97.5%。

为基层司法所更新标识和展板，联通互联网，购置电脑和网络视频设备和软件；联合政法委打造十八顷镇、七台镇、屯垦队镇综治中心，新的综治中心整合乡镇土地、民政、信访、公安、司法、综合治理等职能部门，为乡镇排查化解矛盾、维稳基层社会稳定打下坚实基础。对司法局业务用房的院墙、标语、储物间等进行装修和更换，新建设立信息调度指挥中心和社区矫正部分功能室，局所室建设的信息化、规范化、标准化迈上新台阶。

组织具有法律职业资格的干警参与信访工作，引导信访群众文明信访、依法信访。在全国两会及中共十九大、自治区两会期间，组织信访维稳工作组和工作队，分别赴北京和二连浩特、呼和浩特和包头，以及重要交通检查点参与全县信访维稳工作。

【普法宣传】 深入开展法律“六进”活动。联合县工会、妇联、团委开展“建设法治商都、巾帼在行动”法治宣传进社区活动；组织全县法治副校长和各司法所所长在全县中小学进行“法律进学校”法治教育授课活动；县普法办联合各司法所开展多场“法治宣传进农村”活动，深入乡镇进行春耕备耕和安全生产、依法惩治违法犯罪等相关法治知识的宣传。累计发放法治图书1万余册、法治宣传画200余幅、法治光盘100余碟。

由市司法局统一组织购置普法宣传车投入使用，积极开展法治宣传活动，在处置弃地农民返乡要地、清明节森林草原防火、道路交通安全、全市严厉打击违法犯罪、网络安全等活动和重要时间节点中发挥很好的宣传作用。

认真贯彻落实国家机关“谁执法、谁普法”的普法责任制，制定并下发《关于商都县认真贯彻落实“谁执法谁普法”普法责任制实施意见》，各执法单位认真贯彻落实实施意见并分别在“3·15”国际消费者权益日、“6·5”环保日、安全生产宣传月启动日、“6·25”国际土地日、“6·26”国际禁毒日等都举行宣传活动。

继续组织开展国家工作人员网络学法、用法活动，全县行政事业单位工作人员6000余人参加网上学法并完成结业考试。组织优秀干警参加全市行政执法单位法律知识竞赛活动，商都县司法局代表队在全市200余家行政执法单位中最终取得全市第三名的好成绩。

【社区矫正】 以社区矫正中心为基础，依托各乡（镇）司法所和学习教育基地、公益劳动基地、劳动技能培训基地，对全县社区矫正对象进行严格的管理教育。3月28日，在七台镇司法所召开全县社区矫正对象警示教育大会，对全县的在矫人员进行警示教育。6月15日，召开全县社区矫正工作联席会议，县委政法委、县人民法院、人民检察院、公安局、司法局分管领导及各业务科室等负责人参加，会后进行全县在矫人员大摸底、大排查活动，切实做到底数清、情况明，扎实推进在矫人员的教育管理工作，严防重新犯罪现象的发生。下半年，在参观学习承德市社区矫正工作后，经局党组研究决定，又对商都县社区矫正中心进行装修升级，信息指挥调度中心、习艺车间、宣泄室、临时安置宿舍全面提档升级，全面打造全市标准化、规范化社区矫正中心。10月27日，商都县司法局承办全市优秀社区矫正中心建设推进会，商都县的社区矫正工作得到市局领导和兄弟旗县司法局参会领导的高度评价和认可。2017年，累计接收社区服刑人员144人，顺利解除矫正53人，在册矫正91人。

【法律援助】 按照《关于完善法律援助制度的实施意见》的相关要求，在全县范围内开展“法律援助进校园宣传周”“法律进社区宣传周”活动和“未成年人法律援助专项活动”，活动以法律专题讲座为主要形式，为广大群众讲授《未成年人保护法》和“校园暴力的处置和应对”“法律援助是什么”等相关知识，同时发放“12348”公共法律服务便民卡片8万余张。

设在司法局业务用房一楼的法律援助中心每天都接待大量的法律咨询，为低收入和年老的弱势群众提供法律援助工作。全年共代理法律援助案件80余件，其中刑事案件17件、民事案件13件、非诉案件50件。同时，还开展案卷评比和核查工作，严格把关案卷整理质量并开展法援案件回访，加大案件监督力度。并对优秀法律援助案卷按规定进行补贴。

【公证工作】 公证工作积极为全县机关、法人、自然人等在重点工程建设、廉租房分配、财产继承、房屋买卖、代理、赠予、合同等领域进行大量的公证业务，服务群众，促进商都经济建设的有序健康发展。2017年，共办理公证案件156件。为进一步提高公证业务水平，县公证处从岗位分工、管理制度、硬件设施和信息应用、公证员的政治思想教育和公证业务内、外部监督管理等方面进行全面整改。

【队伍建设】 2017年，坚持把党风廉政建设工作与推进局领导班子建设和干部队伍建设结合起来，与政法系统开展的“忠诚、干净、担当”教育实践活动结合起来，与扎实开展党的“两学一做”教育制度化常态化结合起来，取得较明显的成效。年初，局党支部召开专题会议，制定《司法局2017年党风廉政建设和反腐败工作要点》及《司法局2017年党风廉政建设和反腐败责任书》和《司法局开展“忠诚、干净、担当”教育实践活动实施方案》，把纪律、作风、反腐倡廉和队伍自身建设任务分解到各职能股室和司法所，并逐级签订责任书，层层压实责任，确保党风廉政建设主体责任落实。组织党员干部认真学习开展整治“雁过拔毛”式腐败专项治理活动，召开动员会、实施方案、进行全面问题梳理和整改活动，使每一位干部能够树牢宗旨意识、服务理念，真正做有信念、讲规矩、守纪律、争奉献的合格党员。组织干部参加全国政法系统政治思想学习培训会、观看全县纪检系统“纪检知识竞赛”和“全市行政执法法律知识竞赛”、召开主题党日活动等方式，对全体干部进行提高综合素质、增强廉政意识等。加强党员干部反腐倡廉教育，创建学习型机关，坚持每月集中学习制度，认真组织参加全国政法干警集中学习活动。组织党员干部认真学习贯彻“两学一做”制度化常态化教育活动内容，学习教育活动与党员教育管理、开展专题教育与司法行政各项业务工作结合起来，树牢宗旨意识、服务理念，真正做有信念、讲规矩、守纪律、争奉献的合格党员。同时，组织干警参加全县纪检监察干部党风廉政知识竞赛，参加廉政教育专题讲座、参加全国政法系统学习培训会、参加全市“两学一做”知识网络答题等方式，对领导干部进行提高综合素质、增强廉政意识等培训。开展“党内政治生活梳理和整改”活动，全局34名党员领导干部分别从十个方面进行对照梳理，针对梳理出的问题又建立整改台账，并按照整改台账进行整改。

【精准扶贫工作】 2017年，司法局积极响应县委关于精准扶贫工作的各项具体部署，深入开展脱贫攻坚工作。重新调整驻村工作队成员，把年轻优秀的干部充实到扶贫一线，局领导班子成员多次带队深入精准扶贫包扶点开展帮扶工作，与贫困户面对面交流，调研存在的困难和问题，宣传解读精准扶贫政策，完善扶贫档案。同时，积极开展献爱心送温暖活动。年初，为玻璃乡三号村、乌尼圪其村、赍红沟村的贫困户送去200元的农资补贴，向玻璃忽镜乡中心校在校留守儿童捐赠书包、运动鞋、太阳帽、篮球等学习生活用品；年末，为上述3个村的300户在村户送去爱心大米。

（供稿 简 广）

军 事

人民武装

【思想政治工作】 坚持把党委班子和思想政治建设作为加强党对军队绝对领导的首要任务来抓。（1）持续深化理论学习。认真执行党委中心组理论学习计划，严格落实“1.5+1.5+3”（内蒙古军区制订的学习计划，第一季度的第一个月集中学习1.5天，第二个月集中学习1.5天，第三个月集中学习3天）学习制度，坚持每次集中学习教育后，人武部领导批阅干部职工笔记督促学习。每当有文件精神到来，都要在第一时间以不同形式组织传达；每月党委中心组学习，都扩大到所有人员，始终坚持干部职工一个标准，做到全方位、无死角。中共十九大召开后，结合中共十九大会议相关内容，制作口袋书，采取专题教育、党小组交流会、微信微教育等形式，开展多样化的学习交流活动，做到“人人关注、人人学习、人人了解”中共十九大精神。借助参加县里举办的精准扶贫活动，直接把中共十九大精神讲解到田间炕头。进一步夯实干部职工对党绝对忠诚、绝对可靠、绝对纯洁的理论基础。（2）有序推进“两项重大教育”。在分区“两项重大教育”动员部署后，人武部党委第一时间专门召开会议研究，进行认真筹划和再动员部署，结合人武部实际，认真分析形势，科学制订教育活动计划。紧跟分区节奏步伐，采取统分结合的方式，开展学习教育活动。通过教育，坚定大家的理想信念，增强党性观念，激发军改特殊时期干好工作的积极性、主动性。（3）扎实抓经常性思想工作。严格落实“两个责任网络”（党委履行主体责任、纪委落实监督责任网络），深入开展“双四一”（在干部中开展“日读千字、周写周记、月读一书、季解一题”活动，在战士中开展“周明一理、月习一文、季读一书、年学一技”活动）活动，部领导坚持每月与所属人员谈一遍心，及时摸清干部职工思想现状，有针对性地做好教育引导。定期召开干部职工恳谈会，真心实意倾听心声，对大家提出的意见建议，部党委逐一给予公开答复，有效地解决干部职工在工作、生活方面遇到的实际困难，营造和谐向上、团结进取的良好氛围。（4）扎实开展肃清郭、徐流毒影响“回头看”活动。接到分区通知后，部党委高度重视，及时召开党委会，传达上级指示精神，研究部署清查清理工作，成立肃清工作领导小组，迅速形成组织健全、责任明确、要求具体的工作态势。按照事事有人抓、处处有人管的原则，将清理清查细化到人、责任到人、督查到人，确保肃清工作全面彻底、取得实效。利用一周时间，采取干部分工、科室包干的方式，对6间办公室、9间宿舍、6个库（室）进行彻底清查。采取逐个房间清查的方式，进行两个波次的清理，确保清查工作全面彻底、不留死角。

【战备训练工作】 着眼真打实备要求，认真抓战备训练工作落实。（1）规范战备秩序。立足于管用、能用、适用，及时修订完善各类方案（计划），补充物资器材；在“两节”、两会、“八一”，自治区70周年大庆、中秋国庆双节、中共十九大期间等9个重要时期，组织七台镇民兵应急分队重点对组织登车、快速机动和应对群体性非正常上访事件等课目进行实案化演练。11月20日，七台镇一处废品收购站发生火灾，第一时间组织民兵应急分队30人协助武警大队参与灭火，一个小时内控制火情，两个小时全部扑灭火势，受到驻地群众一致好评。（2）狠抓首长机关训练。研究制订年度首长机关军事训练计划，召开军事训练任务部署会；完成基础体能训练和基本指挥技能等训练，3次组织干部进行情况处置演练，进一步提高干部体能、技能和综合处置情况能力。（3）扎实开展民兵组织整顿。组织召开民兵整组工作会议，制定下发《民兵组织整顿工作实施方案》和《民兵组织整顿工作检查验收细则》，按照尊重客观、重在适用的原则，认真扎实地对民兵分队重新进行编组调整，确保民兵分队人员落实、组织落实，形成专业对口、任务明确、使用便捷的民兵组织，其中县民兵应急分队退役士兵达到100%。（4）认真抓动员潜力数据调查。全市国防动员潜力数据统计调查集训后，组织县国防动员成员单位进行再动员再部署，建立与专业办公室建立联络对接、任务协调、信息交互等工作机制。重点掌握兵员实力、应急通信、粮秣油料、医疗卫生、道路交通、装备维修等潜力底数，建立快速准确实用的数据运用模型，周密拟制动员方案预案，推动国防动员向备战打仗聚焦。

【安全稳定工作】 以全军安全大检查为契机，突出查纠整改、突出抓细抓小、突出兜底保稳，持续保持安全发展的良好态势。（1）注重安全教育。深入开展“条令学习月”“学法规用法规守法规”和“百日安全”活动，深化对条令条例和法规知识的系统学习、常态落实，强化学法知法用法守法的自觉性，认真落实司机警示日和节日战备教育，及时进行经常性安全常识提醒和组织观看安全警示片等，不断提升规避安全风险的自我管控能力。（2）注重制度落实。重点加强一日生活、请示汇报和请销假制度，军区车辆安全管理30条措施、手机网络“双十条禁令”、中央军委禁酒令“十一个严禁”落实力度。结合营级以下干部落编定岗，按分管工作，将职工定位到各科室，进一步明确管理权限和请销假程序手续，切实把人员管住管好。（3）注重排查整改。紧紧围绕国防动员部安全检查实施细则、国防动员部安全检查组在内蒙古军区检查指出的36个问题和上级安全通知要求，按照分区党委“八抓”（抓经常学习教育、抓责任监督落实、抓正规训练管理、抓日常管理规范、抓规章制度落实、抓一日生活秩序、抓作风纪律养成、抓自律意识培养）思路和首长指示，采取“拉单列表、挂账销号、跟踪问效”的方法，全面进行隐患排查，共查纠解决25个具体问题。整治期间，重点建立隐患排查长效机制，部领导每半月带领干部职工进行一次全面隐患排查，坚决做到遇有问题立即整改，扼杀隐患苗头；整改规范保密室、文印室，对个人手机使用、家庭微机联网和私家车管理等情况进行登记排查，对职工和雇佣地方人员开展政治考核工作。通过采取这些有针对性的措施，保持安全稳定的良好局面，为年度各项工作任务的圆满完成奠定基础。

【兵员征集工作】 坚持以《中华人民共和国兵役法》（以下简称《兵役法》）和国务院、中央军委《征兵工作条例》为依据，强化“一季征兵，全年准备”的理念，围绕提高征兵“五率”这个抓手，严密组织征兵工作。2017年，全县通过网上报名，上站体检，体检合格，批准入伍，其中大学生入伍比例为69.9%。（1）注重精准宣传。做到“参加兵役登记的适龄青年联系到位，登记报名的大学生走访到位，在校高中生发动到位，合格青年及家长全部见面到位”，部长、政委和副部长分3个片区带队进村入户，讲清政策、讲清程序、讲清注意事项，讲明有关规定，从源头上发动，从源头上杜绝不正之风。（2）加大培训力度。集中开展三项培训。一是组织12名班长教练员（基干民兵）进行为期3天集训；二是分类别开展5次征兵机构业务培训；三是组织双合格青年进行为期7天议前封闭训练，有效地提升征兵工作的质量。（3）严格征兵的纪律。实施阳光征集工程，做到“五公开、一集中、三监督”。“五公开”，即公开政策规定、公开征兵纪律、公开体检合格人员名单、公开政审合格人员名单、公开初定新兵名单；“一集中”指落实集宁“八方”定兵会成果，坚持由县政府分管领导、兵役机关、公安、卫生、教育、民政等部门参加，集体研究，择优审定新兵；“三监督”是指全体征兵工作人员一律挂牌上岗，自觉接受组织监督、群众监督和新闻舆论监督。（4）扎实开展“六个一”服务活动。定兵会议结束后，第一时间在政府机构、县祥和广场等3处人口密集区，张榜公布“2017年度商都县入伍青年光荣榜”；适时组织召开欢送新兵大会和新兵家长座谈会，为新兵家长和入伍大学生院校邮送230余封寄语信和感谢信；统一制作“光荣军属”牌匾，为居住地在商都县七台镇附近入伍青年家庭悬挂光荣匾，在社会上营造参军光荣的浓厚氛围；新兵回访工作做细，坚持“兵走千万里，教育不断线”，促使新兵安心服役，妥善解决新兵问题，确保“零”退兵目标。

【“双拥”共建工作】 春节和第四个国家扶贫日期间，投入2.5万元对部分退伍军人、军烈属、“五保”户和贫困户走访慰问，组织民兵500余人参与县里组织的植树造林活动；按照《省军区系统参与打赢脱贫攻坚战的实施意见》，与七台镇北大村结成精准脱贫对子，并派出1名职工担任驻村第一书记，协助做好党建和扶贫工作；坚持每月走访贫困户制度，适时调整包扶措施；紧贴实际，多措并举解决包扶户实际困难，雇佣1名包扶户担任部种植员，协调民政部门为4户包扶户办理低保，为3名包扶人员办理残疾证，协调教育部门为1名失学少年重返校园；积极开展扶贫助学活动，与通用小学、实验小学和职业中学的3名贫困学生结成帮扶对子，建立长期帮扶计划，拿出3000元为每名学生购买学习和生活用品。大力加强军民绿化基地管护力度，定期组织人员进行宣传、巡查、排查，喷绘更换西主会场宣传标语，沿路树立宣传牌进行宣传教育，进一步增强群众管林护林的意识，为巩固军民绿化基地绿化成果和商都县创建“自治区园林县城”打下良好基础。

【后勤管理工作】 坚持把财务管理放到突出位置，在强化管理、开源节流、提高效益上下功夫。（1）严格落实财经制度。严格财经管理规定和财务公开，坚持经费开支联审会签制度，认真落实公务卡结算报销，积极落实依法管财、科学理财、节俭用财的新常态。坚持每月一次党委理财制度雷打不动。（2）科学规划农副业生产。共有大田地1.3亩，“43型”大棚0.2亩，共种植蔬菜15个品种，夏季蔬菜基本做到自给并补充部分冬储菜。（3）下大力改善基础设施。重点对营房设施和办公用房进行整治。协调地方园林局补种树木20多棵，安装净水器，改造2个办公用房，协调县委、县人民政府投入20多万元更换维修供暖设施和下水管道，对楼顶做防水处理。

【军分区突击检查】 3月28日下午，分区参谋长带领机关工作人员，采取现地查看、听取情况介绍等方法，围绕人员思想状况、车辆管控、枪弹管理以及重要目标管控等方面，对商都县人武部进行全面检查。

【军分区安全工作大检查】 6月21日，军区安全工作组一行5人，在分区副司令员的陪同下，对商都县人武部安全管理工作进行全面细致检查。工作组采取实地查看、查阅资料、随机提问等方式，重点围绕安全组织、安全教育、安全训练、安全建设、安全制度、安全重点共6个方面安全工作进行量化考评。检查结束后，工作组在肯定成绩的同时，指出存在的问题并提出整改建议。

【军分区检查指导工作】 7月12日，分区司令员带机关工作组一行3人莅临商都县人武部检查指导工作。司令员首先听取部工作情况汇报，并从牢牢把握党委班子建设核心、安全工作不能放松和扎扎实实抓好以征兵工作主业为牵引的三个方面工作提出具体要求。之后，现场查看兵器室、楼内值班室、作战室和民兵训练装备器材库。

（供稿　段　英）

武　警

【概　况】 商都县武警中队编制45人，实有45人，其中干部3人、士兵42人（士官17人、义务兵25人）。

【支部建设】 加强支部建设，战斗堡垒作用发挥明显。2017年，在支队党委的正确领导下，牢记强军目标，坚持以“加强支部班子自身建设”为着眼点，以强化职责意识为突破口，紧盯“执勤处突有把握”的目标，狠抓军事训练，突出安全发展，提升经常性基础性工作落实。支部班子团结齐心，官兵思想稳定，部队建设稳步发展，各项任务完成圆满。坚持把加强党支部自身建设作为改变中队面貌的关键环节来抓，党支部战斗力、凝聚力明显增强。（1）科学按纲建队计划，理清工作思路。年初，组织全体官兵对三级党委扩大会议精神认真学习贯彻，通过召开支委会、军人大会、开展讨论等活动，更深一步掌握会议的核心思想，对全年总队提出的“新常态、高标准”进一步认识。在吃透上情摸透下情的基础上，利用讨论、谈心和“三个半小时”（每天听广播、读报纸、看新闻三个半小时活动）等活动充分收集战士的意见，在此基础上，一班人统一思想、理清思路，确定“全面学成武，争创过硬一流中队”的工作思路。（2）抓学习，不断提高干部、党员队伍整体素质。年初，组织干部、党员认真学习全年计划，通过深入开展读书活动进一步激发学习热情，号召每名党员坚持每月读一本好书，定期组织讨论交流心得，每名干部党员的理论水平都有不小的进步。（3）注重发挥群众组织的桥梁和助手作用。中队党支部注重加强对团支部、武警委员会进行指导，两个群众组织作用发挥明显。号召人人都参与到中队建设中来，加强对中队伙食、财务的民主监督，提升骨干培训、考学、入党等敏感事务的透明度。上半年，中队发展预备党员2人，推荐3人参加武警院校预考、4人参加技术学兵。

【执勤工作】 狠抓执勤工作，圆满完成中心任务。始终把执勤工作当作“饭碗工程”“帽子工程”来对待，牢固树立执勤工作出不起事的思想。坚持从落实制度入手，消除执勤隐患，正规“三班四哨”（编班、值班、领班，上哨、站哨、换哨、下哨），确保勤务质量。认真落实议勤制度，定期召开勤务分析会。认真抓好形势任务、职能使命、制度规定教育，强化官兵的忧患意识、使命意识和责任意识。结合“学规范、打基础、治隐患、保安全”活动，先后多次集中开展勤务教育整顿，强化专勤专训训练，加强执勤秩序的正规养成，牢固树立“执勤就是战斗，哨位就是战场”的思想；加大夜间查勤力度和白天查勤密度，及时纠正执勤官兵职责不清、任务不清、处置程序不清的问题。认真治理执勤隐患，针对目标单位周边村庄多、人员成分复杂、外来民工多、影响目标安全的不利因素多的实际，加强与目标单位的联系联防，完善出入目标管理制度，消除隐患。中队进一步规范哨兵上下哨的时间和路线，积极开展勤务队列化实践，加大干部对勤务的组织和检查力度，积极完善“五防一体化”建设，堵塞执勤中的漏洞。

【军事训练】 强化军事训练，实战能力进一步增强。始终把军事训练作为工作中的重中之重。（1）分层次抓好军事训练。按照军事训练“八落实”［人员、内容、时间、质量、弹药、摩托（飞行）小时、教练员、场地八项落实］要求，严格按纲施训、稳步推进。一方面，重点突出应急班训练。年初，认真落实总部、总队教练员集训精神，学习郭兴福教学法的特点，结合自身实际编写个性化教学笔记并进行试讲试教，对应急班训练的标准和方式进行改进，重点对战术、射击、一招制敌进行强化。参加支队第一季度组织的“魔鬼周”集训，中队长胡适其取得干部组第一、战士毕光军取得战士组第五的成绩。另一方面，加强全员的体能训练，严格落实每天 1.5 小时的体能训练时间，每周进行一次正规的 5 公里考核，基础科目训练按照新的《军事训练与考核大纲》，每个科目训练前都认真组织示教，保证训练的正规和统一；对部分新兵和个别接受能力差的战士，进行分步和单个训练，使整体成绩有保证。（2）加强常态应急战备。在两会等重要时期，中队应急班始终落实全员战备，应急班常态化备勤，确保一有任务能有效处置。上半年，圆满完成环京检查站执勤、高考安保、卫士 –16 演习应急班紧急出动任务，部队的实战能力进一步提高。（3）营造氛围，调动官兵训练积极性。为引导官兵克服厌训怕训思想，激发训练热情，以“双争”（争当优秀人才、争创人才开发先进单位）活动为载体，细化奖励机制，中队利用有限的经费购买牛奶、生活日用品，对每个科目会操、每周 5 公里考核成绩优秀的班级和个人进行奖励，结合实际每月开展“战斗标兵”评选活动，有效提高官兵训练的积极性。

【政治教育】 搞好政治教育，进一步巩牢思想根基。在艰苦的训练和单调的生活中，始终坚持用思想教育人，用文化感染人。（1）以主题教育和“两学一做”教育为牵引带动各项教育。主题教育每个专题上完后，中队有针对性地组织小课串讲，组织官兵谈体会写专题心得，通过组织官兵观看《邓小平百万裁军决策内幕》纪录片，制作黑板报，开展演讲比赛等配合活动，充分拓展教育课堂，利用多种形式真真切切达到深化教育效果。按照支队要求，中队在党员范围内扎实开展“两学一做”教育活动，为每名党员下发应知应会整理学习资料汇编，通过组织党员手抄党章党规、撰写心得体会和党课体会，定期组织理论测试和笔记展评，打牢党员的思想理论基础，加深对党的重大理论认识，并组织休假集训的人员及时补课，确保全中队党员一人不漏。扎实开展风气专项整治和密切内部关系教育活动，中队风气纯正，内部关系和谐。中队经常性思想教育立足现实，突出重点。根据营区周边居住群众杂、易发生警民纠纷等问题，深入开展拥政爱民教育和遵纪守法教育；针对营区外车流量大、出入交通不便的特点，开展交通安全常识教育。形势战备教育结合重点敏感期抓好抓实，使每名官兵都明白自己肩上责任重大。（2）开展好文化活动。为丰富官兵业余文化生活，加大中队的文体活动器材的使用力度，每周组织官兵开展篮球、台球、乒乓球和卡拉 OK 唱歌活动。大力开展读书活动，利用各种教育的时机鼓励官兵多读书读好书，共组织官兵订购 30 余种报纸、杂志，充实战士们的业余生活，同时使他们学到更多的课外知识。（3）做好重点人、个别人工作。上半年，中队通过发动身边人和战士的家里人大力开展谈心活动，落实中队主官每月、排长每季度、班长每周对所属官兵谈心一遍，对中队战士在执勤训练中出现的怕苦怕累、单调枯燥等现实思想波动，中队干部骨干及时靠上去做工作，用真心和实际行动感召官兵，调节官兵情绪和心情，促进中队官兵思想稳定，增强官兵争先意识。

【安全管理】 树牢安全理念，部队内部安全稳定。（1）抓好安全工作制度的落实。结合支队安全大检查活动，让战士们查找生活中存在的安全隐患，通过营造浓厚的氛围，使官兵自觉绷紧安全这根弦。以支队枪弹大清查活动为契机，加深官兵正确使用武器安全意识、爱装管装意识。（2）抓好“内部关系”教育，融洽官兵关系。在抓内部关系上，采取时时抓、时时提醒，结合时机重点抓，上半年特别对打骂体罚、老式带兵法，下大力进行整治，确保中队内部关系的和谐融洽。（3）抓好中队干部、士官和在外人员的管理。结合支队要求，重点对干部落实请销假、事业心责任感进行整治。依据《中国人民解放军士官管理规定》对士官的遵规守纪意识和工作积极性重点进行教育。定期对集训、零星休假、学技术的在外人员了解情况、提出要求，确保全员的安全稳定。

【后勤建设】 加强后勤建设，综合保障能力明显增强。（1）加强人员管理。对司务长、炊事员、通信员等重点后勤人员加强管理，严格落实一日生活制度，督促他们主动参加教育，从各方面严格约束自己。（2）搞好设施建设。2017年，在支队党委的大力支持下，中队的设施建设水平有质的飞跃。为使官兵有一个良好的就餐环境，中队更新餐厅桌椅，为方便官兵的生活、使官兵有一个更加舒适的生活环境，对营房的内墙、外墙、床、床头柜全部进行一次翻新，对所有损坏的厕所门进行更换，对器材室的放物架进行改装，把零散的小器材全部用箱柜存放，使器材室更整洁、更规范，让中队的面貌焕然一新。

（供稿　刘金键）

人防工作

【概　况】 始终把人防宣传教育工作摆在突出位置，坚持以增强广大干部群众国防观念和人防意识为目标，紧紧围绕“战时防空、平时服务、应急支援”的使命任务，以夯实基础为根本，以宣传教育为先导，以警报通信建设和“结建”工作为重点，以疏散基地建设为突破口，创新举措，狠抓落实，各项工作取得新进展、新成绩。2017年，被评为全自治区人防工作先进单位、全市人防工作实绩突出单位。代表乌兰察布市迎接自治区考核，并取得优异成绩。

【人防宣传工作】 加强人防宣传教育进学校、进社区、进网络、进机关、进企业工作，在全县各中小学校、各社区开展学习防空警报常识、警报信号识别等宣传教育活动。活动期间，发放有关宣传资料、图册5000余份，并利用广场大屏幕显示屏滚动播放人防常识，在商场、车站、校园、公园等场所张贴宣传海报。

（供稿　师志光）

人事　劳动　扶贫

人力资源和社会保障

【概　况】 商都县人社局内设机构：办公室、规划财务与基金监督股、工资福利与离退休人员管理股、公务员与事业单位人员管理股、人才开发与就业促进股（人才中心）、社会保险管理股、劳动保障监察股（劳动保障监察大队）、劳动人事争议调解仲裁办。人社局下设机构：就业局、医保局、社保局。

【就业再就业工作】 截至 2017 年 12 月，城镇新增就业人员 1361 人，完成市局下达任务 1300 人的 105%。城镇失业人员再就业 320 人，完成目标任务 310 人的 103%，其中，就业困难人员就业 238 人。城镇技能培训 3032 人，完成目标任务 2700 人的 112%。农牧民转移技能培训 2423 人，完成目标任务 2400 人的 101%。创业培训 340 人，完成目标任务 340 人的 100%。培训后成功创业人数 246 人，完成目标任务 205 人的 120%。农民工转移就业 4.3 万人，完成目标任务 4.3 万人的 100%，其中转移 6 个月以上 3.4 万人，完成目标任务 3.4 万人的 100%。为 118 名创业培训人员发放创业贷款 546 万元。

【劳务输出】 在 10 个乡镇成立劳动保障所，在 20 个社区建立劳动保障服务平台，全县 213 个行政村配备劳动保障协理员。全县建档立卡贫困户中，具有劳动能力的有 1.18 万人。积极联系自治区内外用工单位，帮助建档立卡户 1699 人实现转移就业，主要就业于北京、呼和浩特市、包头、鄂尔多斯、二连浩特、大同等地。

【劳务输出培训】 加大劳务输出培训力度，紧盯市场需求，经摸底调查，全县贫困户中，有参加培训愿望的有 4936 人，其中一产有 4622 人、二产有 194 人、三产有 120 人。为进一步提高建档立卡贫困人口的就业技能和收入水平，通过市职业院校、乌兰美培训中心、市交通技校先行举办就业技能培训班，学员不需要交纳各项培训费用（包括食宿），学员往返车票由就业局报销。商都县赴集宁参加技能培训的贫困户学员共 13 人，分别是电焊工 2 人、重载驾驶 4 人、电工 3 人、汽车修理 1 人、家政服务 3 人。

【京蒙对口帮扶】 充分利用京蒙对口帮扶合作促就业。2017 年 11 月 9 日，县人社局与北京市平谷区举行就业服务合作协议，签订“商都·平谷就业服务合作框架协议书”，主要内容是组织平谷区的企业到商都县举办招聘会和对招聘的务工人员进行技能提升培训，并为商都县提供就业岗位。同时与中国通用技术集团分公司海外经济合作总公司进行对接，2017 年 11 月 24 日，中国通用技术集团发函邀请县人社局、就业局、县职业中学赴江苏如皋参加对接会，实地考察企业所需岗位，职业中学根据岗位需求设立对应的专业进行培训，培训后推荐到集团公司就业。

【**就地转移就业**】通过提供农村环卫就业岗位、建立服装脱贫车间促进贫困人口就地转移就业。已开发村镇公益性环卫就业岗位1105个，已安置建档立卡贫困人员1105人，按小时工作制支付公益性环卫工人劳动报酬。补贴标准为每人每月300元，所需补贴资金从再就业专项资金中给予拨付，补贴时间为3年，补贴资金按季度发放。

9月以后，由县政府主要领导带队，人社局、就业局等相关部门负责人多次深入化德县服装加工厂企业进行实地考察，并与化德县5家服饰加工企业达成服装加工协议，由企业提供原料、负责技术指导和服装的销售，脱贫车间代理加工服装。并分别在七台镇、大黑沙土镇、屯垦队镇、玻璃忽镜乡、卯都乡建成5个服装脱贫车间。2017年10月26日，首批对52名有劳动能力贫困户的女工进行为期20天的缝纫加工培训，培训合格并颁发职业资格证书。

【**电子商务带动就业**】成立携农电子商务有限公司带动就业。商都县供销社、人社局、就业局共同打造成立商都县携农电子商务有限公司，公司坐落于都德利大东街创业孵化基地。公司已与52家农牧民专业合作社及13家农副产品加工企业建立供货合作关系。同时携农电子商务有限公司已建成携农商城网络平台，2016年1月18日正式上线运营，实现同城网络销售配送。

【**大众创客带动就业**】建设大众创客中心带动就业。为更好地利用闲置的办公厂房和设备，商都县将原行政审批中心办公场所及迎街门脸房进行整合，改造建设为县级电子商务发展中心及大众创业孵化基地，改造利用面积近1300平方米。入驻10余家公司，包括自治区级农牧业产业化龙头企业乐耕食品公司、溢源醋液有限公司、奥淳酒业公司、申安农业综合开发公司、希森薯业公司。入驻的快递物流企业有邮政公司、申通快递公司、全峰速运公司、顺丰快递公司、快捷快递公司，入驻的各企业已陆续启动开展电子商务运营工作，预计通过几年的努力，可打造为商都县电子商务综合示范街。

【**创业园带动就业**】打造温宁·巨弘建材物流创业园带动就业。商都县组建成立商都县温宁·巨弘建材物流创业园。已入住123家创业团队及创业者，创业就业人员达970多人。

【**创业孵化基地**】推进都德利大东街创业孵化基地建设。商都县都德利大东街创业孵化基地总面积1.1万平方米，面对各类创业者开放约9800平方米，可容纳70多家创业团队及创业个人入驻，现已入驻38家创业团队及个人，从业人员达350人。基地由特色餐饮、酒吧、茶馆、KTV、影院、洗浴及电子商务、休闲娱乐、健身等多种业态组成，以创业带动就业为核心目标。其中“动岚健身”被评为自治区级创业示范店。

【**专业合作网上运营**】实现鑫磊蔬菜专业合作社网上运营。商都县47位自然人注册成立商都县鑫磊蔬菜专业合作社，是一家专业为客户提供技术服务、技术开发、信息服务、电子交易农副产品、生鲜蔬菜、畜禽产品、生产资料、日用消费品、粮油制品等多元化服务的企业，其特色农产品种类有蔬菜类，干果类，杂粮、畜禽产品等。

【**众创空间促创业**】建成专业化众创空间促创业。商都县在商都县温宁·巨弘建材物流创业园建立众创空间，该众创空间建设面积1320平方米，内设创业咖啡、“互联网+”、商务洽谈、创业指导孵化，头脑风暴、创想空间、多媒体训练营、项目路演等服务设施。致力于为“双创”提供低成本、全方位、专业化服务，着力发挥政策集成效应，实现创新与创业相结合，线上与线下相结合，孵化与投资相结合，团队与人才相结合，为创业者提供良好的工作空间、网络空间、社交空间和资源共享空间，从而达到通过“聚合”产生聚变的效应，培育创客文化，让创业创新蔚然成风。

【**“双创”全程服务**】加强对创新型中小微企业

支持，打造面向大众的“双创”全程服务体系。商都县坚持以市场为导向，加强政策集成，强化开放共享，创新服务模式的原则，有效整合县域经济资源，积极推动大众创业、万众创新的生动局面。（1）加快构建众创空间。充分利用商都县工业园区及农牧业产业园区资源及企业平台，总结推广创业园及创业孵化基地，构建一批低成本、便利化、全要素、开放式的众创空间。实现创新与创业相结合，孵化与投资相结合，为广大创新、创业者提高良好的工作空间。（2）鼓励科技人员和大学生创业。推进大学生引领计划，建立健全大学生创业指导服务专门团队，加强大学生创业培训，建立就业创业基金，为大学生提供创业场所，公共服务和资金支持，以创业带动就业。（3）创新创业公共服务。运用政府购买服务，无偿资助及充分利用创业基金等方式，为小微企业创业者提供专业化优质服务，支持中小企业公共服务平台和机构建设，支持服务机构为初创人员提供法律、知识产权、财务、咨询、创业指导等服务。丰富创新创业活动，鼓励社会力量围绕大众创业、万众创新组织开展各类公益性活动。逐步在创业园及创业孵化基地建立为创业者提供免费宽带互联网的使用服务及用于创业服务的公共软件和信息网络共享服务，力争培育树立一批创业典型人物，让大众创业、万众创新在全县全社会蔚然成风。

【高校毕业生就业创业】 实施高校毕业生就业创业促进计划。（1）进一步优化创业环境，激发创业活力。进一步综合统筹现有支持政策，创新支持创业服务措施，搭建好返乡人员回乡创业服务平台，为创业者办理工商、税务登记、土地使用等手续开辟“绿色通道”，简化办事程序，为返乡创业人员办理手续提供便利。（2）进一步加大创业支持力度，拓宽创业渠道。提供“创业培训+创业贷款+创业指导”等创业全程服务。截至年底，高校毕业生参加创业培训共17人。（3）进一步加强创业服务能力建设，健全服务体系。按照“政府提供平台、平台集聚资源、资源服务创业”的思路，集聚公共资源开展各类创业服务专项活动，推进创业服务向农村延伸，鼓励大中专毕业生到农村发挥专长，并引导农村富余劳动力就近转移。

【社会保险缴纳情况】 2017年，城镇职工基本养老保险参保总数为1.01万人，完成目标任务9902人；基本养老保险基金征缴收入2.1亿元。城乡居民社会养老保险参保人数14.56万人，完成目标任务14.56万人的100%。城乡居民社会养老保险政教收入2300万元。机关事业单位职工参保人数9133人，完成目标任务4123人的221%。全县城镇职工基本医疗保险参保人数1.8万人，完成目标任务1.8万人的100%。城镇职工医疗保险基金收入3791万元，基本医疗保险支出4808万元。全县城乡居民参保人数26.18万人（其中城镇居民医疗保险参保人数为4.2万人），完成市下达任务28.23万人的93%。城乡居民医疗保险基金收入1.69亿元，支出金额1.41亿元，坚持“以收定支、略有结余”的原则。2017年，全县参加生育保险人数为1.16万人，完成目标任务数100%；收入198万元，完成市下达任务数的100%；报销65人次，支出42万元。截至12月底，参与工伤保险人数为1.03万人。基金收入122万元。工伤保险支出实行市级统筹。失业保险参保人数为8900人，完成市局目标8900人的100%，失业保险金征缴263万元，完成市局目标240万元的110%。2017年，“五险合一”核定参保单位45户，参保缴费1600人，征缴基金2570万元，其中养老保险1512万元、失业保险57万元、基本医疗888万元、大额医疗33万元、工伤保险44万元、生育保险36万元。

【异地就医住院费用直接结算】 推进全国医保信息联网，实现异地就医住院费用直接结算情况。为方便商都县参保人员异地就医和其他统筹地区参保人员在商都县就医购药，力争2017年按照国务院跨省就医工作规划要求实现异地就医费用直接结算，正在开展各项前期准备工作，积极推进城镇基本医疗保险异地就医直接结算。

【人事人才工作】（1）加强公务员日常管理，完善绩效考核机制，认真做好考核奖励工作。2017年，对全县（包括事业单位工作人员）干部5320人考核，其中优秀747人、称职4573人。严把人事调动关，严格按照人事调动程序办理人员人事调动手续。截至年底，办理公务员、事业单位等人员调动手续50人次。（2）完善专业技术人才评价使用机制。截至年底，对符合条件的19人进行初级职称评定。（3）全面推行人事档案规范化建设，落实档案管理制度，做好干部职工档案的保管流转工作，为全县干部职工办理各项事务提供依据。（4）做好军转安置工作。2017年，将49名大学生退伍兵分别安置到扶贫办、接待办、公安局事业单位工作。

【劳动关系协调】（1）积极开展书面审查工作。在加强用人单位日常监管的同时，继续开展对用人单位的书面审查工作，截至年底，共书面审查用人单位121家，涉及劳动者2046人。（2）认真做好投诉举报案件查处工作。截至年底，共处理投诉举报案件4起，为224名农民工追讨工资320.4万元。对涉嫌拒不支付劳动者工资报酬的案件，移送公安机关1起。（3）充分发挥农民工工资专项治理联席会议制度。由分管县长召集农民工工资专项治理联席会议成员单位及各乡镇负责人，主持召开全面治理拖欠农民工工资问题工作专题会议，对商都县2017年农民工工资支付保障工作进行安排与部署，并与建设、交通、水利等行业监管部门签订全面治理拖欠农民工工资问题责任状。

【劳动人事争议调解仲裁】 2017年，仲裁办共处理劳动人事争议案14件。其中不予受理7件。所受理的7件案件涉及劳动者人数7人，涉及金额约38.56万元。其中，工伤赔偿争议类3件、确认劳动关系争议类3件、经济补偿类争议1件。所受理的案件中，裁决1件，立案调解4件，案外调解2件，结案率为100%。

【外出务工人员动态管理】 2017年，全县外出人口15.65万人，占全县农业总人口59.5%。其中，本县范围内流动流入七台镇的3.52万人，流入呼和浩特市2.68万人，流入包头2.64万人，流入集宁0.85万人，流入大同1.35万人，流入二连浩特0.89万人，流入锡林浩特市0.85万人，流入北京、乌海、东胜、临河等地2.87万人。通过对驻呼和浩特、驻包头办事处及其他流出地外出务工人员的信息采集，各乡（镇）都建立详细的外出务工人员信息台账。同时，对采集到的信息进行系统录入，建立外出务工人员的电子信息台账，实行对外出务工人员的动态管理。截至年底，全县共录入外出务工人员电子信息8.2万人。

【外出务工人员沟通管理】 积极与乌兰察布市外出务工人员服务中心驻呼和浩特、驻包头办事处进行对接，并走访驻呼和浩特、驻包头办事处的各个外出务工人员党支部，了解掌握外出务工人员居住分布情况，通过各个外出务工人员党支部采集信息档案4658份。其中，驻呼和浩特外出务工人员3700份，驻包头外出务工人员958份。农牧民工驻呼和浩特、驻包头流动党员共计110人。新农合缴费信息登记1342人，其中呼和浩特市627人、包头715人。

【窗口服务】 根据市编委《关于全市外出务工人员综合服务管理局机构设置的通知》文件精神，制订《商都县外出务工人员综合服务管理机构工作实施方案（试行）》，成立县、乡、村三级外出务工人员综合服务管理机构，并于2017年2月20日正式开始运行，在县城乡居民服务中心一楼大厅设立外出务工人员综合服务窗口。2月21日，在商都人民政府网站、商都电视台、“活力商都”微信公众号、商都报等媒体公布外出务工人员综合服务窗口的办公电话、联系人及办公地址，方便外出务工人员。

【诉求办理】 通过电话、来人、外出务工人员微信群、外出务工人员驻呼和浩特驻包头办事处、二连察哈尔商会移交等方式，共受理外出务工人员的各类诉求1058件，其中通过驻呼、驻包办事处转办诉求1006件，由二连察哈尔商会转办32件，通过来人、来电等方式反映诉求20件。内容涉及要求分配土地、办理低保、享受相关补贴、申请救助、解决住房等问题，其中要求解决土地问题917件，占诉求总量的87%；涉及低保及政策性补贴393件；要求解决住房问题的231件。按照诉求反映内容，通过梳理、分类，由分管县长批签后分期分批转办到有关乡镇及相关部门。截至年底，已分四个阶段四批次转办诉求到各乡镇，并明确要求限期作出解决和答复。由各乡镇及相关部门主要领导核实签字后现已答复938件，其中按照相关政策，并结合当地实际情况实实在在解决的属于土地、低保、政策性补贴的诉求180多件，属于答复解决的450多件，属于政策性解释的300多件。同时，将每批受理诉求的数量、内容、受理程序、办结时间、办理结果都及时以简报的形式反馈给有关领导，以供参阅。

【精准扶贫】 截至10月底，累计为贫困户解决帮扶资金5.41万元。11月23日，计划出资近2万元为四顷湾和双井子村各打机井1眼，用来解决人畜饮水问题。

（供稿　王　军）

社会保险管理

【概　况】 商都县社保局内部设置机构有办公室、业务室、退管室、财务室、城乡居保室、机关事业养老保险科、“五险合一”稽核中心，编制20人，干部职工22人。

2017年，商都县社保局深入贯彻中共十八届三中、四中、五中和六中全会精神，按照“保增长，保民生，保稳定”的总体原则，统一思想，加大各项工作力度，紧紧围绕目标任务，狠抓落实，以确保发放为中心，以巩固城乡居民基本养老保险制度覆盖成果为重点，全面加强养老保险工作依法办理，以规范化、标准化、信息化、专业化建设为标准，全面提升管理水平，为服务对象提供更加优质、高效、便捷的服务，为促进全县社会稳定和各项事业发展发挥积极作用。

【养老保险扩面工作】 继续以规模以上企业、中小企业、灵活就业人员、农牧民工、中断缴费人员和行政事业单位聘用人员为重点，狠抓扩面工作。（1）创新宣传方式，推动养老保险制度宣传。通过深入乡镇发放城乡居民社会养老保险制度宣传提纲、百问百答手册、面对面答疑解惑等多种形式，灵活多样地强力推进城乡居民社会养老保险制度的宣传，使社会保险政策深入人心。（2）认真研究政策，降低养老保险参保门槛，鼓励吸引更多的灵活就业人员参保缴费。（3）及时做好做实各类参保人员信息核定工作，简化办事程序，提高办事效率，加大稽查力度，积极协调地税部门做好征缴工作。（4）狠抓政风行风建设，优化服务，加强监管，不断提高服务水平，统一办事程序，明确窗口服务项目，统一文明用语，坚持首问责任制、限时办结制，制作工作牌，公布办事人员姓名、电话、岗位职责，挂牌上岗，自觉接受社会的公开监督，真正建立起前台参保“一站式”，后台管理“一户式”，咨询服务“开放式”的管理服务模式。

截至12月底，执行企业养老保险制度的参保目标任务为9902人，实际参保1.01万人，完成比例102%；执行机关事业养老保险制度的目标任务入库人数为4123人，实际入库9133人，完成比例221.5%；城乡居民养老保险参保目标数为14.56万人，实际参保14.56万人，完成比例100%。

【养老金按时足额发放】 年内，养老金按时足额发放。（1）支出规范，严格执行收支两条线管理规定，强化支出预算的执行力，规范基金管理行为，确保基金安全运行。（2）按照国家和自治区要求，做好企业退休人员基本养老金的调整工作。截至12月底，全县共有企业离退休人员1.33万人，其中离休18人，退休1.33万人；享受遗属生活补助357人，平均每月发放养老金和遗属生活费2329万元，12个月养老金支出2.7亿元。从1月起，为全县1.26万名退休人员调整工资，平均每人每月增资174元，人均养老金水平每月达到1689元。

【养老保险费源核定工作】 严格落实《社会保险费申报缴纳管理规定》，依法核定缴费基数，做到应核尽核，促进养老保险费的征缴。抽组专人与劳动监察、工商、税务、工经委等相关部门全力合作，多次深入各类企业进行监督检查，核实企业用工情况和参保缴费情况，查阅企业用工花名册、企业会计发放工资表，财务报表和会计凭证等相关账册，核实缴费基数和缴费总额，之后移交地税征缴。督促没有参加养老保险的企业参保，将养老保险参保登记、缴费与工商年检、税务登记相衔接。

【“五险合一”稽核工作】 对县辖范围内用人单位及其职工基本养老保险、基本医疗保险、失业保险、工伤保险、生育保险以及大病医疗保险等险种统一稽核征缴。截至12月底，“五险合一”核定参保单位63户，参保缴费2889人，征缴合计4890万元，其中养老保险2324万元、失业保险116万元、基本医疗2200万元、大额医疗56万元、工伤保险108万元、生育保险86万元。

【领取待遇资格认证工作】 按照《内蒙古自治区养老保险待遇资格认证办法》，加强领取养老保险待遇资格认证。3—6月，社保局抽组专人，对全部离退休人员及遗属进行生存认证，年检率100%。（1）大力宣传网上年检、手机年检，使退休人员足不出户完成年检，同时方便外地居住退休人员；（2）启用“人脸识别系统”。这些措施，有力地敦促离退休人员按时如实申报，有效地堵塞养老金发放漏洞，防止养老金流失，打造“安全社保”。

【养老保险档案管理】 按照人社部和自治区人社厅下发的《社会保险业务档案达标验收实施方案》要求，聘请档案局业务人员指导，正在整理、规范城镇职工和城乡居民养老保险业务档案。

【业务办理实现“一站式”服务】 在县委、县政府号召下，社保局所有业务进入政务大厅办公，实现“一站式”管理，“一条龙”服务，真正达到“让参保对象少跑一次路，少排一次队，少等一分钟”的作风建设目标，既保证资金安全，又实现便民高效服务，赢得参保群众好评。

【党风廉政建设和作风建设】（1）加强党的建设和党风廉政建设。认真落实党风廉政建设责任制，加强重点岗位、关键业务环节的监督检查，落实廉政风险防控机制。提高党员干部党性修养和廉洁自律意识，切实加强对党员干部的监督管理，按照上级要求，从源头上防止腐败案件发生。（2）做好教育实践活动整改落实和巩固行风治理成果。针对教育实践活动中查找出的问题，整改落实、建章立制，认真履行“一岗双责”，严守政治、组织和廉政纪律。以《社会保险工作人员纪律规定》为准则，巩固窗口治理成果，努力创建优质服务窗口单位，树立为民务实清廉的良好形象。（3）开展好“两学一做”系列教育活动，认真学习习近平总书记系列重要讲话，认真贯彻讲话指示精神，坚持学用结合、知行合一。

【精准扶贫工作】 根据《关于切实做好精准扶贫精准脱贫工作的通知》文件精神，2017年，继续将工作重心从“十个全覆盖”工程转移到精准扶贫、精准脱贫工作上。工作人员先后深入十八顷镇三合行政村、范家村自然村贫困户家中，认真填写《工作手册》，了解贫困户实际情况，制定扶贫办法。单位共帮扶贫困户48户，坚持工作队天天下乡，局干部职工每月至少两次深入贫困户家中了解他们生产生活中遇到的问题。春耕春播期前，商都县社保局驻村扶贫工作队多次深入所包的十八顷镇范家村，了解情况，为村民解决当前的实际困难。村里缺乏水利配套资金，扶贫工作队协调水利部门，通过多种渠道筹措资金9.6万元，配套水利设施3台套，挖地埋沟2640延长米；针对电力电压不足的现状，协调供电部门，通过以小换大、以旧换新的方法，为村里更换3台变压器；由帮扶责任人为每户贫困户资助200元购买化肥。

（供稿　王文倩）

劳动就业服务

【概　况】 商都县劳动就业服务局为副科级建制的参公单位。编办核定编制15人，在编人员13人。内部设置：办公室、业务室、财务室。

2017年，商都县劳动就业服务局认真贯彻落实中共十八大精神，根据市局下达的全市就业再就业各项目标任务，紧紧围绕就业创业各项工作目标任务，结合商都县实际，按照夯实三大基础（平台建设、数据采集、创业园和孵化基地建设）、规范三项管理（失业保险、就业培训、公益岗位）、突出三个重点（创新创业、人力资源、职业介绍）的工作思路，全局干部职工上下一心，真抓实干，各项工作稳步推进。

【就业任务完成情况】 截至12月底，就业失业登记证共发放1631人，全县城镇新增就业人员1361人，完成市局下达任务的105%；城镇失业人员再就业320人，完成市局下达任务的103%（其中，就业困难人员就业238人，完成任务的108%）；城镇登记失业率控制在4.09%，城镇技能培训3032人，完成市局下达任务的112%；农牧民转移技能培训2423人，完成市局下达任务的101%；创业培训340人，完成任务的100%；培训后成功创业人数246人，完成任务的120%；家政服务业技能培训130人，完成任务的100%；农民工转移就业4.3万人，完成任务的100%（其中转移6个月以上3.4万人，完成任务的100%）；发放小额担保贷款人数118人，发放小额担保贷款金额546万元；失业保险参保人数8900人，完成任务的100%；已征缴失业保险金263万元，完成任务的110%。

【“春风行动”】 2月上旬至3月底，开展以“搭建供需平台，促进转移就业”为主题的“春风行动”活动，向全县城乡劳动者提供免费就业登记、免费职业介绍、提供职业指导政策咨询等服务。活动期间，共计免费发放《劳动保障法律法规政策问答》《就业促进法百题问答》《农民工进城就业100问》等宣传资料1万份。通过“春风行动”，为农村劳动者提供免费职业介绍服务4860人次，其中女性2616人次；共培训农民252人，其中女性12人，参加创业培训女性7人。

【培训进展情况】 针对全县转移就业劳动力整体素质不高，文化、法律、道德、技能等各方面素质参差不齐，整体偏低的特点进行培训，发挥企业主体作用，支持企业以新招用青年劳动者和新转岗人员为重点开展新型学徒制培训。鼓励各类职业学校、民营培训机构进行培训，采取不同的培训措施：（1）以传统用工量行业培训为主，专业有电焊工、汽车驾驶、蔬菜种植等；（2）结合商都县招商引资时机，蔬菜深加工、特色蔬菜种植、薯条加工等一批大项目落地，大量用工的机会，积极与县内外有信誉、有资质的培训机构联系协商，以技能提升培训为主，专业有蔬菜深加工、马铃薯深加工、甜菜深加工、特色蔬菜种植等；（3）针对外地用工和本地区企业用工需求及农民工的不同特点，有计划、有目的地开展培训，重点开展家政服务、月嫂、护工等培训。截至12月底，城镇技能培训3032人，农牧民转移技能培训2423人，创业培训340人，培训后成功创业人数246人，发放小额担保贷款人数118人，发放小额担保贷款金额546万元。

【社区平台建设】 商都县共有6个镇、4个乡，22个社区，211个村民委员会。截至年底，成立劳动保障平台有29个，其中劳动保障事务所10个、劳动保障工作站19个，每个所和工作站配备1名专职和2名兼职工作人员，每个行政村配备1名协理员，保障公共就业服务平台工作如期顺利开展。（1）加强国家政策的宣传力度，为每个保障所、保障站发放宣传资料，如《中华人民共和国就业促进法》《就业创业政策问答》《就业促进法百题问答》及《法律法规篇》等，大力宣传国家的法律法规；（2）对社区劳动力进行摸底调查并在各个社区建立详细的台账，如《劳动力资源花名表》《灵活就业人员就业登记表》《新成长劳动力及就业情况花名表》《失业人员花名表》《复转军人就业情况》《下岗4050人员花名表》，做到数据明确、心中有数；（3）强化基层保障所硬件建设，配备电脑、打印机，各项信息全部输入电脑，尽量实现无纸化办公。加强培训，在有条件的社区建立培训中心，设立专门的教室，配备投影仪及教师进行教学；（4）加强劳动保障平台协理员队伍建设，提高基层劳动就业社会保障公共服务能力，并通过笔试和面试招聘233名劳动保障协理员，其中24名协理员通过考试拿到职业资格证书，他们主要的工作职责是宣传贯彻党和政府关于劳动就业和社会保障方面的方针政策、法律法规，并向广大群众提供就业、创业、培训、职介、法律法规、购买社会保险、维护合法权益等一系列服务。

【失业保险征缴】 加强失业保险扩面征缴工作，建立按月通过制度，严格扩面审核认定程序，及时、准确、客观地反映全县的任务进展情况，2017年是社会保险审计年，完善内控机制，规范业务流程，严把支出审核关，规范基金管理和使用。截至12月底，失业保险参保人数8900人，征缴失业保险263万元。

【就业服务实名制管理录入】 根据市下达录入任务，商都县全面开展9类人员实名制动态管理工作，即就业失业登记证发放1631人、城镇新增就业人员录入1361人、城镇登记失业人员1631人、城镇就业技能培训人员3032人、农民工技能培训人员2423人、创业培训人员340人、成功创业人员246人、就业困难人员认定238人、公益性岗位安置人员225人。

【都德利大东街创业孵化基地】 持续推进大众创业、万众创新，建立一批“双创”示范基地促就业，建立都德利大东街创业孵化基地。商都县就业服务局牵头负责，商都县都德利超市有限责任公司具体实施，共同组建成立商都县都德利大东街大学生创业孵化基地。该基地总建设面积1.1万平方米，计划面对各类创业者开放约9800平方米。可容纳70多家创业团队及创业个人入驻，现已入驻38家创业团队及个人，从业人员达350人。入驻基地的创业团队及创业者均可享受3年免租，岗前可享受SYB“创办你的企业”创业培训，提供创业贷款扶持及自治区创业带动就业的其他各项扶持政策。

【绿娃农业就业园】 建立绿娃农业就业园。该创业园以生产瓜果、蔬菜、花卉、薯类、杂粮、杂豆、谷物、食用油料作物的生产、加工、销售（电子商务）、畜禽养殖及其产品的加工销售（电子商务）为主，并建立商都县农业创业园农业创客大学，公司有员工62人，拥有有机种植基地700亩，公司通过线下推广品牌“蒙绿娃”有机瓜果及线上（电子商务）的推广，网络品牌快速成型，电商运营不到一年培育忠实客户3万多个。通过建立“公司＋基地＋市场＋合作社＋农户”的模式，带动基地周边520户1610人就业。

【鑫磊蔬菜专业合作社】 实现鑫磊蔬菜专业合作

社网上运营。商都县47位自然人注册成立商都县鑫磊蔬菜专业合作社，合作社共有10个村民小组，670户、2368人，是一家专业为客户提供技术服务、技术开发、信息服务、电子交易农副产品、生鲜蔬菜、畜禽产品、生产资料、日用消费品、粮油制品等多元化服务的企业，其特色农产品种类有蔬菜类，干果类，杂粮、畜禽产品等。2015年，合作社销售收入600万元，利润103万元，户均增收8000元。

【陶瓷研究所】 建立陶瓷研究所促进就业。在商都县职业中学组建成立陶瓷研究所，陶瓷研究所继续坚持以服务为本位、以就业为导向、以能力为本位的指导思想，以社会需求为目标，提高技能训练在教学计划所占的比重，突出技能教学，为发展商都县陶瓷产业奠定技术人才基础，由商都县职业高中陶瓷应用技术研究所承担教育培训，依托商都本土稀矿产资源白泥，集陶瓷产品的研发、生产和陶瓷生产工艺的培训为一体。商都弘艺玉瓷有限公司正在建设中，预计企业投产后能吸纳就业人员1000余人。

【携农电子商务有限公司】 成立携农电子商务有限公司带动就业。商都县供销社、人社局、就业局共同打造成立商都县携农电子商务有限公司，公司坐落于都德利大东街创业孵化基地。公司共与52家农牧民专业合作社及13家农副产品加工企业建立供货合作关系。2016年1月18日，建成携农商城网络平台，正式上线运营，实现同城网络销售配送。该基地同时也是商都县的大学生就业见习基地、大学生电子商务创业孵化平台。

【大众创客中心】 建设大众创客中心带动就业。为更好地利用闲置旧有办公厂房和设备，将原行政审批中心大楼及迎街门脸房进行整合，改造建设为县级电子商务发展中心及大众创业孵化基地，改造利用面积近1300平方米。共入驻10余家公司，有自治区级农牧业产业化龙头企业乐耕食品公司、溢源醋液有限公司、奥淳酒业公司、申安农业综合开发公司、希森薯业公司。入驻的快递物流企业有邮政公司、申通快递公司、全峰速运公司、顺丰快递公司、快捷快递公司，各企业已陆续启动开展电子商务运营工作。

【温宁·巨弘创业园】 倾力打造温宁·巨弘创业园。为更好地激发全社会创业创新活力，形成“大众创业、万众创新”的良好态势，推动全县经济结构优化调整，催生经济发展新动力，打造创新驱动发展的“新引擎”。由劳动就业服务局牵头负责，内蒙古温宁房地产开发有限公司具体实施，组建成立商都县温宁·巨弘建材物流创业园。该创业园位于商都旧城改造区西侧，外环路与青年路交叉口，东临滨河景观带，北临青年路，西临外环路。总占地面积5.76万平方米，总建筑面积为4.76万平方米，项目总投资2.5亿元，可容纳290余家创业团队及创业者入驻，创业就业人员可达2300多人。园区配套建设实现“四通三化”，即通广播通讯，24小时视频监控，互联网络，公共无线网络全覆盖，以及绿化、亮化、硬化。共入住123家创业团队及创业者，创业就业人员达970多人。

【宏达农贸物流园区】 强化宏达农贸物流园区建设。该园区累计投资3980万元，建成5000亩无公害标准化蔬菜种植田和1600亩有机蔬菜种植基地。建有年生产2万吨气调保鲜盒净菜生产线1条，以及占地面积2万平方米年交易10万吨的蔬菜交易市场1处。园区下设财务部和综合管理部等共7个部门，有固定员工53人，园区无公害蔬菜共15大类21多个品种，吸纳小海子镇、十八顷镇、大黑沙土镇近6000人从事无公害、有机蔬菜种植，其中返乡创业人员800多人。

【专业化众创空间】 建成1个专业化众创空间促创业。该众创空间建设面积1320平方米，内设创业咖啡、“互联网+”、商务洽谈、创业指导孵化，头脑风暴、创想空间、多媒体训练营、项目路演等服务设施。致力于为“双创”提供低成本、全方位、专业化服务，着力发挥政策集成效应，实现创新与创业相结合，线上与线下相结合，孵化与投资相结合，团队与人才相结合，为创业者提供良好的工作空间、网络空间、社交空间和资源共享空间，从而达到通过“聚合”产生聚变的效应，培育创客文化，让创业创新蔚然成风。

【零就业家庭精准帮扶】 开展零就业家庭精准帮扶。商都县援助就业困难群体实现就业，尤其是将“零就业家庭”成员再就业工作摆在民生工作“头等舱”位置，加大帮扶力度，做到发现一户、援助一户，通过认真细致调查摸底，对“零就业家庭”成员的基本情况进行详细登记，建立档案，实行动态监测。帮扶措施有职业培训，职业介绍，入住创业园及就业园＋创业贷款扶持，公益性岗位安置等，提供全程“绿色通道”服务和“一对一”的结对帮扶，多措并举，确保“零就业家庭”成员至少一人稳定就业。

【“三位一体”形式促就业】 商都县把创新创业贷款工作作为落实新一轮就业优惠政策的重点，采取“创业培训＋项目支持＋创业贷款”的模式，成为扶持劳动者创业带动就业的抓手，作为解决创业者融资难这一瓶颈的突破口，积极筹措专项资金。（1）通过强化与财政、银行部门协调，进一步扩大贷款对象，拓宽贷款担保人范围，简化贷款手续，强化贷款风险控制，为想创业无资金的创业者提供启动资金和经营周转资金。（2）通过政策扶持、鼓励、支持求职者组织起来就业和自谋职业，充分发挥创业贷款对促进就业再就业工作积极的、独特的作用，使较多城镇失业人员、返乡创业人员、农民工、大中专毕业生、退伍军人得到扶持，带动较多失业人员就业。截至年底，共发放创业贷款 118 人、546 万元。

【劳务输出实施】 2017 年，通过开展实用技术和订单定向培训，劳务输出贫困人口 1700 人，为更好地加强外出务工人员服务工作，主要依托乌兰察布驻呼和浩特外出务工服务中心，驻包头外出务工服务中心，免费提供技能培训、职业介绍、劳动维权、养老医疗服务工作。对未设外出务工服务中心的地区，县就业服务局积极与输入地就业服务部门进行针对性的对接，解决外出务工人员生产、生活中存在的困难和问题。

【劳务协作建立】 2017 年，就业局按照县委、县政府工作部署，紧紧围绕中国通用技术集团对口帮扶商都县的契机，把县内富余劳动力转移就业工作作为发展县域经济一项重要举措来抓，积极与中国海外经济合作总公司进行多次对接。2016 年 7 月 18 日，中国海外经济合作总公司总经理侯学军一行到商都县考察调研，与县人社局签订关于对外劳务输出项目合作的谅解备忘录。

中国海外经济合作总公司与日方洽谈汽车修理（男工）赴日本技能实习生项目，下一步赴日劳务派遣工作主要针对商都县职业中学汽车修理专业应往届毕业生去日本技能实习。与江苏苏中江人力资源服务有限公司建立劳务协作，该项目实行“订单、定向”培养培训，招生与招工同步，教学与生产同步。企业根据人才需求，与学校签订用工协议。联合办学实行“2+1”和短期培训两种模式。“2+1”模式，即学生分两阶段完成学业。前两学年，学生在商都学校就读，“启程计划”实施基地派专业师资协助学校组织教学，并投入教学实践所需设备；第三学年，到基地进行技能培训，同时学习日语、礼仪和企业文化等相关知识技能。专业开设出国汽修、护理、服装专业，并力争将该专业班作为商都县贫困家庭脱贫致富的抓手，并做大做强，为当地人才培训、经济发展、人民奔小康做贡献。

【脱贫车间模式】 2017 年 11 月 25 日，商都县组织 5 个乡镇 52 名贫困人口赴化德县学习服装缝纫工技术。该次培训坚持政府主导、村委会为主体、企业经营、贫困户参与、产权归村集体所有的模式，充分发挥服装企业劳动密集型产业优势，积极引导化德县有担当的企业到商都县贫困村进行合作帮扶，将“服装脱贫车间”开到贫困户的家门口，使贫困人口稳定脱贫有了产业支撑，加快贫困户脱贫步伐。

在技能培训的同时，各乡镇与化德县的企业积极对接，同时村委会把闲置的村办公房作为固定资产入股车间，经过装修、购买机器，准备贫困人员培训学习后入驻进行生产。截至年底，分别在七台镇南湖社区、屯垦队大南坊村、大黑沙土镇芷芨滩行政村、玻璃忽镜乡陈家梁行政村、卯都乡二道渠行政村各建立脱贫车间1个。

【京蒙对口帮扶劳务协作】 2017年9月15日，县委副书记、县长曹凯宏带领相关部门负责人赴北京市平谷区进行对接考察，并参观北京老才臣食品有限公司，9月19日收到“北京老才臣食品有限公司”招工简章后，县人力资源和社会保障局分别在商都就业微信公众号等宣传媒体进行转载，并印刷招工简章5000份进行宣传。截至年底，有意向的求职者已与用工企业取得联系。

2017年11月9日，商都县和北京市平谷区举行就业服务合作签约仪式，平谷区人力资源和社会保障局局长尉欣、平谷区人力资源和社会保障局副局长于学军、平谷区人力资源和社会保障局就业促进科科长张冬梅、平谷区人力资源和社会保障局人力资源市场主任王友、平谷区鑫洁森职业技能培训学校校长周东华，中共商都县委常委、常务副县长郭玉广，县委常委、副县长李晓军，县人力资源和社会保障局局长赵亚弼，县就业局局长简立峰，县外出务工局局长孙志强参加签约仪式。县委常委、常务副县长郭玉广主持会议。县委常委、副县长李晓军介绍商都县劳动力资源情况。商都县人力资源和社会保障局局长赵亚弼与平谷区人力资源和社会保障局局长尉欣签订“商都·平谷就业服务合作框架协议书”。

【精准扶贫】 按照“六个精准”（扶贫对象精准、项目安排精准、资金使用精准、措施到户精准、因村派人精准、脱贫成效精准）基本要求，“两不愁、三保障”（不愁吃、不愁穿，义务教育、基本医疗、住房安全有保障）总体目标，成立驻村工作队，第一书记赵秀峰，队长燕德茂，组员田仙龙和王文韬，经常深入贫困户家中走访了解他们的生产生活中遇到的问题，并给予帮助解决。在建档立卡工作中做到“四清”，一是摸清家底状况、致贫原因、收入来源、收入水平等基本情况，建立基础档案，做到“底数清”；二是摸清脱贫门路、需要解决的主要困难，建立问题台账，做到“问题清”；三是摸清以往扶持情况、扶持效果，提出帮扶措施，帮扶计划，做到“对策清”；四是定期召开会议，逐户制订脱贫计划，确定脱贫时限，做到“任务清”。按照商都县对精准扶贫工作的总体安排部署，为切实解决好村镇环境卫生保洁工作，对建档立卡贫困户劳动力年龄范围内开发公益性环卫工人岗位安置贫困人员1105人，工资标准为每人每月300元，从再就业资金给予拨付，按季度实行“一卡通”发放。单位包扶贫困户40户，其中7户10人于2016年脱贫。2017年，芷芨滩行政村新识别贫困户6户13人，返贫2户4人；大青沟行政村返贫20户50人，新识别10户20人。2017年脱贫6户8人，其余27户逐年脱贫。局干部职工坚持每月两次深入贫困户家中了解他们的生产生活中遇到的问题，并给予帮助解决。12月20日，就业局全体干部深入大黑沙土镇大青沟坊子行政村、芷芨滩行政村，为327户常住户送去爱心大米。

【职业介绍促就业】 通过多种渠道、多种形式收集信息，拓展就业渠道，增加就业岗位，对县内外用人单位进行整体调查摸底，登记造册，收集27个用人单位产生的空岗2923个，并及时对求职者求职信息进行整理分类。全年共安置1210人，其中安置政府开发的公益性岗位225个；成功为华诏集团乌兰察布市大数据服务外包公司推荐50人，为衡益特陶新材料有限公司招聘员工

15人，为蓝威斯顿薯业有限公司常年招收季节工920人，为内蒙古天宇达生物科技有限公司等推荐就业岗位。

【“就业再就业”政策宣传】 为顺应媒体移动化、适应互联网络的发展趋势，充分运用“互联网+”思维理念和新媒体开展就业宣传工作，做好就业创业服务工作，商都县就业局积极开拓新思路，全力推进就业创业信息化建设，把微信作为就业宣传的重要阵地，“商都就业”微信公众平台以服务人民群众为宗旨，通过微信发布商都县就业工作动态、职业介绍服务、技能培训服务、创业培训服务、创业贷款服务、就业工作办事流程、就业再就业国家政策等，让人民群众通过手机等移动终端随时随地了解全县就业再就业信息。

（供稿 张 宏）

医疗保险管理

【概 况】 商都县医疗保险管理局于2009年12月成立，准科级建制参公单位。核定编制20人，在编18人。

2017年，商都县医疗保险工作认真贯彻落实中共十八大精神和全市人力资源和社会保障工作会议精神的工作目标，努力构筑多层次的医疗保障体系，以完善制度、扩大覆盖面为重点，以强化管理、优化服务为手段，以保障全县参保人员的医疗、工伤、生育待遇，维护社会稳定为基础，促进全县各项事业的全面、协调、快速发展。

【城镇职工基本医疗保险】 2017年，对城镇职工医疗保险基金征缴工作进行全面梳理，严格审核城镇职工医疗保险缴费基数，确保医疗保险应保尽保、应收尽收、减少流失。进一步扩大单位参保人数。截至12月底，全县参保职工人数1.8万人，完成市下达任务1.8万人的100%。城镇职工医疗保险基金收入3791万元，基本医疗保险支出4808万元。

【生育保险】 2017年，全县参加生育保险人数为1.16万人，完成市下达任务数的100%。收入198万元，完成市下达任务数的100%。报销65人次，支出42万元。

【工伤保险】 2017年，全县参保企业58家。参保职工人数为1.03万人，完成市下达任务1.03万人的100%。收入122万元，完成市下达任务241万元的50.6%。支出实行市级统筹。

【城乡居民基本医疗保险】 2017年，努力抓好城乡居民基本医疗保险工作，全面完成目标任务，医保局通过不断向县委、县政府汇报，积极与各相关单位部门协调，集中力量广泛宣传，克服任务重、人手少的具体困难，各司其职、多管齐下，截至12月底，全县城乡居民参保人数26.18万人，完成市下达任务28.23万人的93%。城乡居民医疗保险基金收入1.69亿元，支出金额1.41亿元，享受待遇3.58万人次（其中贫困户医保报销3741人次，报销金额2155万元；民政救助916人次，救助金额108万元；商业大病医保报销111人次，报销金额29.8万元；县人保财险报销1327人次，报销金额100万元；县人寿保险报销681人次，报销金额67万元；政府重特大疾病报销2530人次，报销金额348万元；爱心基金支付772人次，支付金额89万元；爱心基金支付送医送药人数3586人次，支付金额53.7万元）。坚持“以收定支、略有结余”的原则。

【医保参保率全面提高】 为使全县切实得到基本医疗保障，共享改革发展成果，全力扩大医保覆盖面，医保局加大宣传力度，采取各种方法，深入开展“进学校、进乡镇、进企业”，宣传医疗、工伤保险的意义和作用，使企业、个人更多地了解医疗、生育、工伤保险的政策以及法规，做到人人皆知，提高企业、个人参保自觉性，形成积极参保的良好氛围。

【办事公开接受群众监督】 2016年，医保局整体搬迁至县城乡居民服务中心后，所有业务窗口都设立在服务中心一楼，极大地方便了广大参保人员，也有利于广大群众和参保人进行监督。为更好地服务建档立卡贫困对象就医报销、优化服务路径，2017年，商都县对建档立卡贫困对象就医报销开辟“绿色通道”，对贫困对象患者报销使用专用档案标识，在贫困对象就医报销过程中实现专人专项及时结算；并在基金账户中为建档立卡贫困对象设立储备预留基金，确保贫困对象医疗费快捷报销。截至年底，通过“绿色通道”为3471个建档立卡贫困对象患者实行快捷报销。6月以后，县政府协调相关部门对精准扶贫建档立卡贫困户医疗费报销实行“一站式”服务，由医保局牵头，将医保局、民政局、新华保险、人险、财险集中整合在城乡居民服务中心大厅集中办公，并制定“一站式”服务工作流程，并在大厅安置2台X展架以及相关宣传资料，对贫困户患者进行指导报销，同时在大厅LED显示屏滚动播放宣传“一站式”保险报销流程，此外，将报销流程下发到各乡镇进行宣传。实行“一站式”服务，该举意味着贫困户只需跑一趟，就能享受“一站式”报销带来的便捷。

【异地直报便民惠民】 2017年，医保局充分发挥网络技术优势，扩展信息网络服务功能，以“金保工程”为载体，整合现有网络和信息资源，改造升级应用软件，提高经办效率。跨省异地就医直接结算工作是国务院重点民生工程，自该项工作启动以后，认真对待，高度重视，县医保局大力组织相关业务人员在国家和自治区以及乌兰察布市规定的时间内相继完成联网测试、登记备案等工作，按照市医保局关于接口改造相关规范要求对两所定点医院，即商都县中医院和商都县医院进行接口改造，2017年8月29日，商都县中医院针对天津市以及自治区内的6个盟市参保人员进行调联测试，成为乌兰察布市凉城县之后第二个完成测试并通过的旗县，实现异地人员在商都县就医直接结算功能，完成接口改造的功能。

【医保政策完善，医保待遇提高】 为切实减轻居民参保人员住院治疗的个人负担，提高居民参保人员待遇，根据乌兰察布市人民政府办公室《乌兰察布市城乡居民基本医疗保险管理暂行办法》和《乌兰察布市重特大疾病医疗保险管理暂行办法》文件要求，由市人民政府统一给所有城乡居民按每人每年15元购买商业大病保险。参加城乡居民医疗保险且每年按时足额缴纳居民医疗保险费的居民均可享受城乡居民大病医疗保险待遇，城乡居民基本医疗保险参保人员患大病发生高额费用，有大病保险对经城乡居民基本医疗保险按照政策规定支付后个人负担的合规医疗费用给予保障。在保障普通参保人员的同时，针对困难群体制定相应的优惠措施。对于医疗救助对象和建档立卡的精准扶贫对象、重度残疾（1—2级）、计划生育特殊家庭中的参保患者，起付线降低50%，政策范围内报销比例在原基础上提高5个百分点。市政府出台《重特大疾病医保管理暂行办法》，重特大疾病保障基金按照“以收定支、收支平衡、略有结余”的原则进行筹集和待遇给付。

【廉政建设加强，拒腐能力提高】 2017年，医保局全面贯彻“五个不许”和“四项工作”，即不许违反规定收送现金、有价证券和支付凭证；不许“跑官、要官”；不许放任、纵容身边工作人员利用领导干部职权和职务影响经商办企业、谋求非法利益；不许利用婚丧嫁娶等事宜收敛钱财；不许赌博，严于律己、清正廉洁。坚决贯彻落实自治区纪委提出的“四项工作”，一是严格按照县委出台的公务活动接待标准进行公务接待，杜绝奢侈浪费，防止用公款大吃大喝。二是坚决禁止用公款外出旅游。三是坚决禁止领导干部利用职务之便为自己牟取私利。四是坚决禁止弄虚作假，虚报浮夸，渎职、失职，造成不必要的损失。进一步严格执行党风廉政建设、廉洁自律各项规定。

【定点医疗机构和定点药店的监督检查】 2017年，共完成对2家定点医疗机构和51家定点零售药店的检查，并且进一步加强对定点医疗机构和药店稽核力度。对违反医保政策的违规行为，查实一例、处罚一例，坚决规范医保服务行为，切实维护参保人员的合法权益，有效地堵塞医保基金流失漏洞。

（供稿 高勇强）

扶贫开发

【概 况】 商都县扶贫办由县人民政府批准，成立于1986年，规格为正科级单位，为商都县政府常设机构。下设扶贫服务中心，内设3个科股室，分别为综合科、项目管理股、社会扶贫与移民开发股（纪检监察室）。扶贫办定编112人，行政编5人，事业编107人。

【扶贫成效】 2017年，商都县圆满完成各项扶贫任务，全县脱贫8150人；贫困发生率由7.47%下降为5.15%，贫困发生率下降2.32%；农牧民人均可支配收入达到9257元，同比增长8.28%。2017年，退出贫困村16个，全县农村安全饮水、通村公路及街巷硬化、村村通电基本实现全覆盖。

【精准识别工作】 2017年11月，开始对全县3.73万户、8.15万人农村常住人口的信息进行摸底清查，并完成分类研判、民主评议、信息比对、两次公示、县级公告、贫困告知和贫困村退出工作。同时，将扶贫对象动态管理数据录入和清洗工作录入建档立卡系统，县、乡、村三级分别建立精准扶贫台账。通过该次动态识别管理，新识别2021户、4280人；返贫556户、1340人；返贫回退141户、342人；脱贫4901户、1.13万人；清退123户、307人；自然变更增加253人、减少611人。系统内未脱贫数据为5712户、1.34万人。识别精准率和退出精准率分别达到100%。

【产业扶贫】（1）对有发展生产能力的贫困户按25项“菜单”名录据实测算，标准为人均1500元、户均不超4500元，超出部分按照10%进行补贴，共计为6668户、1.23万名“点菜”贫困人口发放补贴资金2425.49万元，人均1973元。对弱劳动能力贫困户，参照实施方案以发展产业项目扶持标准，即户均1500元，超出部分按照10%进行补贴，共计为3299户、5782名贫困人口发放补贴资金637.4万元，户均1932元；对1452户、2018名无劳动能力贫困人口通过资产收益的方式，按照每户1000元的标准，落实资产收益145.2万元。（2）立足丰富的农畜产品资源优势，通过订单合同型、流转聘用型和服务协作型3种模式，构建紧密的农企利益联结机制。经初步统计，全县78家农牧业产业化龙头企业和591家农民合作社可带动2.64万名贫困人口实现稳定增收。

【金融扶贫】 2017年，各金融机构累计为1.10万户贫困户发放贷款8230.2万元。（1）对具有劳动能力的贫困人口，通过“政府贴息、贫困户点菜”的“菜单式”扶贫方式，协调中和农信、信用联社为贫困人口每人提供1500元贴息贷款用于产业发展。从2016年开始到2018年，连续3年滚动发放实施，共发放贴息贷款2811.8万元，受益贫困户9735户、1.87万人，贴息378.69万元，户均贴息收益389元。（2）引导农行和信用联社积极为有生产经营能力的贫困户提供金融扶贫贷款支持。共为1255户贫困户发放贷款5418.4万元，到期后预计贴息27.09万元，户均贴息收益216元。（3）以商都县被列为自治区首个露地蔬菜保险财政保费补贴试点旗县为契机，全面推行蔬菜保险工作，补贴品种为西芹、甘蓝、白菜等14个品种。全县每年露地蔬菜贫困户参保面积达到3万多亩，参保农户达到6000多户，其中贫困户2100户，赔付金额达70多万元，户均受益350元。

【“美丽乡村”建设】 公路通车1747公里，212

个行政村和472个自然村实现“村村通”；街巷硬化1435公里，是中华人民共和国成立以来农村街巷硬化的7.9倍；实施安全饮水工程137处，解决7.3万人饮水安全问题。电力、通信、广播电视、便民连锁超市、标准化卫生室和文化活动室实现行政村全覆盖；对132个常住户30户以下的自然村实施小村整合；通过积极争取上级危改专项资金和县财政自筹，实施农村危房改造、生态脆弱地区移民、易地扶贫搬迁，历史性地完成农村危房改造3.74万户，彻底解决所有常住非贫困户和1.65万户贫困户的住房安全问题，尚有1298户贫困户危房未解决。同步拆除危旧房11.32万间、附房及破烂棚圈6.57万间、残墙断壁604.9万延长米，村容村貌得到有效改善。

【易地搬迁】 全力推进2017年易地搬迁工程，搬迁总人数4109人。其中，建档立卡贫困人口1961人，同步搬迁人口2148人。2017年，易地扶贫搬迁工程入住率达100%。同时，积极探索实施“资金托管经营收益分红”模式，各乡镇与华盛绿能公司和柒玖三鼎农牧业合作社签订托管养羊协议，将搬迁贫困户每人5000元的易地移民后续产业发展资金注入公司和合作社，由其统一购买肉羊进行托管养殖，每年按12%的经营收益为贫困户分红。1961名贫困户，人均收益600元，总计117.66万元已全部发放到位。

【社会扶贫】 自治区7个厅局单位投入帮扶资金590万元；17个市直单位投入帮扶资金2403万元；中国通用技术集团投入帮扶资金1501.5万元；北京市平谷区京蒙对口帮扶资金2178.2万元。发动广大帮扶干部和爱心人士捐款179万元。自治区青基会和商都县佰惠生糖业公司、龙湾国际公司、水漩志愿者协会共捐赠帮扶资金79.95万元。内蒙古扶贫促进会“扶贫济困、圆梦学子”活动出资56.85万元，资助商都县建档立卡贫困家庭学生379人，每人1500元。

（供稿　高　明）

民政　民族　宗教

民政工作

【概　况】 商都县民政局内设机构6个，分别是综合办公室、规划财务股、优抚安置股、救灾救济股、基层自治组织和行政区划地名股、社会福利和社会事务股。核定二级事业单位6个，分别是商都县光荣院、商都县城市居民最低生活保障中心、商都县殡葬管理所、商都县中心敬老院、商都县区域敬老院和商都县婚姻登记管理所。

局核定行政编制10人，实有9人；工勤编制9人，实有9人。核定部门正职职数1人、副职4人，实有正职1人、副职4人（含纪检组组长1人）；其他领导2人，其中双拥办专职副主任1人（2017年6月调县政协办）、副主任科员1人。核定股室正职职数6人，实有6人。商都县光荣院：单位核定（全额拨款）事业编制4人，实有4人；商都县城市居民最低生活保障中心：参公事业单位，核定（全额拨款）事业编制18人，实有18人（其中参公人员9人、事业人员9人）；商都县殡葬管理所：单位核定（全额拨款）事业编制4人，实有4人；商都县中心敬老院：单位核定（全额拨款）事业编制2人，实有2人；商都县区域敬老院：单位核定（全额拨款）事业编制2人，实有2人；商都县婚姻登记管理所：单位核定（全额拨款）事业编制3人，实有3人。

2017年，民政工作紧紧围绕全县中心工作和市民政局重点工作部署，深入学习贯彻习近平新时代中国特色社会主义思想，牢固树立“民政为民、民政爱民”的工作理念，全面落实上级各项决策部署，较好地完成主要目标任务，社会保障、困难救助、社会救助、减灾救灾等各项工作取得明显成效。

【城乡低保】 2017年，城镇低保发放标准在2016年每人每月507元的基础上，提高55元，达到562元，全年共为9362名城市低保对象累计发放低保金4944.2万元；农村低保发放标准在2016年每人每年3419元的基础上提高280元，达到3699元，共为4.64万名农村低保对象累计发放低保金1.72亿元。

【特困人员供养】 2017年，分散供养“五保”对象发放标准在2016年每人每年4000元的基础上提高1078元，达到5078元；集中供养“五保”对象发放标准仍按2016年每人每年8000元的标准发放；城镇“三无”人员分散供养仍按2016年每人每月800元标准执行。全年共为283名集中“五保”供养对象发放救助金295.7万元；共为3036名分散供养“五保”对象发放救助金1128.78万元；共为102名“三无”人员发放供养金97.9万元。特困人员中，半护理、全护理对象照料护理补贴按照上年度全区最低平均工资标准的25%和65%确定，分别为每人每月373元和969元，认定工作已全部结束，与318名分散供养特困对象监护人签订特困人员照料护理协议，发放照料护理补贴 90 万元。

【“三民”和“精减退职”补助】 2017 年，“三民”补助标准按照当地城镇低保补助标准的基础上每人每月增加 220 元执行，“精减退职职工”全部纳入农村低保补助范围予以保障。共为 284 名“三民”和“精减退职职工”发放 210.3 万元。

【孤儿和事实无人抚养儿童供养】 2017 年，孤儿分散供养和事实无人抚养儿童供养标准在 2016 年的基础上提高 100 元，达到每人每月 1200 元。全年共为 68 名孤儿和事实无人抚养儿童发放供养金 97.9 万元。

【困境儿童及困境家庭儿童供养】 2017 年，困境儿童及困境家庭儿童供养标准按孤儿分散供养标准的 50% 执行，在 2016 年的基础上提高 50 元，达到每人每月 600 元。全年共为 258 人发放供养金 185.7 万元。

【高龄津贴发放】 80 周岁以上老年人高龄津贴按照内蒙古自治区人民政府《关于增加城乡居民收入几项惠民政策的通知》执行，全年共为 6449 名老人一次性发放高龄津贴 773.8 万元。其中为 2 名 100 周岁以上老年人每人每年发放 5000 元的门诊医疗补贴和 7200 元的高龄补贴。

【医疗救助】 2017 年，全县医疗救助达到 7391 人次，共发放救助金 2029.6 万元。其中，救助低保户 6915 人次，发放救助金 1840.6 万元；救助建档立卡贫困户 476 人次，发放救助金 189 万元。

【取暖补贴】 2017 年，共为 3.12 万户发放取暖补贴 1873.08 万元，全部通过“一卡通”发放到户。

【困难群众基本生活保障】 为进一步做好困难群众基本生活保障工作，2017 年，商都县成立由县人民政府分管领导任组长，民政、发改、人社、财政等部门负责人和各乡（镇）人民政府乡（镇）长为成员的困难群众基本生活保障协调领导小组，并建立困难群众基本生活保障协调机制。要求领导小组成员单位各司其职，密切配合，共同做好困难群众基本生活保障工作。年内，由组长组织召开 4 次协调会，专门研究解决困难群众基本生活问题。同时，各乡（镇）人民政府也都成立相应的领导小组，建立协调机制，负责本乡（镇）困难群众的基本生活保障工作。

【社会救助兜底保障】 社会救助兜底保障作用有效发挥。2017 年，对全县 2.2 万名建档立卡贫困人口中符合条件的新增低保 4527 人；累计享受低保 6203 人、现金直补 783 人、“五保” 65 人。兜底的 6604 人中，享受低保 5673 人、兜底直补 766 人、“五保” 52 人。各项救助资金已全部发放到位。

【减灾救灾应急救助】 减灾救灾应急救助能力明显提升。2017 年，商都县主要发生干旱、冰雹、洪涝等灾害，给全县的农牧业生产造成影响。据统计，全县共有 10 个乡（镇）、9.8 万人受灾，灾害造成 4.55 万公顷农作物受灾，2.06 万公顷农作物成灾，0.94 公顷农作物绝收，2.6 万人饮水困难，3259 头（只）牲畜饮水困难，因旱需生活救助人口 3.2 万人，灾害造成农业直接经济损失达 1.5 亿元。灾害发生后，及时下拨救灾款，有效地解决受灾群众生产和生活困难。

【社会福利和慈善事业】 社会福利和慈善事业逐步加强。建立困难残疾人生活补贴和重度残疾人护理补贴制度，为 1640 名困难残疾人每人每年发放 960 元的生活补贴，为 1886 名重度残疾人每人每年发放 960 元的护理补贴，全年共发放两项护理费 338.5 万元。扎实有效开展慈善医疗救助，年内救助重特大疾病患者 12 人，发放救助资金 9.33 万元。

【社会治理工作】 社会治理工作取得成效。按照《深入推进农村牧区社区建设试点工作实施方案》，开展农村社区建设试点的村达到 25 个。全面推行社会组织直接登记制度，进一步规范党政领导干部兼任社会组织职务审批管理工作，有序开展行业协会与行政机关脱钩试点工作。全年登记社会组织4家，年检社会组织25家。在社会组织党建中，集中推进社会组织党的组织和工作全覆盖，全县25家社会组织中，共有7家建立党组织。

【“双拥”优抚工作】 组织2000余名社会各界人士参加烈士纪念日公祭活动；在元旦、春节、“八一”期间对驻县部队进行慰问，发放慰问金和慰问品；对全县98名自主就业退役士兵和复员士官进行学历教育和短期职业技能培训，发放地方经济补助金335.38万元；重点优抚对象抚恤补贴在执行国家和自治区规定标准的基础上，按照自然增长机制在2016年每人每月110元的基础上提高10元，达到每人每月120元；全年为1560名重点优抚对象发放优抚金224.64万元。

【安置工作】 2017年，复转士官全部安置到全额拨款事业单位；接收报到义务兵若干人；为36名企业下岗退伍军人安置公益性岗位。

【社会事务管理】 社会事务管理等常规工作稳步推进。2017年，共办理结婚登记1589对，离婚登记786对，补证2262对；救助流浪乞讨人员242人次，发放救助金1.17万元。年内，结束第二次全国地名普查内业和外业工作，正在等待国家对地名普查工作的验收；完成与河北省省界、锡林郭勒盟盟市界和商化旗县界联检工作。

【党建和党风廉政建设】 全面把握党建的新任务、新要求，主动适应党建面临的新形势，牢固树立“不抓党建是失职，抓不好党建是不称职”的意识，按照党要管党、从严治党的要求，以“两学一做”学习教育为抓手，认真落实党组的主体责任和党组书记的第一责任人职责，将党建工作纳入民政重点工作综合评估内容，强化督促检查，推动党建和党风廉政建设全面提升。（1）认真落实党风廉政建设责任。深入落实党风廉政建设和反腐倡廉工作，按照党要管党、从严治党的要求，全面增强从严治党的责任意识，健全完善“一岗双责”工作机制，实现党风廉政建设“两个责任”全覆盖；定期对各股室和局属二级单位党风廉政建设责任制、中央八项规定精神落实情况以及对民政专项资金使用情况进行督查，全面落实驻局纪检组在党风廉政建设中的监督责任。（2）集中整治“雁过拔毛”式腐败问题工作。根据要求，民政局成立集中整治“雁过拔毛”式腐败问题领导小组，同时下设3个专项工作组，即政策鉴定组、线索收集排查组和问题移交处置组。并研究工作方案，明确工作职责和工作制度，狠抓整治工作的落实。强化认识。通过认真学习上级下发的文件精神，及时将全县民政系统干部职工的思想统一到专项工作上来。明确责任。局领导班子各成员对所分管股室及二级单位的专项整治工作负主责，股室负责人对本股室专项整治工作负专责，确保专项整治工作人人有责。各乡（镇）政府分管民政工作的领导为第一责任人，主要负责本乡（镇）民政系统整治工作。积极开展自查。2017年6月8日，民政局按照县委、县纪委的要求，组织召开民政系统集中整治“雁过拔毛”式腐败问题自查自纠排查问题汇报会议，要求各乡（镇）列出民政领域存在的问题清单，认真进行清理核查，为做好该项工作打好基础。

【“两学一做”学习教育活动】 扎实推进“两学一做”学习教育常态化。（1）保证学习时间。按照“两学一做”学习教育安排表，确保每个时间节点都有学习活动，同时将每周五上午定为“党员干部集中学习日”，切实保障党员干部的学习时间。（2）学习内容全面准确。组织全体党员干部学习《中国共产党章程》《中国共产党廉洁自律准则》《中国共产党纪律处分条例》《习近平总书记系列重要讲话摘编》《“两学一做”学习教育读本》《“四个全面”党员干部读本》等辅导书籍，力争读原著。组织全局干部职工收看中共十九大开幕盛况，会后，组织学习中共十九大报告和新修订的《中国共产党章程》。（3）学习方式灵活多样。通过党员领导干部讲专题党课，利用“北疆先锋”手机APP和党建微信群、QQ群等平台开展网络教育，提升党员干部学党章党规的主动性、积极性。（4）学习覆盖全体党员。在确保学习教育覆盖全系统在职党员干部的基础上，对于行动不便的离退休党员，采取“送学上门”的方式，帮助他们开展学习，实现“两学一做”学习教育人员全覆盖。（5）学习突出问题导向。始终坚持把问题导向贯彻在学习教育过程中，党组织、党员对照党章、党规，从思想、组织、作风、纪律等方面认真查摆存在的问题，针对存在的问题，提出整改措施，推动整改责任落实，用整改成果检验学习教育成效。（6）认真开展主题党日活动。将每月的第一个星期五作为主题党日活动日。开展主题党日活动是2017年党建重点工作之一，也是继“两学一做”学习教育常态化、制度化之后的创新之举，每次召开主题党日活动之前，都要通过征求党员意见，召开党组会讨论研究，最后确定活动主题、活动内容和开展形式。2017年，共召开9次主题党日活动。

【巡察整改意见落实】 按照县委统一部署，2017年9月15日至10月10日，县委第二巡察组对民政局党组进行常规巡察。12月1日，县委第二巡察组向民政局党组反馈巡察情况，严肃指出巡察发现的问题，提出客观中肯的整改意见建议和明确的整改要求。县巡察组反馈意见会后，民政局立即召开党组会，就巡察组反馈意见进行梳理，围绕指出的问题和提出的意见建议，制订《商都县民政局关于县委第二巡察组巡察反馈意见整改落实实施方案》。民政局正在从坚持党的领导、加强党的建设、全面从严治党、整治违反工作纪律和落实中央八项规定精神和自治区28项配套规定等5个方面21条整改任务进行逐项逐条落实，并建立问题清单、任务清单，对每条整改问题都明确责任领导、责任部门、完成时限，做到整改一条、销号一条，整改工作正在有条不紊地进行。

【民政服务机构安全管理】 2017年，按照“谁主管、谁负责”的原则，对安全生产实行严格管理、责任到人、确保安全。（1）立足防范、夯实责任。成立由局长任组长，各副局长和纪检组组长任副组长，局机关各股室负责人、局属二级单位负责人为成员的安全生产工作领导小组。并与2个敬老院和1个光荣院分别签订安全生产目标责任状，形成人人身上有担子、个个身上有责任的安全生产工作机制。（2）严格监督、常抓不懈。先后两次在政府县长的带领下，分别到各乡（镇）52个幸福院指导工作，对存有安全隐患的乡（镇）责令及时进行整改。采取每位副局长包几个幸福院的办法，将幸福院的指导管理工作落实到人、责任落实到人，尽最大努力减少幸福院的安全隐患问题。（3）加强培训，强化演练。2017年4月26日，专门邀请内蒙古虹安消防培训中心教官到民政局进行消防知识安全讲座和现场演练，通过开展安全生产全员教育培训活动，进一步强化各单位安全主体责任的落实，推进安全生产责任体系建设。定期对敬老院、幸福院、光荣院、福利院等民政集中管理服务场所进行消防安全、食品安全检查。

【重点项目建设】 投资300万元的商都县儿童福利院建设项目，已完成主体工程，年内进行装修。为有效利用资源，规划与商都县救助管理站和商都县未成年人保护中心合并使用。投资850万元实施商都县老年养护院建设项目，已全部装修完毕，计划近期投入使用。投资3200万元的商都县医养院建设项目，项目资金已全部到位，已完成工程招投标，预计下年4月开工建设。投资900万元的商都县殡仪馆建设项目，已经完成规划、土地、环评等前期工作，争取2018年内开工建设。

【脱贫攻坚工作】 全县脱贫攻坚工作开展以后，民政局认真贯彻落实中央、自治区及市、县关于坚决打赢脱贫攻坚战、决胜全面建成小康社会的一系列决策部署，按照“六个精准”和“五个一批”（发展生产脱贫一批、易地扶贫搬迁脱贫一批、生态补偿脱贫一批、发展教育脱贫一批、社会保障兜底一批）的总体要求，认真做好脱贫攻坚工作。民政局帮扶大黑沙土镇哈北嘎、四台坊子、二喇嘛3个村委会5个村民小组，选派4名政治素质高的党员担任驻村第一书记，并组建2个驻村工作队，长期驻村开展工作。全局干部职工帮扶农户涉及11个村委会、13个村民小组，帮扶贫困户104户、247人。帮扶工作开展以来，干部职工遵照县委、县政府的要求，深入村、户认真了解村情，访问民意，而后对症下药，实实在在地解决问题。民政局积极协调投资10万元为包扶大黑沙土镇哈北嘎村委会完成高低压配套工程，彻底解决该村水浇地和村民生活用电容量不足的问题；为哈北嘎村委会购置15套办公桌椅和1套沙发，并配置电脑、电视机和打印机。同时，硬化院落、装修办公用房，捐赠10套有关乌兰察布法治建设方面的书籍，极大地改善办公环境，提升文化惠农品位；协调有关部门投资200万元，新建从大黑沙土镇头号至东风村长约4公里的柏油公路1条；争取水利部门投资47万元，为大黑沙土镇东风村、二喇嘛村各铺设预埋管道4800多米，安装80千伏安变压器1台，购置水泵4个。水地面积由800亩增加到1300亩；组织单位干部职工，完成与104户精准扶贫对象的对接，帮助贫困户出主意、想办法，促增收，并多次积极开展献爱心、送温暖活动，为贫困户稳定脱贫奠定坚实基础。

（供稿　赵志国）

民族、宗教事务

【概　况】 商都县民族宗教事务局内设民族办、宗教办、办公室、蒙古语文办、少数民族古籍办。

【民族工作概况】 全县人口33.17万人，其中少数民族总人口为6017人，占全县总人口1.8%。少数民族共19个，蒙古族4971人，回族394人，满族458人，其他少数民族共计194人。2017年，商都县进一步推动民族团结进步事业，全面贯彻落实自治区、乌兰察布市和商都县委关于创建民族团结进步示范单位的精神要求，不断巩固和发展平等、团结、互助、和谐的社会主义民族关系，推动全县民族团结进步创建活动深入开展。是年，创建为自治区级民族团结进步示范县。

【民族团结进步创建】 拟报《商都县人民政府民族团结进步创建自治区级示范单位方案》；指导民贸企业建立健全基础档案和台账。根据乌兰察布《关于推荐全市第四批民族团结进步创建活动示范单位和第三批学习使用蒙古语文示范单位的通知》要求，按照《〈乌兰察布市民族团结进步创建活动示范单位命名管理办法〉考核验收实施细则》有关规定，经研究决定：推荐商都县政务服务中心、商都县农村信用联社、商都县祥和社区为乌兰察布市民族团结进步创建活动示范单位。对民族团结进步示范单位进行督导和检查工作，分别到新世纪小学、商都县人民检察院、内蒙古嘉利农牧业装备有限责任公司和县城镇管理局进行检查和督导工作。

【精准扶贫工作】 开展精准扶贫下乡，到小海子镇任家村和小海子村了解春耕生产情况，填写贫困户台账，并且帮助贫困户解决生产中遇到的问题。到小海子镇任家村进行蹲点帮助农民生产建设；在小海子村入户了解情况；进行村中街道建设前的准备事项。

【项目争取】 上半年争取到的项目有商都县小海子镇小海子村道路硬化项目，商都县民族宗教事务局创建民族团结进步“六进”项目，屯垦队镇六台坊村道路硬化项目；下半年的项目有大库伦乡道路硬化项目。

【宗教概况】 商都县有佛教（藏传、居士林）、伊斯兰教、天主教、基督教四种宗教，各类宗教活动场所16处，其中佛教2处（藏传1处、居士林1处），伊斯兰教2处，天主教10处，基督教2处（其中代管点4处）。宗教教职人员6人（其中喇嘛1人、基督教长老1人、讲道员2人、阿訇1人、神父1人），现有宗教活动场所及教职人员状况基本能够满足信教群众的需要。

【宗教管理】 进一步促进宗教领域稳定。坚持“打击非法、保护合法”的方针，依法惩治天主教地下势力，集中整治基督教私设聚会点非法活动。2017年，在县委统战部和县公安局的配合下，依法对100多名从事组织非法宗教活动人员进行教育转化工作。通过艰苦细致的工作，全县宗教领域进一步趋于稳定，宗教活动正常有序开展。

【民族宗教法制宣传】 开展2017年宗教政策法规学习月、宗教慈善周和民族宣传月活动。为更好地贯彻国家民委《关于推动民族团结进步创建活动进机关、企业、社区、乡镇、学校、寺庙的实施意见》文件精神，加强民族、宗教、蒙古语文政策宣传的力度，主要在小庙子嘎查、巴达木图庙举行活动。宣传活动中，发放《中华人民共和国民族区域自治法》《民族理论手册》《民族法律法规知识选编》《蒙古语会话读本》《民族宗教蒙古语文法律法规选编》《蒙古语言文字工作条例》《宗教事务条例》等材料共2000多份。

【宗教法治建设】 推动宗教工作法治建设。对宗教工作干部和宗教教职人员进行培训。深入贯彻《宗教事务条例》，依法加强宗教事务管理。加强了宗教工作“三支队伍”（宗教工作领导干部、宗教工作干部、宗教界人士）建设，提高依法管理宗教事务的能力，进一步加强宗教团体、宗教活动场所和宗教活动的管理，维护宗教领域和谐稳定。加强网络宗教事务管理。按照《加强网络宗教事务管理的贯彻落实意见》，进一步完善工作机制，加强部门间网络宗教事务信息报送工作，确保网络宗教事务可控。

【引导和服务】 加强正面引导和服务工作。指导宗教界以“规范”为主题，深入开展“和谐寺观教堂”创建活动，促进宗教活动场所活动有序、管理规范。积极推荐参加第二批市级和谐寺观教堂评比活动，商都县十八顷镇巴达木图庙被评选为“和谐教堂”。继续在宗教界深入开展“宗教政策法规学习月”活动、培育和践行社会主义核心价值观活动；以扶贫济困资助养老为重点的“宗教慈善周”活动，商都县基督教资助育苗小学一位学生小学六年的学费及生活费。

【宗教活动场所管理】 对全县宗教活动场所落实房屋安全和消防安全设施专项治理工作。因大库伦乡章毛勿素村天主教活动房屋因年久已成危房，经民族宗教事务局和统战部协商决定，为确保信教群众人身安全，暂停在该房进行宗教活动，并建议对该房屋进行改造或另择地安置。

【宗教界自身建设】 指导宗教界加强自身建设。落实宗教团体学习例会制度。举办宗教团体负责人学习例会，传达上级文件精神，指导开展工作。召开宗教团体负责人述职会，完善宗教团体述职考评制度，推动宗教团体负责人履职尽责，发挥宗教团体积极作用。支持宗教界加强对中青年骨干教职人员和寺观教堂负责人的培训力度。积极引导宗教与社会主义社会相适应。

【清真食品市场管理】 进一步加强清真食品市场管理。按照《乌兰察布市清真食品市场管理暂行办法》，依法开展清真食品市场监督管理，依法审批核发清真食品经营许可证和清真标志牌，把好清真食品准入关。联合县食品药品监督管理局等部门不定期对清真经营户进行监督检查，严厉查处“不清真”“假清真”行为，保障少数民族群众合法权益。

【蒙古语文工作】 紧紧围绕民族团结的工作大局，认真贯彻落实《内蒙古自治区蒙古语言文字工作条例》《内蒙古自治区社会市面用文蒙汉两种文字并用管理办法》等党的民族语言文字政策，有力地维护民族团结、社会发展和政治稳定的良好局面。为进一步加强市面蒙汉两种文字并用整治工作，结合全县的实际情况制订工作方案，成立领导小组，坚持源头治理、属地管理、部门负责、社会协作的原则。进一步推进蒙古语言文学法制化、规范化、标准化和信息化建设。学习市民族事务委员会领导在全市民族宗教蒙古语文工作会议上的讲话精神和县政府的各项会议精神。上报《关于治理商都县社会市面牌匾蒙汉两种文字并用的请示报告》，推荐商都县城镇管理局、中共商都县委党校、商都县民族宗教事务局、商都县屯垦队镇人民政府为第三批学习使用蒙古语言文字示范单位。

2017年，翻译蒙古语文牌匾1000多条；社会市面牌匾800多条；室内牌匾100多条；会议会标20多条。3月，分两个小组对商都县的一条街、二条街（七台大街往东）的牌匾进行逐一登记，并且拟写整改治理的请示报告。从4月1日开始，利用4天时间对辖区内20多家装潢部、印刷厂进行摸底清查，并建立台账。建立蒙古语言文字翻译QQ群，要求所翻译的蒙文必须由县民族宗教事务局统一负责翻译管理，确保从源头上杜绝牌匾标识、户外广告等蒙汉文不规范问题。加强蒙汉文并用的监督检查力度，继续对党政群机关、窗口单位、公共服务行业等重点单位的蒙汉两种语种文字并用情况的监督检查，对存在的突出问题依法进行整改和规范。

（供稿　德力格）

经济管理与监督

发展和改革

【概　况】 商都县发展和改革局（挂粮食局牌子）核定编制52人。其中，行政编制24人，工勤编制9人，事业编制19人。局领导一正五副。内设7个股室，实有在职干部39人。

【项目及投资】 2017年，共审批、核准、备案各类项目92项，项目总投资129.2亿元。其中，审批类项目46项，投资68.3亿元，项目涉及社会事业、棚户区改造、城镇基础设施建设等方面；企业备案类项目46项，总投资60.9亿元，项目包括农畜产品加工、矿产品加工、旅游等方面。列入国家发改委重大项目库三年滚动计划的项目共计182项，总投资197.32亿元。其中，农林水利项目27项，投资29.4亿元；交通运输项目40项，投资30.6亿元；能源类项目1项，投资0.18亿元；城市基础设施项目38项，投资34.2亿元；社会事业项目58项，投资35.5亿元；科技类项目1项，投资0.01亿元；信息化项目2项，投资0.71亿元；环境保护项目3项，投资0.92亿元；工业项目5项，投资37.6亿元；医药类项目1项，投资20亿元；仓储物流项目4项，投资5.6亿元；其他类项目2项，投资2.6亿元。全年争取上级投资项目20项，总投资3.96亿元。其中，中央预算内资金1.07亿元，自治区预算内资金1822万元，自治区级投融资主体统筹安排资金8320万元，市配套197万元，县配套1.03亿元，群众自筹4085万元。其中，农林牧水类项目2项；以工代赈类项目2项；社会事业类项目7项；城镇基础设施类项目3项；公检法司类项目3项；公路基础设施类项目1项；环境保护类项目2项。截至年底，完工项目2项，在建项目8项，做前期工作项目10项，共完成投资1.29亿元，到位资金6696万元，拨付资金3672万元。

【生态、以工代赈】 2017年，商都县40.5兆瓦光伏发电扶贫项目与青岛华盛绿能公司签订集中电站建设协议，并注册成立富盛太阳能科技有限公司，资本金企业投资2700万元占股50.4%，政府的企业投资2600万元占股49.6%。项目建成后，可带动1620户贫困户年均增收3000元。在全县的贫困村中，筛选出43个贫困村，采取单村和多村联建的方式，规划39座300—500千瓦的村级光伏电站，总装机容量1.9万千瓦。项目建成后，可带动5364户贫困户，预计每户年均增收1500元。

【价格监督】 在价格预警监测工作中，健全完善价格监测快速反应和预警机制，及时应对价格异常变动，采取有效措施加以调控。同时，进一步对粮油、副食、蔬菜等商品进行重点监测，每周上点巡视一次，采集相关数据，了解市场动态，每月按时汇总上报《居民食品零售价格检测表》。在此基础上，制订《商都县执行政府定价经营服务性收费目录清单》《商都县涉企经营性服务收费目录清单》和《商都县行政审批中介服务收费目录清单》，已上报市发改委获得批准，并在县政府网站进行公示。按照《内蒙古自治区涉企行政事业性收费目录清单》要求，商都县行政事业性收费项目由30项减少至19项，其中涉企行政事业性收费项目12项，政府定价涉企经营性服务收费项目保留7项，共有6个执收单位或服务机构。在县人民政府网公示以上收费项目清单。

【招商引资】 2017年，新签约项目22个，协议总投资60.6亿元，正在跟踪洽谈的项目60个。建设项目共计42个，其中，续建项目11个、新建项目31个。其中，重大产业项目14项，投资50.62亿元，累计完成投资7.35亿元；农林水项目4项，投资25.8亿元，累计完成投资5亿元；重点社会事业和民生项目3项，投资6.95亿元，累计完成投资0.4亿元；城镇化建设项目4项，投资5.9亿元，累计完成投资3.9亿元。

【粮食工作监督管理】 对全县60多家粮食经营者进行监督检查，保证全县粮油质量合格、价格合理、货源充足、流通秩序正常。对全县25家符合粮食收购条件的企业发放粮食收购许可证，并建立监管档案，规范管理行为，确保全县粮食收购秩序依法进行。按照《中央储备粮食管理条例》的要求，将储备粮管理工作纳入整个粮食经营工作中，对全县储存的3.35万吨国家储备粮和自治区、市1.25万吨地方储备粮开展“两个安全”（储粮安全、生产安全）检查和“大快严”集中治理行动，做到“一符、三专、四落实”（“一符”，即账实相符；“三专”，即专仓储存、专人保管、专账记载；“四落实”，即数量落实、质量落实、品种落实、地点落实），保证储备粮油储藏安全。

（供稿　孙通宇）

国土资源管理

【概　况】 商都县国土资源局内设股室17个：办公室、纪检监察室、储量与环境股、规划与测量股、土地利用股、地籍管理股、招商办、地质矿产股、耕地保护股、土地登记中心、土地整治中心、土地矿业权交易中心、卫片检查室和4个乡镇国土资源所。二级单位有商都县土地储备中心、商都县不动产统一登记中心和商都县国土资源监察大队。全局在职干部职工76人。大专以上学历的39人；机关工作人员平均年龄为36周岁；中共党员37人。

【各项土地规划】 完成全县土地利用总体规划调整完善工作并报国土资源厅备案；完成第三轮矿产资源总体规划编制，已通过市国土资源局专家评审，准备报国土资源厅备案；完成“十三五”土地整治规划编制，已报自治区土地整治中心备案。完成商都县乙类矿总体规划的编制、评审。年内，还对全县10个乡（镇）规划进行修改和备案。

【耕地保护】 完成基本农田保护任务165.39万亩，基本农田保护地块共3657块，永久基本农田保护率达到70%，全县10个乡（镇）均设立标志牌。将保护责任落实到嘎查村、组，共签订责任状230份。高标准基本农田建设项目，已完成建设规模3080公顷，已完成投资3460万元，正在推进建设。大黑沙土镇补充耕地储备库项目和玻璃忽镜乡元山子村土地整治项目全面完工，正在进行项目工程整改和内业资料的编制工作，等待项目验收。按照土地整治项目验收要求，完成2013年度以前9个已完工未验收项目内业资料的完善工作，有6个项目已通过验收，剩余3个等待验收。

【土地供应报批】 全年共批准新增建设用地227.98公顷。公开出让国有建设用地使用权22宗，面积45.48公顷，成交价款3924.8万元。划拨国有建设用地使用权38宗，面积145.88公顷。

【不动产统一登记】 不动产统一登记信息平台建设全部完成，登记业务全部实现网上办结。不动产登记中心共设业务窗口8个，办公室2间110平方米，工作人员13人，全年完成外出业务培训学习13人次；完成房产、林业纸质资料的拷贝移交，正在整合数据；正在开展城区房地登记及其相关抵押登记。截至年底，全县共发放不动产权证书1594本，证明1806本。

【矿业权管理】 对矿山存在的安全生产隐患、地质环境治理等情况登记造册，再次开展非煤矿山安全大检查工作，全面排查、严肃查处各类勘查、开采违法行为。完成矿业权数据库清理工作。完成全县34家采矿权、探矿权信息公示，公示率达100%，通过国土厅抽查矿山实地核查。全力配合市国土资源局完成全县地质环境调查工作。聘请有资质地质队对全县范围内有效采矿权矿山实施矿区勘界定桩，采区实地测量是否存在违法开采行为的检查工作。

【地质环境治理和地质公园建设】 对3家矿山的矿区地质环境分期治理任务进行验收，督促7家矿山完成矿区地质环境分期治理任务。完成商都县主要交通干线两侧地质环境治理项目（一期）的批复和施工招标工作，工程已开工建设。聘请四勘院专业团队编制全县地质环境治理方案。同时积极争取项目，向自治区国土资源厅申报七台镇西山废弃矿山地质环境治理项目。商都县大石架地质公园被评为自治区级地质公园，已完成规划设计工作和施工招标，即将动工建设。将小海子至大石架一带地热普查项目列入自治区基金项目库，即将实施；为大库伦等5个乡镇缺水的贫困地区申报1个自治区基金找水项目和3个市基金找水项目。

【土地、矿山执法监察】 清查并拆除城区内违法违章建筑，维护土地利用秩序；集中开展专项行动，严肃查处违法开采矿产资源行为，清理政策性关闭及历史遗留废弃矿山；开展卫片执法专项行动，并积极整改，违法行为得到有效遏制。2017年，下达《责令停止违法行为通知书》30余份，扣押装载机2台，罚款32.6万元。拆除外环路东侧、旧商化路西侧、火车站东南角空地、南湖花园小区西北侧、松茂宾馆北面五处违章建筑。立案查处七台镇长胜梁村、大库伦乡牛沟村2处违法占地。指派专人负责，租用大型机械设备，雇佣装卸人员，对31处无证开采及历史遗留废弃矿山的采选、破碎、运输等设备进行切割、拆除、清理，对开采区建筑进行清理。

【卫片执法和全域例行督察】 土地卫片基本情况：2016年度实际新增违法用地中“十个全覆盖”项目涉及图斑24个、20宗，面积335.66亩，占耕地面积58.3亩。一般违法用地项目涉及图斑18个、17宗地，面积170.62亩，占耕地面积29.69亩。37宗违法用地已整改到位25宗，整改到位率为67.6%。矿产卫片基本情况：2016年度下发到商都县的矿产疑似违法图斑35个，经2017年实地核查确认后，伪变化图斑14个，违法开采图斑21个，全部整改到位。

【党建与队伍建设】 着力加强思想学习。始终紧紧围绕学习中共十九大精神、习近平总书记系列重要讲话、全面落实从严治党等内容开展好学习教育，采取多种方式认真学习贯彻落实，努力将中共十九大报告提出的新理论、新方法、新要求与国土资源工作紧密结合，大力推进全市国土资源系统各项制度和机制创新。深入推进党风廉政建设。认真学习中央、中纪委和各级党委（党组）纪委（纪检组）会议精神，进一步明确“两个责任”，“一把手”第一责任人责任、班子成员“一岗双责”等制度，把党风廉政建设和反腐败工作扛在肩上、抓在手里，做到业务工作与党风廉政建设同部署、同落实、同检查、同考核。全系统累计廉政谈话5人次，通报批评5人。着力加强队伍建设。积极组织干部多次参加市局的专题业务培训，同时参加4期北大干部能力提升研修班，共50余人次参加培训，国土资源系统干部职工的综合素质得到提升。

（供稿　孙吉龙）

工商质监

【概　况】 商都县工商质监局内设机构18个。办公室7人，人事教育股3人，财务装备股2人，法规股2人，公平交易和消费者权益保护股4人，市场规范股3人，企业注册监督管理股4人，基层工作股3人，商标广告监督管理股2人，综合执法稽查股2人，质量管理股1人，标准化股1人，计量股2人，产品质量监督股2人，特种设备监察股5人，计量所2人，信息中心3人，私营经济党建办3人。

工商所6个：城关南工商所、城关北工商所、新区工商所、园区工商所、小海子工商所、屯垦队工商所。

【企业、个体、私营经济管理】 2017年，实施“多证合一”登记制度改革。在“五证合一”的基础上，县政府召开专题会议研究探讨“多证合一”登记制度改革。6月28日，颁发商都县首张“多证合一、一照一码”营业执照。严格履行国家工商总局和自治区政府公布的工商登记前置和后置审批事项，利用好企业信用信息公示系统部门协同监管平台，抓好“双告知”（对市场主体企业的书面告知、对相关审批部门的告知）工作，为开展事中事后监管和部门协同监管创造良好的条件。认真贯彻落实国家工商总局《关于全面推行企业简易注销登记改革的指导意见》和《乌兰察布市关于开展个体工商户简易注销改革试点的实施方案》，进一步推动企业和个体工商户简易注销改革，解决“退出难”问题。

【企业信息公示工作】 企业信息公示工作稳步推进。把企业、农民专业合作社和个体工商户年检制度改为年报公示制度。局及时制订实施方案，成立信用信息公示工作督导领导小组，实行领导包所、所员包片的方法开展工作，充分利用各类媒体、微信、公示栏、电话催报等途径，广泛深入地开展宣传，工作人员牺牲休息时间逐门逐户上门服务，填写表格，帮助企业、专业合作社和个体工商户进行年报公示。全年，企业年报率92.09%，农民专业合作社年报率97.67%，个体工商户年报率达到98.97%。

【商标品牌工作】 2017年，立足商都县实际，商都县商标品牌建设工作有序推进，企业争创名牌的意识不断加强。商都县科都薯业有限公司“科都”被认定为著名商标；内蒙古乐耕食品有限公司“乐耕”商标、商都县白源酿造厂“白源”商标、希森马铃薯有限责任公司“希森”商标和鑫漩农业科技公司“七台鑫磊”商标被认（评）定为知名商标。积极帮助企业开展产品品牌建设，在县工商质监局的具体指导帮助下，“商都西芹”成为国家生态原产地保护产品；奥淳酒业有限责任公司获得“市长质量奖”；奥淳酒业有限责任公司生产的绵柔系列白酒、嘉利农牧业装备有限公司生产的滴灌带和内蒙古乐耕食品有限公司生产的“速冻蔬菜”成功申报为“内蒙古名牌产品”；内蒙古乐耕食品有限责任公司列为自治区级蔬菜种植与加工标准化示范区建设项目。

【“12315”消费者申诉举报维权工作】 加强市场主体信用监管，把严格落实企业信息公示和信用约束政策法规作为规范市场秩序的治本之策，加强事中事后监管；通过开展“3·15”国际消费者权益日活动、月月“3·15”活动，建设“一会两站”、“‘12315’五进”等途径，畅通维权渠道，提升维权效能；查处和取缔无照经营行为，维护市场正常的经营秩序。

【反不正当竞争执法工作】 改变传统的监管理念，注重发挥市场主体信用信息公示系统的功能，加大对市场主体的信用约束。按照“宽进严管”的新理念，积极主动作为，履行好市场监管的基本职责。开展查处公用企业限制竞争行为专项整治工作，以与人们群众生活密切相关的行业、领域及社会反映强烈的热点、难点问题为重点。不断加大对商业贿赂、傍名牌、虚假宣传等不正当竞争行为的查处力度。加大商标广告监管执法力度。重点打击以具有民族和地区特色的驰名商标、著名商标、地理标志证明商标为主的商标侵权行为，进一步规范品牌专卖店经营行为。

【特种设备安全监管工作】 在特种设备安全监管工作中，继续坚持“安全第一、预防为主、综合治理”的方针，有效开展特种设备安全生产专项整治工作，进一步落实特种设备使用单位的主体责任，强化特种设备安全承诺制。对特种设备从安装、使用到检验、修理和改造等环节实施全方位、全过程监察，并把工作重点放到使用环节。加大现场检查力度，严格特种设备使用登记，定期检验和操作人员持证上岗的监管，进一步完善《特种设备重大安全事故应急预案》。采取日常监察、专项整治、集中检查相结合的方式，加大安全监管力度。2017年，还邀请特检所专业人员对全县起重机械、司炉操作人员进行培训工作，提高特种设备作业人员的安全作业意识。

【标准化工作】 依据县人民政府下发的全县标准化三年行动实施方案要求，做好标准化收尾工作。加强工业企业产品标准注册、登记工作，积极开展企业产品标准复审工作。为企业和社会提供标准咨询和标准化信息。

【计量定量包装工作】 计量工作方面，坚持抓好在用计量器具的周期检定工作。重点开展以“民生计量”为主的集贸市场、眼镜店、医疗卫生、加油站等强制检定计量器具的检定和监督管理。全年，检定汽车衡13台，拌和站配料秤9台，超市电子秤100多台，血压计46台件，集贸市场台秤、电子秤600多台件，压力表460多块。配合市质量计量所，对全县加油站在用的120台加油机进行周期检定，并与其签订承诺书22份。结合“3·15”国际消费者权益日和“5·20”世界计量日，积极开展计量法律法规和诚信计量宣传活动，加强用于煤、水、电、气等在用计量器具的监督和管理，对重点耗能企业开展能源计量执法检查和服务，组织计量检定和管理人员指导企业完善能源计量器具的配备、能源计量器具管理制度，建立能源计量管理机构和计量信息系统，完善能源管理体系，为企业节能降耗起到推动作用。开展县内超市商品量、定量包装生产企业、贸易市场的专项检查，对经营水产品净含量抽样检查10个批次，与老百姓生活密切相关的大米、面粉、食用植物油、牛奶相关食品定量包装商品的净含量检验。对全县经营的种子、化肥、农药、地膜进行抽样检查，合计共抽样150个批次。

【个体私营企业党建工作】 在企业融资方面，实行动产抵押，积极探索股权出资、商标质押业务。在2016年成立个私党建办公室的基础上，2017年4月20日，召开商都县非公企业团工委成立暨个私经济组织党建推进大会，成立商都县非公企业团工委，配备兼职人员指导队伍建设，截至年底，全县非公企业成立非公党建组织27个，依托工商所成立的党组织6个、团工委1个。

【重要事件】 6月28日，商都县颁发首张“多证合一、一照一码”营业执照，标志着商都县正式开始发放“多证合一”营业执照，实施“多证合一”登记制度改革。

12月，“商都县西芹”被国家工商总局核准注册为地理标志证明商标。

年内，“商都西芹”正式成为国家生态原产地地理保护产品。

年内，商都县被自治区评为“全区推进标准化三年行动计划成绩突出县”。

（供稿　王天祥）

安全生产监督管理

【概　况】 商都县安全生产监督管理局内设机构：综合办公室、非煤矿山股、危化股、综合股、职业健康股和执法监察大队。人员情况：局机关核定行政编制7名、工勤事业编制5名；执法监察大队核定编制15名。原有领导干部职工22人（政策性离岗1人、退休2人），共有在职人员19人（其中本科学历6人、大专学历11人、高中学历2人）。

2017年，推进安全监管执法规范化建设。科学制订2017年行政执法计划，规范执法检查的数量、频次、内容和形式。严格执行自治区制定的《内蒙古自治区安全生产监管执法手册》《内蒙古自治区安全生产行政执法指南（试行）》，明确执法程序，细化执法内容，量化执法标准，规范执法方式，统一执法文书，实现闭环执法。创新监管执法方式，突出重点领域，抓住突出问题，转变工作思路，彻底改变过去"保姆式"的替企业排查隐患、代替企业履行安全生产责任的监管方式，监督企业进行隐患排查整改，补齐短板、堵塞漏洞、消除隐患。开展行业安全生产监管工作。全县有冶金等八大企业43家。共检查企业25余家次，出动检查人员80余人次，共下达各类文书49份，查出隐患176条，已全部整改。全县共有非煤矿山企业79家，共检查企业70余家次，出动检查人员200余人次，下达各类文书46份，发现隐患49条，已全部整改。停产整改21家，关闭取缔8家。全县有26家有证加油（气）站和3家烟花爆竹批发企业，共检查危化（烟花爆竹）经营企业50余家次，出动检查人员150余人次，共下达各类文书40份，发现隐患230条，已全部整改。

【聘请专家自查隐患】 2017年，县安监局帮助企业聘请5名安全生产专家，深入冶金、危险化学品、非煤矿山等领域35家生产经营单位，开展从原料进场、工艺流程、产品储存到外销运输全过程的隐患排查。共排查出安全隐患337条，全部由企业建立排查整改台账（其中，冶金共检查企业13家，排查出安全隐患138条；危险化学品共检查企业15家，排查出安全隐患60条；非煤矿山共检查企业7家，排查出安全隐患49条；职业健康与应急救援方面排查出安全隐患90条），所排查出的安全隐患已全部整改。

【职业健康监管】 2017年，扎实组织开展职业卫生基础建设活动，继续开展粉尘、高毒物品等职业病危害专项治理，落实用人单位职业病防治主体责任，督促企业落实职业病申报、危害告知、日常监测、定期检测评价、职业健康监护等措施，推动职业病危害严重企业转型升级和淘汰退出。积极推进安全生产与职业卫生一体化监管。

【安全生产宣传培训】 2017年，共举办2期生产经营单位主要负责人、安全管理人员、安全员、特种作业人员安全培训班，培训各类从业人员334人。共选派44名安监工作人员参加自治区安监局举办的各类安全生产培训班，提高行政执法人员的执法能力。在"安全生产月"活动期间，县安监局发放各类宣传品4万余份。通过宣传教育和培训，进一步提高全社会对安全生产工作的认识和重视，对抓好安全生产工作起到促进作用。

【精准扶贫】 采取结对帮扶、驻村入户等方式精准扶贫。在人员不足的情况下，县安监局选派2名优秀干部驻村第一书记，严格按照县里相关要求，常驻村不参加局里工作。2017年，派驻党员干部120余人次深入西井子村开展包村入户、精准扶贫工作。在局经费紧张的情况下，帮扶村西井子镇西井子村和苏集村农民，献爱心、送温暖，花费近1.5万元为村民送去大米299袋。

【安全监管队伍自身建设】 县安监局深入学习贯彻习近平总书记系列重要讲话精神，巩固和拓展群众路线教育实践活动和"三严三实"专题教育成果，以“两学一做”学习教育常态化制度化为切入点，认真组织落实《商都县安监局2017年党建工作要点》，全面实施“五型”（学习型、责任型、守纪型、廉洁型、团结型）机关建设，认真开展“加强和规范党内政治生活问题”工作，完善廉政风险防控机制，突出抓好警示教育和岗位廉政教育，切实提高全体党员干部的政治素质和党性修养，努力建设一支忠诚、干净、担当的安全监管执法队伍，切实保障人民群众生命财产安全。

【重要事件】 1月4日，自治区安委办主任、安监局总工程师张耀一行到商都县开展安全生产年度考核工作。

2月15日，市安监局副调研员武利俊一行到商都县开展安全生产年度考核工作。

3月10日下午，县安监局组织全县10个乡镇安监站长召开乡镇安监站长工作会议。

5月9日，商都县召开企业安全生产工作会议，会议主要任务是深入贯彻落实近期召开的全国、自治区、市三级安全生产工作视频会议精神，扎实开展企业安全生产工作，确保全县安全生产形势持续稳定向好发展。县委常委、副县长张美出席会议并讲话。

5月12—14日，县安监局邀请乌兰察布市名升培训学校举办“商都县2017年第一期生产经营单位主要负责人、安全管理人员、安全员、特种作业人员安全培训班”。培训各类从业人员112人。

6月16日，商都县安委办在祥和广场举行“安全生产月”咨询日活动。县委常委、副县长张美出席活动并讲话。县安委办主任、安监局局长何军以及县公安局、国土局、住建局、交通局、交警、消防等部门领导和有关企业负责人参加。

9月6日，以市委常委、副市长曾萍为组长，市政协副主席付涌泉为副组长的全市安全生产第十督察组，深入商都县就安全生产情况进行检查。

9月19日，内蒙古自治区国土资源厅总工程师赵昉率自治区安全生产第八督察组到商都县开展安全生产大检查督察工作，重点督察安全生产责任制、安全生产领域改革发展、安全生产大检查、重点行业领域专项治理等落实情况。

10月11日起，为确保商都县在中共十九大期间安全生产，县安监局联合相关部门进行节前安全生产大检查。

10月28—30日，县安监局邀请乌兰察布市名升培训学校举办“商都县2017年第二期生产经营单位主要负责人、安全管理人员、安全员、特种作业人员安全培训班”，共计各类人员培训222人。

【荣　誉】 2017年11月，周树根被评为全国安全生产监管监察先进个人。2017年，在全市安全生产考核中，商都县被评为成绩突出第三名。

（供稿　刘　光）

食品药品监督管理

【概　况】 在机构设置基础上，成立以县、乡政府主要负责人为主任的食品药品安全委员会机构，县食品药品监督管理局（以下简称县食药监局）内设办公室（食品药品安全办公室）、食品流通监管科、餐饮科、食品生产监管科、药品监管科（包括化妆品、保健食品、医疗器械），下设稽查大队（投诉举报中心）、食品药品检验检测所（药械不良反应监测中心）2个二级单位和10个乡（镇）食品药品监管派出机构。按照“一乡（镇）一所”的原则，组建10个乡（镇）食药监管所，核定副科级领导职数各1人，每所配备工作人员4人。全局在职干部职工102人，党组成员5人。其中，局机关52人（离岗待退1人）、乡镇食药所50人。

【餐饮示范创建】 2017年，以巩固餐饮示范创建成果为目标，实施“搬家式”卫生大清洁行动。截至年底，全县获证饭店570家，占实有数690家的82.6%。通过整顿，494家饭店达标，关闭或近期关闭 90 家，占比 84.6%；其余 106 家被列入 2018 年整改目标。全县共有中小学、幼儿园食堂 89 家，其中获证 58 家、未获证 31 家；“小饭桌”17 家，其中备案 9 家、未备案 8 家。获证食堂已有 10 家整改达标，其余 41 家被列入 2018 年整改目标。认真推行农村集体聚餐备案制度，及时掌握办宴动态，全年共备案集体聚餐 537 家次。

【食品流通企业示范创建】 2017 年，开展食品流通企业示范创建工作，目标是建档率达到 90% 以上，创建率达到 70% 以上，达标率达到 50% 以上。以“两证”（许可证、健康证）齐全、重点制度落实、公示栏上墙为基本要求，以货物分类摆放整齐、环境干净卫生为抓手，加大监督检查力度，不断提高食品流通企业的经营管理水平。食品流动售货车的整治作为一项重点工作来抓，依法惩治未经备案、兜售假冒伪劣食品的不法行为。全县食品流通企业登记造册 552 家，发证 425 家，占比 77%；达标企业 202 家，占发证企业的 47.5%。将水产企业单列整顿，主要规范卫生状况及落实索票索证等制度，共发证 53 家，占实有企业 62 家的 85%。流动售货车备案 85 辆次。

【规范生产企业和小作坊】 2017 年，对所有生产企业进行规范管理，严格落实进货查验、生产过程控制、出厂检验、从业人员健康管理等制度，确保做到信息可查、过程可控、责任可追，逐步建立和完善追溯体系。按照《内蒙古自治区食品生产加工小作坊和食品摊贩管理条例》和《食品生产加工小作坊登记及监督管理办法（试行）》的要求，开展小作坊全面登记工作，不论是否具备条件和手续，不漏一户地摸清从业状态、基本情况。对于具备条件并验收合格的予以备案发证。对于条件不具备的整改后备案发证。全县食品生产发证企业 27 家，小作坊登记造册 186 家，发证 109 家，占比 58.6%。检查 480 余家次。

【药品和医疗器械监管】 2017 年，全县获证药店 93 家，医疗器械经营包括兼营 12 家，全年检查 420 余家次。加强对麻醉药品、一二类精神药品的管理，药品流通企业重点打击“挂靠走票”“药品回流”“委托配送做假”“远程审方做假”等违法违规行为，促进规范经营。严格实施医疗器械经营质量管理规范，重点开展无菌和植入类医疗器械、需冷链运输贮存类医疗器械、角膜接触类医疗器械等重点类型的专项整治，增强检查的针对性和实效性，对无医疗器械许可手续而销售医疗器械的药品流通企业给予严厉处罚。

【稽查执法与监督抽检】 2017 年，共查处各类案件 45 件，其中结案 44 件、未结案 1 件，都属于一般行政案件。兑现举报奖励 6200 元。全年完成 500 批次抽检、512 批次快检，分别占任务的 100% 和 102%。配合市局抽检药品 18 个品种。在此基础上，履行不良反应上报职责，上报 ADR（药品不良反应）169 例、MDR（器械不良反应）32 例、化妆品不良反应 20 例，均圆满或超额完成上级下达任务。

完成电子监管平台建设，联网 200 家企业，正在进行网络接通工作。新建标准化所 2 个，累计达标 8 个。启动 2 个所的快检室运转，其余在下年启动。抓好已建成所的巩固提高，制作统一的图表并上墙。

（供稿　张晶晶）

招　商

【概　况】 商都县招商局内设机构：办公室、综合科、信息科、外商投资服务科。人员编制：核定编制 10 人，实有人员 9 人。

【招商引资工作】 2017 年，按照县委、县政府的决策部署，依托商都县无污染的环境资源、纯天然的农畜产品资源、丰富的矿产资源和充足的土地储备、低廉的电价和劳动力优势，全力以赴抓项目抓投资，坚定不移、不遗余力、一以贯之地抓招商引资、抓项目落地，走以招商引资实现企业落地、以企业拉动产业、以产业发展带动就业、实现脱贫的路子。全年，县委、县政府主要领导带队前往京津冀、环渤海、珠三角、长三角等发达地区，通过实地考察、座谈交流等方式进行承接产业转移和招商引资工作共40多次，签约项目26个，协议总投资72.81亿元。其中，开工建设项目13个，累计完成投资7.07亿元。

【农业创业产业园区洽谈会】 1月7日上午，县委副书记、县长曹凯宏，政协主席吕生金，县委常委、常务副县长郭玉广率招商局、教育局、农牧局、县医院部门负责人及北京商都商会会长李夺在北京与清华大学召开医疗、教育精准扶贫座谈会；与清华一九一一文化传播（北京）有限公司召开共建农业创业产业园区洽谈会。

在与清华大学座谈会上，县委副书记、县长曹凯宏详细介绍商都县的医疗、教育现状，并希望清华大学给予大力帮扶。双方在友好的气氛中进行细致交流，在医疗帮扶方面达成利用清华大学先天性心脏病基金在清华大学第一附属医院对商都县患小儿先天性心脏病的患者进行筛查、诊断和治疗，同时在北京清华长庚医院对商都县的各科护士长进行临床培训；在教育帮扶方面达成对商都县的学前教育、中小学校长和老师进行长短期培训，并在假期配优质的清华师资力量到商都县进行示教等事宜。在与清华一九一一文化传播（北京）有限公司洽谈会上，县委副书记、县长曹凯宏详细介绍商都县的区位优势、交通优势、能源优势、土地资源优势和绿色农畜产品优势；清华一九一一文化传播（北京）有限公司董事长御智介绍1911创业空间在招商引资、创业项目引进、资本服务、创业园区管理与运营等方面的优势和资源；利用双方的各自优势，结合地方特色，双方计划在现代农业、畜牧业、农产品加工、陶瓷工艺品开发、生态旅游业、矿产资源应用领域进行广泛而深入的合作，并成功签署战略合作协议。

【上市企业招商推介会】 2月26日，县委副书记、县长曹凯宏率招商局和佰惠生糖业有限公司等9家企业负责人在北京参加乌兰察布市助力“一带一路”建设和京津冀协调发展经济圈建设引进上市企业招商推介会。该次会议主要目的是进一步深化京蒙对口帮扶合作，落实证监会《关于发挥资本市场作用服务国家脱贫攻坚战略的意见》，宣传乌兰察布的优惠支持政策，吸引北京地区的企业家抢抓机遇、抢占先机，积极参与乌兰察布的建设和发展，实现扶持贫困地区和加快企业发展双赢。会后，与山东淄博顺风陶瓷有限公司董事长赵宾就在商都县建设建筑陶瓷项目进行洽谈。赵宾表示，将利用商都县丰富的陶瓷原料资源和低廉的用电价格，拟定在商都县投资1.5亿元建设建筑陶瓷生产线。

【京蒙帮扶合作项目推介会】 2月27日下午，县委副书记、县长曹凯宏，县委常委、副县长陈耀率招商局和北京科泰兴达高新技术有限公司等8家企业负责人在北京参加乌兰察布市北京招商暨京蒙帮扶合作（承接产业转移）项目推介会。会上，乌兰察布市委书记艾丽华、北京市工商联副主席郑勇男分别致辞，市委副书记、市长费东斌主持会议，副市长于海宇作推介发言。落户的企业代表发言，对优越的投资环境给予高度评价。会后，市领导还和企业代表进行恳谈会，就双方关心的话题进一步交流。

在北京市海淀区与中国保护消费者基金会打假工作委员会秘书长刘丰进行座谈。座谈会上，秘书长刘丰介绍该基金会的发展历程。县委副书记、县长曹凯宏详细介绍商都县的优质农产品，希望能将商都县农畜产品通过该协会的销售平台进行销售。

【招商座谈会】 2月28日下午，县委副书记、县长曹凯宏，县委常委、副县长陈耀率招商局部门负责人在北京市通州区与光机电一体化产业基地管委会领导进行座谈。曹凯宏详细介绍商都县基本情况和产业发展定位，希望承接光机电一体化产业基地需外迁的企业。光机电一体化产业基地管委会主任郭枫介绍该园区的基本情况和产业转移的基本政策，并提供相关的外迁企业信息。陈耀介绍商都县承接北京非首都功能疏解和产业转移的优惠政策，并邀请基地领导到商都县考察。

在北京市朝阳区与途牛旅游公司经理成晓果、北京养生文化创意产业协会会长赵立冬、中国饭店副秘书长白沉、北京内蒙古商会旅游分会副会长郝利就商都县下一步旅游业发展进行座谈。

【农畜产品加工招商座谈会】 6月14日，县委书记靳前斌与天津食品集团有限公司进行座谈。县委书记靳前斌重点就商都县绿色无污染的农畜产业情况进行介绍。天津食品集团有限公司党委书记、董事长张勇介绍其集团主要经营业务范围和各子公司情况，并表示可以在蔬菜种植基地和农畜产品方面进行深度合作。

参观考察天津狗不理集团股份有限公司生产狗不理包子的工艺和流程后，县委书记靳前斌介绍商都县基本情况和优质的羊肉资源，希望该公司在商都县建设肉羊养殖和屠宰项目，该公司负责人表示计划在近期到商都县实地考察调研。

在北京，与中国洪图投资（北京）有限公司进行座谈，县委书记靳前斌介绍商都县农业等方面基本情况。中国洪图投资（北京）有限公司董事长、江苏省山东商会会长郝勇忠表示可以利用商都县优质的农作物进行食用油项目建设。

【招商项目考察座谈会】 9月7—8日，县委副书记、县长曹凯宏率政协副主席、财政局局长金建民，发改局、经信商务局、园区管委会、国税局及招商局部门负责人前往山东青岛即墨市及淄博市进行项目推进与考察。9月7日，在山东青岛即墨市参观昌盛园区并召开座谈会议，就光伏小镇项目、陶瓷产业园项目、长盛工业园区项目、工业用地及光伏指标、创业孵化服务平台、电商项目、税务板块等事宜与昌盛集团进行交流探讨。参观交流活动加深推进与昌盛集团的战略合作关系，为双方下一步的合作事宜明确了方向。9月8日，在昌盛集团领导陪同下前往淄博与山东省陶瓷工业协会、淄博市建材冶金行业协会、山东省建筑卫生陶瓷协会、山东省硅酸盐研究设计院及部分陶瓷企业领导和专家进行座谈，对陶瓷产业面临的产业转型压力和商都的资源环境承载条件交换意见和看法，建立后续深入对接考察渠道，将有助于推动商都陶瓷产业招商工作。会后参加淄博陶瓷博览会，了解淄博陶瓷行业近年的创新和发展。

【京蒙对口帮扶座谈会】 9月15日，县委副书记、县长曹凯宏率团赴北京市平谷区对接京蒙对口帮扶工作。北京市平谷区委常委、常务副区长吴小杰陪同活动。曹凯宏一行参观考察北京千喜鹤食品有限公司和老才臣食品有限公司，并参加北京市平谷区与商都县对口帮扶工作座谈会。曹凯宏就商都县的人文历史、区位交通、产业发展、资源优势以及2011—2017年平谷区与商都县京蒙对口帮扶合作成果进行详细介绍，并希望平谷区继续加大干部人才交流、资金支持、产业合作、劳务协作和携手奔小康等方面的帮扶工作。同时，充分发挥信息高地、产业高地的作用，加强信息对接传递，向商都县提供转移项目的信息和渠道，争取承接一批非首都功能疏解产业项目和引进一批产业链条上的关键项目，并以2020年世界休闲大会在平谷区举办为依托，深入挖掘商都县的自然人文旅游资源，把可复制、可推广的经验做法转化为文旅产业现实生产力。座谈会上，商都县与平谷区签订《北京市平谷区与内蒙古自治区商都县携手奔小康对口帮扶协议》，并举行110万元的对口帮扶资金交接仪式。

【文化旅游项目考察招商】 9月19日，县委副书记、县长曹凯宏，人大常委会主任叶旺，政协主席吕生金，副县长刘瑞，发展改革局局长燕志军，经信商务局局长袁海宏，规划局局长李军光，招商局局长安永光，住建局副总工王志坚，乌兰察布市温州商会会长应洪巨，商都县福城餐饮有限公司经理谢福顺等一行11人，到浙江省义乌市横店影视城考察、招商，浙江内蒙古商会会长郭万惠陪同考察。考察团一行受到浙江横店文化旅游集团总裁吴梦良的欢迎。在座谈会上，县长曹凯宏重点介绍商都县的历史和目前棚户区改造的规模、进度，腾出来的大片土地设计恢复古城风貌，探讨能否把商业、影视、文化旅游集合到一块儿，逐步形成具有鲜明地域特色的商道文化和驿站文化。该次横店考察，旨在了解横店影视城的运作模式，借鉴经验，寻求合作机会，恢复商都的古城风貌，构建"一带一路"、打造草原茶驼古道的旅游发展格局。

【文化旅游考察座谈】 9月20—21日，县委副书记、县长曹凯宏在陕西省内蒙古商会会长王财、党支部书记郑勇钢、会长助理兼秘书长许璐的陪同下，先后走访考察陕西省内蒙古商会、白鹿原·白鹿仓景区、白鹿原影视城和曲江遗址公园等。

曹凯宏一行首先走访陕西省内蒙古商会，会长王财介绍商会组织架构、发展情况和2017年的主要工作，并参观商会办公环境。随后重点走访考察白鹿原·白鹿仓景区。参观后，双方在陕西白鹿仓投资控股集团会议室交流座谈。

县长曹凯宏在座谈会上表示，该次参观考察白鹿仓很受启发，白鹿原·白鹿仓景区定位准确，业态丰富，文化底蕴浓厚。真诚邀请商会到商都县实地考察并参与老县城升级改造。希望该次参观考察能够进一步加强双方之间的交流，为在旅游项目建设开发等层面的合作打下良好的基础。曹凯宏真诚邀请会长王财、书记郑勇钢及陕西企业家回家乡发展，政府将给予全力支持。

会长王财对县长曹凯宏一行专程到西安走访考察并邀请回去参加建设表示感谢，并表示：作为一个离开家乡的游子，愿为家乡的建设多做贡献、多尽责任。商会党支部书记郑勇钢也表示：商会党支部要充分发挥党建工作在商会中的引领作用和桥梁纽带作用，引导有实力的企业回内蒙古发展，为家乡的发展多做贡献。

【产业转移对接】 10月24日，县委常委、副县长李晓军率发改局、经信商务局、工商联及招商局部门负责人前往北京市平谷区开展承接产业转移工作。在平谷区发改委会议室召开的对接会上，李晓军介绍该次对接的目的和意义，并由招商局部门负责人详细介绍商都县的基本情况。平谷区发改委、经信委、商务委、投资促进局、工商联等部门领导介绍平谷区准备转移的企业情况。该次对接会为进一步承接平谷区产业转移奠定良好基础。下午，就北京百圣群工贸有限公司投资建设聚醚材料、聚氨酯项目和北京市燕兴隆（集团）公司建设新型墙体材料项目进行洽谈，两家企业负责人表示计划近期到商都县进行实地考察调研。

10月25日，县委常委、副县长李晓军参观考察老才臣食品有限公司、北京市燕通建筑构件有限公司、北京林森有机果蔬种植有限公司三家企业。并与北京沱沱工社生态农业股份有限公司就商都县绿色有机食品线上销售情况进行对接，企业负责人表示近期到商都县与绿娃、鑫磊合作社及乐耕食品有限公司就栗味绿小南瓜等有机产品线上销售等事宜进行对接。

10月26日，县委常委、副县长李晓军与北京商谷农材科技有限公司就在商都县投资建设2万—5万亩经济林项目进行对接，企业现已完成酸枣种植项目计划书，负责人表示近期邀请农科院专家到商都县调研土壤情况。在北京市昌平区与准备外迁的瑞尔（北京）木制家具有限公司就实木家具生产制造项目进行对接，企业负责人表示计划近期到商都县进行实地考察调研。在顺义区与北京八方天雅家具公司、北京顺天信家具制造有限公司等多家家具制造企业负责人进行座谈，各企业负责人表示计划近期到商都县实地考察后，进一步对接。

10月27日，县委常委、常务副县长郭玉广率发改局、经信商务局及招商局部门负责人与航天神舟生物科技集团有限公司就在商都县教育基地建设航天科普教育基地项目和航空农业示范园项目进行对接。企业负责人邀请商都县教育等部门近期到公司进一步对接，提供适合商都县种植的航空种苗。并与北京内蒙古企业商会商都分会进行座谈，就北京内蒙古企业商会商都分会在11月中旬举办年会事宜进行交流，明确需提前准备的事项和工作。

【商会对接座谈】 11月1日，县委常委、常务副县长郭玉广前往河北内蒙古商会进行项目对接。河北内蒙古商会秘书长池瑞文和常务副会长商岚等相关副会长参加座谈会。会上，秘书长池瑞文介绍商会的组织架构、发展历程和2017年的主要工作。郭玉广在听完商会工作汇报后讲道：河北内蒙古商会工作思路清晰，措施得力，特别是在两省区经济社会发展中桥梁和纽带作用发挥得非常到位。并详细介绍商都县区位、资源、政策扶持等基本情况及优势，表示希望该次前来参观对接，能够进一步加强双方之间的交流合作，为在承接产业转移项目建设开发等层面的合作打下良好的基础。并热情邀请秘书长池瑞文、常务副会长商岚到商都县进行实地考察。

池瑞文对郭玉广一行的考察及邀请表示感谢，并表示要充分发挥在商会中的引领作用和桥梁纽带作用，引导有实力的企业到商都发展，为两地的经济发展做出贡献。

【项目投资对接】 11月24日，县委副书记、县长曹凯宏赴北京与中国生态产业投资基金会、中国兵器北方节能环保、农众物联就塞外番红花光伏农业植物工厂产业园项目进行对接。项目将采用特色产业精准扶贫模式及PPP模式实施，以市场为导向，实现“政府引导＋企业带动＋社会资本支撑＋合作社参股”的“四位一体”特色产业精准扶贫模式，通过“佣金＋股金＋薪金”的三金收益，带动贫困户永久增收脱贫。

【北京商都企业商会第一次会员大会】 11月18日，北京商都企业商会第一次会员大会召开。县委常委、常务副县长郭玉广率工商联、招商局相关部门负责人出席参加，北京内蒙古企业商会副会长敖其尔首先致辞，北京商都企业商会筹备工作小组组长李维作筹备工作报告。会议通过《北京商都企业商会筹备工作报告》《北京商都企业商会章程》《北京商都企业商会第一次会员大会和监事会选举办法》《北京商都企业商会会费收取管理办法》。选举出北京商都企业商会第一届理事会、监事会及企业商会人选。北京商都企业商会理事会理事长由李夺担任，监事会监事长由李维担任，商会会长由李夺兼任。

郭玉广代表商都县委、县政府对本次会员大会胜利召开表示祝贺，并肯定商会自成立以来，很好地搭建北京与商都合作交流的“直通车”，为两地经济交流合作提供新的平台。希望继续当好商都的“招商员”，吸引更多优质企业到商都，实现合作创业、共同发展。商都县委、县政府将竭尽全力当好服务员，以更加务实的作风、更加优质的服务为所有投资者创造良好发展环境，实现合作共赢。

【重要事件】 1月7日下午，县委副书记、县长曹凯宏，政协主席吕生金，县委常委、常务副县长郭玉广率招商局、教育局、农牧局、文广局、县医院、中医院、旅投公司部门负责人参加北京内蒙古企业商会商都分会暨商都县京韵水漩助学公益协会2017“乡亲·公益·招商”迎新年会。呼和浩特、包头、乌兰察布等8家地区分会，敕勒川、宁城、丰镇3个旗（县）和文化艺术、能源、医药卫生、旅游4个行业分会领导应邀参加年会。曹凯宏在迎新年会上发表热情洋溢的新年讲话。商都县乌兰牧骑表演具有商都特色的文艺演出。

1月8日上午，县委副书记、县长曹凯宏，政协主席吕生金，县委常委、常务副县长郭玉广率招商局、文广局、旅投公司部门负责人在北京与途牛旅游网北京分公司、尚旅旅居民宿联盟、北京内蒙古旅游商会、中关村互联网文化创意产业园、中国社会科学院旅游研究中心相关领导举行商都县旅游文化洽谈会。双方领导根据商都县的旅游资源，进行多方位、深层次的研讨交流，为下一步商都县的旅游业发展提供新的发展理念和思路。下午，曹凯宏、郭玉广率卫生局、县医院、中医院、招商局部门负责人及北京商都商会会长李夺在北京内蒙古大厦与北京市支援合作办、科技部“十三五”规划健康产业科技创新专项规划专家组组长，中国红十字基金会全民健康燎原行动基金管委会常务副主任、清华大学公共管理学院卫生与发展研究中心研究员、博士李蔚东及项目团队举行主动医疗合作洽谈会。在洽谈会上，就商都县的医疗现状和如何更好地发挥医疗服务进行研讨，并就利用中国红十字基金会全民健康燎原行动基金项目在商都县建设面向基层人民的县级主动医疗中心医院等事宜进行洽谈。

2月13—16日，县委副书记、县长曹凯宏率国土资源局、招商局部门负责人前往山东省淄博市就陶瓷产业项目进行对接洽谈。在淄博商都商会会长李万中陪同下，与五家陶瓷企业负责人就陶瓷产业转移项目进行座谈，曹凯宏就商都县基本情况、非金属矿产资源情况、土地情况、税收政策情况、承接产业转移情况和招商引资优惠政策等多方面进行详细介绍。企业负责人分别就公司产品、生产工艺及公司远期发展规划进行介绍。参会企业一致认为陶瓷产业转移项目合作空间巨大，并就项目进行深入洽谈。

2月27日上午，县委副书记、县长曹凯宏率招商局前往北控水务集团进行项目洽谈，北控水务集团总监张海林介绍该公司对于城镇环卫管理的先进技术、经验和理念。曹凯宏详细介绍商都县的基本情况和城镇环卫现状，希望利用该公司先进的管理经验来提升商都县城镇环卫水平。该公司计划派技术人员到商都县进行实地调研。

2月28日上午，县委副书记、县长曹凯宏，县委常委、副县长陈耀率招商局、教育科技体育局部门负责人走访中国科学院微生物研究所。在座谈会上，双方就在针对商都县农业节水、盐碱地农业与植被建设、化肥面源污染控制等方面进行交流。中国科学院微生物研究所书记李俊雄表示，下一步将为商都县农业现状提供必要的技术支持。在北京海淀区与大唐融合通信股份公司董事长孙绍利就在商都县建设“呼叫中心”项目进行座谈。董事长孙绍利表示计划近期安排相关人员到商都县进行调研。

3月1日上午，在北京市怀柔区调研洽谈金花葵种植和深加工项目。座谈会上，县委副书记、县长曹凯宏详细介绍商都县基本情况、产业发展定位和相关优惠政策。该企业董事长表示，企业现在种植面积相对较小，原料供给存在一定问题，希望到商都县先进行小规模的试种。如试种成功，可大规模在商都县建设种植基地和深加工企业。同时考察国奥乡居旅游示范基地，听取北京国奥五环资产管理有限公司副总经理刘晓晨对该项目的介绍。该项目利用乡村无人居住民房，通过统一整合、统一管理，解决乡村旅游住宿问题，同时实现农户增收。下午，在北京市经济技术开发区与北京红狮漆业有限公司进行项目洽谈，曹凯宏详细介绍商都县基本情况、产业发展定位和相关企业在国家级贫困县IPO上市的相关优惠政策等。北京红狮漆业有限公司董事长助理邢宝学，表示计划近期安排相关人员到商都县考察。在中国下一代教育基金会生命阳光爱心基金驻地就商都县教育扶贫事宜进行座谈，曹凯宏详细介绍商都县精准扶贫的工作情况，希望得到该基金会的大力支持。基金会秘书长张军、总监姜一平表示，将会通过各种渠道帮助商都县实现脱贫致富。

3月20日下午，招商局和相关企业负责人与北京中国下一代教育基金会生命阳光爱心基金进行座谈，就该基金会针对商都县教育（幼儿园）、医疗（儿科）方面的帮扶工作进行推进，并落实小海子服务区收购过程的具体细节和菌草种植事宜。

3月21日上午，县委常委、副县长陈耀率北大井村委会第一书记都吉波、招商局及相关企业负责人和社员网进行座谈。社员网是契合国家“三农”发展战略和要求、基于现代信息技术基础上的全面服务农业大户的农业互联网生态平台。陈耀详细介绍商都县的优质农产品情况，希望通过社员网互联网销售平台，减少中间商层级，使商都县绿色农畜产品能够在该平台进行网上销售，直接面对市场消费终端。

3月21日下午，县委常委、常务副县长郭玉广率招商局部门负责人与北京中联通用航空有限公司就建设低空飞行综合产业园项目对接洽谈。

3月22日上午，郭玉广与国家发改委城市和小城镇改革发展中心进行座谈。双方就新型城市化建设、海绵城市建设、打造特色小镇方面进行讨论。并在加快城乡一体化建设进程和将商都县打造成为集文化、生态旅游等多功能的内蒙古特色小镇等方面深入探讨。下午，郭玉广与北京鹿景苑投资管理有限公司进行座谈，就该公司在商都县建设50万吨食用酒精项目开工前具体事宜及酵素项目具体事宜进行推进。

3月23日，郭玉广和山东淄博乌兰察布商会进行座谈，就如何在山东淄博针对陶瓷产业开展招商进行详谈。

3月24—25日，县委常委、常务副县长郭玉广分别走访艾丽嘉陶瓷有限公司等18家企业。在座谈会上，县委常委、常务副县长郭玉广就商都县区位交通、陶瓷原料、电价、物流成本及扶持政策等发展建筑陶瓷相关优势进行详细介绍。企业就资源、销售等关键问题进行阐述，并提出需要政府提供厂房。有意向的企业计划近日到商都县实地考察。

3月26日，县委常委、常务副县长郭玉广与河北霸州客商进行会面，商谈在商都县建设碳化硼项目情况，并委托其联系大连金马公司。

3月27日上午，县委常委、常务副县长郭玉广和北京中关村数字文化产业联盟就在商都县建设的文体中心PPP项目进行推进。下午，郭玉广与北京商都商会进行座谈，就商会办公场所更换等事宜进行商谈，并让会长李夺督促跟进清华一九一一文化传播（北京）有限公司在商都县建设农创园项目，加快推进“生态农创+综合服务”、科技培训、生态文化、旅游休闲、电子商务等建设内容。

5月24日上午，县委常委、副县长李晓军率招商局部门负责人参加乌兰察布市承接产业转移驻京对接小分队工作调度会，李晓军在会议上汇报商都县5月份承接京津冀产业转移和对接情况。下午，参观考察北京中关村制造大街。

5月25日上午，县委常委、副县长李晓军在北京奥福环保公司就下一步在商都县投资建设其他项目进行对接交流。下午，与北京榜样传媒有限公司洽谈在商都县通过IPO绿色通道上市和将商都县优质的农畜产品通过该企业设在社区定点汽车式超市进行销售等事宜。

5月26日上午，县委常委、副县长李晓军和商都县企业与农开行就融资事宜进行对接。下午，与北京陶瓷协会进行对接。在座谈会上，详细介绍商都县的矿产资源、区位优势、充沛的电力与低廉的用电价格以及商都县的发展定位，为下一步承接陶瓷行业奠定基础。

6月11—12日，县委书记靳前斌，县委常委、副县长李晓军率北大井村委会第一书记都吉波、招商局部门负责人前往北京，与北京鹿景苑投资管理有限公司就马铃薯酒精、酵素项目进行跟踪推进。与特路（北京）科技有限公司就智能驾驶汽车试验场项目进行推进。

6月13日，县委书记靳前斌率北大井村委会第一书记都吉波、招商局部门负责人前往天津与天津中小企业局进行座谈，靳前斌详细介绍商都县区位交通、矿产资源、园区发展、扶持政策等基本情况及优势，希望进一步加强合作，加大承接天津向外转移企业力度。

6月15日，县委书记靳前斌与北京亿家康光触媒科技贸易有限公司进行项目洽谈，初步达成在商都县投资3000万元建设高端涂料项目。与中国中医药研究促进会慢性病专项基金管理委员会就在贫困旗县每年无偿投入100万元利用中医药进行慢性病跟踪治疗事宜进行洽谈。

7月12日，县委常委、常务副县长郭玉广率北京内蒙古企业商会商都分会副会长冯永及招商局负责人前往北京朝阳区投资促进局进行业务联络对接。座谈会上，郭玉广详细介绍商都县区位交通、矿产资源、园区发展、扶持政策等基本情况及优势，希望进一步加强与朝阳区投资促进局的合作，加大承接朝阳区向外转移企业力度。朝阳区投资促进局副局长杨立介绍朝阳区企业转移情况，并表示可以利用其网站帮助宣传介绍商都县基本情况及招商项目，下一步要继续加强沟通联系，力争在产业转移方面达到合作共赢的新局面。

8月3—4日，县委副书记、县长曹凯宏率环境保护局、住建局及招商局负责人前往上海就城镇垃圾无害化处理项目进行参观考察。座谈会上，曹凯宏详细介绍商都县区位交通、城镇环境、园区发展、扶持政策等基本情况及优势，希望通过合作，利用先进的垃圾无害化处理技术，进一步提升城镇生态文明建设。企业负责人就公司研发的垃圾无害化处理技术指标和项目实施城市进行介绍，并表示接下来通过进一步的实地考察和调研，实现双方合作共赢的目标。其间，与有关企业负责人就利用镍铁废渣生产环保建筑材料项目进行洽谈。

8月5—6日，县委副书记、县长曹凯宏率环境保护局、住建局及招商局负责人前往北京与有关企业负责人就拟在商都县投资3000万元建设高端环保涂料项目进行洽谈推进。

8月6—7日，县委常委、副县长李晓军率农牧业局、招商局和华盛绿能公司负责人到北京大兴区和相关企业对接肉牛养殖项目。项目计划利用华盛绿能公司二期光伏扶贫项目进行肉牛养殖，该“光伏农业”项目的实施将对商都县在产业精准扶贫、造血扶贫方面具有极大的带动作用。

9月9日，县委副书记、县长曹凯宏与山东淄博内蒙古商会及相关企业就陶瓷纤维、建筑陶瓷、硅酸铝纤维、陶瓷熔块项目进行对接洽谈。

9月14日，县委副书记、县长曹凯宏率发改局、经信商务局及招商局部门负责人前往北京与中蒙能源有限公司洽谈利用商都县丰富的地下二氧化碳资源进行二氧化碳汽油转化及有机化工产品甲酸项目。并对新华金融信息交易所进行考察交流。县长曹凯宏在听取新华金融信息交易所全国地方项目投融资服务平台介绍后，希望在招商引资方面能与新华金融信息交易所进行深度对接，双方就进一步合作达成诸多共识。

9月15日下午，县委副书记、县长曹凯宏前往大唐融合通信股份有限公司推进呼叫中心项目，并与中国通用技术集团、工信部军民合作司帮扶对接。

9月16日，县委副书记、县长曹凯宏，政协主席吕生金率发改局、经信商务局及招商局部门负责人到浙江温州对索高变压器有限公司、格亚电器有限公司等变压设备企业考察，并与企业召开招商座谈会。曹凯宏表示商都县将提供一流的投资环境和服务，希望企业家们坚定信心，到商都县投资兴业。

9月17日，县委副书记、县长曹凯宏到象

山县，与万象球团有限责任公司负责人洽谈商都县现有厂区搬迁事宜。同时考察象山县影视城项目，并与宁波沪山影业有限公司总裁等座谈，曹凯宏表示希望借鉴该公司的管理经营理念为开发商都县古城项目提供支持。

9月18日，县委副书记、县长曹凯宏与上海衡益特陶新材料有限公司负责人座谈，希望将企业落户商都。企业负责人表示近期计划到商都县实地考察。

10月31日，乌兰察布市委常委、副市长张爱东率相关市直单位领导及商都县委常委、常务副县长郭玉广和招商局部门负责人在石家庄对接河北地坪产业协会，并参观考察超硕新型建材有限公司和保定晨阳水淼集团有限公司。在与河北地坪产业协会座谈时，郭玉广详细介绍商都县的基本情况和招商引资优惠政策，并欢迎地坪产业协会的领导到商都县实地调研考察。河北地坪产业协会会长史有明介绍地坪行业的发展前景，并就河北现在面临的环保压力以及必须外迁的问题进行说明，表示想尽快组织一批地坪企业家到商都县选址和调研。

11月19日，县委常委、常务副县长郭玉广分别拜访对接北京绿洲国际农林科技有限公司、北京公路快贴胶粘科技有限公司以及准备在商都县投资建设岩棉生产的企业家。座谈会上，郭玉广就商都县交通区位、矿产资源、电价、扶持政策等基本情况进行详细介绍，热烈欢迎企业家到商都县进行实地考察调研。

11月22日，县委副书记、县长曹凯宏率经信商务局、招商局部门负责人应邀到广东东莞市参加东莞市锂电行业协会第一届年会。会上，东莞市锂电行业协会会长李树军致开幕辞，监事长程天召及秘书长许刚汇报协会2017年各项工作进度，阐述协会2018年工作发展计划，并与亚太电池展举行战略联盟合作协议签署仪式。县长曹凯宏在年会上主持商都县招商引资推介会，详细介绍商都县基本情况、发展思路，矿产资源、土地资源、电价及投资政策等优势，就优势产业项目进行推介；热诚邀请企业家到商都县参观考察，投资兴业；与东莞市凯金新能源科技股份有限公司负责人推进在商都县建设的能源电池材料产业园及研究院项目。

11月23日，县委副书记、县长曹凯宏到福建省福州市推进在商都县建设的宝珠砂项目，并参观考察长乐锦源纺织有限公司等企业。

12月5日，县委常委、副县长李晓军率招商局部门负责人到北京与瑞尔（北京）木制家具有限公司负责人推进实木家具生产制造外迁项目。

12月6日，县委常委、副县长李晓军前往雄安新区考察雄安新区旅游鞋生产企业，并与相关企业座谈。会上，李晓军详细介绍商都县交通区位、电价、扶持政策等基本情况，热诚邀请企业负责人到商都县投资兴业。相关企业负责人表示将于近期到商都县考察调研。

12月9日，县招商局部门相关人员参加大兴区经济和信息化委员会、大兴生物医药产业基地管委会联合主办的大兴区产业转型招商对接会。会上，共发放宣传册200多份，并与有关企业洽谈。

（供稿　张　雨）

审　计

【概　况】 2017年，商都县审计局共有在职干部职工23人，内设5个职能股室：办公室，农业资源环境审计股（含自然资源资产审计），固定资产投资审计股，财政金融审计股，经济责任审计股（含经贸审计）。负责对全县10个乡镇、65个县直部门的审计监督。

2017年，商都县审计工作紧紧围绕县委、县政府中心工作，充分发挥审计监督职能，按照政府批转的年度审计项目计划，统筹审计资源，有计划、有步骤地推进审计项目实施。同时，积极完成县委、县政府交给各项任务，审计工作有序开展。

【预算执行审计】按照政府批转2017年审计项目计划，从4月开始，通过两个多月集中审计，完成对县本级、财政、地税、宣传部、建设、交通局、公安局、招商局、水利局、供销社、扶贫办共11个单位的预算执行审计，重点关注2016年县本级一般预算、政府基金预算、社保基金预算的安排、执行、调整、完成等情况，突出民生资金、扶贫资金、危房改造资金、三公经费、政府债务、财政资金出借等方面的问题；关注预算安排的科学性、合理性，预算执行的严肃性、规范性，财政收入的真实性和质量，政府债务的风险等关键问题和环节。发现专项资金拨付不及时，政府采购无预算安排，部门截留滞压应上缴财政收入，三公经费超预算，政府采购执行不严肃，以及会计基础工作不扎实等问题，提出审计建议，要求被审计部门限期整改。并向县人大常委会报告2016年预算执行和其他财政收财务支审计情况。

【扶贫项目资金审计】从3月12日起，根据县委、县政府安排，与扶贫办配合对2015—2016年所有扶贫项目资金进行审计，重点以资金及项目管理为主线，从手续齐备、资料齐全、程序规范、内容合理、流程科学、档案合规等方面，逐项目逐年度进行全面审查，把发现的问题列出清单，要求乡镇及主管部门限期整改，并对整改情况持续进行三轮的督查，确保整改到位。

【涉农资金审计】按照年初计划，结合预算执行审计，对农牧局、林业局、水利局、扶贫办2015—2016年的各项涉农资金进行审计，同时延伸所属的二级单位，对资产管理情况也进行同步审计，发现部分项目资金结存在两年以上，项目工程长时间不决算，奖补资金兑现依据不充分，缺少验收及评估，非税收入部分截留，项目建设推进缓慢等问题，针对存在的问题提出审计建议。

【经济责任审计】结合预算执行审计、专项资金审计以及决算审计，开展领导干部经济责任审计。截至年底，完成对水利局局长，建设局局长，交通局局长，招商局局长，卫计局局长，大库伦乡原书记、乡长，三大顷乡书记、乡长的经济责任现场审计，正在汇总编制审计报告。年底前，完成西井子镇、屯垦队镇、卯都乡主要领导的经济责任审计。

【重大政策落实跟踪审计】以推动中央重大政策落实，促进经济平稳运行，健康发展和转型升级，紧紧围绕项目落实、资金保障、简政放权、政策落实，风险防范5个方面，已经开展财政存量资金管理使用情况相关政策措施落实情况、地方实施“旅游+”战略相关落实情况、加快城市基础设施重大项目建设相关政策落实情况的跟踪审计，出具审计报告，对发现的问题整改持续关注，并上报整改情况，第四季度“促进防控金融风险相关政策措施落实情况”跟踪审计年底前完成。

【政府投资及固定资产造价审计】对竣工验收的投资项目积极开展造价审计，严把工程造价和结算，严禁高估冒算。截至年底，共完成25个项目造价审计，涉及“十个全覆盖”（包括农林牧区危房改造、安全饮水、嘎查村街巷硬化、村村通电、村村通广播电视通讯、校舍建设及安全改造、嘎查村标准化卫生室、嘎查村文化活动室、便民连锁超市、农村牧区常住人口养老医疗低保等社会保障）、农田水利、“五城联创”、基本建设等项目。

【审计监督】2017年，审计局牢固树立抓党建是本职、不抓党建是失职的思想，进一步增强责任意识，把管党治党当作分内之事、应尽之责，坚持一手抓常规工作、一手抓党建，积极落实从严治党责任，形成党组书记负总责、分管领导配合抓，股室具体落实执行的党建工作格局。（1）抓学习教育，坚定理想信念。扎实推进“两学一做”常态化制度化工作，开展“讲政治、重规矩、作表率”专题教育。（2）抓两个责任，落实从严治党。将党风廉政建设工作与审计业务同部署、同落实、同检查、同考核，形成党组统一领导、党政齐抓共管的工作格局。（3）抓党员队伍建设，提升党员队伍建设工作水平。坚持以加强党的先进性、纯洁性建设和执政能力建设为主线，以围绕大局、紧扣中心为目标，不断探索加强党员队伍建设的有效措施，努力提升党员队伍建设工作水平，党员队伍焕发蓬勃生机，有力地推动审计事业快速发展。

（供稿　韩　剑）

统　计

【概　况】 商都县统计局共有行政编8个，工勤事业编3个。下属事业单位2个：商都县地方社会经济调查队，事业编3个；商都县统计执法大队，事业编3个。

2017年，商都县统计局认真贯彻落实各级统计工作会议精神，深入学习习近平新时代中国特色社会主义思想，以提高统计数据质量为宗旨，进一步加强统计法制建设，夯实统计基础，加强基层党组织和党风廉政建设，改进机关工作作风，紧紧围绕县委、县政府的经济发展目标，为领导决策当好参谋，提供优质统计服务，使全县统计事业取得较好成绩，各项经济指标稳中有升，经济运行总体平稳，“统计能力、统计数据质量、统计公信力”不断提高。在1月19日自治区人社厅、统计局召开的全区统计系统先进表彰大会上，商都县统计局被授予“全区统计系统先进集体”称号，这是乌兰察布市唯一获此殊荣的旗县区单位。副局长李宝兵被评为“全区统计系统先进个人”。

【统计报表】 圆满完成各项统计报表上报工作。2017年，统计局努力克服工作人员少、专业多、业务量大等困难，按时、高标准、高质量地完成工业、能源、投资、基本单位名录库、农牧业、畜禽监测、贸易、服务业、人口、法制、劳动工资、全面建成小康社会统计监测、城镇化监测、自然资源资产实物量变动等47个专业的统计年报和定期统计报表工作。

【县域经济运行监测】 围绕经济发展战略，做好县域经济运行监测工作。2017年，初步预测全县地区生产总值完成47.61亿元，同比增长5.5%，规模以上工业增加值增速5.8%，同比下降1.8个百分点；500万元以上项目固定资产投资完成30亿元，同比下降16.9%；社会消费品零售总额完成35.5亿元，同比增长7.7%。

【基本单位名录库建设】 基本单位名录库建设初见成效。统计局以“多证合一”登记制度改革为契机，构建在“多证合一”信息共享平台下，以工商、税务信息为主，以行业主管部门、监管部门信息为辅的名录更新机制，采用月度更新、乡镇维护，率先在乌兰察布市推行基本单位名录库在基层用PDA现场采集维护模式，使名录库维护工作向及时性、真实性、准确性方向迈进；通过新模式采集数据，全县新增企业法人130个，其中新入规工业企业3家、重点服务业1家，规模以上工业企业退库9家、房地产退库2家。截至年底，全县“四上”企业达到40家（工业25家、商业3家、服务业4家、建筑业4家、房地产4家）。

【人口和劳动工资统计】 人口和劳动工资统计有序开展。全国人口变动抽样调查工作如期推进，涉及商都县4个乡镇、3个社区，共7个调查小区，对2332名常住人口进行调查，调查小区相对分散，调查指标多，调查难度大。依据人口变动抽样调查方案及工作细则的要求，先后进行调查小区摸底、调查小区的划分、调查小区绘图，PDA的注册与维护，调查员、指导员的选调和培训，现场入户登记、事后质量抽查等大量的工作；按时完成劳动工资年定报统计、私营企业工资统计，数据质量稳步提高。

【统计改革】 统计改革深入推进。（1）配合自治区统计局启动“十三五”新型城镇化进程统计监测，乌兰察布市在集宁区、丰镇市、商都县开展监测试点工作，为下一步做好、做实商都县新型城镇化进程监测奠定基础；（2）为推进生态文明制度建设，有效保护和永续利用自然资源提供信息基础、监测预警和决策支持，摸清全县自然资源资产“家底”及变动情况，按照自治区统计局的统一部署，商都县高度重视并召开动员会，组织各有关部门编制《2017年商都县自然资源资产实物量变动表》，为开展领导干部自然资源资产离任审计提供科学依据。

【农业普查】 精心组织安排，圆满完成第三次全国农业普查阶段任务。按照国务院全面做好第三次全国农业普查精神和自治区普查工作会议的要求，商都县普查办公室把做好第三次全国农业普查摆在突出位置，高度重视，及早谋划，圆满地完成各阶段工作任务。2017年1月1日开始入户登记的同时，县农业普查办公室为配合入户登记工作加大宣传力度，积极开展形式多样的宣传活动，通过农业普查专栏、展板、电视、广播、条幅等宣传形式，多渠道进行宣传，共发放宣传资料、宣传画5万多份。通过宣传，营造出良好的社会舆论氛围，不断引导广大普查对象依法配合普查，确保普查内容既有质又有量。

3月底，各乡镇普查办公室各司其职，上下运行通畅，按照自治区的统一要求，圆满完成全县第三次全国农业普查入户登记任务，共登记农户普查表8.99万户、规模农业经营户普查表1378户、农业经营单位普查表423个、乡镇普查表10张、行政村普查表223张。登记期间，县农业普查办公室抽组人员组成督导检查组对全县第三次农业普查现场登记工作进行全方位的督导检查。3月16日，根据内蒙古自治区农业普查办公室《关于做好第三次全国农业普查数据审核验收的通知》要求，商都县农业普查办公室开始进入第三次全国农业普查数据审核验收阶段，经过两个月的辛勤工作，累计修改逻辑错误10万余条，核实性错误3万余条，进一步确保全县“三农”普查数据质量。2017年，经过广大普查工作人员，特别是基层普查人员发扬特别能吃苦、特别能战斗的精神，日夜奋战在普查一线，为全县普查工作做出贡献，在县、乡两级普查机构和广大普查工作人员的共同努力下，商都县按时完成普查数据的现场采集、上传、审核，并通过自治区、市事后质量抽查工作，普查取得圆满成功。下一步，商都县将按照《第三次全国农业普查方案》要求，做好第三次全国农业普查资料开发编印工作，为科学“三农”政策提供翔实的统计资料。

【统计服务】 创新服务功能，统计服务取得长足进步。2017年，统计局不断创新，采取多种形式，打造“统计精品”，提供优质服务，为各级各部门的正确决策提供有力保障。（1）为政府谋划发展提供统计支持。年初，商都县统计局及时整理发布年度国民经济和社会发展统计公报，为县政府撰写《政府工作报告》提供准确翔实的数据，并使之形成常态化。（2）精心组织出版质量高、布局合理、内容实用的《商都统计年鉴》和《领导干部统计手册》，为各有关部门提供便利的日常参考。（3）在日常工作中，除努力配合各级政府的调研、文秘工作，积极为政府各职能部门提供各类统计数据之外，每月、每季度结合统计数据的变化情况，专业人员撰写统计分析报告，及时向县领导提出意见和建议，全年共撰写各类专业分析43篇、信息137篇、调研报告7篇，《三农普查简报》47篇，为各级领导正确决策提供科学依据。（4）对发展中的热点难点问题进行统计监测分析。随着经济的发展，各种矛盾和问题不断显现，商都统计局创新形式，针对热点、难点问题，实地调研，深入分析，加强对经济发展的监测、预警，挖掘深层次原因，提出合理的对策建议，及时反馈给政府领导，将有关情况向社会公众公布。

【“双基”建设】创新工作机制，“双基”建设卓有成效。2017年，县统计局以提高统计数据质量为核心，把加强统计基层基础建设工作作为统计工作的重中之重。（1）健全基层机构，全县10个乡（镇）均设立统计工作站，落实专职统计人员，明确统计主管领导。（2）改善办公条件，为10个乡（镇）统计工作站配备电脑、打印机和档案资料柜以及图板，推进乡（镇）统计工作的规范化；局机关在原有设备的基础上又增设复印机1台、笔记本电脑3台，计算站安装不间断电源、网络防火墙。统计基层基础标准化建设全面实现，办公环境明显改善、并为进一步提升队伍素质、现代化信息技术应用能力、统计数据质量提供可靠保障。（3）加强信息化建设，实现与各乡镇统计站的网络连接和统计信息网全覆盖。（4）建立相应的统计制度，规范地填写上报统计报表，提高依法统计的意识，基层统计工作水平有明显提高，为提高源头数据质量提供切实保障。（5）建立全县基层统计报表双向签收制度，要求全县所有的统计报表都严格执行单位盖章、分管领导签字、统计员亲送、统计局业务人员亲收的规范流程。（6）切实加强对基层统计人员的业务培训，2017年，统计局共计安排统计干部9人次分别到成都、南昌、郑州等统计培训基地参加国家统计局组织的基础班学习；安排5人次到深圳参加自治区组织的干部提升班和妇儿“两纲”培训班学习；根据自治区、市局的统一要求，组织15名在岗基层统计人员参加全区统计人员继续教育培训学习，不断更新、丰富统计工作人员的统计业务知识，切实适应新时期统计工作需要。

【依法治统】坚持依法治统、夯实统计根基，数据质量全面提高。（1）按照商都县人民政府《关于印发〈开展贯彻转变经济发展方式“五个结合”不力等专项整治工作方案〉的通知》精神，成立由统计局、经信局、国家统计局商都调查队组成的“开展贯彻‘经济数据造假问题突出’专项整治工作”领导小组，积极开展预防和查处统计造假、弄虚作假工作，并对全县规模以上工业企业、5000万元以上固定资产投资项目、建筑业企业、房地产企业、批发零售企业、住宿餐饮企业、重点服务业企业共63家“四上”企业进行全面自查核实，对企业直报数据进行质量检查，对商贸企业开展“双随机”统计数据质量检查，对抽查中发现的统计数据不实及漏报、瞒报、虚报等问题即查即改，对企业直报数据有误的3家企业和长期停产的6家企业进行清退处理并于10月份退出名录库，做到应统尽统、不重不漏，提高统计数据质量和公信力。（2）加强工业统计数据质量控制，通过适时发布统计预警，为县委、县政府提供准确的统计信息，促使全县产业结构得到有效调整，使高载能企业工业总产值占比由原来的90%降为现在的49%。（3）紧跟国家统计制度创新，切实反映商都县新经济指标体系。对全县8家企业纳入新经济统计范围、使得工业战略性新兴产业占规上工业的26%，对全县6家文化企业法人单位开展抽样调查工作，对全部“四上”企业的7%开展电子商务交易活动调查。（4）实现部门间多领域、全方位协作，完善数据共享机制。主要是建立定期协商的长效联席会议制度，以多层次会议方式，对数据进行分析、评估和预测；参与重要中长期发展规划工作，提供客观可行的预测和建议；开展全县自然资源实物量编制、全面建成小康社会监测、新型城镇化监测、妇儿“两纲”监测等工作。（5）统计局统计执法大队组建以后，配备照相机、执法仪、电脑、打印机等执法设备，印刷《中华人民共和国统计法》（以下简称《统计法》）和《中华人民共和国统计法实施条例》宣传单；会同县司法局、县政府法制办多次联合举行统计法律法规知识宣传教育活动，累计发放统计法制宣传资料1.5万多份，书写宣传标语50余幅（条），张贴宣传画500余张。

【精准扶贫】措施方法得力，扶贫工作成效显著。精准脱贫工作开展以后，统计局帮扶卯都乡西水泉行政村，按照县委统一要求，下派驻村扶贫工作队3人和第一书记1人，并建立驻村工作队办公室，配备办公桌椅、电脑、床、被褥、图板、炊具等，开展驻村扶贫工作并起灶，驻村工作队和第一书记坚守县委有关驻村工作纪律要求，驻得下并经常性地进行实地调研走访贫困户；特别是在“动态管理”工作期间，驻村工作队、第一书记全程参与扶贫政策宣传、信息采集、研判、“三委”会议、“两公示一公告”、填写“明白卡”、规范档案等工作，每月驻村达25天以上。在精准脱贫工作中，局领导亲自率队，组织帮扶责任人每月一次深入西水泉所辖的5个自然村，面对面对所帮扶贫困户进行识别年度、贫困户类别、贫困户申请、识别程序、帮扶措施、“菜单式”扶持等扶贫政策以及“明白卡”内容的宣讲并发放由统计局编印的宣传手册，同时利用联合举办主题党日活动进行脱贫攻坚政策宣讲，并在全县率先使用“帮扶通”记录帮扶责任人对接贫困户情况，书写驻村工作队、第一书记日志、帮扶责任人日记，17人上传帮扶日记517篇，人均上传帮扶日记数37篇，在全县包扶机关单位中名列前茅，全县年中精准脱贫工作检查中，西水泉代表卯都乡受检，取得较高的分数。

2017年，帮扶责任人与贫困户对接、走访，建立深厚的情感，春播时送去生产资料资金；中秋、新年、春节送去节日的问候；开展“送温暖”活动，共计为贫困户送去资金、慰问品折合每户570元；并为常住户发放大米200多袋。贫困户手术住院期间，第一书记、帮扶责任人多次到医院看望并送上慰问金。

2017年，统计局想村民所想、急村民所急，本着一心一意为村民办实事的原则，积极协调，想方设法地从根本上解决村民吃水困难问题，经过多次与水利局沟通，将西水泉七台营自然村安全饮水工程列入全县农村牧区安全饮水年度计划，6月工程开始实施，完成主输水管道450米，支输水管道519米，入户33户，完成投资18万元，工程已顺利竣工并投入使用，该工程保证七台营村33户90多人的安全饮水。

年初，县委抽调统计局5名领导和干部参与到全县精准脱贫档案规范整理工作中，协助扶贫办对全县10个乡镇、213个行政村、695个自然村、2.21万名建档立卡贫困人口的扶贫手册、三本账、台账、“明白卡”进行审查并一一核对，使其达到一致，对村级档案一并进行规范整理，经过3个月的辛勤努力工作，圆满完成全县精准脱贫档案规范工作，为迎接各类检查打下良好的基础，受到县委、县政府主要领导好评。

【“五城联创”】 加大宣传力度，营造联创工作氛围。自商都县开展“五城联创”（乌兰察布市提出“五城联创”，即创建全国文明城市、国家卫生城市、国家园林城市、国家环境保护模范城市、国家食品安全城市）以后，统计局结合自身实际，高度重视，从大局出发，成立领导小组，严格实行“一把手”负总责、分管领导具体抓的领导机制。在2017年度工作计划中将“五城联创”工作纳入其中，并将“五城联创”相关文件的学习纳入会议议程，及时组织学习。（1）积极指导小区搞好社区组织建设、阵地建设、制度建设、服务网络建设及绿化工作，协调小区建立和完善小区业主委员会，让广大居民真正重视业主权利、履行业主义务，实现自我管理、自我监督，并开展好环境卫生服务工作。（2）进一步加大宣传力度，统计局对包联的住宅小区发放宣传资料、健康教育宣传画，悬挂“五城联创”宣传栏，为小区摆设盆景花卉等，多形式、多渠道地开展该类宣传活动13次，其中整脏治乱宣传5次、健康教育宣传8次。（3）加大自身创建工作力度。每月不定期对全局各股室环境卫生进行一次检查，保持办公场所干净整洁。在公共场所及办公室放置“禁止吸烟”标志牌，培养干部职工和当事人自觉自愿戒烟的良好习惯。

【党建和党风廉政建设】 履行党建工作以及党风廉政建设工作第一责任人职责，严格遵循上级有关规定，积极贯彻执行上级有关精神政策，自觉组织开展机关支部党建及党风廉政建设工作，较好地完成上级交予的各项工作任务，推动机关党建和党风廉政建设迈上新台阶，机关支部整体面貌得到新发展，为全面加强机关支部组织建设、作风建设、纪律建设奠定坚实的基础，为更好地适应新时代要求、面向新时代发展、开创新时代统计工作新局面充分发挥自身的职能作用。

【支部队伍建设】 认真组织领导机关支部加强队伍建设和制度建设。年内，按照年轻化、知识化、专业化的要求和德才兼备的用人导向，通过加强理论学习和作风建设，进一步加强支部队伍建设，经过大力培养，刘生庆和王惠敏2位预备党员如期转正，队伍年龄结构和知识结构进一步优化；进一步明确支部书记党建第一责任人和班子成员职责分工，管理水平和工作效率不断提升；以制度为抓手，不断加强目标管理细化量化，不断加强纪律和作风管理，使支部建设和支部工作实现规范化、制度化、日常化的良好运行轨迹。

【组织生活】 积极组织落实完成党建各项常规工作。按照上级的有关规定，严格执行“三会一课”制度，支部书记带头讲党课，支委会、支部党员大会、民主生活会程序规范、形式内容不断拓展创新，党内民主得到进一步弘扬，组织生活不断活跃。

【主题党日活动】 认真组织开展主题党日活动。按照县委统一安排，年内利用每月的第一个周五按时组织召开主题党日活动，并全部以简报的形式形成总结，以学习党章党规和中共十九大精神为主要内容，结合思想交流、心得体会分享、现场观摩等多种形式，充分利用党建教育基地、多媒体平台、视频电视等多种学习教育平台，不断丰富形式和内容，注重实效，弘扬民主，使得广大党员干部在生动活泼的氛围中思想和境界得到明显提升，世界观和人生观得到进一步锤炼，适应新时代的眼光和发展思维得到进一步加强。同时，还组织全体帮扶责任人3次到所包贫困村联合举行以脱贫攻坚为主题的主题党日活动，助推脱贫攻坚工作；组织部分党员参与市统计局在集宁战役纪念馆开展的以红色教育为主题的主题党日活动，2人参加全市统计调查系统主题党日演讲比赛，并取得较好的成绩，同时与村两委班子、市局及兄弟旗县同事在思想和组织形式方面进行有效交流，为进一步拓宽眼界、拓展思维提供有力参考。

【“两学一做”学习教育活动】 自觉带头开展落实推进“两学一做”学习教育活动常态化工作。年内，局支部继续认真贯彻落实上级有关精神要求，严格按照“学党章党规、学重要讲话、做合格党员”的要求，结合主题党日活动和中共十九大精神“大学习、大讨论”活动，突出抓好支部建设和关键少数等关键点，积极部署落实各项常规工作和规定动作，成立以支部书记为组长的领导小组，确定专门工作人员具体落实各项日常工作，形成严格的工作考评机制，做到职责明确、目标明确、任务明确的常态化工作体制，确立支部班子定调子、支部书记领路子、分管领导拉弦子、专业人员唱曲子的常态化制度化工作模式，扎实开展“学习—实践—提高—巩固”各项工作，从学习教育入手，从加强党性着眼，从培养合格党员作为基点，努力培养广大党员干部不断增强“四个意识”、不断确立“四个自信”、不断透彻“四个全面”、不断提高党性强化党规党纪的自觉性，逐步实现党员干部学党章党规重要讲话、支部书记讲党课、党员干部下基层以及树立先锋模范岗等工作的常态化、制度化。

【规范建设】 积极组织领导开展“加强及规范党内政治生活推进年”各项工作。3月，县委印发《“全县加强和规范党内政治生活推进年”实施方案》之后，局支部首先将这一精神摆在高度的思想认识位置，适时组织支部班子进行精神领会分析与落实安排，并开展领导干部模范遵守党章党规、严守党的政治纪律和政治规矩、不忘初心继续前进、率先垂范以上率下的行动，组织广大党员干部开展以强化思想理论武装、强化社会主义核心价值观教育、强化意识形态建设和管理为体系的学习教育活动，并带头执行加强纪律方面、作风方面、工作实践方面、民主生活方面、组织管理方面党内制度执行方面的制度化规范化，有效地促进推动全部工作落在实处、收到实效。

【“大学习、大讨论”活动】 及时组织领导开展中共十九大精神宣传教育及“大学习、大讨论”活动。中共十九大召开以后，支部班子始终保持高度的政治觉悟，给予高度认识和重视，先后组织开展中共十九大会议电视收看、中共十九大报告精神学习宣传、“贯彻习近平新时代中国特色社会主义思想　担当作为谋发展　尽责实干促跨越”大学习、大讨论等活动，形成支部书记带头学习、带头讲解，全体党员共同学习、共同讨论交流的良好氛围，形成并已完成以“不忘初心，牢记使命”“面向新时代，实现新跨越”“以促进人民群众对美好生活的向往为宗旨”“构建富强民主文明和谐美丽的中国梦”为主题的课题学习宣传，为科学领会中共十九大精神、以发展的眼光与思维引领统计事业奠定坚实的基础。

【风险防控】 认真组织开展党风廉政建设各项工作及机关支部风险防控工作。2017 年，按照“一岗双责”的工作要求，严格履行主体责任和第一责任人的职责，同时，积极组织协调支部班子完善领导体制和工作机制，将宣传教育和警示教育常态化作为工作主抓手，将风险防控作为工作重点，将督查督导和防患未然以及问题诫勉谈话作为主要工作形式，不断强化制度的笼子，不断规范权力运行体制，在财务、人事、采购、公车使用、津补贴发放等方面建立严格的制度和严密的运行流程；县人民政府廉政工作会议之后，局机关召开廉政工作会议，会上，由主要领导与各分管领导、分管领导与所分管股室站队负责人签订党风廉政建设责任状，从源头上遏制廉政风险和不当行为的发生，保障清明统计局的建设，为圆满完成年度党风廉政建设各项工作任务奠定坚实基础、提供可靠保障。

【荣　誉】 商都县统计局被评为全区统计系统先进集体；李宝兵被评为全区统计系统先进个人。

（供稿　刘生庆）

国家统计调查

【概　况】 国家统计局商都调查队是国家统计局的派出机构，既是政府统计调查机构，也是统计执法机构，依法独立行使统计调查、统计监督的职权，独立向国家统计局、内蒙古调查总队以及乌兰察布调查队上报调查结果，并对上报的调查资料的真实性负责。同时，承担地方政府委托的各项统计调查任务。全队核定编制数为 9 个，在职干部 9 人。

【城乡住户调查】 根据 2017 年城乡住户调查结果显示：全县 2017 年全体居民人均可支配收入为 1.48 万元，较上年增幅为 8.77%。其中，城镇居民人均可支配收入为 2.58 万元，较上年增幅为 8.55%；农村居民人均可支配收入为 9257 元，较上年增幅为 8.28%。

2017 年、2016 年商都县城镇居民人均可支配收入表

表 1

名称 主要指标	城镇居民人均可支配收入		
	2017 年	2016 年	同比增减 %
可支配收入	25801.00	23769.00	8.55
工资性收入	17100.67	16907.60	1.14
经营净收入	2840.55	2031.30	39.84
财产净收入	537.67	488.40	10.01
转移净收入	5322.11	4341.70	22.58

2017 年、2016 年商都县农民人均可支配收入表

表 2

名称 主要指标	农民人均可支配收入		
	2017 年	2016 年	同比增减 %
可支配收入	9257.00	8549.00	8.28
工资性收入	634.91	601.54	5.55
经营净收入	4301.13	5297.25	–18.8
财产净收入	720.68	149.95	380.61
转移净收入	3600.28	2500.26	44.00

【城乡住户调查样本轮换】 为防止城乡住户调查样本老化，保证样本代表性，确保住户调查数据质量，国家统计局对住户调查样本进行 5 年一次大轮换，2017 年正好是住户调查样本轮换年。根据《内蒙古自治区人民政府办公厅关于开展全区城乡住户调查样本轮换工作的通知》精神，商都县人民政府办公室成立全县住户调查样本轮换工作领导小组，领导小组办公室设在国家统计局商都调查队，具体负责日常工作。商都调查队严格按照《住户调查样本轮换抽样实施细则》开展工作，4 月，开展全县样本抽样框核实工作，并对村级单位进行发展水平排位；7 月，派员到乌海市参加全自治区住户调查样本轮换培训会；8 月，开始抽选村级单位，进行村级单位拆分；9 月，绘制调查小区简图，进行建筑物清查，深入住户开展摸底调查；10 月，抽选记账户，入户宣传住户调查，辅导记账；11 月，试记账，检查新住户记账情况；12 月，正式开始记账，新一轮住户样本投入使用。此后，定期掌握新调查样本动态，确保数据平稳衔接。

【农产量调查】 商都调查队通过对 5 个农产量抽样调查网点实地调查，小麦实割实测单产是每亩 93.5 公斤，其余农作物则采用全组预计方法预计产量。小麦单产采取实割实测后按全县播种面积推算，其余粮食作物（包括马铃薯）是调查估产后按全县播种面积推算而得。推算结果：全年粮食总产量预计是 6450 万公斤。

【统计调查服务】 2017 年，商都调查队以内蒙古调查总队提出“五大工程”建设为目标，以“数据提质”工程为基础，推进“服务增效”工作，为党政决策提供重要依据，发挥好参谋作用。截至 2017 年 11 月统计年度末，全队共撰写分析报告 8 篇，被内蒙古调查总队内网采用 4 篇；撰写业务类信息 21 篇，被总队内网采用 8 篇；撰写政务类信息 41 篇，被总队内网采用 27 篇；调查风采撰写 16 篇，总队内网采用 12 篇。与市队联合开展调研并撰写的调查报告《主粮化背景下“中国薯都”马铃薯产业发展调查与研究》一文被国家统计局内网采用。

2017 年年初，开始着手整理历年的统计调查资料，印制《商都县统计调查资料汇编》，整理编辑从 1984 年商都农调队建队开始到 2015 年商都调查队时期的 32 年的统计调查资料。同时，在上半年整理编辑印制《要事与撰文》，将商都调查队成立到 2016 年 9 年间的工作要事、工作总结及各级采用的优秀分析报告、信息、风采等撰写的文章汇编印制成册。《商都县统计调查资料汇编》与《要事与撰文》填补商都调查队没有完整成套资料的空白。

【精准扶贫】 按照中共商都县委的安排部署，从 2016 年起商都调查队承担包扶乡镇、村、户的精准扶贫工作任务，组建驻村扶贫工作队，承担商都县十八顷镇东营子贫困村和小庙子嘎查的包扶工作。在配合乡镇、村开展扶贫工作的同时，3 名干部包扶 8 户贫困户。在 2017 年下半年精准贫困户重新识别后，又续包 15 户新增的贫困户，共计包扶 23 户贫困户。年内，在包扶村筹建驻村工作队办公室，方便开展工作。商都调查队积极开展帮扶工作，加强组织领导，进村入户宣传党的扶贫政策，帮助乡镇、村干部落实扶贫措施，完善建档立卡软件，慰问捐赠贫困户及包扶村民米、面、钱物等。年内，先后赠送贫困户帮扶生产资金 1600 元，赠送米、面、实物折合人民币达

1.65 万元，为帮扶村联系解决深井水泵 1 台、价值 3000 多元。

【重要事件】 1月4日，乌兰察布调查队纪检组组长赵金玉、法规科科长杜淑英到商都调查队开展年度考核工作。

1月12日，队长李永杰向商都县委书记靳前斌书记汇报 2016 年“两个收入”情况。

1月19—21日，队长李永杰到呼和浩特市参加全区统计调查工作会议。

2月6—7日，队长李永杰和副主任科员闫旭岗到集宁区参加全市统计调查工作会议。

2月18—19日，乌兰察布调查队副队长杨国枝和办公室副主任张俊杰到商都调查队开展例行财务审计工作。

3月3—4日，乌兰察布调查队副队长梁俊利一行到商都调查队检查住户调查基础工作和小微企业基础台账建设工作。

3月9—10日，队长李永杰、副主任科员闫旭岗、科员邢飞和何志鹏到集宁区参加 2016 年度全市优秀记账户、辅调员和企业类调查先进个人表彰会暨 2017 年一季度工作汇报会。

3月30—31日，队长李永杰到呼和浩特市参加全区住户样本轮换动员及抽样框核实培训会议。

4月6—7日，全队人员分组深入各乡镇开展住户调查样本轮换抽样框核实工作。

4月10日，队长李永杰向县长曹凯宏汇报住户样本轮换工作情况，并促成政府办成立全县住户调查样本轮换工作领导小组。

4月10—28日，科员邢飞到河南郑州参加国家统计局统计教育培训基地举办的第 60 期全国统计系统专业知识基础培训班学习。

5月10日下午，由乌兰察布调查队副队长杨国枝、纪检组组长赵金玉带领的巡查组一行到商都调查队检查党风廉政建设、“两学一做”学习教育落实情况等工作。

5月28—30日，利用端午假期时间，对所有办公室和走廊墙面进行粉刷，改善办公环境。硬化单位院落，规划停车位，院落铁护栏重新刷漆，到月底全部整修完工。

6月7—9日，副主任科员闫旭岗在呼和浩特市参加全区调查队系统纪检监察工作培训会。

7月1—3日，队长李永杰和科员邢飞赴呼伦贝尔市海拉尔参加内蒙古调查队系统领导干部暨青年业务骨干培训会。

7月11日，乌兰察布调查队副队长杨国枝和办公室副主任张俊杰到商都调查队安排市调查队新考入公务员下派锻炼事项。

7月19日，乌兰察布调查队纪检组组长赵金玉一行统计执法检查组深入商都调查队部分规下企业和小微企业开展半年统计执法检查。

8月19—20日，全市住户类调查样本轮换暨基层基础建设现场培训会在商都调查队召开。

8月25日，内蒙古调查总队巡查组一行到商都调查队开展巡查工作。

9月20—22日，队长李永杰赴包头市参加全区调查队系统党支部书记培训会议。

10月30—31日，商都调查队召开城乡住户调查辅调员培训会议，同时由队长向辅调员颁发辅调员聘书。

11月6日，队长李永杰到集宁区参加全市住户调查样本轮换工作汇报会。

11月14—30日，队干部闫旭岗到成都市参加全国统计系统专业知识提高培训班学习。

12月3日，内蒙古调查总队信息处副调研员敖特根巴特尔一行到商都队安装内网交换机，乌兰察布调查队队长梁俊利陪同。

12月7日，乌兰察布调查队考核组组长赵金玉一行到商都调查队考察副队长和纪检员人选。

12月25日下午，全队干部在视频会议室参加国家统计局组织召开的局队业务分工调整优化工作动员部署视频会。

（供稿　邢　飞）

农 业

种植业、养殖业

【概　况】 商都县农牧业局全系统总编制人数326人，实有在职干部职工213人，有离退休人员198人。其中局机关按规定应设立内设机构8个，实际设置6个。行政编制16人，工勤编制3人，实有工作人员15人，有离退休人员44人。下设二级单位18个，其中准科级全额拨款事业单位2个、股级全额拨款事业单位14个、差额拨款事业单位2个。事业单位编制307人，实有198人，有离退休人员154人。

【种植业】 2017年，全县农作物总播种面积156万亩。粮食作物播种面积110万亩，其中种植马铃薯48万亩、小麦34万亩、玉米5万亩、莜麦20万亩、杂粮杂豆3万亩；经济作物播种面积28万亩，其中种植甜菜15万亩、蔬菜13万亩；油料作物种植面积20万亩，其中胡麻8万亩、油菜籽2万亩、葵花10万亩。青贮饲料种植面积2万亩。粮食总产量达1.3亿公斤，其中马铃薯折粮8850万公斤，占粮食总产的68%。油料作物总产1500万公斤，甜菜总产6.9亿公斤，蔬菜总产4.42亿公斤。

【养殖业】 2017年，全县家畜存栏70.14万头（只），较2016年减少27万头（只）。其中奶牛存栏9125头，较2016年增加390头；肉牛存栏9270头，较2016年减少2800头；生猪存栏6.6万只，较2016年减少3.6万只；肉羊存栏61.7万只，较2016年减少22.9万只。

【生猪产业化养殖基地】 雏鹰集团股份有限公司生猪产业化养殖基地项目，计划总投资15亿元，规划建设年出栏百万口商品猪生产基地和年加工40万吨饲料加工厂1处。2017年，6个养殖区全部开工建设，其中大黑沙土镇头号村种猪繁育场和四台坊子村种猪保育场猪舍主体工程已完工，完成投资0.71亿元，累计完成投资1.5亿元。

【生态牧场二期工程】 中地生态牧场二期工程扩建项目，在一期工程完成投资2.44亿元的基础上，扩建工程计划总投资4.8亿元，规划新建生产厂房、牛舍和挤奶厅14.2万平方米，建设干草棚、精料库和机修间3.5万平方米，其他配套设施38万平方米，同期购置设备6.9万台（套）。截至年底，完成场地“三通一平”及部分围墙建设，完成投资0.19亿元。项目建成后，奶牛饲养量达到3万头，年产鲜奶18万吨，可提供良种奶牛8500头，年出栏公牛犊9000头，年淘汰老弱牛4000头，年销售收入可达2.3亿元。2017年，公司与农户订单收购饲草料4.7万吨，带动2000户农户种植饲草料3万亩，解决200多人就业，为农户增收创效提供平台。

【生态型循环农业示范项目】 华盛绿能（乌兰察布）农业科技公司生态型循环农业示范项目，规划占地面积1500亩，建大棚90座，用于发展特色作物立体式无土栽培。建圈舍450间，设计年存栏肉羊4万只，年出栏肉羊10万只；肉牛年存栏5000头，养殖规模达到2万头，配套建设现代化沼气池1座。经过一年的建设，共完成92栋光伏农业大棚建设，其中新型材料冬暖棚20栋、春秋棚44栋、大拱春棚28栋；羊舍260栋；牛舍60栋；完成投资3.1亿元。园区现存栏肉羊3000只。

【农副产品深加工项目】 内蒙古申安农业开发有限公司有机蔬菜及农副产品深加工项目，占地1000亩，计划新上有机蔬菜、果汁及农副产品深加工生产线10条，主要生产浓缩果汁。玻璃体智能温室已投入生产。项目达产后，年可实现销售收入10亿元，利税1亿元，安排就业500人。项目的成功引进，将对商都县加快产业结构调整，发展绿色农产品加工提供重要支撑。

【生态养殖示范园】 腾博生态养殖公司开展生态养殖示范园续建项目，截至年底，已建成品种改良站1处，产品简易加工厂1处，还有肉、蛋临储库及其他附属工程，并购回加工设备一批，累计完成投资1.3亿元。至年底，公司存栏产蛋鸡10万只，育雏5万只，淘汰蛋鸡12万只。

【产业扶贫】 2017年，县农牧业局根据全县产业发展现状，按照《商都县产业精准扶贫实施方案》和《商都县2017年产业精准扶贫项目年终验收的指导意见》，积极协助各乡镇按照“菜单式”扶贫产业扶持名录和补贴标准，共计为“点菜”贫困人口6668户、1.23万人发放补贴资金2425.49万元，人均1973元；为弱劳动能力贫困户3299户、5782人发放补贴资金637.4万元，户均1932元。

选派9人担任驻村第一书记、驻村工作队队长和队员，帮助村委会落实各项扶贫攻坚任务。抽调领导干部、技术人员214人结对帮扶453户贫困户。帮扶村涉及小海子镇下井、头号、三太昌、李家村、高勿素、单坝营、杜管营、董家村、南梁9个村委会。新年伊始，为9个村委会在村农户发放大米、麻花、宣传挂历等慰问品5500多份。

（供稿　李德林）

林　业

【概　况】 商都县林业局下设局机关、森林公安局、园林局、规划验收办公室、林业工作站、种苗站、森林病虫害防治检疫站、森林草原防火指挥办公室、禁牧办、公益林站、机械化林场、中心林场共计12个机构。全体干职179人均在岗在编，编制数219人。

商都县继续加强生态建设，森林覆盖率达到25.25%。林地总面积19.67万公顷，其中有林地面积2.28万公顷、疏林地971.4公顷、灌木林地8.48万公顷、未成林造林地1.5万公顷、苗圃地37.9公顷、无立木林地9932.8公顷、宜林地6.27万公顷、辅助生产林业用地434.2公顷。

【党风廉政建设】（1）开展“两学一做”学习教育。自2017年年初召开“两学一做”动员会以后，党委及各支部将该项工作作为党建工作的重中之重，积极组织全局党员干部进行学习，重点学习党章党规、习近平总书记系列重要讲话，共组织集中学习30次，中心组学习8次，专题学习6次，书记讲党课5次；组织党员干部践行争做合格党员专项活动2次。（2）抓党建促脱贫工作。林业局党建工作在完成各项任务的同时，与全局中心工作、扶贫工作紧密结合，全局党员干部多次深入包扶户开展精准扶贫一系列工作。

【精准扶贫】 林业局牢牢把握扶贫工作要点，紧密结合县委、县政府工作部署，开展一系列扶贫帮困工作。在精准扶贫过程中，局长带队，局属各单位分管领导组织多次深入西井子镇、大黑沙土镇、三大顷乡等乡镇开展扶贫工作。同时根据林业扶贫政策，在全县选聘贫困户公益林护林员

1172 人和贫困户生态护林员 81 人，为下一步林业方面的精准扶贫奠定基础。

【重点生态建设工程】 完成退耕还林工程总任务 700 亩，完成京津风沙源治理工程 1000 亩乔木人工造林。完成 2 个出口绿化、通道绿化、义务植树基地绿化共计 2370 亩。全年完成经济林建设 7565 亩，建成 500 亩以上果园 3 处，100 亩果园 6 处。发展庭院经济 500 亩。对军民共建义务植树基地进行补植补造，并实施抚育浇水、修枝、防虫等工程；铺设利用中水灌溉的地埋管道。

【城镇绿化】 对南湖公园主要节点进行重点改造提升，共栽植各类苗木 3.7 万株，各类绿篱近 2 万平方米。对南湖公园的水坝进行美化，同时建设 1 处面积为 0.8 万平方米的停车场。对七台大街等 20 余条街道进行绿化及景观升级改造，共栽植各类乔木 5.5 万株，各类绿篱 1.85 万平方米。截至 2017 年年底，建成区绿地面积达 773.9 万平方米，其中公园面积 186.08 万平方米。建成区绿地率达到 33.72%，绿化覆盖率达 35.94%，人均公园绿地面积达 17.72 平方米。

【防火工作】（1）不断加大森林防火宣传力度，春节、元宵节、清明节巡回在七台镇大街小巷和重点防火区进行防火宣传。3 个节日共出动车辆 160 余辆次，人员 2300 余人次。（2）严格落实《商都县 2017 年度森林草原防火及生态保护责任状》，严格执行 24 小时防火值班制度，“12119”报警电话 24 小时畅通，同时协同各乡镇半专业扑火队和护林人员加强野外用火管理。（3）强化设施建设，2013 年国家林业局批准商都县军民共建绿化基地的防火建设项目，一期工程即将完工，部分设备已投入使用。项目完成后，防火大楼视频监控系统将全面覆盖军民共建义务植树基地。

【禁牧工作】 县人民政府与乡镇政府，乡镇政府与村委会层层签订禁牧责任状。建立领导包片、一般干部包村的责任制，充分发挥乡、村和护林员三级管护网络工作，并把禁牧工作作为年终考核的一项重要内容。全年共刷写标语 100 余条，出动宣传车 40 余辆次，出动人员 100 余人次，发放宣传单 2 万余份，发放禁牧舍饲工作法律法规材料汇编 100 余本，解答群众咨询 100 余条。

【林业行政执法】 积极开展“严厉打击非法侵占林地专项行动”“保护候岛迁徙行动”，切实保护生态建设成果。全年共出动警车 2000 余辆次，出动警力 5000 余人次。发现并查处涉林案件 293 起，其中刑事案件 26 起，均为非法占用农用地案；办理林业行政案件 272 起，收回林地 1.28 万亩，补植补种林地 8000 余亩。

（供稿　曹正方）

水 利

【概　况】 2017 年，商都县水利局在职干部职工 134 人，下设二级单位，分别为商都县水土保持工作站、商都县水政水资源管理办公室、商都县水利管理站、商都县水利工作队（农村饮水安全工程管理站）、商都县地下水勘探队、商都县水土保持监督检查站、商都县水利防汛抗旱服务队、商都县八股地水库管理所、商都县三面井水库管理所、商都县不冻河水库管理所、商都县水利物质调动中心、商都县生态移民区供水管理所、商都县水库移民后期扶持政策工作办公室、不冻河水利风景区管理所。

【防洪工程】 商都县七台镇西干渠防洪治理工程。该工程建设内容：总体布置为张科村西至七彩湖东长度为 6 公里的西干渠，为双侧护岸；护岸两侧修建 2 米宽的人行道，长度 6086 米；10 公里的柏油路面，宽度为 7 米；两侧各 50 米的绿化带，株行距为 2 米 ×3 米，总长度为 6086 米。工程效益：保护农田 4 万亩、人口 8.87 万人；涉及 1 个镇、6 个行政村；同时兼顾景观美化要求。该工程总计投资 4100 万元，属 PPP 项目，已完成土石方 40 万立方米，动用浆砌石 0.32 万立方米，动用干砌石0.395万立方米，修路1.5公里，做过水路桥1座，已建鸟岛1座，已完成投资980万元，工程还在实施中。

【农村安全饮水工程】 2017年，争取到饮水安全项目专项资金410万元，为大库伦乡等7个乡镇的20个村实施饮水安全巩固提升工程，解决6043人饮水安全问题（其中贫困人口1779人、769户）。在争取国家饮水安全项目资金的基础上，县委、县政府投入整合资金，解决小村整合、搬迁、农村自来水工程20余处，使全县70个扶贫重点村实现饮水安全工程全覆盖。力争通过2017—2019年三年建设，使全县所有的自然村饮水安全实现全覆盖。

【生态清洁小流域工程】 不冻河生态清洁小流域工程融入不冻河风景区建设，新增水土流失治理面积19.8平方公里，其中综合治理区营造水保乔灌混交林86.4公顷、灌木林293.6公顷、封禁治理1600公顷，网围栏16公里，修筑工程景观路7.3公里，河岸土石方整治防护1公里，平整治理河道14.5公顷，增设垃圾桶35个、宣传牌1个、标志牌5座、小型宣传栏8块、移动宣传展板5块。总投资1000万元，其中，国家投资700万元，自治区投资150万元，市、县地方配套资金150万元。

【坡改梯工程】 商都县卯都项目区2016年坡改梯水土流失综合治理工程。卯都项目区建设规模为新增水土流失综合治理面积555.56公顷（其中水平梯田474.26公顷、坡式梯田81.3公顷）。配套田间植物护埂24.16公顷，修筑谷坊77座，截水沟8.9公里，田间道路13公里，标志牌3座，新打配套机电井8眼，安装变压器4台，低压线路1430米，铺设低压管道6379米，发展节水灌溉面积43.89公顷。工程总投资为1250万元，其中国家专项资金1000万元，自治区配套资金125万元，市、县配套资金125万元。

【京津风沙源工程】 京津风沙源小流域综合治理二期工程。投资580万元，在卯都乡三面井、新围子、新井子村实施京津风沙源小流域综合治理二期工程，治理面积8平方公里，其中水保林治理面积4.8平方公里、封禁治理面积3.2平方公里，水源工程32处，节水灌溉工程20处，新增节水灌溉面积1260亩。贫困村人均新增节水灌溉面积2亩，为贫困户通过种植养殖业脱贫打下坚实基础。

【巩固退还项目】 2017年，继续实施巩固退耕还林还草项目。投资900多万元为七台镇、小海子镇1万亩水浇地进行节水改造。

【防汛抗旱】 商都县防办始终坚持“抗大旱、防大汛”的原则，积极开展各项工作，狠抓各项工作措施，圆满完成抗旱工作各项任务。（1）适时启动抗旱预案，落实抗旱各项措施。要求各地认真分析当地水源情况和旱情发展趋势，按照抗旱预案规程和“先生活、后生产，先节水、后调水，先地表、后地下”的原则，正确处理工业、农业和生产用水关系，做到计划用水、节约用水。尤其要强化水库调度，正确处理人饮、灌溉及生活用水的关系，把保证城乡居民生活用水放在首位，确保人畜饮水安全。（2）确保重点，科学实施水源调度。要求各地保证科学调度用水，确保重点对象的用水需求，切实把保障人民群众生活用水、重点工业用水和农业生产用水放在突出位置。水源有困难的地方，广泛动员发动群众，采用引、堵、拦、截、抽等措施解决水源总量；水源严重短缺的地方，结合农业种植结构调整，指导农民选种耐旱的优良品种，推广旱作农业、渠道防渗、管道输水、喷滴灌等节水技术，提高抗旱能力和水的有效利用率。

【党风廉政建设】 水利工作涉及面广，业务性强，2017年，全局干部职工认真学习中共十八大会议精神和水利法律法规，细致地学习中共十八届六中全会精神，时刻保持清醒头脑，不断提高政治素质，增强政治鉴别力和政治敏锐性，坚定正确的政治方向，做到与时俱进，创造性地开展工作。同时，局领导班子在各自的工作岗位上坚持挤时间、抢时间学习相关业务知识，不断提高自身的业务能力。牢固树立全局观念和法治观念，自觉维护班子团结，坚持依法用水、依法管水，为做好水利各项工作提供保障。

（供稿 袁 昇）

农牧业机械管理

【概 况】 商都县农牧业机械管理局是政府职能部门，属正科级建制。内设机构4个，为办公室、农机技术推广站、农机监督管理站、农机产品质量投诉站。人员编制63人。

【农牧业机械总动力】 2017年年末，全年农牧业机械总动力达25.6万千瓦，农用拖拉机拥有量达1.13万台，其中大型拖拉机3400台；各种配套机引农机具达到6400余台，其中精少量播种机900台、饲草料及农作物秸秆加工转化机2300台、农副产品加工机械1200台；农用排灌机械5100台，其中节水灌溉机械1100台（套）。

【完成机耕面积】 2017年，全县完成机耕面积123万亩，其中机械化深耕84万亩；完成机播面积122.6万亩，其中精少量播种54.9万亩、免耕播种6万亩、机械深施化肥34万亩、机械化深松整地项目7万亩，新增大型深松机26台，秸秆还田完成3万亩，机械收获完成84.2万亩，农机技术培训2780人次，其中新培训驾驶员170人，拖拉机上户率达到75%，拖拉机检验率达到75%，均超额完成上级下达的责任目标。

【农牧业机械化】 2017年，在认真贯彻学习中央、自治区及市有关农村、农民、农牧业等一系列文件方针、政策和县委十三届二次全委（扩大）会议精神的基础上，紧紧围绕县委、县政府提出的农村经济的发展思路，把优化农机装备结构，提高农机装备水平作为工作重点，抓住国家高度重视“三农”，积极引导调动农民、农机户及农机服务组织，购置先进的农牧业机械积极性，增强投入，加快大、中型现代农机装备的发展步伐，逐步解决“三多、三少”（小型机械多，大型机械少；动力机械多，配套机械少；科技含量低的机械多，科技含量高的机械少）问题，据不完全统计，全县新增新型拖拉机310台，其中大型210台，新增各种配套农机具420台（套）。全县的农机拥有量和配套比都有新的提高。

【高效农机服务】（1）围绕农作物生产组织开展农机新技术入户服务。在丘陵农作区开展以深松免耕播种为主要内容的旱作农业节水技术服务，在地型较平整的农作区开展以精少量播种、化肥深施为主要内容的节本增效技术服务，总实施面积89.3万亩。（2）不断探索，围绕设施农业开展机械化作业服务，以减轻农民劳动强度，降低生产成本为目标，收到较好效果，深受农民欢迎。（3）围绕农牧业生产开展转化技术服务，全县新增饲草料加工机械330台，有效服务畜牧业发展。

【农机服务产业化】 坚持以建龙头、抓大户、扶持合作经济组织为主要措施，加快农机服务产业化、社会化进程。（1）巩固发展龙头服务组织，龙头企业分别新增联合收割机、圆盘耙、旋耕机、精量播种机及深松机等。实现耕、种、播、收等农机系列化作业。（2）扶持农机合作组织，在完善提高小海子贺少平等13个农机专业合作社的基础上，又指导组建商都爱忠农机专业合作社、义达农牧机械专业合作社、成研农机专业合作社，总投资87万元。（3）培育发展农机大户，使他们成为农机作业、农机新技术推广应用主体。全县农机大户发展到640户，其中固定资产20万元以上的有440户，10万元以上的有200户。

【项目区建设】 2017年，把基层农技推广体系建设项目作为重点工作来抓，通过示范引领提高农民的科技素质和技能。紧紧抓住国家重视农业，加大农业投入力度的有利时机，认真做好项目的前期准备工作，力争做好、做强、做大。使项目区的综合机械化作业水平大幅提高，达到节本增效、增产增收的目的。

【农机执法管理】 加强农机执法，确保农机安全生产。加强农机市场管理，积极开展惩治制售假冒伪劣产品的违法活动，净化规范农机市场秩序，保护消费者的合法权益。

【安全生产教育】 2017年，以年检审为手段，把安全生产安全宣传到每一个农机使用者，提高驾驶操作人员的自律意识、安全意识、遵纪守法意识，确保安全使用操作。开展以惩治“黑车非驾”为内容的农机安全生产整治活动，共清理黑车320台，纠正违章510多次，发放安全生产宣传材料5100份，张贴反光标识1500米，全年未发生农机安全生产事故。加强农机监理队伍建设，学法懂法，依法行政，严格执行各种规章制度，礼貌待人，树立良好执法形象，全年未发生执法违纪案件和群众投诉事件。

【廉政建设】 2017年，认真开展“两学一做”学习教育活动、深入进行“三严三实”专题教育。精心组织、狠抓落实、确保取得实效。深入学习贯彻习近平总书记系列重要讲话、《中国共产党章程》，紧紧围绕“严以修身、严以用权、严以律己、谋事要实、创业要实、做人要实”要求，坚持边学、边查、边改，主要领导干部带头，按照有什么问题，解决什么问题，哪些方面问题职工意见大就着重解决什么问题的原则，列出不严不实问题清单，一项一项地整改，进行专项整治，严格正风党纪，以解决问题的实际成效检验专题教育效果。（1）狠抓党员和干部的作风建设，按照“两学一做”学习的要求，结合部门实际，坚持以整风精神从严要求，切实加强作风建设，达到树立群众观点、弘扬优良作风、保持清廉本色。同时，认真贯彻落实县委、县政府关于改进机关工作作风相关规定和文件精神，在办公场所紧张的情况下，专门筹建党员活动室，先后制定《领导岗位职责》《办公室岗位职责》《监理站岗位职责》《推广站岗位职责》《技术监督管理站岗位职责》《警卫人员岗位职责》及《财务制度》《考勤制度》等一系列职责、制度和措施。严肃工作纪律，增强事业心和责任感。通过各类职责及制度的落实，切实解决干部、职工中存在的工作缺乏创新、执行滞后等问题，培养干部、职工乐于奉献、勇于攻坚、敢于吃苦、善于创新的良好作风，推动各项工作的顺利开展。（2）加强组织领导，全面落实党风廉政建设责任制，成立由局长任组长，分管领导任副组长，各站室负责人为成员的党风廉政建设工作领导组，做到“三个明确”：明确领导小组，严格履行“一岗双责”，做到廉政建设与业务工作统筹规划，统一落实，统一检查；明确“一把手”对本单位廉政建设负总责，通过岗位职责，层层分解任务，形成协调联动、齐抓共管的工作格局；明确分管领导亲自抓具体工作安排部署。（3）开展廉政教育，提高拒腐防变能力。组织学习《中国共产党党员领导干部廉洁从政若干准则》《建立健全教育、制度、监督并重的惩治和预防腐败体系实施纲要》等党内法规，参加廉政警示教育3次。通过学习和教育，干部党性得到有效提高，机关行政效率得到提高，从源头上预防腐败。（4）以“商都农机”微信公众账号为依托，扎实推进党务政务公开。把工作职责、内容、程序、时限以及窗口服务对外办理的事项、服务承诺、办理渠道等向社会公开，增加工作透明度，自觉接受群众监督。（5）找准活动抓手，开展集中整顿教育。认真开展“整治‘吃拿卡要’问题，创优发展环境”“保持党的纯洁性教育活动”等纪律作风集中教育整顿，通过“五查五看”，切实达到“五个明显”效果。“五查五看”，即一查思想认识，看服务“三农”的意识树立得牢固不牢固；二查精神状态，看是否自我感觉良好、不思进取、安于现状；三查工作责任，看是否有推诿扯皮、不负责任、玩忽职守、滥用职权的行为；四查按章办事，看是否有制度不全、管理不严、责任不明、监督不力的问题；五查遵守纪律，看是否有以权谋私、吃拿卡要现象，是否存在服务质量差、不按规章办事的不良作风。“五个明显”，即纪律问题明显纠正，服务态度明显改进，工作作风明显转变，依规意识明显增强，办事效率明显提高。（6）健全规章制度，落实保障措施。围绕机关学习、组织纪律、财务、廉政建设、工作作风、工作职责，进一步健全各项规章制度。完善党务公开工作制度、政务公开工作制度等一系列配套保障制度，将党风廉政建设工作纳入制度化、规范化、常规化的轨道，以昂扬的姿态迎接中共十九大胜利召开。

【抓党建促工作】 围绕“两学一做”学习教育活动，坚持“三严三实”制度，以加强和改进党的思想组织作风为目标，积极做好党务工作。（1）把党建工作提上重要议事议程，将各项党建活动与业务工作同安排、同部署。年初，制订《农机局2016年党建工作计划》《农机局党支部学习计划》等，对全局党建工作任务进行细化、量化。（2）结合县委“两学一做”学习教育，坚持每周一上午为集中学习时间，班子成员带头学习，采取集中学习、个人学习、组织讨论等形式，组织党员认真学习习近平总书记系列重要讲话和《中国共产党章程》，提高广大党员政治理论水平。同时，创新学习方法，注重教育实效。采取学习文件材料、上党课、专题宣讲辅导、组织座谈讨论、进行知识测试和撰写学习体会及读书笔记等多种形式，把党员学习活动与农机化有机结合，推动工作开展。

【精准扶贫工作】 2017年入春后，按照县委、县政府的安排布置，积极稳步推进精准扶贫。农机局下派扶贫工作人员，到屯垦队镇仝家村、阮家村、前海子、人头山和刘家坊5个行政村任第一书记。前海子扶贫工作队认真履行职责，深入基层，扎根基层，通过努力工作，使这5个行政村的工作有色、有声、有序开展。同时，农机局先后多次组织全体干部职工深入精准扶贫户进行帮扶对接，宣传党的各项惠农扶贫政策，帮助帮扶户解决生产生活中的实际困难，为帮扶户发放生产鸡苗900余只，价值2万多元。

（供稿　王惠远）

气　象

【概　况】 商都县气象局内设综合管理科、防灾减灾科、气象台。

在汛期气象服务工作中，制订汛期气象服务措施和应急预案，对各类仪器和通信设备进行全面地检查和维护，保证仪器、设备在汛期处在良好的工作状态，确保安全度汛。

【地面测报】 2017年，地面测报气象数据按时按规定传输，自动站资料数据上传4368份，正确及时率达99.77%，报表全部上报合格。

【网络改造】 2017年，完成对新旧站局域网、互联网的改造，实现局域网虚拟网络结构，开通带宽20兆的互联网。新旧站局域网和互联网实现互通，电视天气预报视频也实现互联网专线传输。

【气象预报】 按时上报旬月情报、生态监测数据，全年发布气候影响评价29期，发布预警信号36条，通过手机短信发布气象预警信息1.63万余条次，发布重要天气报告8期，发布春节、春运、清明、“五一”、端午、高考、春耕春播、马铃薯专题预报等专项气象分析共35期。

【资料编写】 商都县气象局编写印发2017年年景气候展望、各月气候概况、逐月降水概率、农事节气歌、天气谚语和农谚、农事活动建议，以及主要降水过程的预测预报等气象方面的知识。

【人工增雨】 2017年，积极开展人工增雨作业，共开展20次人工增雨作业，耗弹186发，为春播春耕和地方经济建设做出贡献。

【科普宣传】加大宣传科普工作力度，围绕“3·23”世界气象日、科普活动周、“5·12”防灾减灾日等主题，开展一系列的宣传活动，介绍气象知识、防灾减灾、气象科技等，并向市民、学校学生派发《气象灾害应急防御知识》《农村气象灾害避险指南》《中小学气象灾害避险》《社区气象灾害避险》《防灾减灾宣传手册》等气象服务产品等1万多份。

【气象观测】2017年，降水量300.2毫米，连续降水日数118天，一日最大降水量33.6毫米；年平均气温2.4摄氏度，年日照时数3525.1小时；年平均最高气温9.8摄氏度，年平均最低气温-4.1摄氏度；年最高气温35.6摄氏度，年最低气温-28.9摄氏度，年大风日数60天，一日最大风速17.6米/秒；初雪日1月2日；无霜期129天，无霜期初日5月14日，无霜期终日9月19日。

（供稿　高　和）

工业与交通

经济信息商务

【概　况】 商都县经济信息商务局内设综合办公室、经济运行股、信息产业股、市场管理股、中小企业股、行业管理股、电子商务办。下设二级单位2个：节能监察中心和商务综合执法队。

2017年，商都县工业经济信息和商务工作贯彻落实上级有关指示，紧紧围绕县委、县政府年初既定的经济发展战略，大力开展招商引资工作，狠抓固定资产投资和新项目建设，积极扶持帮助中小微企业健康成长，加强内贸流通基础建设，规范整顿市场秩序，提升管理服务水平，切实完成好精准扶贫等各项工作。2017年，全县工商行业发展稳定，经济运行稳中有增，增长质量不断提高，全县保持平稳、向好的运行态势。

【工商业经济运行】 2017年1—10月，全县33家规模以上工业企业累计完成工业总产值30.24亿元，同比增加40.51%，实现工业增加值9.07亿元。全县社会消费品零售总额完成27.1亿元，同比增长9.2%，占全年目标任务36亿元的75.3%。

【工业重点项目建设】 2017年，全县实施3000万元以上重点工业项目18个。计划总投资57.1亿元，固定资产投资48.49亿元，计划完成投资15.89亿元，截至10月底，共完成投资14.16亿元。其中续建项目4个，总投资30.07亿元，固定资产投资22.66亿元，年内共完成投资5.86亿元。分别是内蒙古申安农业开发有限公司商都农业综合开发项目；内蒙古溢源醋业有限责任公司中高档马铃薯营养醋项目；内蒙古东盛硅藻土科技创新产业园有限公司硅藻土开发加工项目；内蒙古赣商高新医疗科技产业园项目项目。新建项目14个，总投资26.4亿元，固定资产投资25.83亿元，计划完成投资9.53亿元，截至10月底，共完成投资8.3亿元。分别是内蒙古利康酿造有限责任公司年产1万吨食醋项目；奥淳酒业有限公司健康营养型白酒项目；商都县恒汇热电联产有限责任公司城镇热电联产项目；内蒙古红阳高温隔热材料科技有限公司年产4000吨可溶性纤维、氧化锆纤维、氧化铝纤维项目；蓝威斯顿商都太美工厂新上裹涂生产线项目；内蒙古同盛耐火保温材料有限公司年产6万吨硅酸铝纤维针刺毯项目；内蒙古华腾环保材料有限公司宝珠砂项目；内蒙古华盛绿能农业科技有限公司光伏农业项目；德义农畜产品有限公司水晶粉系列产品生产项目；内蒙古健坤农产品加工有限公司净菜加工项目；内蒙古华鑫硅材料科技有限公司年产5万吨高纯硅项目；内蒙古集通化工有限公司紫鑫公司铁路安防技改转产项目；商都县污水处理厂中水回用工程项目；内蒙古华建非金属材料有限公司陶瓷原料加工项目。

【商贸流通服务业重点项目进展】 2017年，全县重点商贸流通服务业项目共10个，计划总投资

11 亿元，固定资产投资 9.86 亿元，计划完成投资 7.01 亿元，截至 10 月底，共完成投资 4.98 亿元。其中续建项目 5 个，计划总投资 4.5 亿元，固定资产投资 3.86 亿元，计划完成投资 1.24 亿元，截至 10 月底，共完成投资 0.98 亿元。分别是农村电子商务体系建设项目；商都县安馨园老年公寓项目；巨弘温州建材城项目；华联商厦项目；易达小海子综合服务项目。新建项目 5 个，计划总投资 6.5 亿元，固定资产投资 6 亿元，计划完成投资 4.5 亿元，截至 10 月底，共完成投资 4 亿元。分别是商都县巨弘宾馆建设项目；商都县巨弘 3D 影院、儿童乐园及青少年培训孵化园建设项目；商都县巨弘商业步行街项目；商都县西都惠民园项目；大唐电信商都服务外包基地项目。

【用能管理】（1）继续强化节能宣传。6 月 15 日全国低碳日，在生态广场开展主题为“节能有道、节俭有德”的大型宣传活动，在七台镇主要街道悬挂标语 5 幅，发放宣传单 2000 多份，为创建节约型社会营造良好舆论氛围。（2）推进节能管理。通过工业能源管理公共服务平台，对金马、新太等 9 家重点耗能企业实施能源、电力消耗在线监控，切实做到企业能源消耗实时管理。（3）严格控制新增排放量，大力发展循环经济。积极引导企业发展低投入、低耗能、低污染、高效益的“三低一高”产业，严格控制不符合节能环保标准项目的开工建设。积极开展能源及工业废渣废料循环利用，引进山东红阳高温隔热材料科技有限公司、内蒙古迈拓新型建筑材料有限公司和内蒙古同盛耐火保温材料有限公司，利用煤矸石年产硅酸铝纤维 8 万吨和利用镍铁废渣年产矿石棉 30 万吨项目；民宇水泥厂、冷山糖业利用余压、余热建设 4.5 兆瓦和 6 兆瓦发电机组。进一步提升企业的节能技术水平，有效地利用镍铁废渣等工业废料，达到节能、降耗、环保的效果。

【中小企业融资】 全县共有中小微企业 396 家，其中工业企业 224 家。在抓经济发展的同时，县人民政府始终把为企业服务摆在重要位置上，着力帮助企业解决融资难题。自 2015 年开展中小微企业“助保金贷款”活动以来，累计向 8 家企业发放助保金贷款 3710 万元，仅 2017 年 1—10 月，共向鑫旺通、绿娃、红阳、红宇、东友 5 家企业发放助保金贷款 1540 万元。2017 年 6 月 15 日上午，组织商都、化德共 70 余户企业与内蒙古银行乌兰察布市分行、中国邮政储蓄银行乌兰察布市分行和中国银行乌兰察布市分行开展银企对接交流会，会上共有 7 户企业与银行建立意向融资合作关系，意向融资额达 1800 万元。积极为企业争取项目资金，为佰惠生糖业有限公司争取临时储备糖贴息资金 52.1 万元。

【涉企行政事业性收费清理】 加大对涉企行政事业性收费清理力度。严格执行《关于公布全区涉企行政事业性收费和政府性基金目录清单的通知》，除自治区涉企行政事业性收费目录清单中所列收费项目外，其他涉企行政事业性收费一律废止，切实减轻企业负担。

【企业用电服务】 降低企业用电成本。在严格执行原有电价补贴政策的基础上，积极为企业争取更优惠的条件，红阳与迈拓公司两家生产陶瓷类纤维企业获准参照铁合金类子目录电价。积极通过市经信委与自治区电业局联系，将新太铁合金、中建金马、晔兆冶金、蕾强工贸、瑞泰冶金、红阳隔热材料、迈拓新材料等企业纳入内蒙古电力多边交易市场，电价在原有基础上再降低 0.057 元 / 千瓦时，切实降低企业生产成本。

【企业品牌建设】 助推企业品牌建设。联合商都县域智慧服务中心，组织全县企业参加第四届内蒙古品牌大会。其中，东友食品公司品牌“健味宝”、元昊炒米厂品牌“蒙元昊”、鑫旺通食品品牌“鑫旺通”、奥克兰防水科技公司品牌“奥克兰”获得 2017 年内蒙古名片优秀品牌奖。

【中小微企业审批】 简化审批手续，提高办事效率。为更好地服务中小微企业，县经信商务局建立中小企业公共服务平台，推出“一站式”服务，专人负责，跟踪服务，限时办结，尽可能地为企业提供帮助。2017年，为企业办理各类业务80多项，企业满意度达100%。

【安全监管工作】 按照《商都县人民政府办公室关于开展夏季安全生产大检查暨集中排查整治公共安全隐患工作的通知》精神，县经信商务局执法队对全县民爆物品企业、重化工企业进行安全生产大检查，对存在问题的蕾强工贸、集美新碳、红阳等6家企业下达整改通知书，责令限期整改。会同环保、安监、消防等部门在晔兆冶金公司组织火灾安全事故应急演练，取得良好效果。根据商务部《成品油市场管理办法》《内蒙古自治区成品油市场管理细则》《乌兰察布市关于撤销85家加油站成品油零售经营资格的通知》要求，对全县加油站进行认真排查，撤销20家手续不完善且未做油气回收的加油站。为确保商场、超市、宾馆等人员密集场所消防安全，切实加强火灾防控，2017年1月，县经信商务局综合执法队会同县公安治安大队、安监局、消防大队对全县境内8家大型商场超市、15家大型宾馆饭店进行大检查，签订安全责任状及安全承诺书。

【电子商务发展】 自2016年10月商都县被商务部、财政部、国务院扶贫办正式确定为全国电子商务进农村综合示范县以后，县委、县政府高度重视电子商务的建设与发展，把电子商务进农村与惠民工程、新农村建设等工作有效结合，多措并举、合力推进，取得良好的经济和社会效益。全县共建成1300平方米的县级电子商务发展中心1处、1100平方米的物流配送及电商培训中心1处、村级电子商务服务站点76个。全县共举行农村电商培训会40多场，培训农村电商人才3000多人次。引进和培育各类电子商务平台7家（其中本土平台3家），从事电子商务的企业27家（其中规模较大的8家），电商直接从业人员140多人。此外，县域内还有个人开设网店运营的微电商2000多家。截至10月底，全县电子商务订单量近512万多单，交易额达1.85亿元。

【党组织建设工作】 局党委下设机关党支部1个，非公企业党支部15个，共有党员110多人。2017年，新建设非公企业党支部5个，联合支部3个，为局党委基层党组织建设注入新的血液。按照上级部门要求，局党委积极开展主题党日、“两学一做”活动、党风廉政建设等，每周定期组织全局干部职工集中学习党章党规、习近平总书记系列重要讲话等，努力提高党员干部的自觉性和坚定性，并把学习实践成果转化为推进经济发展工作的具体措施和实际行动。累计学习37次，邀请党校老师讲课2次，专题学习12次，书记讲党课5次。局党委通过评星定级活动，对绿娃、乐耕联合党支部和佰惠生党支部及11名中共党员，完成评星定级工作并已挂牌。

【“三重一大”“一岗双责”工作制度落实】 按照县委部署要求，县经信商务局加强组织领导，认真贯彻落实《关于落实“三重一大”制度、履行“一岗双责”责任和巡视组反馈意见整改三项工作的总体安排》文件要求，对重大决策、重要干部任免、重大项目安排和大额度资金，都必须通过全体领导班子集体研究讨论，方可作出决定。制定并完善《经信局公车使用制度》《经信局请销假制度》《厉行节约反对浪费制度》《公务接待规定》《学习培训制度》《党风廉政建设责任制》。通过用制度管人管事，不断改进机关工作作风、提高为民办实事的效率，真正拉近与群众的距离。

【信访维稳工作】 2017年，县经信商务局成立以主要领导为组长的信访工作领导小组，建立信访档案和来信来访处理卡。全年涉及该局的信访案件有8起，共计接访12批次200多人次，对于来访人员高度重视，由局长、副局长专门接待，耐心与来访人员交流，认真倾听他们的诉求，并做好详细记录，同时将了解到的情况及时准确地向上级领导反映，并积极协调相关企业，及时有效地解决上访问题。全年未发生因工作失误造成的越级非正常上访事件。

【精准扶贫工作】 按照中央、自治区、市委、县委有关精神，积极开展精准扶贫对口帮扶工作。县经信商务局包扶大库伦乡 7 个行政村、71 户贫困户，共计 171 名贫困人口。局干部职工每人每月至少 2 次深入所包扶的贫困户家中，对接了解情况，帮助他们理清发展思路，有针对性地解决实际困难。对种养殖户，帮助他们联系企业、饭店、屠宰场等，拓宽农畜产品销售渠道，适时解决销售难的问题；对有劳动能力的贫困户重点进行产业帮扶，共投资 2.7 万元为贫困户购买蛋鸡 1500 多只；对子女在校就读的贫困户，积极与教育局、扶贫办联系，按照有关政策，落实教育扶贫（大学每人每年 1 万元，高中每人每年 4000—5000 元）；对孤寡老人及失去劳动力者，局干部职工自主捐衣捐物，为他们送去温暖。特别是在得知所包扶的三胜地村饮水难题后，出资 8000 元为三胜地村加装取水泵 1 套，有效地解决三胜地村取水难题；三胜地村张某军妻子曹某桃患有严重的肝硬化，家境贫困，无钱就医，得知这一情况后，立即通过乡政府、红十字会及社会团体共同为张某军夫妇募捐钱物 1 万多元。

（供稿　郭　军）

工业园区管理

【概　况】 商都县工业园区管理委员会于 2011 年 6 月 14 日经县委常委会研究决定成立，属政府派出的正科级规格财政全额拨款的事业机构，核定事业编制 18 人，其中设主任 1 人、副主任 3 人。内设机构 5 个：综合办 3 人、财务室 2 人、规划建设部 3 人、招商服务部 3 人、生产运行部 3 人。

【园区建设】 商都县长盛工业园区，包括长盛工业区、冶金化工区、马铃薯产业区、小海子农牧产业区，共"一园四区"，总规划面积达 64 平方公里。水、电、路、讯等基础设施建设累计投入 10 亿多元，实现"五通一平"，建成 10 万平方米的孵化园 1 处，具备各类企业入住条件，已形成各具特色的园中园新格局。培育出"康家食品蓝威斯顿"亚洲最大薯条加工、"佰惠生糖业"全国最大甜菜制糖之一、乐耕食品全国最大出口速冻蔬菜等一大批龙头企业。

长盛工业区规划占地 31.27 平方公里，以产业集群化发展为主攻方向，突出发展农产品加工、矿产品加工和高新医疗科技产业，形成乐耕食品、奥淳酒业、硅藻土产业园和医疗科技园等企业相得益彰的发展格局，打造乌兰察布市最大的绿色农产品生产加工输出基地。

冶金化工区规划占地 9.8 平方公里，主要有冶金、建材、新材料等企业，曾经是全区重要的铁合金生产基地。县委、县政府坚持绿色发展理念，加大园区腾退转型力度，重化工企业从 15 家减少到 5 家，淘汰 1.25 万千伏安矿热炉 13 台。特别是通过腾笼换鸟，以红阳、琪昌、同盛保温新材料产业和以凯金、恒胜为主的锂电池新材料产业迅速崛起，有效地促进全县工业经济转型升级和高质量运行。

马铃薯产业区规划建设面积 2.78 平方公里，有美国康家食品集团蓝威斯顿公司商都工厂、希森薯业、科都薯业、富龙泰薯业入驻，年生产、储藏能力可达 40 多万吨。形成马铃薯种植、加工、销售"一条龙"的产业化发展格局。

小海子农牧产业区规划占地 20 平方公里，以绿色农畜产品加工转化为主，配套建设物流业，重点集聚一批规模大、带动力强、技术含量及附加值高的农牧业龙头企业。有佰惠生糖业、易达物流等企业相继入园。2013 年，小海子农牧产业区被自治区科技厅评为"自治区级现代农业科技示范园区"，对商都县农牧业产业化的发展和农民增收起到巨大的辐射和带动作用。

2016年3月，长盛工业园区升级为市级工业园区；同年8月，开展申报进入国家开发区审核公告目录的相关工作。

2017年，所有入园企业达到85家，其中正常运行的40家、停产15家，占地面积共1.35万亩，总投资达170亿元。园区总产值实现32.3亿元，占工业总产值的84%。2017年，园区税收实现1.46亿元，解决就业5700人。

【结对帮扶工作】 2017年，认真贯彻落实习近平总书记关于扶贫工作系列重要讲话精神，按照县委、县政府的安排部署，进一步理清思路、强化责任，增添举措，切实在精准扶贫、精准脱贫上努力下功夫，扎实稳步推进扶贫攻坚工作。

帮扶的三大顷乡位于商都县境西南部，乡人民政府所在地距县城15公里。单位所包扶十大顷村委会位于县城西。该村委会辖区共有社会户853户，社会人口1786人，常住248户，常住人口467人。其中所包村（十大顷、大三洼、红海子）涉及社会户407户，社会人口1064人，常住户127户，常住人口234人。所包村新识别贫困户1户，贫困人口1人。贫困对象识别后，通过入户登记获取贫困对象的各项信息资料，并组织信息录入员将对象信息录入电脑系统，建立档案，做到户有表、村有册、乡有电子档案。

2017年，所有结对帮扶的党员干部进村入户达30次以上，对所有建档立卡的贫困户进行走访摸底，全面了解和掌握建卡贫困户的家庭情况和致贫原因，建立帮扶档案，结合基础设施、产业发展、民政保障、社会解贫等帮扶政策措施，量身定制脱贫计划，进行挂牌公开帮扶。年底，重新选派驻村第一书记1人，化解矛盾纠纷6件，解决生产生活实际问题11个。下半年，单位出资1万元为村委会新打水井1眼，解决该村长期没有自来水的问题。

在县委、县政府的统一安排和部署下，工业园区管委会积极推进贫困户扶贫解困工作。作为县级帮扶单位，积极与奥淳酒业联系增加集体经济收入1.6万元，与内蒙古中和农信农村小额贷款有限责任公司为贫困户联系贴息贷款，联系腾博养殖公司给予贫困户一口良种仔猪，帮扶责任人累计为贫困户投入资金1000多元，经过三年的大力支持，包扶十大顷行政村17户贫困户已脱贫12户。

【非公企业党建】 为了解掌握全县非公企业党建工作总体情况，推进非公企业党建引领发展工作再上新台阶，3月23日，商都县委组织部一行深入工业园区管委会、奥淳酒业公司、绿娃农业公司了解情况、指导工作。在工业园区管委会，了解工作开展情况和党群服务中心作用发挥情况，要求管委会领导班子，提高认识，整合资源，以“连心党建”为主题，结合工作职能，积极开展好“主题党日+”活动，切实做好服务企业工作。在奥淳酒业公司，参观酿酒车间、包装车间，了解企业生产和开展党建工作中的一些做法。指出非公企业党组织不能就党建而抓党建，要以评星定级工作为契机，通过党员示范岗等务实、有效的形式，将党建工作与企业生产经营紧密结合起来，以党建工作引领生产经营管理，不断推动企业科学健康发展。在绿娃农业公司，参观展销中心、党员活动室，对非公企业完善“三会一课”、规范民主评议党员等基本制度提出具体明确的要求。

【优化招商投资环境监测点受牌】 6月5日上午，商都县纪委整治“雁过拔毛”式腐败问题优化招商投资环境监测点授牌仪式在内蒙古苏蒙科技电力设备有限责任公司举行。县委常委、纪委书记李震及监察局有关负责人和苏蒙科技电力设备有限责任公司总经理、蓝威斯顿商都太美工厂代表等20多家企业代表参加授牌仪式。李震首先向受牌单位表示祝贺，苏蒙科技电力设备有限责任公司总经理代表挂牌企业发表受牌感言，李震和企业代表——苏蒙科技电力设备有限责任公司总经理共同为苏蒙科技优化招商投资环境监测点揭牌。随后，举行座谈会。会议指出，开展服务企业优化招商投资环境是商都县集中整治“雁过拔毛”式腐败问题的创新和举措，旨在拓展整治范围，着力治理职能部门和行政执法及事业单位损害企业的“雁过拔毛”式腐败问题。会议希望各监测点切实发挥探照灯和显微镜的作用，使监督关口前移，扎实营造风清气正的招商投资环境，为全县经济社会新一轮大发展提供坚强的纪律保证。会上，同时发放优化招商投资环境调查问卷。在座谈交流中，各企业代表一致赞同县纪委这一优化招商投资环境新举措，并对监测点下一步真正发挥作用提出各自的意见和建议。县纪委本次共为21家企业授牌。

【重要事件】 1月5日，自治区安委办主任、安监局总工程师张耀一行到商都县新太铁合金公司开展安全生产年度考核工作。市安监局局长韩越飞，县委常委、副县长张美陪同考核。

3月8—9日，自治区人大常委会副主任、自治区总工会主席杭桂林率自治区安全生产督导组深入商都县美国康家食品集团蓝威斯顿公司商都工厂、佰惠生糖业有限公司开展安全生产大检查。

4月16日，市委副书记、市长费东斌率市政府办公厅和市林业、经信委、农牧业局等有关部门负责人深入商都县内蒙古希森马铃薯种业有限公司、内蒙古东盛硅藻土科技创新产业园有限公司、内蒙古乐耕食品有限责任公司、内蒙古申安农业开发有限公司等进行调研，详细了解各企业生产经营、项目规划、建设进度、产品销路等情况。县领导靳前斌、曹凯宏、王再华、郭玉广、张美、刘瑞、冀飞及县相关部门负责人陪同调研。

12月25—26日，市委书记杜学军深入商都县蓝威斯顿薯业、东盛硅藻土科技创新产业园、凯金新能源科技公司、佰惠生糖业、昌盛日电商都光伏产业示范园等地调研实体经济、扶贫、维稳等重点工作，听取有关负责人情况介绍，实地了解项目建设生产进度进展情况。县委书记靳前斌、县长曹凯宏陪同调研。

（供稿　韩世虎）

供　电

【概　况】 商都供电分局内设营销部、生产部、安监部、调通信息管理所、输变电管理所、用电检查所、电能计量所、物资供应中心、客服中心、计划基建部、瑞兴公司、纪检监察审计部、综合部、财务部。有中层干部26人。下设城镇供电所、小海子供电所、十八顷供电所、屯垦队供电所、玻璃忽镜供电所、大库伦供电所、三虎地供电所、四台坊供电所。

商都供电分局隶属于内蒙古电力（集团）有限责任公司乌兰察布电业局。主要业务：对所辖用电客户提供优质可靠的电能供应，35千伏、10千伏线路、变电站的运行维护工作；10千伏以下低压用户线路、变压器配电网的运行维护工作。向各类用户发行电量、提供急修和咨询等供用电服务、回收电费等管理和服务性工作。

供电业务范围：商都地区6个镇、4个乡，211个村委员会，688个自然村，兴和县105个自然村1.8万人和后旗10个自然村3200人口的用户。供电面积约4500平方公里，供电人口约36万人。

截至2017年年底，城乡通电率达100%，在册员工主业188人（其中多种经营2人）；劳务派遣工112人；离退休81人、中共党员99人（其中离退休中共党员33人）。

2017年商都供电分局所辖各电压等级设备一览表

表3

变电站及线路	数　量	设备名称	数　量	容　量
110千伏站	1座	主变压器	1台	50000千伏安
35千伏站	10座	主变压器	17台	142250千伏安

续表 3

变电站及线路	数 量	设备名称	数 量	容 量
110 千伏输电线路	1 条	输电线路	15.74 公里	—
35 千伏输电线路	15 条	输电线路	324.1 公里	—
10 千伏配电线路	67 条	配电线路	2421.54 公里	—
配电变压器	3962 台	变压器	—	464585 千伏安
0.4 千伏线路	976 条	配电线路	1245.75.4 公里	—
光 缆	—	—	388.85 公里	—

【主要经济指标完成情况】 供电量：实际完成 4.08 亿千瓦时。售电量：年计划 3.03 亿千瓦时，实际完成 3.75 亿千瓦时，完成计划的 123.76%。综合线损率：年计划 7.80%，实际完成 8.04 %，比预算升高 0.24%。供电可靠率：完成 99.95%。电压合格率：完成 96.15%。安全指标：截至 12 月 31 日，连续安全生产天数达 2556 天，安全生产形势稳定。全年未发生重特大电网事故和设备事故，未发生人员误操作事故，未发生送电事故，未发生变电事故。未发生火灾事故，未发生本企业负同等及以上责任的重特大及一般交通事故。

2017 年商都县各类用户电费、电量统计表

表 4

用电户分类	用电户数（户）	电价（元 / 千瓦时）	用电量（万千瓦时）
居民照明	125083	0.415	7955.08
大工业	181	0.4743	13691.35
农业生产	705	0.428	771.7
农业排灌	2122	0.237	9143.55
一般工商业（不满 1 千伏）	9337	0.6713	3499.06
一般工商业（1—10 千伏）	475	0.6263	2398.68

【安全生产】 坚持以“保人身、保电网、保设备”为底线，通过开展春查、秋查、检修、迎峰度夏、防洪防汛、安全生产月、安全生产大检查等活动，强化安全管理。

全年未发生一般电网、设备事故；未发生职工轻伤、有责任的农网触电重伤及以上事故；未发生负主要责任的交通火灾事故。截至 12 月 31 日，连续安全生产天数达 2556 天，安全生产形势稳定。

圆满完成各类重大活动保电、农灌保电工作。结合分局各类保电文件及方案，全过程、全方位地跟踪检查，确保各类保电工作顺利有序地进行，受到当地政府和各类用户的高度赞扬。

商都供电分局变电站春查 3 项，按计划 6 月 22 日开始春查预试，输电线路春查计划 8 项，共完成 6 项。配电线路春查计划 21 项，共按计划完成 19 项。春查计划剩余项按计划实施。春查发现一般缺陷 185 项，已全部消除，消缺率达 100%。

结合开展落实安全月活动实施方案，开展安全生产宣传教育活动，邀请消防支队教官指导消防器具的使用及逃生演练的正确方法，组织生产一线人员对安全事故通报学习和总结，提高广大员工的安全意识。

针对电力施工的特殊性，安监部不定时地对春查外查、基建、农网、抢修、小型作业现场、作业人员及机械、施工车辆进行检查，对发现存在的安全隐患现场纠正。上半年，安监部共检查各类现场 114 处，投入人力 273 人次，发现安全隐患 11 处，制止纠正 11 处，形成安全生产稳定的、常态化的态势，严防各类安全事故发生。

【电网建设】 认真落实公司“大规划、大建设、大发展”工作要求，结合地区经济发展和电网建设实际，有序推进主网、配网、小型基建等前期工作。持续强化前期工作深度、细度，规范各类核准支持性文件的办理，确保工程按期核准，依法合规建设。2017 年，中心村、机井通电及配电网工程共投资 14050.8643 万元。其中，2017 年 10 千伏及以下配电网城网改造项目 4 项，计划投资 5547.6 万元；2017 年 10 千伏及以下配电网中心村改造 2 批，项目共计 6 项，计划投资 5364.68 万元；

2017年10千伏及以下配电网机电井改造项目共计8项，计划投资3138.63万元；工程正在施工当中。

【市场营销管理】 大力推进营销集抄化管理。利用农网项目加快台区和户表集抄工程进度，集抄覆盖率计划达到85.71%。按照县委、县政府的指示精神，结合市局“神鹰”服务品牌的推广，分局成立党员服务队、青年员工志愿者服务队，走街串巷进行安全用电及优质服务的宣传工作。大力推广社会多样化便民服务方式，2017年度，在营销技改项目中安排实施24小时自助缴费场所建设，城镇供电所新增2个24小时自助缴费厅，新增自助缴费机6台，农村供电所新增自助缴费机2台；积极与兴业银行主动申请新增POS机19台，与原开通的38个农村信用社收费网点和18个邮政便民服务点及兴业银行POS机共同开展收费业务，大大缩短了广大用电户的交费时间。

【“两学一做”活动】 分局党总支根据乌兰察布电业局和地方县委、县政府关于开展“两学一做”学习教育的工作安排，制订方案并召开全体党员大会，学习习近平总书记系列重要讲话及《中国共产党廉洁自律准则》《中国共产党纪律处分条例》。通过“三会一课”、中心组学习、专题讲座、主题党日等活动，组织党员接受党性教育，努力提升领导干部和广大党员思想政治素质和业务工作能力。

打造全新“责任蒙电”“神鹰”品牌。分局党总支按照上级党委部署，建成廉政文化长廊、党员活动中心、职工之家、融通文化传播站活动阵地，购置近5000多册图书，设立“善行义举”榜、优秀共产党员光荣榜、心得体会展示栏和中国共产党光辉历程宣传栏。

分解责任目标。生产、安检部门制定重要节日、重大活动、春耕春播、抗旱防灾保电预案和应急措施，供电所成立支农服务小分队，不分昼夜地活动在田间地头，服务于用电客户中间。

成立新闻通讯报道小组，对分局发展状况、安全生产情况、精准扶贫情况、优秀人物、先进事迹等进行宣传报道，并创办《商都电力心之光》内部刊物，以正确的舆论引导人、鼓舞人。2017年，分局共在报刊、网络发表文章118篇。

按照县委、县政府精准扶贫安排部署，分局成立精准扶贫工作队，对包扶的三大顷乡柳家沟、苏木村进行入户调查走访，了解包扶困难户的情况，填制帮扶卡片，对高低压线路及入户线进行改造。

【党建工作】 分局设党总支1个、基层党支部5个，共有中共党员99人。2017年，“两学一做”学习教育开展以来，坚持把学习教育、凝聚共识贯穿始终，班子成员带头学习党章、党规党纪和习近平总书记系列重要讲话精神。通过“三会一课”，中心组学习，专题讲座，主题党日活动，党总支成员、支部书记讲党课，专题培训学习，微信平台学习等活动，组织党员干部学习习近平总书记系列重要讲话，“一章、两则、四条例”（《中国共产党章程》《关于新形势下党内政治生活的若干准则》《中国共产党廉洁自律准则》《中国共产党纪律处分条例》《中国共产党问责条例》《中国共产党党内监督条例》《中国共产党巡视工作条例》），内蒙古自治区第十次党代会精神，公司及市局党代会、年会精神等。为每位党员制作“两学一做”学习笔记本、发放《知之深爱之切》《中国共产党章程》《中国共产党廉洁自律准则》《中国共产党纪律处分条例》《“两学一做”学习教育简明读本》等学习资料。党总支采取集中学习、中心组学习、基层支部组织学习、党员自学等形式，提升领导干部和广大党员思想政治素质和业务工作能力。2017年2月17日，在广泛征求党员、群众意见的基础上，分局党总支召开“两学一做”学习教育专题组织生活会，班子成员之间开展批评与自我批评，领导班子共查摆问题12条，并提出整改措施和整改时限；在民主测评中，领导班子、班子成员满意率达99.3%。

分局党总支从规范“三会一课”、主题党日活动、专题组织生活会制度入手，制订年度学习计划、月度学习安排和分管领导参加基层支部学习制度；创办《商都电力心之光》内部刊物（截至年底，共出版3期）；开展党员评星定级活动（已通过商都县机关党委验收）；参加乌兰察布电业局推进“两学一做”学习教育常态化制度化工作会暨“加强和规范党内政治生活推进年”动员大会；制订《商都供电分局“两学一做”学习教育常态化制度化实施方案》《开展违反“九不准”专项整治实施方案》，并按上级党委要求完成基层党组织和领导干部加强和规范党内政治生活问题清单的查摆、填报整改等工作。建立加强和规范党内政治生活问责台账、加强和规范党内政治生活学习台账、加强和规范党内政治生活六个专题学习记录、干部廉政档案，签订部门党风廉政建设责任状，建立权力运行监控机制一览表、权力运行监控目录、党政领导班子主要职权运行情况记录等，按计划定期开展“三会一课”、主题党日活动、“基层讲堂”支部书记讲党课、专题讲座等活动。通过一系列的党组织活动，增强党员干部“四个意识”，坚定党员干部“四个自信”，把全面从严治党的要求在组织建设、作风建设、纪律建设等方面真正落在实处，使党组织的战斗堡垒作用和党员先锋模范带头作用得到充分发挥。

分局党总支以“从严抓党风建设，以党风促进政风，带动行风”为党建工作主线，认真落实“两个责任”，强化廉政风险防控，重新修订《权力运行监控机制一览表》、《权力运行监控目录表》、考勤制度、车辆管理制度，与各部门签订党风廉政建设责任状，与领导干部家属签订家庭助廉承诺书，组织党员干部多次学习《中国共产党章程》《中国共产党廉洁自律准则》《中国共产党党内监督条例》，并聘请党校老师进行条例、准则专题讲座，《2017年政府工作报告》专题讲座、“守望相助，打造祖国北疆亮丽风景线”——继续深入学习贯彻习近平总书记考察内蒙古重要讲话专题讲座，组织全体党员干部到商都县看守所参观商都党风廉政建设教育基地。为正确运用监督执纪“四种形态”，让咬耳扯袖、红脸出汗成为常态，分局党总支制定领导班子成员之间进行谈话、分管领导与部门负责人进行谈话等谈话制度，通过各项制度的完善和建立，强化部门和重点岗位权力运行的监督和管控，紧盯老问题，关注新动向，坚决防止“四风”问题反弹回潮。

【“责任蒙电”品牌全新打造】 为提升全员文明素质和企业软实力，打造全新“责任蒙电”品牌，分局党总支按照上级党委部署，建立廉政文化长廊、党员活动中心、职工之家、融通文化传播站等活动阵地，购置近5000册图书，设立“善行义举”榜、优秀共产党员光荣榜、心得体会展示栏和中国共产党光辉历程宣图板，以培育践行社会主义核心价值观为统领，引导广大员工做到爱岗敬业、尽职尽责、诚信友善。为扎实推进第四届“蒙电杯”规范化服务竞赛活动，分局制订《商都供电分局第四届“蒙电杯”规范化服务竞赛活动实施方案》，成立领导小组，在活动中充分发挥党员示范岗和党员先锋模范带头作用，让“展翼经济宏图、守护万家灯火”的服务品牌在商都企业和用户当中得到体现。为确保商都县经济发展的安全用电，分局生产、安检部门制订重要节日、重大活动、春耕春播、抗旱防灾保电预案和应急措施，8个供电所成立支农服务小分队、党员服务队，服务队不分昼夜地活动在田间地头，服务于用电客户中间。特别是在中共十九大召开期间的保电工作，分局党政班子领导高度重视，召开专门会议，制订中共十九大期间安全保电工作方案，成立保电工作领导小组，明确工作目标、分解工作任务、落实工作责任，圆满完成中共十九大保电工作任务。

【党总支、党支部换届选举工作】 根据《乌兰察布电业局基层党组织换届选举工作实施方案》安排，分局党总支依据《中国共产党基层组织选举工作暂行条例》成立商都供电分局基层党组织换届选举领导小组和工作机构，分别召开党总支会议、党员大会，系统学习《乌兰察布电业局基层党组织换届选举工作实施方案》和“九个严禁、九个一律”换届纪律，采取自下而上、上下结合的办法，结合基层党支部和多数党员意见，按照规定的差额比例提出党总支支部委员候选人名单，上报乌兰察布电业局党委审批。2017年6月26日，召开商都供电分局党总支换届选举党员大会，按照选举程序选举产生商都供电分局党总支新一届党总支委员和党总支书记、副书记。6月28日，供电所支部、机关一支部、生产支部、多经支部先后召开支部党员大会，进行支部换届选举，并选举产生新一届基层党支部委员和支部书记。

【宣传、引导工作】 聚焦“电网坚强、服务卓越、治理科学、管理精益、文化优秀”的发展战略，分局党总支组织分局具有写作能力的年轻人，成立新闻通讯报道小组，对分局发展状况、安全生产情况、精准扶贫情况、优秀人物、先进事迹等进行宣传报道。创办《商都电力心之光》内部刊物，以正确的舆论引导人、鼓舞人。

【纪检监察工作】（1）分局党总支遵循“从严治党、着眼防范、综合治理”的方针，按照乌兰察布电业局党委和地方县委关于开展党风廉政建设的工作部署，分局党总支制定《商都供电分局党总支落实党风廉政建设主体责任和监督责任实施办法》，并对各支部党风廉政建工作进行分解。（2）召开专题研究党风廉政建设党政联席会议，重新调整党风廉政建设领导小组，明确总支成员分管党风廉政建设与分管业务工作的职责范围，并做到党风廉政建设工作与业务工作同布置、同落实、同检查、同考核。（3）分局党总支严格执行干部任用工作标准，在中层干部任用过程中严格按照干部“能上能下”和干部任用考核标准，防止干部“带病提拔”，确保提拔的中层干部具有带领团队改革创新干事业的能力。（4）建立分局中层干部廉政档案，对党员干部婚丧嫁娶事宜进行登记。修订党总支成员联系点制度，修订商都供电分局权力运行监控机制一览表及目录，完善分局考勤管理办法和车辆管理办法，继续在分局范围开展思想、作风、纪律教育整顿，防止“四风”问题反弹。领导班子成员带头履行“一岗双责”，带头遵守廉洁从业和改进作风的各项规定。党总支成员经常深入基层，了解一线员工的思想动态，发现问题及时解决。党总支书记、纪检书记坚持谈话制度，经常和党员干部进行党风廉洁谈话，确保干部履职安全。（5）坚持“三重一大”制度要求，分局的人事任免，重大项目的立项、开支，重大资金的使用都要通过领导班子成员集体研究决定，并走相关程序；制定领导班子成员每日带班，并对分局各部门劳动纪律执行情况抽查制度；制定抽查排班表，纪检书记不定期地对抽查记录进行检查。（6）根据上级要求，分局党总支积极支持纪检监察部门转职能、转作风，依纪依法履行职能。组织相关部门不定期到部门、供电所，对制度落实情况、劳动纪律、“四风”问题、客户投诉等问题进行检查和落实。（7）加强反腐倡廉宣传教育和制度建设。健全和完善各种规章制度；领导带头完成学习任务；建成融通文化工作站、廉洁长廊、党员活动中心、党员活动室、职工之家。（8）推进全面从严治党责任落实，分局党总支书记在抓党风廉政建设工作和重大问题上都能亲自过问、重点环节亲自协调、重要案件亲自督办。在具体工作中带头执行中央和上级的各项规章制度，并组织和引导广大党员干部把党风廉政建设的责任扛在肩上、落到实处，切实做到守土有责、守土负责、守土尽责。（9）分局党总支制定《商都供电分局党总支落实党风廉政建设主体责任和监督责任实施办法》，并对各支部党风廉政建工作进行分解。要求分管领导在分管范围内业务工作与党风廉政建设工作同布置、同落实、同检查、同考核。并做好分管领导与分管部门负责人定期谈心谈话工作。（10）充分利用融通文化传播站、廉洁长廊、微信平台、党员活动室等学习阵地，开展讲党课、“两学一做”专题讨论、观看党风廉政警示教育录像、微信传播分局工作动态等活动，努力营造风清气正的良好工作氛围。

【工会群团工作】 2017 年，认真贯彻落实市局工会及上级相关文件的精神，依照《中华人民共和国工会法》（以下简称《工会法》），维护职工合法权益，助推企业健康发展。组织职代会参与分局重大事项决策，如工会主席的任免，通过新的《考勤管理办法》《车辆管理办法》的实施等。继续做好关心离退休职工的生活情况，继续为离退休职工征订报纸；节日期间，对离退休困难老职工和困难职工进行慰问。组织职工参加局工会“魅力女性展风采　快乐巾帼建新功”才艺展演和女职工权益保护知识问卷答题活动。组织全体职工开展“创建幸福企业　培育文明家庭”系列活动，其中，“家庭寄语”和“一封好家书”在活动中荣获奖项。参照局体检标准，组织分局全体职工在本分局所在地进行体检。开展女职工特病保险的活动。积极开展“保安全、重安全、促安全”随手拍活动。其中，《消雀》《守护》2 个作品分别荣获二等奖、三等奖。组织人员参加乌兰察布电业局工会组织的文体活动，如 2017 年员工联谊会、2017 年乌兰察布电业局职工第八届运动会。继续组织开展“安康杯”竞赛系列活动，在各部门、供电所分别建立员工“安康杯”竞赛“十个一”活动档案，并组织开展“安康杯”知识竞赛活动。建立员工生日和结婚纪念日档案，开展送蛋糕、鲜花活动，并为每位员工办理赠阅卡，让他们利用空余时间，提高阅读水平。认真开展“五心”（情感上要暖心、行动上要贴心、措施上要用心、体制机制上要顺心、政商关系要无私心）活动，分会委员为基层一线员工带去关怀和温暖，让一线职工感受到工会组织的“贴心”和“暖心”。分别到 8 个供电所、11 个变电站、3 个基层所、2 个施工现场开展职工代表劳动保护专项巡检活动，并购置警示教育专题录像，组织广大党员干部团员进行观看。邀请商都疾病防控中心主任举办健康知识讲座，开展“我为企业献计策、我与企业同发展”青工大讨论座谈会。

组织青年党员及团员和志愿者服务队分别到扶贫的柳家沟村入户进行扶贫政策宣传及安全用电知识宣传，帮助部分体弱的贫困户整理院落，帮忙消除他们家中用电存在的隐患；到幼儿园、育苗小学、养老院等地方，向老人、儿童宣传安全用电知识。通过宣传、服务等活动，彰显商都供电分局志愿者服务队的良好形象。2017 年 12 月 13 日，商都供电分局全体职工自筹资金，为柳家沟 113 户村民送去大米，并为村民仔细检查屋中的照明线路和电源插座，对个别用户家里存在的线路老化、开关失灵等问题，服务队人员立即进行更换，确保村民安全用电。该项义举活动被乌兰察布电视台《公众视窗》选播，并受到县政府一致好评。修建“职工之家”的篮球场地围栏。积极组织全体职工践行学习工匠精神。大力弘扬“精益求精、追求完美、崇尚专注、爱岗敬业、脚踏实地、勇于创新”的精神。认真筹备市局“新时代　新气象　新作为”乌电人践行十九大迎新年文艺会演系列活动，组织员工积极参加文艺调演、摄影、书法、美术、手工艺品展览及职工文学作品征集活动。分会高度重视青年员工培训学习工作，多次组织青年员工进行专业知识培训和业务窗口礼仪服务培训工作。2017 年普考考试中，全力支持学员的学习和生活，每天为普考人员做好后勤保障工作，着力做好普考人员的坚强后盾。积极组织分局员工收看纪念内蒙古自治区成立 70 周年的庆祝活动，并被乌兰察布电视台选播。组织人员为每次重要保电工作的一线人员做好后勤保障工作。为激励分局青年员工励志勤学争做企业好员工，年底，举办“励志勤学刻苦磨炼、促进青工砥砺奋进”——青工经验分享联谊座谈会。

商都供电分局共青团组织积极组织青年员工参加公司举办的学习培训、技术比武、“师带徒”、“博爱一日捐”、困难帮扶、志愿者服务等各种活动。

【荣　誉】 **集体荣誉**

商都供电分局获得内蒙古电力（集团）有限责任公司2017年专业技能大赛农网配电专业团体第二名。

商都供电分局被评为内蒙古电力（集团）有限责任公司2017年度配电网计划发展工作先进集体。

商都供电分局被评为乌兰察布电业局反违章先进集体。

商都供电分局被评为乌兰察布电业局“安康杯”先进单位。

商都供电分局综合部被评为共青团商都委员会青年文明号。

商都供电分局基建部被评为乌兰察布电业局2017年先进集体。

商都供电分局生产部被评为乌兰察布电业局2017年先进集体。

商都供电分局四台坊供电所被评为乌兰察布电业局2017年先进集体。

商都供电分局纪审部被评为乌兰察布电业局2017年党风廉政先进集体。

商都供电分局安监部被评为乌兰察布电业局“安康杯”先进集体。

商都供电分局输变电管理所被评为乌兰察布电业局“安康杯”先进集体。

商都供电分局城郊供电所被评为乌兰察布电业局“安康杯”先进集体。

商都供电分局调度管理所被评为乌兰察布电业局“安康杯”先进集体。

个人荣誉

宋继亮被评为乌兰察布电业局反违章先进个人。

张磊被评为乌兰察布电业局2017年先进工作者。

任志刚被评为乌兰察布电业局2017年先进工作者。

王树敏被评为乌兰察布电业局2017年先进工作者。

乔伟成被评为乌兰察布电业局2017年先进工作者。

芦文明被评为乌兰察布电业局2017年先进工作者。

陈磊被评为乌兰察布电业局2017年先进工作者。

赵晓东获2017十佳神鹰服务之星称号。

杨宏宇被评为乌兰察布电业局党风廉政先进个人。

戴继勇被评为乌兰察布电业局“安康杯”先进个人。

庞媛媛被评为乌兰察布电业局“安康杯”先进个人。

席晓静被评为乌兰察布电业局“安康杯”先进个人。

岳东升被评为乌兰察布电业局“安康杯”先进个人。

席晓静获2017年公司理论普考乌兰察布电业局配电运检专业第二名。

周苏和获2017年公司理论普考乌兰察布电业局配电运检专业第五名。

乔宏伟被评为2017年乌兰察布市劳动模范。

贾秀玲获得乌兰察布市第二届“文明家庭”称号。

乔伟成在2017年公司理论普考中获乌兰察布电业局配电运检第一名；在2017年公司技能大赛中获配电运检专业个人第二名；在2017年公司技能大赛中获自治区“青年岗位能手”称号。

（供稿　孙世国）

交　通

【概　况】 商都县交通运输局内设综合办公室、工程技术规划股、运输股、计财股、安监办。机关行政编制8人，工勤编制8人，科级领导职数一正三副（含纪检组组长1人）。

【农村公路建设】 2017年，自治区下达商都县农村公路建设项目建议计划为9条，建设里程77.13公里，涉及4个乡（镇）、7个行政村，项目按四级公路标准设计，设计行车速度20公里/时，路基宽度6.5米，路面宽度4.5米，土路基宽度2米×1.0米，桥涵与路基同宽，桥涵设计荷载为公路二级，计划总投资7100万元。2017年6月初，完成招投标；至年底，主体工程已完工，正在进行标志牌安装工作。

【农村公路养护】 2017年，完成通村油路灌缝3.86万延长米；治理路基翻浆7735平方米；修复水毁过水路面7处152米；修复水毁路基边坡150米；修复双管函八字墙、护坡各9处；安装警示桩40个；累计投入养护资金210多万元。

【省道建设】 市管工程项目223省道223线兴和至商都段全长85.7公里，其中商都境内路线长为12公里，建设标准为二级公路。2017年，已开工建设。

【重点工程规划】 紧紧抓住北京与张家口联合举办冬奥会和呼满大通道改扩建高速公路被纳入国家“十三五”规划的契机，规划将商都至张北、商都至集宁2条公路改扩建为高速公路，并上报市委、市政府。2017年，市交通运输局将商都境内2条公路列入全市“十三五”期间公路网建设的重点工程。

【精准扶贫】 2017年上半年，积极开展精准扶贫工作，投入资金2.66万元，打造精准扶贫驻村工作站，为包扶贫困户购买家养牲畜109只（头），投入资金2.82万元。驻村工作队成员常住所包乡（镇），协助包扶乡（镇）积极开展工作。

（供稿　韩　旭）

信息产业

邮政管理

【概　况】 商都县邮政业发展中心成立于2016年12月，为全额拨款副科级事业单位，编制6人，现有编制内工作人员3人，其中主任1人、办公室工作人员1人、行业管理股工作人员1人，缺编3人。主要职责是贯彻执行国家邮政、快递行业的方针政策，监管本地区邮政、快递企业的运行情况和服务质量，以及推进当地邮政、快递行业发展的相关工作。办公地点设在县委党校四楼。

2017年9月，经国家邮政管理局、自治区邮政管理局批准，成立乌兰察布市商都邮政管理局，成为全区获批的7个旗县级邮政管理局之一。商都邮政管理局属于市邮政管理局的派出机构，按照中央和地方双重管理体制，由乌兰察布市邮政管理局和商都县人民政府双重管理，上级邮政管理部门负责业务管理和指导。在法定权限内，以市邮政管理局名义依法开展行政执法活动。

【邮政普遍服务监管工作】 商都县邮政分公司城内有6个营业网点，人员共87人。其中，乡镇6个，工作人员共9人。城内储蓄人员39人，行政人员28人，投递人员11人。平均每月收寄320件左右，小包1300件左右，平信和给据约7300封左右，投递包裹和快递约3.25万件左右。2017年，完成县内211个行政村通邮30个，计划2018年完成73个，达到用邮率的50%，力争到2019年年底完成建制村全部通邮。县城范围内和部分较近的乡镇党报党刊可当日送达，偏远乡镇3日内可以送达。

【市场监管工作】 2017年，商都县有快递企业15家，其中有备案登记的13家、没有备案登记的2家（菜鸟、国通）；共有从业人员75人；快递车辆61辆，其中汽车18辆、三轮43辆。下行快件日均3560件，上行快件日均380件。全年，快递配送量约143.81万件，其中上行约13.87万件、下行约129.94万件。

配合市邮政管理局，全年分别赴商都、化德、察右后旗、兴和等地开展监督检查共计120次，下达责令整改通知书约共计10份；配合市邮政管理局，对县局辖区以外的卓资县、凉城县等地进行市场检查6批次9人次；每次参与监督检查的工作人员均在3人以上，累计行程约1700公里。

【智能城市建设】 积极参与智能城市建设，打造全区智能快递箱投放最早、数量最多、使用率最高的县级城市。随着信息化、智能化市场的日益兴盛，群众网购热情高涨，对快递业的发展也提出更高的要求。为让快递准确、安全、快捷地到达用户手中，2017年4月，与武汉智码开门电子科技有限责任公司合作，引进15台价值45万余元的智能快递箱。10月18日，与北京苏宁易购电子商务有限公司签订20台价值70多万元的智能快递箱免费投放协议；12月15日，全部安放到位并开始运行。全县累计共有35台智能快递箱，应用于县城范围内的小区、社区、综合办公机关、学校和医院等，基本实现智能快递的全覆盖，畅通快递派送最后100米。快件月存放量达到6000件左右，为快递员和网购群众提供极大的方便，得到广大网购群众和快递员的一致好评。5月16日，乌兰察布电视台《公众之窗》栏目对商都县的智能快递箱运行情况作专题报道。

商都县已成为全自治区智能快递箱投放最早、数量最多、使用率最高的县级城市。

【“最美快递员”评选活动】 2017年，开展首届“最美快递员”评选活动，丰富快递员的生活，增强快递员的职业荣誉感。进一步推动商都县邮政、快递行业发展，激励和鞭策广大邮政、快递从业人员在各自岗位上做出更加完美的业绩，为全县快递、邮递业的健康、高效发展增添活力。6月底至8月中旬，局（中心）与商都县委宣传部、商都县精神文明建设办公室联合举办商都县首届“最美快递员”“最美邮递员”评选活动。6月28日至7月30日，通过宣传报名、预审筛选、网上投票、公示等，最终评选出聂建意等7名“最美快递员”和连建国等3名“最美邮递员”。8月22日，在县青少年活动中心举行表彰仪式。自治区邮政管理局、呼和浩特市邮政管理局、乌兰察布市邮政管理局的主要领导参加表彰仪式，并为“最美快递员”“最美邮递员”颁奖。10月12日，内蒙古自治区邮政管理局举办“斑斓五载 璀璨征程”中共十八大以来内蒙古自治区邮政业发展历程主题宣传活动，商都县10名“最美快递员”“最美邮递员”受邀参加活动。其中“最美快递员”冯存和局（中心）负责人在活动现场接受专访。局（中心）为该活动创作的歌曲《我的快递小哥》，得到全体与会人员的一致好评。通过自治区邮政管理局的推广，该首歌曲在快递行业广泛传唱。

商都邮政管理局（中心）成立以后，积极培育和践行社会主义核心价值观，广泛开展群众性精神文明创建活动，为推动全县精神文明建设做出积极贡献，被商都县委、县政府授予“2017年县级文明单位”荣誉称号。2017年11月，国家邮政局主办的《邮政社会监督信息》总第116期，对商都县邮政业发展中心作题为《无华大爱彰显善之心 情暖桑梓爱洒老百姓》的专题报道；2017年10月,《内蒙古风采》也对商都县举办的“最美快递员”评选活动进行专题报道。

（供稿 宋 强）

邮 政

【概 况】 商都县邮政分公司共有在职干部职工86人（其中中共党员11人；男职工40人、女职工46人）。共设一部一室和7个专业部门，即市场部、办公室，金融业务部、保险业务部、集邮业务部、速递业务部、发投部、函件业务部、电子商务部。

【网点分布】 城内自有储蓄网点6处：新安街（综合）、生态广场（综合）、新风路、京蒙都山、新北路、新民路；乡镇支局6处：大库伦支局、屯垦队支局、玻璃支局、十八顷支局、大黑沙支局、赛乌素支局；委代办8处：高勿素、四台坊、二道沟、章毛勿素、八股地、卯都、钦宝营、五一。

【投递段道】 共计28条。其中，城内普邮投递6条、乡邮投递6条、工业园区投递1条、特快专送投递1条、乡镇支局投递6条、委代办投递8条。发改局投资的3个邮政空白网点（小海子、卯都、西井子）已全部营业，实现农村邮政全覆盖。

【邮政业务】 2017年，邮政分公司完成业务量1624万元，完成计划1612万元的100.74%。

【邮政储蓄】 截至12月底，储蓄余额为6.79亿元，年增1.05亿元，市场占有率14.28%。在项目上紧紧抓住有利时机，加强与政府的沟通，进一步增加代发量的发展规模，并通过前台的柜员维护，做好资金的沉淀工作。在日常集邮业务上，按照“四个转型、一个强化”（推进销售方式、客户、产品和协会工作的转型，强化管理工作）的发展要求，对协会会员进行补充完善，在城内的2个网点设置集邮专柜，放置邮品展示，指定专人负责。

（供稿　朱树平）

移　动

【概　况】 2017年，中国移动商都分公司共有在职员工40人，共设置2个自建营业厅、4个建制部室。

2017年，按照分公司的工作部署，重点围绕移动市场、家客市场、政企市场和新业务发展，通过细分客户，利用“差异化、针对性、走出去”营销模式，提升市场发展能力，确保市场优势领先。

【核心渠道拓展】 商都分公司重点落实核心渠道拓展工作，通过摸底、走访、激励，吸引公开渠道转为专营店，提升核心商圈内渠道份额。每月召开渠道会议，保证渠道对各类营销和酬金政策能及时知晓；年底召开全年渠道总结会议，对业务发展突出的8家渠道颁发奖状。在公司开展的“2017年下半年渠道拓展、能力提升竞赛”中，对渠道拓展、核心商圈业务能力提升、存量渠道业务能力提升三项考核内容进行综合评分，商都分公司获得团体二等奖。

【4G客户规模】 充分发挥渠道的效能，利用酬金激励，全年通过“合约+资费+流量”深度捆绑，多渠道拓展新增客户，提升4G客户规模。4G手机客户渗透率55.23%，4G客户规模持续增长。

【家庭宽带发展】 全年大力开展“宽带+魔百盒”组合营销，持续开展“走出去”送宽带营销活动，客户经理深入小区逐户精准营销，下班时间在人员密集区域开展宣传营销，周末深入目标小区集中营销，超额完成全年任务目标。

【客户满意度】 2017年，加强日常对营业厅的服务监督和管理，不断提升一线人员的服务规范和业务能力，服务主管不定期参与晨会，业务主管也深入营业厅进行业务辅导。充分利用量化薪酬的杠杆，通过全年开展的协同“走出去”营销和“一对一”精准外呼营销，营业厅由传统的服务模式向营销模式转型，服务效能明显提升。深入推进O2O运营，线上和线下融合发展，加强触点营销和服务体验，培养客户线上受理习惯，提升电子渠道业务受理能力。

【网络建设】（1）发挥属地职能，提升网络维护能力。商都分公司充分发挥旗县建维人员职能，积极与当地的铁通、铁塔以及代维公司沟通配合，加强管理、巡检、考核制度，细化维护流程。与代维公司针对故障处理及时性、退服率等内容召开周例会，解决维护工作中存在的问题。加强基站电费以及基站租赁费的管理和稽核，避免发生风险。在各类应急保障工作中，公司相关人员主动配合代维公司，合理调度，保障网络维护工作的及时性，网络维护能力明显提升，截至12月，2G/3G/4G网络退服率均达到挑战值。（2）强化协同圆满完成建设任务。为有效加快物业点协调进场进度，商都分公司由总经理牵头协调，副总经理、综合部经理全部参与到深覆盖和宽带建设的协调工作中，同时发动全员力量，2017年，商都分公司深覆盖物业点共批复10处，开通10处，100%完成深覆盖任务。按照可研规划完成汇聚机房购置3处，且位置分布合理，为后续市场发展提供充足的资源保障。全年完成小区宽带和农村有线宽带建设66个，有力地保障宽带市场发展。2017年，家庭宽带工程、深度覆盖工程进场协调进度明显提升，在中国移动通信集团内蒙古有限公司乌兰察布分公司开展的2017年工程建设劳动竞赛中，商都分公司获得集体第三名。

【基层党建工作】 2017年，在自治区公司和乌兰察布分公司两级党委的正确指导下，以习近平总书记系列重要讲话和中共十八大、十九大精神为指导，深入推进“两学一做”学习教育常态化、制度化，认真贯彻执行各级党委关于深化基层党建工作、加强两个责任落实的相关要求，严格履行基层党建工作“第一责任人”的职责，结合本支部实际情况，坚持党建工作与生产经营深度融合，充分发挥基层党组织的战斗堡垒作用和党员的先锋模范作用，攻坚克难，有力地推动各项生产经营工作顺利开展，2017年，支部基层党建工作显著提升。加强党员队伍建设，2017年，商都分公司党支部2名预备党员转为正式党员，2名入党积极分子通过县机关党委的考察和考核，转为预备党员，党员人数达到11人，占全体员工的27.5%，党员队伍建设工作取得显著成效。认真落实“三会一课”制度，坚持“两学一做”学习教育常态化、制度化，先后组织全体党员学习和讨论《中国共产党章程》、《中国共产党廉洁自律准则》、《中国共产党纪律处分条例》、习近平总书记系列重要讲话，以及“四讲四有”，中共十八届六中全会精神，廖俊波、黄大年同志先进事迹，中共十九大报告精神等重要内容，重点组织观看《尺度》、《将改革进行到底》、中共十九大开幕会等视频，购置“红色书库”百余册，为党员干部提供丰富及时的学习素材。全体党员认真记录各类学习笔记，撰写学习心得体会5篇，支部书记不定期对党员的学习笔记进行抽查点评。2017年，共召开党员大会6次，支部委员会13次，支部书记讲党课1次，组织党员开展各类集中学习20次，组织开展各类主题党日活动10次。12月8日，乌兰察布移动分公司全市党建、企业文化交流培训班在商都移动分公司召开，来自机关、各旗县市区支部的专兼职党务工作者、支部书记共32人参加交流学习。党支部的建设工作得到上级部门高度认可。

【荣　誉】 2017年，商都移动分公司党支部获自治区公司党委2016—2017年度“先进基层党组织”荣誉称号，并作为典型在全区广泛宣传。

（供稿　朱志刚）

联　通

【概　况】 中国联通商都县公司内设综合支撑中心、集团客户营销中心、城区营销中心、驻地网新区营销中心、驻地网旧区营销中心、资源管理中心、设备维护单元、线路维护单元、大黑沙土镇支局、十八顷镇支局、屯垦队镇支局、新安街营业厅、沃品牌店共13个职能部门。在岗员工98人，其中总经理1人、党支部书记1人、副总经理2人、网格经理11人、营业厅店长2人。

【业务工作完成情况】 全年通信服务收入预算完成率97.3%，全市旗县排名第五；移动宽带业务发展1.97万户、固网宽带业务发展2456户。加强渠道建设，合作厅、迷你厅增长至94家，其中改造、新建标杆厅8家；乡镇渠道渗透率已达91%，乡镇终端销售的市场份额达到51%。推进社区沃店和核心门店建设，有效掌控城区市场。落实实名登记与黑卡治理工作，网上用户实名率达99.87%。重点行业应用产品的规模实现突破，通过“智慧工地”“检务通、智慧酒店”标杆项目，真实带动移动业务的发展。快速推进农村电缆村光改进程，2017年度，共对12个村进行光改，使484户村民享受到高速网络生活。全市农村支局现场会在商都县召开，支局工作走到全市前列。混改工作有序推进，全面深化聚焦战略落地2I2C项目，腾讯王卡、蚂蚁宝卡等互联网业务迅速拉动业绩快速提升。推进“两学一做”及中共十九大学习教育常态化、制度化，推进重点领域廉洁风险防控工作，推进作风建设和反腐倡廉建设，聚焦41个关键点，完成制度梳理，党建工作受到自治区公司的表彰。

（供稿　冯　珅）

电　信

【概　况】中国电信股份有限公司乌兰察布商都分公司（以下简称商都电信分公司）成立于2018年10月1日，共有公司员工20人。

【业务经营】2017年，电信移动出账用户1.22万户，用户份额达到9.85%；宽带用户突破8000户左右，用户份额达到37%左右；天翼高清和IPTV用户达5078户。2017年，收入达889万元，较2016年收入增长19.17%，超额完成市公司下达的2017年度收入任务。

【党建和廉洁自律】2017年，商都电信分公司以党建工作为统领，认真学习和落实中共十九大精神，全面贯彻自治区公司“1136”战略，党支部全面持续推进“两学一做”学习教育活动，自觉严格践行“三严三实”和“八项规定”，坚持贯彻“三会一课”制度，争做“四讲四有”合格党员。党支部始终把廉洁自律当作头等大事，从严要求，严格遵守公司关于党风廉政建设的各项规章制度，谨于言、慎于行。认真落实“一岗双责”主体责任，将党建工作与业务发展紧密结合起来，围绕中心抓党建，抓好党建促发展。

（供稿　马明霞）

城乡建设　环境保护

住房和城乡建设

【概　况】 按照要求，商都县建设局于 2017 年 5 月更名为商都县住房和城乡建设局。根据商都县人民政府办公室以及商都县机构编制委员会办公室文件，商都县住建局内设 4 个职能股室：办公室、财务股、工程建设管理股、工程建设施工股；有行政编制 8 人，公勤事业编制 2 人，科级领导职数 4 人［一正三副（含纪检组组长 1 人）］。商都县住建局内设机关所属事业股室 3 个：市政公用事业管理股（核定事业编制 10 人，其中专业技术人员编制 8 人、其他人员编制 2 人，核定股级领导职数 1 人）；工程质量监督站（核定事业编制 16 人，其中专业技术人员编制 13 人、其他人员编制 3 人，核定股级领导职数 1 人）；工程安全执法站（核定事业编制 16 人，其中专业技术人员编制 13 人、其他人员编制 3 人，核定股级领导职数 1 人）。

【市政基础设施建设】 2017 年，共完成七台镇内硬化道路 41 条、11.85 万平方米；完成府右路北街、宁和路和七台大街两侧人行道等道路沥青踏铺面积 14.8 万平方米；安装道路路灯 411 机；硬化道路两侧路肩 15.6 万平方米；安装道路隔离护栏 5437 米；维修改造祥和广场面积 2 万平方米；铺设给水管道 8924 米，新建消防井 29 个、消防水鹤 3 座；铺设污水管道 7008 米，雨水管道 5890 米；新建水冲式厕所 16 座；安装硅酸钙生态板围墙 7847 米；完成高载能园区供水及中水管网铺设任务；续建驿商农业有限责任公司产业孵化园基地及物流园区项目一期工程；同时新建改造供热管网 6.1 公里，建热电联产车间 1 处；建天然气中压管道 19.5 公里、储气站 1 处。预计完成投资额 2.6 亿元，其中政府投资 2 亿元、社会资本投资 0.6 亿元。

【房屋建筑工程】 认真执行《房屋建筑工程质量监督管理规定》，全面落实建设、勘察、设计、施工和监理“五方责任主体”的责任，创新监督检查方式，增加工程质量监督检查频次，抓好工程实体质量常见问题治理和工程质量投诉处理，实行分片负责、责任到人，常态化开展工程质量监督排查治理工作，较好地保障建设工程质量安全，实现工程质量逐年提高目标。严格按照“全覆盖、零容忍、严执法、重实效”的总体要求，牢固树立红线意识和底线思维，时刻紧绷安全生产这根弦，坚持实行领导干部管行业必须管安全、管业务必须管安全、一岗双责、齐抓共管、分片负责、责任到人，全面开展质量安全生产大检查，坚持问题导向，强化专项整治和隐患治理，严厉打击和查处安全生产违法和违规行为，有效防范和遏制安全生产事故的发生，连续多年保持全县建筑行业不发生人员死亡事故的好势头。2017 年，全县建设房屋建筑工程 21 项，完成投资 5.77 亿元。

【危房改造工程】 紧紧围绕扶贫攻坚，始终把住房保障作为精准扶贫的头等大事来抓。全局共抽调 22 人专抓危房改造工作，从危房改造对象的认定到住房鉴定、工程质量监管、竣工验收、微机录入、专项资金使用管理等各个环节，强化督查指导、把关审核，确保建档立卡贫困户优先改造，确保工程质量安全。2017 年，全县共完成危房改造 4837 户，圆满完成市下达任务，极大地改善贫困户的生活环境。与此同时，抽调 4 人，积极配合扶贫部门和各乡镇，巡回督查指导易地移民、生态移民等专项工程，保证工程顺利实施，为建设美丽乡村、实现脱贫致富奔小康奠定坚实基础。

【党建和精神文明建设】 以支部建设为引领，坚持将"两学一做"学习教育融入日常、抓在经常，全面落实"两学一做"学习教育常态化和制度化。成立局"两学一做"学习教育常态化和制度化工作领导小组，制订《商都县住建局推进"两学一做"学习教育常态化和制度化工作方案》，完善《商都县住建局 2017 年"两学一做"学习计划》，组织领导干部深入学习党章党规、中共十九大精神、习近平新时代中国特色社会主义思想；认真开展"加强和规范党内政治生活推进年"活动，全面梳理党组织和科级干部《关于加强和规范党内政治生活问题清单》，制订《商都县住建局关于加强和规范党内政治生活推进年实施方案》，建立《党内政治生活问题整改台账》《"六个一"学习台账》和《问责台账》，明确整改措施、加大整改力度；积极开展主题党日活动，严格落实"三会一课"制度，进一步严肃党内政治生活，保持住建干部立场不变、信仰不变。

（供稿　刘　光）

房地产管理

【概　况】 商都县房地产管理局为差额拨款事业单位，在职干部职工 43 人，内设机构：办公室、财务室、房屋产权产籍监理所、房屋产权交易管理所、房屋产权抵押登记所、住房保障办。

【房地产去库存工作】 2017 年，继续贯彻内蒙古自治区人民政府《关于做好房地产去库存工作进一步促进房地产业稳步发展的意见》以及乌兰察布市人民政府《关于乌兰察布市房地产去库存指导意见》，加大房地产去库存力度。2017 年年初，全县共库存商品房 3608 套、32.4 万平方米。按照上级"去库存"目标任务，进一步创新思路，与棚户区改造、异地移民搬迁、保障性住房相结合，加大商品房去库存力度，截至 12 月底，全年去库存 2654 套、27.2 万平方米，其中，社会消化库存商品住房 1982 套、20.8 万平方米，棚户区改造回购商品房 672 套、6.4 万平方米，完成上级目标任务。在房地产去库存工作中，具体采取以下措施:（1）结合棚户区改造，政府通过回购方式消化库存商品房，按照国家出台的相关政策，先后与华都房地产开发公司、万福房地产开发公司、广厦房地产开发公司达成合作房源协议，对 3 个开发公司开发的住宅楼作为棚改安置房。（2）开展房地产开发经营活动问题专项治理，成立房地产开发经营活动问题专项治理领导小组，根据房地产经营者的实际情况，对全县房地产开发经营企业进行清理整顿。回购房地产开发企业已具备入住条件的库存商品房抵顶有关税费，政府协助房地产开发企业办理相关手续，从而规范全县房地产开发经营行为，解决历年来遗留的老大难问题。（3）积极鼓励外出务工人员购买商品房，加大社会消化商品房的力度。

【公租房分配使用工作】 采取集中统一分配方式。在整个分配过程中，商都县依据《内蒙古自治区人民政府关于进一步做好城镇廉租住房保障工作的通知》《乌兰察布市廉租房租售并举指导意见》和《商都县廉租住房和租赁管理实施暂行办法》的要求，按照"公开、公正、公平"原则，优先保障孤、老、病、残特殊家庭原则，分期分批、自愿申请分配原则、租售并举原则进行分配。在分配过程中严格按照“三次公示、三次审核”流程统一分配，同时邀请县人大代表、政协委员进行现场监督，真正体现分配的公平性。结合棚户区改造项目对公租房进行分配。为加快全县城镇化建设步伐，改变商都县城镇建设面貌，按照《商都县公共租赁住房建设管理办法实施细则》规定，属城市棚户区改造范围内的，凡在农村集体土地征收或国有土地上房屋征收后的安置对象和被征收人，只要无住房或家庭人均住房面积不足15平方米的，均可申请公租房，只有一套住房并经房屋鉴定部门鉴定属危房且出具危房鉴定证明的，可申请公租房，该项工作仍在进行中。扩大分配范围。按照《商都县公共租赁住房建设管理办法实施细则》，进一步扩大分配范围。对七台镇居住的低收入住房困难家庭可申请公租房，对在商都县就业的大中专院校、职技的毕业生可申请公共租赁住房，对在商都县稳定就业异地务工人员和农村进城就业人员可申请公租房。按照住房和城乡建设部、国家发展改革委、财政部、国土资源部《关于进一步做好公共租赁住房有关工作的意见》，为有效盘活政府投资公租房，政府可将公租房调整为扶贫搬迁、棚户区改造、救灾“双创”基地、文化教育、养老等重大项目的安置用房或周转用房。2017年，将586套公租房盘活为棚户区安置用房。

【全县物业管理工作】 截至年底，全县共建成住宅小区146个，总建筑面积约245.4万平方米。其中，3万平方米以上的共计24个，约132万平方米；1万—3万平方米的小区50个，约76.6万平方米；1万平方米以下的小区共计72个，约36.8万平方米。针对全县小区现状，全力实现物业管理全面覆盖。聘请有资质的外地物业公司对规模在3万平方米以上的小区进行管理；成立物业管理所，配备相关工作人员划片区对全县规模较小的小区进行物业管理监督和指导；结合全县“五城联创”实行机关单位包联小区、实现物业管理全覆盖；发挥社区职能，提升参与配合管理小区；努力发展成立1—2家本地物业公司。

【脱贫攻坚推进工作】 2017年，按照县委、县政府脱贫攻坚总体安排，全力推进精准扶贫工作，全局派出2名责任心强、有工作经验的党员任职驻村第一书记，配备5名扶贫工作队员、21名干部职工包扶玻璃忽镜乡头号行政村4个自然村、50户贫困户，在具体工作中，做好精准扶贫的各项政策宣传工作，让党的扶贫政策家喻户晓。让每一位扶贫的工作人员对所包贫困户了解各自包扶的贫困家庭情况，算好收入账，根据该户的实际情况，按照“一户一策”脱贫计划。帮扶工作队协助村委会管理好各种扶贫手册、档案。与此同时，积极开展送温暖、献爱心活动，全局21名包扶责任人为头号行政村送去价值1.7万元的爱心大米，涉及农户245户。春耕期间，全局41名干部职工捐款1万元为所包贫困户每户送去200元的春耕购买化肥、籽种款。单位拿出1万元充实该村集体经济。并接受国家第三方评估的检查，受到村民的好评。

（供稿　李鹏飞）

城镇管理

【概　况】 商都县城镇管理局下设三队两室：办公室、城管监察执法大队、市容监察大队、广告监察大队、治安室。2012年7月，撤销广告监察大队，将执法大队和环卫所以红旗街为界一分为二，按新城旧城分区域管理，新增设工业园区执法大队。2014年3月，根据县委、县政府对城管工作的新要求，新增设两室两队，分别为法制办公室、环卫综合办公室、车辆管理大队和建筑管理执法大队。截至2017年12月，有干部职工142人。

【**市容环境秩序整治**】2017年，成立由城管局、公安局、交警大队等12家执法单位联合组成的综合整治工作组。5月20日，正式开始治理工作，重点对城区内越门经营、违建临建、流动售卖、挖沟破道、门楣牌匾、非法运输、违章停车等影响市容市貌的行为进行集中整治。在整治过程中，始终坚持依法行政、文明执法、严格执法，并做到重心下移，推行“一线工作法”，即所有执法人员一线点名，领导带头在一线指挥，工作在一线推开，作风在一线转变，问题在一线解决，刷新城管新形象。截至12月底，共教育疏导自行改正违法行为2000余家，责令改正1600余家，依法清理违规设置落地牌匾、挂式小灯箱、横幅等共1400多块（条），依法清理占道经营900余起，清理占道“僵尸车”42辆，报废摩托车26辆，依法拆除违法建（构）筑物48处，依法进行先行登记证据物品90件，取缔露天煤炭市场2处，设立工程车辆停车场1处，依法行政拘留5人。通过半年多的集中治理，商都县城区内“十乱”现象得到有效遏制，市容市貌环境有了明显改善。

【**城区环卫工作**】创建“机扫人保”新型环卫作业模式。认真研究作业路线分布，合理调配环卫作业机械，将机械清扫能力发挥到最大，城区道路硬化总面积为19.54万平方米，清扫面积为15.44万平方米，镇内主要道路已实现机械清扫，清扫率达79%。做到生活垃圾、餐厨垃圾日产日清。转变工作理念，变事后拉运为上门收集。为居民集中的小区配发制式垃圾桶，每天定时定点到小区收集垃圾，减轻道路垃圾清扫压力；主要街道垃圾箱、站合理布局，地段适宜，周围环境整洁，基本上达到全城区覆盖，垃圾收集率可达到95%以上。实现生活垃圾无害化处理。垃圾处理场总占地面积132.72亩，主要包括垃圾填埋区、渗沥液调节池、办公用房等项目。由13名干部职工负责整个场区的安全管理、环境卫生、消杀、渗沥液处理、场区绿化以及垃圾进场后摊铺、碾压、消杀、覆盖等工作。至年底，日处理垃圾可达到120吨，日处理率达94%以上，基本达到“无害化处理、标准化填埋、生态化治理”，已全部实现无害化处理。提升公厕管理与服务水平。城管局负责全镇98座厕所（旱厕76座、标准化水冲厕22座）的管理工作，对公厕实施编号、挂牌管理机制，采取“定人、定岗、定时、定责”的管理办法，把公厕分为一类、二类、三类，按每类的管理标准要求，严格实施监督考核；为方便市民和外地来客如厕，在主要醒目路段设置“指示牌匾”30余块，引导如厕路线和方位，达到人性化管理目的，受到群众赞誉。

【**党风廉政教育**】推进廉洁从政，创建廉洁型机关。推进惩防体系建设，主要领导亲自抓党风廉政建设，列入议事日程。认真贯彻落实县委、县纪委年度纪检监察工作会议精神。研究制定本单位的党风廉政建设责任制，逐级签订责任状，严格落实责任倒查。通过召开干部警示教育大会、观看警示教育片等形式，加强对本单位全体工作人员的党风廉政教育。坚持民主集中制，“三重一大”集体讨论决定；组织召开班子民主生活会，认真组织落实党务公开、政务公开工作。坚持廉洁从政，不收受管理服务对象赠送的礼金、礼品和有价证券，不借办事之机吃、拿、卡、要、报，不利用职务之便为本人或亲友牟取非法利益。严格责任追究，截至年底，单位未发生党风廉政建设方面违法、违纪问题。

【**执法管理**】坚持依法行政，创建法治型机关。加强依法行政组织领导，大力抓好从严治党工作，坚持“一把手”亲自抓，明确分管领导和工作人员，认真完成各项工作任务。严格依法行政，落实规范性文件前置审核制度，规范性文件程序、内容合法，落实规范性文件公示、备案和清理制度。及时修改或废止不符合规定的文件。完成县法制办公室部署的各项依法行政工作。规范执法行为，按照法律规定履行职责；落实行政执法人员资格制度。做好行政执法证件的申领、备案、注销和公示工作。

【中共十九大报告学习活动】 10月18日，中国共产党第十九次全国代表大会在北京人民大会堂隆重开幕，支部组织党员干部集中收看中共十九大开幕会，聆听习近平总书记代表十八届中央委员会向大会作报告。下午，局党组召开党组会，组织人员原文学习中共十九大报告，党组成员交流初步学习的认识和体会。局党组一致认为，中共十九大是在全面建成小康社会决胜阶段、中国特色社会主义进入新时代的关键时期召开的一次十分重要的大会。随后，支部又通过召开支委会、支部党员大会等多种形式，在全局上下迅速掀起学习中共十九大精神的热潮。

【学习培训】 提高队伍素质，创建学习型机关。牢牢把握“质量、效率、落实”的工作主线，按照突出学以致用的要求，加强学习的组织领导，主要领导亲自部署、带头参加学习活动，分管领导精心组织；合理安排学习内容，健全和落实学习制度，制订“两学一做”常态化、制度化实施方案，统一安排，结合实际，制订年度学习计划，机关集中学习确保每月不少于4次，党组中心组理论学习确保每月1次，每次学习不少于1小时，严格考勤，确保学习落实。认真开展主题党日活动，坚持每月1次，其中到所包扶行政村结合扶贫工作开展主题党日3次，参加党员干部人数62人次，切实达到并提高活动目的和效果，确保学有所成、学有成效。注重学习成果，强调学以致用，突出城管人员服务创新，坚持把理论和业务学习成果转化为履职尽责的工作能力。

【精准扶贫工作】 城管局党支部在开展脱贫攻坚工作中，始终把抓党建摆在突出位置，充分发挥党建的引领带动作用，切实做到抓党建与促脱贫互融共进。通过与村支部联合开展主题党日活动，与老党员谈心谈话，城管局党员与村支部党员结对帮扶等多种形式，调动共产党员的积极性和主动性，将党的政策、方针宣传到田间地头，及时掌握、分析脱贫工作中存在的问题，坚持问题在一线发现、在一线研究、在一线解决的“三个一线”工作法，致力脱贫攻坚。并通过开展节日慰问、赠送农资物品、牲畜饲料等“实心工程”，利用多种方式帮助贫困户脱贫致富，截至年底，全局共向贫困户捐赠化肥30袋、牲畜饲料260吨、面粉730袋、大米1100袋，单位定点帮扶的大库伦乡7个行政村共有67户、127人实现正常脱贫。

（供稿　李　炜）

园　林

【概　况】 商都县园林局是2015年12月在撤销商都县原园林绿化管理办公室的基础上组建成立的准科级全额事业单位，隶属于商都县林业局，人员由林业局内部和城管局调剂组成。核定编制29人。园林局共有在职工作人员29人，其中局长1人、副局长2人，有专业技术人员12人（其中具有林业工程师职称的2人）。设职能部门5个，分别是办公室、街道绿化管理所、南湖公园管理所、水漩公园管理所、府前祥和广场管理所，其中办公室负责全县建成区园林绿化规划，4个绿化所负责园林绿化施工和养护管理等工作。

经过两年努力，商都县绿化三大指标持续增加，园林建设成果巩固发展，截至2017年年底，七台镇建成区绿地面积达773.9万平方米，其中公园面积186.08万平方米。建成区绿地率达到33.72%，绿化覆盖率达35.94%，人均公园绿地面积达17.72平方米。

【党建工作】 自2017年年初召开“两学一做”动员会以后，支部将该项工作作为党建工作的重中之重，积极组织全局党员干部进行学习，重点学习党章党规、习近平总书记系列重要讲话，坚持每周星期五下午开展组织学习活动，每月的第一个星期五开展主题党日活动。

【园林管护】 为提高园林绿化养护管理水平，针对商都县绿地养护面积大、费用高与有限资金投入的矛盾，积极创新园林养护模式，采取建成区内园林养护由本单位组织实施的模式，力争将有限的资金用在刀刃上。经过两年的养护管理，全县园林景观效果有了较大改观，并且极大地节约养护资金，经估算，是采取招投标方式养护所需资金的七分之一左右。

【精准扶贫】 2017 年，园林局扎实落实县委、县政府关于精准扶贫的相关指示精神，在做好具体业务工作的同时，认真组织实施精准扶贫工作，强化措施，狠抓落实，全年做到业务工作和扶贫工作两不误。园林局帮扶的乡村比较分散，全局 29 名干部帮扶 73 户贫困户，分别所属 4 个乡镇、8 个行政村、12 个自然村。

（供稿　田　烨）

城乡规划

【概　况】 商都县规划局成立于 2012 年 5 月，在编干部职工 15 人，全部为大专以上学历，其中研究生 1 人。内设办公室、财务室、城镇规划股、建设用地管理股、村镇规划股、建设工程股、规划测量队、规划监察队 8 个股室，配备业务电脑 15 台，建 CASS 站 1 个，有 RTK 测量仪器 1 套、执法车 2 辆，全面负责全县城乡规划管理工作。

2017 年，商都县规划工作深入贯彻实施《中华人民共和国城乡规划法》（以下简称《城乡规划法》）、《内蒙古自治区城乡规划条例》，以商都县总体规划为基础，坚持高起点规划，着力加强各类规划的编制与实施，不断改进和强化规划管理，切实履行城市规划职能，积极推进城市化进程。以新区开发和旧城改造建设项目为重点，抓好城乡规划管理工作，充分发挥城乡规划的调控与引导作用。2017 年，深入贯彻习近平总书记系列重要讲话和考察内蒙古重要讲话精神，认真落实市、县的决策部署，遵循习近平总书记“三个跳出”指示精神，全面落实“四个全面”战略布局和“五位一体”总体布局，认真践行“五大发展理念”，围绕全县本年度重点工程，加强规划的编制和管理工作。在广大干部职工群策群力下，各项工作得到稳步推进。

【结对帮扶、精准扶贫】 认真贯彻落实县委、县政府关于包扶、精准扶贫工作的各项要求，采取有力措施，切实抓好单位包扶工作，正确履行职能，局干部职工经常到大黑沙土镇、大库伦乡的结对帮扶村进行帮扶，并成立小黑沙土驻村工作队，对村民存在的困难进行精准扶贫。帮扶干部通过与贫困户交流存在的问题以及如何发展生产，了解到贫困户渴望脱贫致富，认为养殖是脱贫的好措施，召开精准扶贫专题会进行讨论，决定年初为有劳动能力并有意养殖的贫困户购买猪仔 1 头（每头猪仔 600 元）进行产业扶贫，共 58 头猪仔长势良好，每只猪已长到 100 公斤左右，预计可以为每户贫困户增收 2000 元。春耕以后，局干部职工多次到贫困户家中进行帮扶，了解到贫困户的春耕化肥没有着落，积极组织调查，统计包扶的贫困户存在的春耕问题，决定为每个贫困家庭购买春耕化肥 2 袋（每袋 150 元），共为 64 户贫困户购买化肥 128 袋，解决贫困户的春耕问题。国庆节前，局干部职工在与贫困户及村民交流沟通中，了解到村民存在牲畜越冬饲料不足后，主动联系相关企业。经联系后，富龙泰薯业有限公司、科都薯业有限公司 2 家公司愿意为贫困户提供生产淀粉的马铃薯渣。主动联系拉运车拉运马铃薯渣，为贫困村村民的牛、羊、猪等提供越冬饲料，共计为大黑沙土镇八角淖、古庙滩、小黑沙 3 个村以及大库伦乡八股地、西营子、平地泉等 9 个村拉运马铃薯渣 3000 余吨，为村民拉马铃薯渣 900 余吨。马铃薯渣拉运完成后，将为每位养殖贫困户节省饲料钱 200 余元。通过

“回头看”到脱贫户家中走访，为12户脱贫户每户购买大米1袋、牛奶1箱；规划局驻村工作队为小黑沙土村进行村容村貌整治，清理道路两侧垃圾及运输填埋工作。

【**总体规划评估**】对2012年编制的《商都县七台镇总体规划》进行评估。由于总体规划、控制性规划编制受当时编制时间和资源的限制，全县经济持续增长、城市化进程快速推进，城市的发展动力及发展机制产生变化，城区的总体布局、道路交通、给水排水等均发生巨大变化，特别是棚户区改造以来，旧城区的城区规模、土地布局、空间结构、基础设施都发生较大变动，总规评估工作势在必行。2017年，在全县范围内收集数据，包括土地布局、空间结构、基础设施、人文等方面收集数据，从相关领域、相关单位共收集数据数千条，基础数据已收集并且测量工作已完成，正在由内蒙古规划设计有限公司对全县总体规划进行评估，预计2018年年初完成总体规划评估工作。

【**旅游总体规划**】按照县委、县政府统一安排部署，为发展全县旅游产业，根据商都县地理风貌和人文环境编制《商都县七台湖驿站旅游区总体规划》《商都县察汗淖尔（五台海）国家旅游休闲总体规划》。

【**专项规划**】随着小汽车保有量的直线上升，商都县“停车难”问题日益突显，多位县政协委员也多次提交关于停车场的提案。2017年，根据全县实际组织编制《商都县七台镇停车场专项规划》，已编制完成并实施。此外，还编制《商都县通信基站专项规划》。

【**特色小镇规划**】2017年，与中国城市科学规划设计研究院达成战略合作，借助国家层面专家顾问技术力量，高水平实施好新型城镇化、特色村镇等领域的规划设计和运营管理，让城镇更具品位，让农村更有韵味。城科院下设的特色小镇建设规划设计研究院院长陈安华，带队数十人多次到商都县小海子镇，与规划局协作编制《商都县小海子镇特色小镇规划》，已编制完成并实施。

【**美丽宜居乡村建设规划**】由市规划局为商都县组织编制的《十八顷镇小庙子嘎查美丽宜居乡村建设规划》《七台镇田士沟村美丽宜居乡村建设规划》《小海子镇向阳村美丽宜居乡村建设规划》，已编制完成。

【**新农村新牧区建设**】2017年度，按照新农村新牧区建设示范村要求，申报大库伦乡古城子村、小海子镇马祥村、七台镇房家村、十八顷乡大洼子新村、大黑沙土镇红帽营村，5个村为示范村，已申报完成。

【**规划审批**】在审批制度建设、强化服务意识方面，以总规、控规为依据，实行“两级例会”的审批制度，即局务会议初审，规划委员会审批。对内简化审批环节和审批程序，缩短审批时间，对项目批前批后通过展板进行公示。建立限时办结和督办、催办、专人承办制度，加强与项目单位的联系与沟通，对项目单位进行主动服务。以新区开发和旧城改造建设项目为重点，严格按照规划全程监督管理，依法审批“两证一书”，已核发“建设项目选址意见书”69处，核发“建设用地规划许可证”77宗、“建设工程规划许可证”62宗，做到“两证一书”全部完成归档，保证每个项目有案可查。

【**规划监察**】为提高全民规划意识和法律意识，增强规划的透明度和知晓率，形成全社会关心、了解、支持城乡规划，强化宣传工作，利用各种机会，争取多种形式宣传城乡规划方面的法律法规，让大家知法、懂法、守法，打下一个良好的社会基础，通过张贴标语、派出宣传车等方式在城区范围内连续两个月进行宣传。开春后，基于各个项目逐步开工、进入违章建筑的高发期的实际，规划局派出监察队监察，采取规划监管人员分片负责管理方法，并严格实行岗位制、巡查制、集中专项检查制和责任追究制度，保证在七台镇主城区全天候的监察，同时设立举报电话，做到规划工作全程管理，杜绝私搭滥建的发生。对县城区主要街道进行外部造型控制，群众反映良好，特别是建设路造型控制，使整体驿站文化风貌得以更好呈现。2017年，监察队下发责令停止建设通知书99份，责令限期改正通知书25份，限期拆除决定书5起。

【群众来信来访】 认真接待和处理群众来信来访，做到件件有回告，切实解决实际问题。共答复涉及规划来信投诉件2份，信访案件4起，群众来访40余起，主要涉及遮光、挡路等纠纷问题，认真对待每一次来访，把问题处理在萌芽中，来信来访问题已全部处理，拉近与群众之间的距离，为各项工作顺利开展奠定坚实基础。

【规划测量】 局测量队为办理规划手续的单位进行放线，确定四至范围。先后为棚户区改造界限确定测量；西大井整体回迁改造工程的工程放线；为长盛工业园区的十余家企业厂区义务放线；并为全县十个乡镇十余个村的村容村貌进行航拍。

（供稿　魏　东）

房屋征收与补偿管理

【概　况】 商都县房屋征收与补偿管理办公室内设综合办、监察队、财务科。属商都县住建局下属单位，无领导配职，共有工作人员6人。

【主要工作】 2017年，商都县清河巷南棚户区改造项目，涉及被征收户950户，占地面积约为14.85万平方米，其中征收建筑面积约为7.6万平方米，总投资为2.72亿元。回购安置小区在七台镇棚户区巨弘亭小区和华都嘉苑等小区，回购楼为6层砖混结构，全部完成棚户区房屋征收任务。

（供稿　赵钦武）

住房公积金管理

【概　况】 2017年，商都县住房公积金管理部整体迁址到城乡居民服务中心二楼大厅，设窗口岗位6个，分别为自助查询、归集、提取、贷款、对账岗，以及3个后台岗位。

2017年，商都县住房公积金管理部认真贯彻中共十八大精神，按照县委、市住房公积金管理中心的工作要求，在工作中着重围绕归集任务，加大归集执法力度，强化有序征缴，努力优化贷款服务，不断加强管理监督，各项工作都取得较大进展。

【归集缴存带来新变化】 2017年度，管理部当年归集余额1.10亿元。归集程序有所变化，由原来财政烤盘统一扣缴改为单位扣缴之后交财政审核，再由财政补缴。时间段由过去的一年两次归集调整为季度归集。财政审核程序的增加，严格按照退休人员的退休时间进行公积金的个人扣缴和财政补缴，杜绝原来单位退休时间执行不严格而存在的公积金超期扣缴补缴行为。

【支取业务类型多样】 支取业务类型多样，增加公积金的使用范围。2017年度，管理部当年支取金额5573.77万元。管理部按照市中心的政策要求，扩展平房支取业务，缴存职工夫妻双方名下有平房房屋产权证的，也可以按对应额度进行公积金的支取。扩展公积金的使用范围。对于存在公积金连续停缴，后续不准备再补缴的单位，管理部执行灵活多变的政策，放开对这些单位职工的公积金提取业务，减少公积金的库存余量。在管理部进行公积金缴存的供电局，由于该企业上划归自治区统一管理，公积金也移交由自治区统一扣缴，因此，管理部对于不存在贷款的职工，进行最大额度的账户余额支取，有贷款或者担保的，公积金账户冻结的职工，管理部统一登记核对后报市中心管理部统一进行转移。圆满完成供电局整体单位公积金账户的迁移。

【住房公积金贷款业务大力发展】 简化贷款程序、扩大贷款规模。公积金管理部本着“额度不断提高、服务不断优化”的原则，根据归集额的增加和群众的需求愿望，个人贷款最高额度从20万元提高到30万元，并简化、公开贷款程序，节省职工的时间并受到群众好评。2017年1月至12月底，公积金管理部累计发放个人住房公积金贷款5522万元，共支持285户职工使用公积金贷款购房。加大风险管理，严格还款进度。公积金管理部加大风险控制力度，与农业银行合作，要求贷款职工按月到银行网点还款，将还款记录纳入征信体系，加强贷后管理。

【管理部公益性事业稳步进行】 管理部积极进行精准扶贫工作。为积极响应国家主席习近平提出的精准扶贫号召，扶贫慰问的6户贫困户、7户非贫困户，管理部对13户家庭资助支出1.79万元，为每户帮扶对象送大米。为帮扶的谢家坊安装路灯设施，投入1500元。驻村工作队员详细了解贫困户家庭近期的生活、健康等情况，了解农户粮食收成及牲畜养殖情况，帮助村民解决生产生活中的实际困难，使他们早日脱贫致富。“五城联创”开展后，管理部积极参与清扫道路、倾倒垃圾等，支出1700元用于维护城镇建设。

【内部管理加强】 加强内部管理，提高公积金管理水平。（1）加强环境建设。软环境和硬环境两手都要抓，两手都要硬。改善服务态度，增加服务种类，开设各缴存单位专管员微信群，统一发布政策信息，新归集程序的变化带来的新问题，建立微信群，方便各单位专管员与管理部之间的联系，迅速快捷答疑解惑，大大简化办事职工的程序。（2）加强队伍建设。在素质教育上，结合“两学一做”和“党风廉政建设”活动，学习常态化，每周都进行党员干部学习研讨会，学习中共十九大报告精神，教育和引导工作人员牢记服务宗旨。在党风廉政建设上，通抓教育、抓制度，提高干部职工的廉洁自律自觉性，从机制上防范和杜绝腐败现象的发生。针对公积金工作与群众联系密切的特点，开展对行动不便的支取、贷款户的上门服务，工作效率和质量大大提高，得到广大干部职工的一致好评。

（供稿　辛素娟）

环境保护

【概　况】 商都县环境保护局（以下简称县环保局）内设机构：综合办公室（规划财务股）、监督监察股、污染控制股、自然生态股，核定编行政7人、工勤事业编5人。环境监察大队编制10人、环境监测工作站编制10人。有在职职工23人，退休3人，其中本科9人、大专13人、高中学历1人。

2017年，商都县环境保护工作以中共十八大提出的生态文明建设为指导，本着“绿水青山就是金山银山”理念，认真把握全国环保形势，全面落实自治区、市、县环保工作会议精神，深入开展大气污染防治和水污染防治及生态环境保护的专项整治工作，明确目标，落实责任。强化队伍建设，提升服务水平，促进各项环保工作的落实，使全县环境状况得到有效改善。

【重点工作贯彻落实】 环保局全面贯彻落实商都县人民政府《关于2017年政府工作报告重点工作任务分解的通知》精神，积极行动、全面部署，县人民政府和商都县恒汇热电有限公司就“热电联产项目”签订协议。环保局和住建局召集城镇13家供热公司召开座谈会，就商都县建成热电联产项目后，采取两种方式解决城镇内13家供热公司的后续经营问题：（1）由恒汇热电有限公司和各供热公司，采取双方协商的方式全资收购；（2）双方合作，由恒汇热电有限公司将现有的13家供热公司整合改造成为换热站。

截至年底，“热电联产项目”已开工建设，主厂房基础已出零，管网铺设已完成工程量的一半以上，预计2018年9月正式投产运行。

【环保宣传】 加强环保宣传，倡导绿色文明，增强全社会的环境保护意识。2017年6月5日，是第46个世界环境日。为增强群众环保意识，营造全社会爱护环境的良好氛围，商都县环保局围绕国家确定的“绿水青山就是金山银山”的主题，在祥和广场开展系列环保宣传活动。该次宣传活动旨在动员、引导社会各界着力践行人与自然和谐共生和绿色发展理念，从身边小事做起，共同履行环保义务，呵护环境质量，共建美丽家园。活动现场共布置展板8块，悬挂横幅6幅，宣传环境意识、节约意识、生态意识，选择低碳、节俭绿色生活方式和消费模式。共计发放宣传手册4000余本，环保手提袋2000余个、环保宣传抽纸2000余盒，并设立环保咨询服务台，向过往群众现场解答群众提出的各种环保问题。同时，深入街道、社区、学校、企业、机关和重点村镇进行新《中华人民共和国环境保护法》(以下简称《环保法》)及当前环保形势进行宣传，对提高各级领导干部环保意识起到促进作用。

【大气污染防治】 按照《大气污染防治行动计划》的总要求，依据《乌兰察布市大气污染综合整治实施方案(2013—2017年)》，结合商都县被列入北京大气污染防治特别控制区域，属于全市的重点控制区这一实际，制定废气排放重点企业治理整顿15条要求和30条整改项目。加大老旧小锅炉的淘汰力度，加快供热锅炉的脱硫改造。2016年中央环保督察期间，商都县淘汰每小时10蒸吨及以下老旧小锅炉涉及11个企事业单位12台锅炉，圆满完成淘汰任务。列入2017年计划的菜场、公园社区、科都薯业、新宇生物燃煤4台小锅炉的拆除任务已经完成。2017年，全县未新建燃煤小锅炉。至年底，完成10家供热锅炉的脱硫改造，旭恒供热公司的脱硫改造于8月底完成。加强热力公司整治。引进投资4亿元的恒汇热电项目，建设2台1.7万千伏机组，主厂房基础已出零，管网铺设已完成工程量的一半以上，预计2018年9月正式投产运行，供热面积可达500万平方米。该项目的落地实施可替代原有11家供热公司燃煤锅炉，将大大减轻商都县大气污染防治工作压力。

督促供热公司利用夏季有利时机进行全面整改。全县11家供热公司全部补办环评手续，其中有8家供热公司脱硫、除尘设施和煤棚建设项目已竣工。大大减轻城区大气污染压力。加快热力管网建设，积极推进集中供热、“煤改气”“煤改电”工程建设。商都县成功引进恒泰天然气公司加气站建设项目，2016年已投入试运行；内蒙古西部天然气股份有限公司，集宁至化德输气管道(商都段)与长盛工业园区分输站建设项目已完成前期工作，将为商都县居民燃煤改造、工业企业清洁能源替代提供有力保证。

【水污染防治】 环保局始终把水源地保护作为水环境管理的重中之重，先后制定《商都县饮用水水源地及地下水一般保护区管理规定》《商都县饮用水源地突发环境事件应急预案》，在保护区边界设立明显的地理界标、公告牌和警示牌。对全县涉水企业进行事前、事中和事后全过程管理，重点是马铃薯加工企业管理、田士沟湖水治理和县污水处理厂的建设与管理。截至年底，马铃薯加工企业均建成自备污水处理厂及其配套设施，太美薯业公司、希森公司和科都薯业出厂管网都已和县污水处理厂对接，实现达标排放，佰惠生糖厂自备污水处理厂已通过市环保局验收。县污水处理厂事故应急池建设、改造脱泥间输送管道工程，改造工程已完成，从而保证污水处理厂的正常运行，使田士沟湖区生态环境明显改善，田士沟湖水污染问题得到彻底解决。同时，按照上级环保文件精神，县人民政府责令未建成污水处理设施的马铃薯加工企业坚决不允许生产。此外，县人民政府对辖区内不符合国家环保产业政策的黏土砖厂，责令供电部门停止供电杜绝生产、逐步取缔。环保局加强日常监管，对于不建设污水处理设施或处理设施不能正常稳定运行的企业，坚决不允许其投产。

2017年，结合旧城改造工作，新增污水收集管网1.32万延长米，提高污水收集率和处理率，中水回用工程已于2016年建成并投入试运行。2017年，在轻工区涉水企业附近安装高分辨率视频监控设备，对田士沟湖入口进行24小时监控，防止企业偷排偷放，并为污水处理厂建设双回路电路，确保其稳定正常运行，实现达标排放。建立定期抽查和台账月报制度，重点抽查污水处理厂在线监控设施、污水处理设施的运行情况及数据上传的有效性。从而可确保污水处理厂正常稳定运行，实现污染物稳定达标排放，提高污水处理厂运行达标率。

【生态建设网格化环境监管】 从2017年开始，商都县重点加强环境保护网格化管理，使全县环境保护工作形成覆盖全县、责任到人、监管到位的环境监管网格。截至年底，商都县全面建成“横向到边、纵向到底”的环境保护网格化监管体系，按照行政区划设置各级监管网格，其中二级网格1个，责任主体为县人民政府；三级网格10个，责任主体为各乡（镇）人民政府；四级网格238个（各行政村），责任主体为村委会，班子成员分片负责网格内环境监管任务。县人民政府网格划分方案已向上级人民政府备案，并通过县人民政府门户网站向社会公开。

按照商都县矿产资源整治领导小组会议精神，在全县范围开展惩治非法开采矿产资源专项行动，依法严厉惩治私采滥挖矿产资源的行为。环保局按照要求，积极行动、全面部署，对包片区域进行全面排查，对排查到的6家非法开采企业，依据相关法律法规，运用行政、法律等手段，对设备、厂房进行依法拆除。2017年，商都县环保局会同公安局药品食品环境资源大队铁腕出击，前后出动30多人次，多次向非法开采、违法排污、破坏生态环境的矿山企业“亮剑”，有效地遏制破坏生态环境违法行为的发生。

【环保监管执法】 迎接上级环保督察，强化监管执法，依法惩治环境违法行为。加大现场检查执法力度。扎实做好污染防治设施运行情况、污染物排放情况、建设项目“三同时”执行情况、限期治理项目完成情况、生态环境的现场监督检查。对企业进行定期巡查，不定期突击检查，对化工、危险废物、选矿企业实行重点监管，认真开展环境安全隐患排查，对存在有一定环境安全隐患的企业责令落实整改，长抓不懈，及时消除安全隐患，确保环境安全。全局共出动环保执法人员90多人次、环保应急车20多车次，扣押偷运废渣车辆和拉运物料未用苫布覆盖车辆10车次，查处偷排偷放和违法生产企业2家，立案处罚3件，下达各类环保执法文书3份。通过强化监管执法，顺利完成环境保护督察工作。自治区、市环保部门督察期间，商都县未发生任何环保事件。化解环境污染信访纠纷。（1）环保局通过实施局领导班子轮班负责的接访制度，对重点投诉案件认真研究督办，强化“12369”环保举报热线的投诉受理以及深入企业、社区一线开展调查研究的方式，及时了解群众的环境困难，倾听群众的环境诉求。（2）对群众反映的环境信访案件，不论案件大小都一视同仁，坚持群众利益至上，坚持第一时间到场，能现场解决的问题，现场解决，不能现场解决的，承诺限期答复或解决。加强专人督察督办工作，做到事前督察、跟踪督察、限时结案，使群众环境信访问题件件有落实、事事有回音。（3）建立定期回访制，对信访人及时回访，征求意见，询问查处结果是否满意，杜绝“案结事了”后不问不管的作风，真正了解群众的心声，排除化解决矛盾，达到从源头预防信访案件的发生。

2017年，环保局共受理环境纠纷案件及群众来信来访6件，已全部结案，呈现投诉总量下降、无群体性上访和无超级上访事件的良好态势，处理率、结案率均达100%。

【党风廉政建设及党支部建设】 落实措施，认真执行党风廉政建设责任制。加强组织领导。局党支部坚持将落实责任制作为一项重要工作来抓，局长为责任制第一责任人，担任局廉政责任制领导小组组长，对全局反腐倡廉工作亲自动员，亲自安排部署。重大事项都召开局务会集体决定，不搞“一言堂”。继续加强制度建设。制订并完善《环保局执法人员行风行为规定》、《职工考勤制度》、《车辆管理制度》、《财务管理制度》、“三重一大”等各项管理制度，进一步提升全体职工的自我约束能力。将假日廉政活动作为反腐倡廉的一项重要工作来抓，元旦、“五一”等重要节日期间，对“假日廉政”活动进行周密部署，杜绝单位突击乱发钱，杜绝领导干部接受礼金、购物券等情况的发生。

全面贯彻落实《县纪委集中整治“雁过拔毛”式腐败问题工作实施办法》，召开会议重点传达学习县纪委集中整治“雁过拔毛”式腐败问题动员部署会议精神，安排部署“雁过拔毛”式腐败问题自查自纠工作。以此为契机，要求局党员干部要牢固树立宗旨观念、法纪观念和廉洁自律意识，筑牢拒腐防变的思想道德防线，取得阶段性成果。

环保局着力发挥基层党支部的战斗堡垒作用，共产党员的先锋模范带头作用、突击作用和密切联系人民群众的桥梁作用，扎实加强基层党组织的综合能力建设，重点开展主题党日活动和“两学一做”活动，为保证各工作任务完成打下基础。

摸实情、解民忧，顺利完成帮扶工作。商都县精准扶贫帮扶工作开展以来，环保局积极响应县委、县政府提出的领导联系、单位帮扶制度。局领导班子全体成员多次深入包扶村听民意、摸实情、解民忧，深入精准扶贫十八顷镇大洼、二洼等6个自然村开展春耕摸底调研，把春耕生产作为当前扶贫工作的重中之重来抓。党员干部到结对帮扶贫户家中、田边，一边拉家常，一边详细了解他们的生产生活状况、春耕准备情况、当前面临的问题以及2017年的计划打算，并积极为群众增产增收出主意、想办法。环保局全力用心、用情协调解决贫困户生产生活中存在的困难和问题。5月3日上午，在商都县十八顷镇大洼、二洼等6个村委会、自然村，县环保局的工作人员将420只鸡苗免费发放到各自所包的贫困户手中，每户送10只鸡苗。在发放现场，还向贫困户传授相关的养殖知识，鼓励贫困户积极发展养殖，争取早日脱贫致富。

（供稿　谷建军）

商　贸

供销合作

【概　况】 商都县供销社为合作经济组织，正科级事业单位，参照公务员管理。有直属全资控股企业2个、参股公司3个，入股领办基层供销社有限公司3个。机关内设办公室、业务股、合作指导股3个职能股室。机关编制15人，实配11人，参照公务员管理8人，工勤技能人员1人，事业管理人员2人。

2017年，商都县供销工作以中共十八届三中、四中、五中、六中全会为指导，紧紧围绕服务"三农三牧"工作大局，积极推进供销社改革，努力把供销社改造成为农牧民经济合作的带动力量、农业合作服务体系建设的骨干力量、农村牧区现代流通的主导力量，把供销社打造成为农服务的生力军和综合平台。

年内，商品销售总额完成1.10亿元，农资商品供应额完成3150万元；农副产品购销额完成3200万元；日用品购销额完成5100万元；超额完成乌兰察布市供销合作社下达的考核指标。完成大小化肥供应8600吨，其中复合肥4600吨、二胺2000吨、碳铵尿素2000吨；地膜300吨。

领办、创办各类农牧民专业合作社27个。改造完善基层合作社3个，新建基层社1个，新建综合服务社7个，改造和提升综合服务社64个。完善电商运营工作，线上销售农副产品1086万元。

【基层供销合作社建设步伐加快】 围绕全县经济和新农村、新牧区建设，坚持扩大覆盖与提升质量并重，改造与创新发展并举，全面打造布局合理、产权明晰、机智灵活、功能齐全、运行规范的新型基层供销社。按照县供销社领办、能人入股、股份合作的形式新建基层供销社1个（玻璃忽镜乡基层供销社）。按照原供销社职工控股、县供销社和社员入股、原职工经营、供销社指导与监督的形式，改造基层供销社3个（小海子基层供销社、十八顷基层供销社、大黑沙基层供销社）。

【基层供销社合作经济组织属性强化】 按照合作制原则，依照《商都县供销合作社章程》，不断完善治理结构，进一步健全社员代表大会、理事会、监事会制度，强化民主管理、民主监督，提高农牧民社员在经营管理事务中的参与度和话语权。建立健全入股分红、利润返还分配机制。

【基层供销合作社发展扶持】 将县社资源更多地投入到基层社建设与管护。2017年，玻璃忽镜基层社建设用地由政府无偿划拨。县社向县政府申请在财政预算中每年安排80万元专项经费，经费用于扶持社有企业实体和基层供销社建设与管护。

【村级综合服务社发展】 为顺应新农村、新牧区建设，新型城镇化和农牧民生活社区化的趋势，实施“综合服务社提质扩面工程”，采取县政府扶持、供销合作社领办与乡镇和村“两委”联办、组织社会经营户加盟共建的方式完善综合服务社。2017年，新建综合服务社7个，改造和提升综合服务能力社64个。

【农牧民专业合作社】 依托商都县主导产业和特色产品，通过共同出资、共创品牌、共享利益的方式，领办、创办一批管理民主、制度健全、产权明晰、带动能力强的专业合作社。县社领办、创办各类农牧民专业合作社27个。其中，鑫磊蔬菜专业合作社、德胜种植专业合作社、柒玖山鼎种养殖专业合作社已成为全市示范社。为加强供销社与农牧民专业合作社融合发展，由县社牵头联合12家农牧民专业合作社注册成立商都县农牧民专业合作社联合社。

【社有企业】 县社依托“新网工程”在农资、农畜产品、日用消费品、再生资源、电子商务领域兴办一批供销合作社全资控股和参股、服务功能完善、产业突出、市场竞争力较强的社有骨干企业。日用消费品领域，和商都县俊荣商贸有限公司建成日用消费品配送中心1处，县社参股35%；建设都德利超市1个，县社参股20%。农畜产品领域，建成商都县蒙都农牧业发展有限公司，县社参股35%。农资产品领域，县社全资建成商都县新盛商贸有限公司。电子商务领域，县社全资建成携农电子商务有限公司。县社参与的农牧业综合开发项目有商都县鑫磊蔬菜专业合作社，县社参股30%；屯垦队德胜种植专业合作社，县社参股34%；商都县腾博养殖专业合作社，县社参股34%；商都县商藤养殖专业合作社，县社参股34%。

【社有企业管理制度】 县社按照产权明晰、责权明确、社企分开、管理科学的总体要求，优化联合社内部的机构设置、职能配置，强化行业指导、政策协调、资产监管等职责，密切层级联系，搞好上级对下级的服务，不断健全社有企业风险机制、激励机制、约束机制和监督机制。

【社有企业经营服务】 为推动供销合作社由流通服务向农牧业社会化服务延伸，拓展服务领域，履行为农服务职责，县社建设农资配送中心和“放心农资店”，形成统一标准、统一配送、统一价格、统一规范、统一服务标准的农资连锁经营网络，覆盖全县农村牧区。为拓展销售渠道，构建新型市场，县社大力推进电子商务建设，县社携农电子商务有限公司建立自己的网络，创建“供销携农”品牌。为推动广泛宣传和开展线上交易，又在人口密集的乡村建成8个农村电子商务工作站。同时，为方便县城居民，携农公司推出携农商城，广大居民可以足不出户通过手机微信和电脑直接下单订购商品。2017年，携农电子商务公司实现线上销售额1086万元。

【电商和信息服务网络平台建设】 2017年，县社针对全县农产品特点、农业生产规模和习惯，力争补齐县域蔬菜保鲜冷藏不足和空缺，强化电商和信息服务网络平台建设和七台镇合作建设“为农服务中心”。项目投资865万元，占地面积41亩，成为集批发市场、交易大厅、蔬菜冷藏、农资仓储于一体的综合为农服务平台。

【农资调运配送】 县社力促俊荣商贸有限公司、新盛商贸有限公司和内蒙古生资公司，积极准备春耕备耕中生产资料调运工作，全县累计储备大小化肥8000多吨。同时积极帮助该类公司搞好网络扩面工作，大力做好日用品和生资的配送工作。

【农牧民专业合作社建设与发展】 扶持鑫磊蔬菜专业合作社扩大生产规模，重点做好提升增效工作，同时下大力气打造有机品牌。促成柒玖山鼎种养殖专业合作社和北京东来顺肉食品加工公司合作签约成功。2017年，柒玖山鼎种养殖专业合作社联合10多家养殖专业合作社向北京东来顺肉食品供应活羊3万只，该项目的签约成功，带动全县养殖业的快速发展，为农牧民脱贫致富指明道路。

【基层社和综合服务社改造】 完善小海子基层供销社、十八顷供销社、大黑沙土基层供销社的改造工作。基本建成布局合理、产权清晰、机制灵活健全、统一标识、动作规范的新型基层供销社。基层社在巩固现有经营业务的同时，为积极创办农牧民专业合作社和村级综合服务社共建新型经济实体，真正促进合作发展。

【电子商务中心运营】 积极整合全县农产品资源，借助电子商务第三方平台开展网上宣传和销售，网上零售2万多单，实现销售额127万元。县社利用建设农村电商服务站进行信息收集和资源整合，及时将信息和资源发布出去，同时为农民提供代购、代销、电子支付、票务代理、农业科技、信息技术培训等多种业务。逐步实现“农产品进城”和“工业品下乡”的双向流通。

【脱贫攻坚工作】 县社工作队紧紧围绕“两不愁、三保障”（不愁吃、不愁穿，义务教育、基本医疗、住房安全有保障）总体目标，按照“六个精准”“五个一批”要求，坚持问题导向，大力实施产业扶贫，金融保险、教育扶贫、健康扶贫、易地搬迁、土地流转、劳务输出、社会保障。扎实开展“一对一”“一对多”帮扶工作，一户一本台账、一户一个脱贫计划，一户一套帮扶措施。为贫困户积极开展献爱心、送温暖活动。

【信访维稳工作】 供销社点多面广，人员较多，遗留问题多而复杂。供销社高度重视信访工作，视其为各项工作的重中之重，“一把手”亲自过问，分管副主任具体负责，各有关股室协助，制定一整套工作制度和长效管理机制。一有信访信息，便深入第一线，掌握第一手资料，分析情况，从源头治理，尽量把上访事件化解在萌芽之中，彻底改变供销系统上访大户的形象。调整组织机构，完善三级信访网络；实行领导包案，落实一岗双责；认真抓好排查，把矛盾化解在萌芽状态；安排人员，实行重点看护。通过以上工作，2017年信访工作取得较好成效。但从摸排掌握的情况看，全系统的上访形势还很严峻。上访的势头由退休职工转向下岗职工，有可能发生新的上访苗头。对此，供销社认真研究解决办法，协调有关部门妥善化解好新的上访事件，把矛盾解决在基层。

【“两学一做”教育制度化、常态化】 为深入贯彻落实中共十八届六中全会、自治区第十次党代会和市第四次党代会和县第十三次党代会精神，持续推动全面从严治党突出“关键少数”并向基层延伸，推进“两学一做”学习教育常态化制度化，推进思想建党、组织建党、制度治党，进一步用习近平总书记系列重要讲话和考察内蒙古重要讲话精神武装党员，加强和规范党内政治生活，保持党的先进性和纯洁性，增强党的生机活力，确保县社全体党员更加紧密地团结在以习近平同志为核心的党中央周围。

【班子建设】 坚持领导干部率先垂范。把学党章党规、学系列讲话作为理论学习中心组学习的主要内容，确定主题、列出专题，加强研讨式、互动式、调研式学习，发挥引领示范作用。切实抓好县社党支部建设。树立鲜明的政治导向，注重把思想政治工作落到党支部，加强党员教育管理工作和群众工作，不断夯实党的组织基础。认真落实“三会一课”制度。县社党支部充分发挥教育管理党员的主体作用，把“两学一做”学习教育纳入党支部“三会一课”等基本制度，运用“三会一课”等制度抓好“两学一做”学习教育。深入推进评星定级工作。将评星定级工作制度化、常态化。坚持分类指导、分层推进，有针对性地开展评星定级工作。全面开展主题党日活动。严格按照要求，在每个月第一个星期五，以党支部为单位组织开展主题党日活动。切实补齐基层党建短板。大力实施“北疆先锋”工程，以抓好脱贫攻坚和增收致富为重点，推行好“532”

[村级重大事务严格履行“五道程序”，依次通过“三次把关”，坚持实行“两个公开”。“五道程序”，即党支部提议、“两委”商议、党员大会审议、村民代表会议或村民会议决议、“两委”共同组织实施；“三次把关”，即乡（镇）村务协调指导小组负责对村“两委”形成的意见进行把关，对党员大会和村民代表会议审议表决的程序进行把关，对议定事项执行后的财务收支账目进行入村“审结”把关；“两个公开”，即决议执行前向群众公开实施方案，决议执行后向群众公开实施过程及结果]、“456”（机关企业事业单位工作要做到组织领导“四到位”，方法创新“五结合”，制度保证“六坚持”。“四到位”，即领导、责任、措施、目标到位；“五结合”，即党建工作与经济工作结合、领导干部的表率作用与党员的先锋模范作用结合、学理论与学身边典型结合、教育党员与解决实际问题结合、党员立功立项活动与职工技术创新活动结合；“六坚持”，即坚持基础工作规范化、坚持组织活动制度化、坚持党员管理系统化、坚持党员责任区经常化、坚持创先争优标准化、坚持发展党员工作标准化）等经验做法，全面实施以“三联两解五在村”（县级领导干部联乡、县直部门单位联村、县直机关干部联户，解决群众生产生活问题、化解社会矛盾，实现政策在村落地、资源在村整合、组织在村建强、干部在村成长、成效在村体现的党建引领机制）为路径的党建“实心工程”（扎实推进以面对面倾听呼声、心贴心接触交谈、实打实解决诉求为主要内容的党建工程），推进“富民党建”；抓好“六型十好”（学习型、廉洁型、服务型、创新型、法治型、效能型，思想引领好、关系理顺好、班子建设好、队伍建设好、基础保障好、作风改进好、载体设计好、制度执行好、活动开展好、服务中心好）机关建设，推进“活力党建”；进一步探索加强和改进流动党员管理服务工作新机制。全力搭建党员学做平台。用好商都县党建直通车、商都县党建网、商都县党建微信公众号等平台，搭建集学习教育动态发布、文件阅览、经验介绍、成果展示于一体的网络平台。鼓励党员干部充分利用微信、微博、短信、“互联网+”等“智慧党建”手段，组织引导党员利用网络自主学习、互动交流，扩大学习教育覆盖面。

【党风廉政建设】 实行“一岗双责”，分别与各股室签订党风廉政建设目标责任书。建立党风廉政建设风险防控长效机制。加强对专项资金使用的监督检查，确保专项资金的使用安全。深入开展理想信念和宗旨教育、党性党风党纪教育、廉政法规教育、诚信教育，加强党员领导干部从政道德教育、示范教育和警示教育。

（供稿　段永成）

烟草专卖

【概　况】 商都县烟草专卖局（卷烟营销部）成立于1984年，在市局（公司）和县委、县政府的正确领导下，经过30多年的发展，在业务经营、专卖管理、精神文明建设上都取得了很大进步。单位下设办公室、专卖管理股、客户服务部、内管派驻组4个职能股室，共有在职职工20人，承担着全县819个卷烟零售户的卷烟配送和服务工作。

2017年，商都县烟草专卖工作认真贯彻落实中共十八大精神，遵照自治区和全市烟草工作会议精神和市局（公司）党组的总体部署。立足实际，全体员工树立大局意识、创新工作思路，有力地推动商都烟草专卖工作平稳持续健康发展。

【党建工作】 切实发挥基层党组织的核心领导作用，扎实推进党建工作上水平。2017年，商都烟草系统把握稳中求进总基调、争创稳中向好新作为，做好全面从严治党主体责任各项工作。严肃党内政治生活，加强党内监督，聚焦问题、狠抓落实，突出全面从严治党主体责任和监督责任，全面推进党的思想、组织、作风、制度和党风廉政建设，坚定不移把全面从严治党引向深入，为商都烟草系统持续健康发展提供坚强的政治保证。（1）不断强化基层党组织战斗堡垒作用。2017年，支部建设严格按照市局（公司）党组印发的《关于加强领导班子建设五点意见》要求，切实明责知责，以高度的政治责任感，把基层党建工作抓在手中，促进党建工作与业务工作有效融合、有效结合，以党务促业务，做到虚功实做。按照从严治党的总要求，支部规范党员台账，摸清家底，理顺关系，开展组织建设“回头看”。5月，按照组织程序补选支部委员1人。严格执行换届选举制度，推动基层党组织按期换届。党费收缴严格按照时限标准上缴地方组织部。（2）深入学习贯彻中共十九大精神，不断夯实自身干事创业的信心。为迎接中共十九大的胜利召开，支部不断加大党员教育学习力度，建立健全学习教育的长效机制，切实承担起学习教育的主体责任，不仅管好干部、带好班子，还管好党员、带好队伍。党员干部率先垂范、身先立行，不断加强党性锻炼和道德修养，筑牢思想防线，始终保持干事创业、开拓进取的精气神，积极适应经济发展新常态，认真践行发展新理念。把学习贯彻习近平总书记报告和中共十九大精神与实际工作结合起来，纳入“三会一课”固化下来，紧扣学习内容，组织开展形式多样的主题党日活动。

【营销工作策略】 聚焦年度目标任务，全力抓好经济运行调控。2017年，按照市局（公司）下达的任务指标，全面做好稳销量、调结构、降库存、增税利各项工作，推动经济发展在良性轨道上运行。把握好“稳销量”和“降库存”的关系。深化卷烟营销市场取向改革，做足旺季市场，拓展新兴市场，努力减少低端供给，扩大中高端供给。（1）合理调控卷烟销售节奏。按照“稳中求进”的工作总基调，合理安排卷烟销售进度，均衡发力，坚持以市场为导向，以消费者需求为立足点，确保卷烟销售控制在市场的真实水平，合理调控卷烟的零售价格，保证客户的利润空间。（2）努力提高电子结算率，通过加大宣传电子结算力度，采取拓宽多种银行卡绑定客户账户方法，使电子结算率由8月的40%左右提高到年底的95%左右，杜绝零售户订货后拖延货款的现象，合理规避现金风险。（3）在稳销量的前提下，大力降低社会库存，提升客户经营信心，从客户的真实需求出发，适当控制卷烟的投放节奏，使社会库存恢复到正常水平。零售客户订货由以前的“要我进”转变为客户主动的“我要进”状态，市场状态进一步恢复，给卷烟销售争取到主动权。

【销售结构优化】 突出优化销售结构，进一步调整品牌布局。坚持把总体销售收入作为营销考核的主要指标。全力稳定一类烟销量，扩大二类烟的销量，促进三类烟的回升，重点压缩四类、五类烟的销量，推动卷烟结构上移。努力提升服务客户指导能力。客户经理在日常拜访走访零售客户的基础上，从卷烟购、销、存及陈列、推荐等方面进行指导，及时解决零售客户出现的各类问题和困难，提高客户盈利水平，不断增进客我关系。加大品牌培育力度，助力结构提升。加强品牌上柜考核，积极引导市场消费，通过品牌培育，全面促进卷烟销售结构提升。发挥好销售前沿阵地作用，使客户经理工作重心回归到分析市场、培养品牌、服务客户和促进销售上来。

2017年，共销售卷烟8316箱，完成全年变更后目标8621箱的96.46%，同比2016年8892箱下降6.48%；完成销售额1.99亿元，完成变更后目标2.07亿元的96.13%，同比2016年2.13亿元下降6.57%；单条均价95.52元。

【专卖管理】 发挥好专卖管理打假打私震慑作用，切实起到保驾护航的作用。专卖管理工作不放松，在打私打假、市场净化上坚持持久发力、阵地在手，把专卖的“饭碗”捧牢，打出空间、管出效益。不断强化市场监管力度。2017年，按照上级党组提出的“全区防线、分片联动、结网查堵、协作互补”的总体要求，做到“建机制形成合力，打团伙展现威力、堵源头发挥效力、管市场挖掘潜力、严格规范传导压力”，争当打假打私和规范经营的排头兵。切实增强工作积极性和责任感，为全年整体工作任务的完成做出积极贡献。

2017年，共查获各类案件120起，其中无证经营案件93起、未在当地烟草专卖批发企业进货案件20起、销售非法生产的烟草专卖品案件7起。查获涉案卷烟22.33万支，其中假冒卷烟0.82万支。涉案总金额18.7万元，其中假冒卷烟案值1.89万元。

（供稿　王学军）

石油经营

【概　况】 商都石油经营部有人员74人，其中经营部领导2人、经营部工作人员5人及加油站工作人员67人，经营部在县加油站二楼。正常运营加油站5座，分布于省际通道、县乡村主干道及城区中心地区，成为商都地区成品油供应主渠道。

【轻油及非油销售】 2017年，成品油销售总量完成3.01万吨，完成年度任务2.82万吨的106.74%。同比2.46万吨增加22.4%。其中，汽油完成1.02万吨，完成任务9159吨的111%；柴油完成1.99万吨，完成任务1.90万吨的105%。

纯枪销量完成2.61万吨，完成年度纯枪任务2.53万吨的103%。直销完成4011.1吨，同比3496吨增加515.1吨，增长14.73%。润滑油零售38万元，完成零售任务38万元的100%。比2016年同期的22万元增长16万元，增幅73%。非油品业务总收入87万元，完成年度任务74万元的117.57%。比2016年同期的89万元减少2万元，降幅2.25%。

【市场调研】 2017年，受低油价冲击，市场竞争尤为激烈，从年初开始，经营部深入辖区市场调研，了解掌握商都成品油需求情况，竞争对手进货、价格及销售情况，辖区站点分布情况及主要用油客户情况，形成调研报告。梳理出哪些客户是忠诚客户，哪些是需立即维系的不稳定客户，哪些是需采取措施开发的潜在客户。在此基础上，初步完成商都县内加油站点的网格化管理；将掌握的市场信息及时上报分公司，努力争取客户开发维系政策；将各加油站现有的机构用户全部落实到人头，负责全过程的跟踪服务，根据不同的用户确定不同的责任，从经营部经理到各站经理以及带班长和加油骨干都有自己承揽的客户，并明确谁丢失、谁负责；全力挖掘开发新客户。根据调研摸底所掌握用油大户的进油渠道、进油价格及社会关系，研究分析经营部人员的关系网及社交能力，确定人员逐户攻克。

【经营管理】 强化基础管理，不断提高加油站规范化水平。年初开始每月一次的三级考核一直持续到年尾，提升各站服务流程标准化，规范日常工作表格化，检查工作规律化，销售指标细分化，培训、学习例会化，服务指标纳入考核化。任务层层分解，奖勤罚懒，体现多劳多得的分配原则。2017年的销售工作实行硬考核硬兑现，以提高效益和效率为目标，建立一套以业绩说话，以业绩兑现的加油站考核体系。层层任务分解，落实到加油站每一位员工，将每份工作进行合理量化，按销量奖励贡献大的员工，激励员工工作积极性。引导全体员工动起来、走出去，关注市场、关注业绩、关注客户、关注服务，进一步提升单销售能力，最终实现经营部整体效益的稳步增长。

商都经营部所属的3座加油站销量大，办卡、存值、圈存、大额和重复刷卡的现象也较其他加油站出现得多，经营部对各个环节都有严格的登记要求，站经理也肩负监督站员作用，杜绝出现违规操作。经营部按照要求，每月对加油站进行加油机和加油枪检查，每月对加油站油枪、主板等进行检查。

【安全管理】 从工作环境、生产设备、操作制度、人员意识等方面入手，开展加油站环境危害因素识别，积极排查和防范不安全因素。开展全员安全理念和安全技能培训，提升全员安全意识。开展消防应急预案及环境应急预案的实战演练，提升应急处置能力。进一步强化安全环保工作的日常管理，严格制度落实，认真贯彻落实“六大禁令”（严禁特种作业无有效操作证人员上岗操作；严禁违反操作规程操作；严禁无票证从事危险作业；严禁脱岗、睡岗和酒后上岗；严禁违反规定运输民爆物品、放射源和危险化学品；严禁违章指挥、强令他人违章作业），严厉查处加油站“三违”（违章指挥、违章作业、违反劳动纪律）行为。加强风险防控，对不安全因素制定有效的安全防范措施，实现经营部全年安全零事故的目标。

【党建工作】 组织党员深入学习“两学一做”抄党章党规，积极开展党员争先创优活动，鼓励党员在具体工作中起到模范带头作用。坚持民主管理，每月召开民主生活会，动员广大员工为企业发展出谋划策。不断培养积极分子，力求做到每站都有党员和积极分子，为企业发展起到积极的推动作用。

（供稿 杨 艳）

盐业配送

【概 况】 商都县盐业配送中心有工作人员3人。

【盐业经营】 继续深入贯彻执行《食盐专营办法》，杜绝和查处假冒产品。主要开展以食盐配送为中心的经营工作，服务全县城乡人民生活、服务全县工农业生产发展，把食盐发送到城乡各地各销售点，特别是偏僻边远地区，不留死角，不漏一处。保证有足够的储备，至少有3个月的食盐库存量，全力保障全县食盐供应，确保应急突发之需要。防止不法分子为牟取暴利而贩卖私盐行为，加强市场秩序整顿，惩治违法活动，依法监管，与有关部门通力协作，维护和稳定市场。

2017年，购进各类盐1500吨，其中，小包装食用盐700吨、工业盐500吨、肠衣用盐300吨。销售各类盐1100吨，其中，小包装食用盐600吨、工业盐350吨、肠衣用盐150吨。

（供稿 刘体平）

财政　税务

财　政

【概　况】 商都县财政局内设4个准科级建制机构（金融工作办公室、政府采购办公室、农业综合开发办公室、农村综合改革办公室）、19个股室及10个乡镇财政所。行政编制22人，工勤事业编制99人（其中10个乡镇财政所46人）。

【财政预算执行情况】 2017年1—12月，全县公共财政预算收入累计完成1.56亿元，完成年初预算的75.1%，同比减少4558万元，下降22.6%。其中，税收收入完成1.17亿元，完成收入任务的72%，同比减少4033万元，下降25.6%。1—12月，政府性基金收入累计完成4167万元。

在收入减少的同时，采取一系列节支措施优化支出结构，压缩非正常性支出，最大限度地支持农业、扶贫、教育、社会保障、基础设施建设等社会事业的发展，确保重点支出的需要。2017年1—12月，全县公共财政预算支出累计完成27.48亿元，同比增加3.04亿元，增长12.5%。1—12月，政府性基金支出3484万元，同比减少1.24亿元，下降78.1%。

【财政收支征管】 关注财政经济运行情况，认真分析影响预算执行的各种因素和条件，准确预测收入，掌握收入动态，采取有效措施及时解决征管工作存在的问题，确保税收应收尽收。加强非税收入征收管理，确保各项非税收入及时入库，增强政府统筹能力。1—12月，非税收入完成3892万元，完成收入任务的86.5%，同比增加525万元，下降11.9%。用足用好政策，主动与部门加强工作配合，共同争取上级资金和政策支持，增强财政实力，通过政策引导和资金扶持，巩固基础财源，培育财源后劲。加快支出进度，保障重点支出，实现财政支出按序时进度支出目标。

【上级财政支持】 全面掌握上级支持方向，认真研究上级资金分配政策，加强与上级财政部门的沟通协调，积极反映商都县财政的实际困难，1—12月，向上级部门争取各类资金16.59亿元。

【地方政府性债务管理】 严格控制举借新债，大力实施PPP项目。2017年，筛选13个优质项目，涉及环保、旅游、教育、市政、医疗等多个行业；投资额大约27亿元。其中7个项目（商都县文体中心建设项目、小海子农牧业园区污水处理厂、商都县生活垃圾填埋场扩建项目、七台镇新型城镇化建设项目、长盛工业园基础设施建设项目、商都县长盛工业园区污水处理工程、商都县医疗养老护理标准化老年公寓建设项目）进入自治区项目推荐库；小海子农牧业园区污水处理厂、长盛工业园区污水厂召开实施方案专家评审会；商都县城镇及旅游线路绿化工程项目重新修改实施方案，正准备采购阶段前期工作；其他项目也正在积极寻找社会资本，争取尽早落地实施。

【统筹整合精准扶贫财政资金】 2017年，商都县纳入统筹整合范围的规模资金1.01亿元，截至年底，已整合支出的资金共计1.01亿元，达到整合资金的100%。整合后实际投向用于农业生产发展资金4715.65万元，达到使用资金的46.8%；用于农业基础设施建设资金2937.35万元，达到使用资金的29.2%；上级下达商都县的“三到村、三到户”项目资金共2420万元，已全部拨付各乡镇用于扶贫产业发展，共计受益贫困人口1.2万人次；上级下达商都县金融扶贫专项资金1000万元，全部用于风险补偿金，与农行、信用联社合作，放大使用专项扶贫资金，实施金融扶贫富民工程；上级下达商都县2017年度教育精准扶贫资金412.94万元、雨露计划职业补助资金109.4万元，用于建档立卡贫困户中接受中等职业教育和高等职业教育的贫困家庭学生；市级配套的大病救助扶贫资金300万元，用于建档立卡贫困户2.21万人；2017年下达易地移民专项资金3307万元；扶贫项目管理及建档立卡扶贫系统维护费55万元，主要用于建档立卡和项目管理。

【就业和社会保障体系完善】 进一步提高城乡低保对象补助标准、“五保”对象供养标准和优抚对象待遇等。1—12月，全县社会保障和就业支出社会保障和就业支出8.04亿元，同比增加6236万元，增长8.4%。全县城乡居民养老保险实现全覆盖，1—12月，全县城乡居民养老保险支出9895.4万元。

【支农惠农补贴“一卡通”】 为简化发放程序，规范发放行为，确保支农惠农补贴资金及时准确地发放到群众手中，将各项支农惠农补贴资金统一纳入“一卡通”发放。1—12月，全县发放的支农惠农补助资金6.87亿元，涉及10个乡镇，12个主管部门、42类59个惠农补贴项目。为进一步确保支农惠农资金不折不扣地惠及广大农牧民、社区居民，切实防止虚报、冒领支农惠农资金现象发生，财政局组织10个乡镇财政所人员对全县应涉及各类补贴资金“一卡通”持有人员进行指纹年检。

【教育事业经费增长】 支持“两免一补”资金发放和农村中小学校舍维修改造，农村义务教育薄弱学校改造，推进学前教育行动计划、农村义务教育阶段学校教师特设岗位计划，提高中等职业教育学校学生资助、学费减免和提高边远地区教师补助标准。1—12月，全县教育经费支出3.27亿元，同比增加6011万元，增长22.5%。

【保障性安居工程建设支出】 新建廉租住房、公共租赁住房建设、棚户区改造及农村危房改造，1—12月，全县保障性安居工程支出8570万元。

【文化服务水平提升支出】 图书馆等公益文化服务设施免费开放，推动“草原书屋”等全县农村文化建设和体育事业发展，1—12月，全县文化体育与传媒支出1823万元。

【“平安商都”建设经费】 深化政法经费保障体制改革，支持政法机关基础设施建设债务化解，缓解办案和装备经费不足，1—12月，全县公共安全支出9890万元。

【财政改革管理深化】 严格执行新《中华人民共和国预算法》(以下简称《预算法》)，将增收节支的各项措施落实到具体环节，在支出预算编制上坚持统筹兼顾、突出重点、有保有压。深化财政改革。以“整合资金、优化结构、严格监管、提升保障”为核心，深化财政预算支出管理改革，优先保障基本支出需求。加强财政投资评审，1—12月，共审查各类工程项目164个，送审金额8.25亿元，审减5267.92万元，审减率6.39%。财政资金安全得到有效保障。强化财政监管。对农机具购置补贴、财政扶贫资金、各乡镇财政收支等情况进行专项检查。严格执行《中华人民共和国会计法》(以下简称《会计法》)有关规定，进一步规范预算单位会计基础工作。组织开展税收大检查，堵塞征管漏洞。加大改革和创新力度，深入推动政府采购管理，全面提升政府采购工作水平。1—12月，全县共完成政府采购216批次，采购金额为13.57亿元，比预算价节约资金8340.19万元，节约率为6.15%。

【党风廉政建设】 积极开展“两学一做”学习教育活动。加强廉政教育，强化党风廉政建设主体责任，认真落实党风廉政建设责任制。大力开展整治“雁过拔毛”式腐败问题工作，杜绝发生在群众身边的不正之风，从整治“雁过拔毛”式腐败问题工作开展以来，财政局按照县纪委方案部署，积极推动，对2013—2016年所有的专项资金及“一卡通”发放资金进行排查。扎实推进“两学一做”专题教育活动，按照全县统一部署，结合实际，引导全体干部职工深刻领会学习教育活动的重大意义，结合主题党日活动，认真开展党章、党规、党纪学习，加强纪律教育，进一步强化党性意识、宗旨意识、纪律意识和规矩意识。

【干部队伍建设加强】 加强干部队伍建设，提高干部职工综合素质和能力。进一步加强思想作风建设，强化责任意识，通过安排参加业务培训和局机关组织的集中培训等方式，引导、督促和鼓励干部职工学习政治理论、财经法规、财务会计等相关知识，及时掌握上级重大决策部署的背景、内涵和重大举措，加强对区域经济社会发展相关政策的学习理解，着力提高财政干部的政治素质和业务素质。

【精准扶贫工作】 按照“六个精准、五个一批”的要求，财政局40名干部包扶三大顷乡董家村的93户贫困户家庭，多次进行一一对接。为实现精准扶贫工作目标，采取多种帮扶措施，2017年，从单位公用经费中为董家村8个自然村的93户贫困户每户发200元慰问金，共计1.86万元。为董家村8个自然村的93户贫困户每户给予10只良种蛋鸡；为村里非精准扶贫户每户给予5只良种蛋鸡；为董家村建设村级道路、绿化及乡村旅游基础设施；为三大顷乡考上大学的20名贫困大学生每人送上价值5000元的电脑1台。购买唐贡沟贫困户魏某滞销西瓜1300公斤，慰问为“五城联创”服务在一线的环卫工人。购买价值1.8万元的南瓜，对居住在三大顷乡三虎地村幸福院的180户生活困难老人进行慰问，为每户老人送去1袋南瓜。

（供稿 冯 东）

国 税

【概 况】 商都县国家税务局系正科级机构，根据税务系统实行垂直管理的规定，机构设置、干部管理、人员编制及经费开支等，由乌兰察布市国家税务局管理。

根据乌兰察布市国家税务局《关于商都县国家税务局机构设置的批复》文件精神，内设11个机构：9个行政股室分别是办公室、人事教育股、监察室、税政股、办税服务厅、政策法规股、税源管理一股、税源管理二股、征收管理股；1个直属机构稽查局（副科级）；1个事业单位信息中心。稽查局共有5个内设股室，分别是办公室、综合选案股、检查股、案件审理股、案件执行股，级别均为副股级。

2017年年末，人员编制数77人（行政编制69人、事业编制8人），实有人数84人，离休1人，退休29人。领导干部编制数6人，实有5人。

【税收收入】 坚持依法治税为根本，以加强税收科学预测分析为重点，以强化税收征管措施为手段，加大清欠力度，全力以赴抓好组织收入工作。全年累计实现税收收入2.52亿元，其中增值税1.70亿元、企业所得税5914万元、车购税1305万元、消费税1013万元，完成全年税收预期目标1.60亿元的157.7%。受中央调整预算级次影响，一般公共预算收入3857万元，完成全年税收预期目标4780万元的80.69%。

【党建工作】 组织全体干部职工收听收看中共

十九大盛况，学习研读中共十九大报告等相关资料，局党组按月召开党组中心组理论学习会议，全年共开展党组中心组学习10次，编发《中心组学习材料》10期。结合党建工作实际，制定下发《机关党建工作责任制》《党支部“三会一课”制度》《民主评议党员制度》《党务公开工作制度》等规章制度，印发全年党建工作计划，党建工作走上制度化、标准化、规范化的轨道。

【纳税服务】 全面落实《全国税务机关纳税服务规范》，大力实施便民办税春风行动，不断增强服务意识，提升服务能力，提高服务效率。全面实行“免填单”服务，落实AB岗工作制，推行服务联系卡制度，推广预约服务、提醒服务和延时服务。完善重点税源企业的个性化纳税服务方法，通过上门走访、问卷调查等形式，充分了解掌握企业经营情况，征询纳税人意见和建议，着力解决纳税人最关心、最迫切的问题。全面推行网上认证、网上申报、远程报税、电子缴款等网上办税业务，打造便捷、高效的网上办税服务厅。

【税制改革】 进一步加强“营改增”行业征收管理，深入开展“营改增”政策效应分析，重点对建筑和房地产行业税源情况和减税效应进行再摸底再测算，及时了解并解决出现的新情况、新问题，全面深入地开展好政策“大辅导”，强化对重点企业的“一对一”辅导，优化服务举措，有针对性地帮助纳税人用好抵扣政策，更好地享受减税红利，确保各项改革顺利落地。

【国税地税合作税制改革】 在全面、有效落实合作规范3.0版规定的基本合作事项的前提下，大胆实践创新合作事项。国地税共召开3次联席会议，评定出A级纳税人4户、B级纳税人56户、C级纳税人30户、D级纳税人3户，联合办理设立登记694户，联合办理变更登记236户，联合办理注销登记169户，共同对56户纳税人进行满意度调查，联合进行2次税法宣传，发放2000多份宣传资料。国地税共驻县城乡服务中心，采取“一人一机双系统”模式，国地税业务同屏切换，发挥双方信息互通优势，实现国地税及第三方涉税信息的及时采集、比对和动态监控，形成“政府主导、国地税合作、部门协作”的综合治税局面。联合税务稽查和协同实施风险应对。召开联合检查工作会，明确联合稽查的工作计划，共同确定联合检查对象，共同商讨协同实施风险应对工作安排。

【队伍建设】 制定下发《商都县国家税务局2017年教育培训计划》，加大教育培训投入，不断改善培训条件，组织人员参加中共十九大报告答题考试，开展小组研讨等形式确保中共十九大精神落地生根。重点抓好专业知识培训和岗位技能培训，大力培养专业型、专家型、复合型人才。狠抓党风廉政。认真履行“一岗双责”，坚持党风廉政建设和业务工作两手抓，加强日常监督管理，不断巩固齐抓共管的良好局面。进一步落实“两个责任”，切实把党风廉政建设当作分内之事、应尽之责。持续强化考勤力度，修订《商都县国家税务局考勤管理办法》，严格执行工作纪律，对作风效能建设工作常抓不懈、持之以恒，形成制度，养成习惯。

【文明创建】 强化“文化国税”建设。以践行社会主义核心价值观为引导，结合政治思想工作、文明创建活动等载体，继续开展以“弘扬道德力量”为主题的道德讲堂等文化活动，通过道德的洗礼，将务实、创新、团结、奋进的精神内化于心、外化于行。着力提升文化阵地层次，建设一流的图书阅览室、党建活动室、工会活动室等，定期开展主题文体活动，活跃机关文化，焕发健康向上的精神面貌。深入推进文明创建。广泛开展全方位、多层次的文明创建活动，积极筹备“全国文明单位”创建，不断提高文明创建层次，树立国税良好社会形象。

【荣　誉】 2017年，商都县办税服务厅获市级“工人先锋号”称号和市级“青年文明号”称号；

1名税务干部获市级“巾帼建功标兵”称号和县级“最美家庭”荣誉称号；1名税务干部获市级“优秀共青团员”称号。

（供稿　屈佩菏）

地　税

【概　况】 商都县地方税务局设置6个正股级内设机构：办公室（6人）、人事教育股（2人）、监察室（2人）、税政管理股（3人）、征管和科技发展股（2人）、收入规划核算股（4人）。股级事业单位1个，即纳税服务中心。所属派出机构5个：社会保险费征收管理分局［内设股室2个，即计统征收股（3人）、征缴管理股（15人）］、建筑安装业管理税务所［内设股室2个，即综合股、业务股（1人）］、税源管理一所（5人）、税源管理二所（4人）、税源管理三所（3人）。2017年，在职税干53人，协税员8人，退休税干15人，离岗职工8人，工勤人员2人，事业人员1人。

【税收征管】 2017年是税收形势严峻的一年，自“营改增”后，主体税种缺失、新增税源不足、减税规模不断增加，面对严峻形势，地税部门攻坚克难，全额完成组织收入预期目标。截至2017年12月31日，累计组织各项税费收入5.1亿元，同比增收1.9亿元。其中地方级税收收入9235万元、县级税收收入8033万元，占商都县一般公共预算收入比重的59.2%，为地方经济建设做出积极贡献。

加强税收分析，强化税源管理。商都县地方税务局面对税基收窄、税源缩小等因素的影响，密切跟踪经济形势和调控政策的变化，扎实开展收入测算和分析，及时准确判断税收收入形势，认真测算增减因素对收入的影响，不断提高税收收入月度、季度和年度预测水平。在挖掘新增税源、强化重点税源监控的同时，全面开展税源普查工作，做到“抓大不能放小”，既要让大税源“根深叶茂”，也要让小税源“遍地开花”。

聚焦小税精管，提升征管质量。该局不断创新工作方法、完善征管措施，使小税种成为全县地税组织收入增收的新突破点。持续抓好逐步开征的新税种管理，扎实推进水资源税试点和环境保护税征管工作，加强两税涉税部门的配合，与环保局、水利局成立联合核查小组，完善两税征管信息的机制，努力实现两税在首个征期内应收尽收。

坚持税费并重，推动社保征缴。主动与当地社保局做好沟通，确保全县机关事业单位工作人员养老保险征缴工作顺利推开，同时在全县范围内积极推广云POS机征收农村牧区养老保险费，构建“城镇以财税库银横向联网电子缴费和网络缴费为主，乡村以云POS自助终端缴费委托代征为主”的覆盖城乡、便民利民、安全高效的社保费征缴服务体系。

【队伍建设】 商都县地方税务局在干部队伍建设工作中，以培养一支新时期新型地税干部队伍为总体目标，认真践行“六个倡导”（勤于学习、善于思考、勇于实践、乐于奉献、敢于担当、严于律己），着力解决部分干部当中存在的境界不高、动力不足、活力不强、能力不及、用权不廉、执法不严问题，努力培养造就一批政治坚定、作风优良、德才兼备、业绩突出，能够胜任税收现代化要求的干部队伍，为商都地税事业发展提供坚强的人才保障。

抓实理论学习，坚定理想信念。以中共十九大报告、《中国共产党章程》、习近平总书记系列重要讲话精神为重点，着重围绕党在新时代举什么旗、走什么路、以什么样的精神状态、担负什么样的历史使命、实现什么样的奋斗目标的重大问题，教育引导广大干部深刻领会中共十九大的主题，深刻领会习近平新时代中国特色社会主义思想的历史地位和丰富内涵，自觉把树立远大理想与脚踏实地推进税收工作结合起来。通过理论学习，进一步坚定干部的理性信念。

加强教育培训，提升工作能力。“人才兴税，教育先行”。切实重视教育培训工作，始终把加强干部职工教育培训工作当作一项基础性工作任务列入年度工作计划和长远发展规划，统筹安排，合理调配。工作中，通过建立分层施教机制和灵活培训机制，以提高干部职工综合素质为根本，从强化基础业务知识、基本操作技能入手，着力提高干部职工的政治觉悟、理论水平、业务水平、学历层次。以素质教育为核心，以知识更新为重点，以学历教育和岗位技能培训为主渠道，以干部自我学习为主要形式的终身学习教育体系，将培训内容从由单纯注重学历向学历与能力并重型转变；由培养单一型专门人才向培养复合型人才转变，从而适应教育培训新形势的需求。2017年，1名税干代表乌兰察布市地方税务局参加全区地税系统纪检监察知识竞赛，并取得第二名的优异成绩；在全市地税系统岗位大练兵业务大比武中，2名税干获得“市级征管能手”荣誉称号。

锤炼过硬作风，树立良好形象。严格机关考勤管理，加强工作纪律建设。按照中央八项规定的要求，先后完善厉行节约、反对铺张浪费制度，完善办公用房、办公用品的配备和使用管理办法，完善会议、接待、培训经费等管理办法。通过作风集中整治，改进机关思想作风、工作作风、领导作风、学风和生活作风，提高工作水平，提高办事效率，营造风清气正的干事创业环境。

【党建工作】 学习先进典型，争做模范先锋。深入贯彻落实新时代党建总要求，进一步发挥党支部的战斗堡垒作用和党员的先锋模范作用，推进党建工作互促互进，充分发挥党员先进性作用，充分发挥党建工作统领作用。县局党组高度重视党的建设，牢记市局党组“多为干部着想”“严管就是厚爱”的重要嘱托，深入推进党建工作的开展。

实行“党建+‘两学一做’”，坚定党员理想信念。扎实开展“两学一做”常态化制度化学习，细化个人学习方案，采取“以赛促学、以考促学”活动，坚定理想信念。“党建+制度”管理，强化党员宗旨意识。制订《商都县地方税务局2017年度中心组学习计划》《商都县地方税务局全体党员干部集中轮训方案》，积极营造互助互爱、团结和谐、奋发有为的工作环境，强化党员宗旨意识。以“党建+创新”，提高支部创新能力。围绕便民服务、精准扶贫等内容，开展“每月主题党日”“支部书记讲党课”等活动，激发党组织与党员的活力，发挥党员的引领作用。

丰富党建活动，发挥群团作用。为将党的各项政策落在实处，促进县地方税务局各项工作顺利推进，将党建工作与其他活动有机结合，先后举办“征收杯”迎新春文体活动、开展“不忘初心、缅怀先烈”“助力脱贫攻坚，党组织生活日”等主题党日活动、组织宣讲干部大讲堂、纳税人学堂讲座等课堂、召开志愿者服务动员会、工会委员会首届文体活动动员会等活动。

落实各项政策，促进扶贫工作。切实践行党员干部为群众服务职能，深入开展扶贫工作，着力推动脱贫攻坚工作迈上新台阶。2017年，商都县地方税务局共帮扶177户贫困户，有99户脱贫。商都县地方税务局高度重视、精心组织、周密部署，以高度的政治责任感，开展一系列帮扶和服务活动。以实事惠民心，在节日期间，对贫困户进行节日慰问，为贫困户送去大米、慰问金等。

（供稿　冯利民）

金融

乌兰察布银监分局商都县办事处

【概　况】 乌兰察布银监分局商都县办事处有男职工 2 人。主要职责是根据银监分局的授权，负责所在县（市）的银行业金融机构、农村信用社及联社的监管工作，收集县有关金融风险的信息并向上级机构报告。

【存贷款余额】 2017 年 12 月末，全县人民币存款 72.57 亿元，其中储蓄存款 56.92 亿元；各项贷款 28.03 亿元，其中农业贷款 14.48 亿元。

【贷款业务】 支持地方经济发展方式转变和经济结构调整，重点加大对“三农”、中小微企业、创业就业、扶贫扶困等产业信贷支持。2017 年年末，商都县银行业金融机构发放精准扶贫贷款 9377 万元，有力地发挥金融扶贫作用。其中，商都县农村信用联社发放企业加农户 770 户，贷款 3850 万元；支持 11 家有发展前途的企业，发放发展生产 5452 户，金额 1346 万元；发放建档立卡富农贷 188 户，金额 755 万元；发放其他扶贫贷款 1828 万元；商都县农业银行发放精准扶贫贷款 320 户，金额 1598 万元。

（供稿　薛　峰）

商都县金融办

【概　况】 2017 年，金融管理紧紧围绕全县重大经济社会发展思路和工作目标，灵活运用国家金融政策，优化金融发展环境，引导金融业加大对实体经济的支持力度，主动创新作为，务实改革担当，积极开展金融改革创新和企业金融风险化解工作。全县金融工作、金融业保持平稳发展态势。

【金融扶贫】 2017 年，商都县计划向建档立卡贫困户发放金融扶贫贷款 1 亿元，实际发放 1.22 亿元。其中，信用社 8827.95 万元、包商银行 207.5 万元、农业银行 1720 万元、中和农信 1418.1 万元。完成年初计划的 121.7%。

【棚户区改造贷款】 2017 年，向农业发展银行申请棚户区改造贷款 2.98 亿元，截至 12 月末，贷款已全部到位。

【小额贷款公司和担保公司监管】 在日常监管工作中，坚持以防范社会风险为底线，以引导民间融资健康发展为目标，积极开展日常监管工作。（1）建立信息报送制度。要求小额贷款公司按月报送业务报表，按季报送财务报表，年末报送经中介机构审计的财务报表、经营报表和融资情况报告，重大事项定期和即时报备。（2）加强非现场监管。指定专人对公司报表进行分析、评价，及时反馈监管意见，进行风险提示，加强经营指导，发现问题及时纠正。（3）定期组织巡检。现场检查相关账目、传票、单证及计算机数据系统，必要时到开户行及贷款企业了解资金流向，询问有关情况，做延伸检查。

【金融机构引进与金融体系健全】 通过与内蒙古银行、中国银行合作共建，进一步健全全县金融体系，活化商都的金融市场，有效地形成良性竞争，使全县金融形成多元竞争、健康发展的格局，真正惠及民生、造福百姓。

（供稿　赵一非）

中国人民银行商都县支行

【概　况】 中国人民银行商都县支行内设三部两室：综合业务部、金融管理部、保卫部、综合办公室、纪检监察室。共有人员 34 人，其中正式职工 29 人、聘用制员工 1 人、派遣工 4 人，女职工 9 人、男职工 25 人。

【存贷款余额】 2017 年，继续贯彻落实稳健中性的货币政策，积极发挥窗口指导作用，协调辖区各金融机构最大限度地支持地方经济健康、稳定发展。截至年底，全县各项存款余额 72.57 亿元，较年初增加 8.40 亿元，同比增长 13.09%；全县各项贷款余额 28.03 亿元，较年初增加 4.23 亿元，同比增长 17.79%。全县存贷比为 38.63%，同比增加 1.54 个百分点。

【贷款业务】 支持地方经济发展方式转变和经济结构调整，重点加大对“三农”、中小微企业、创业就业、扶贫扶困等产业信贷支持。截至年底，农业银行发放金融扶贫富民贷款 1.12 亿元，其中“富民贷”7024 万元、“强农贷”4180 万元；发放农村信用联社涉农贷款 12.03 亿元，其中农户小额贷款 8.88 亿元、农企业贷款 3.15 亿元；发放农发行易地扶贫搬迁贷款余额 2.50 亿元，支持的易地扶贫搬迁项目涉及商都县 10 个乡镇、2250 户、6761 人，搬迁人口中包含商都县建档立卡贫困人口 4060 人（其中列入“十三五”易地扶贫搬迁的建档立卡人口 813 人），同步搬迁人口 2701 人。2017 年年底，农发行发放棚户区改造贷款 2 亿元，涉及棚改 1500 户；邮储行推出“小企业助保贷”共发放 600 万元，其中商都县红宇高岭土科技有限公司发放 300 万元、化德县百德服饰有限公司 300 万元，帮助小微企业走出流动资金短缺瓶颈。

（供稿　宋永东）

中国农业银行商都支行

【概　况】 中国农业银行商都支行内设综合办公室、信贷管理部、客户部、运营管理部、电子银行部、安全保卫部、“三农”金融部。下设 3 个经营网点：营业室、新城分理处、城东分理处。在职干部职工共 60 人。

2017 年，根据市分行年初工作会议精神，商都支行全体员工上下同心、奋力拼搏，实现 2017 年“春天行动”首季开门红，为全行各项业务呈现向好发展奠定良好基础，随着“三线一网格”管理模式在全行范围内全面推广实施，支行党建工作再上一个新台阶，行领导及全行员工共同努力，抓稳存增存、中间业务、“三农”业务发展，强化党风廉政建设和案件风险防控，完成既定的各项任务。

【各项存款完成情况】 至 12 月 31 日，全行各项存款余额 14.69 亿元，较年初新增 1.18 亿元，较同期增加 4699 万元。其中，个人存款余额 10.69 亿元，较年初新增 0.93 亿元，较同期增加 1995 万元；对公存款 4 亿元，较年初新增 0.25 亿元，较同期增加 2704 万元。

【各项贷款完成情况】 至 12 月 31 日，全行各项贷款余额 3.25 亿元，较年初新增 1.49 亿元，较同期增加 1.32 亿元。其中，个人贷款余额 1.23 亿元，较年初下降 500 万元，较同期下降 2400 万元；公司类银团贷款余额 2.02 亿元，较年初新增 1.54 亿元，较同期增加 1.56 亿元。

【利润及收入类完成情况】 至 12 月 31 日，全行各项贷款1.76亿元，同比增长2762.97万元；实现中间业务收入435.87万元；拨备前利润2105.49万元，拨备后利润1901.08万元。

【信用卡与电子银行业务完成情况】 信用卡业务各项指标完成情况：截至12月31日，信用卡新增有效客户404户，全年计划1100户，完成36.73%；有效商户新增27户，全年计划15户，完成180.00%；信用卡中间业务收入115.88万元，全年计划94万元，完成123.28%；不良余额83.87万元，不良率为2.35%。电子银行业务各项指标完成情况：K码支付活跃新增2588户，全年计划3420户，计划完成率75.67%；掌上银行活跃客户新增1330户，全年计划1710户，计划完成率77.78%；消息服务新增7595户，全年计划6300户，计划完成率120.56%；企业网银新增27户，全年计划16户，计划完成率168.75%，电子银行业务收入121.89万元，全年计划111万元，完成109.81%；

【党风廉政建设】 年初，制定《商都县支行党风廉政责任制考核办法》《商都县支行2017年党风廉政责任制考核方案》。2月22日，支行党总支学习《关于全市农行2016年度党风廉政建设责任制考核情况的通报》。市分行“一把手”与支行“一把手”、支行“一把手”与班子成员、部门负责人、签订党风廉政建设责任书。

【从严治党、从严治行】 3月21日，支行党总支学习《中国农业银行问责办法》；4月21日，学习《中国共产党党内监督条例（试行）》；5月19日，学习习近平总书记《注重发挥各级党组织在管党治党中的作用》；6月28日，学习《违反中央八项规定精神集中通报》。6月21日，制定出台《中国农业银行商都县支行干部员工劳动纪律管理办法》；8月28日，下发《关于明确支行机关工作纪律的通知》。

【“三线一网格”管理模式推广实施】 8月24日，商都县支行召开“三线一网格”（党建线、纪检线、运营线，员工行为管理网格化责任体系）管理模式推广实施再动员暨“两个办法”（《中国农业银行员工违规行为处理办法》《中国农业银行问责办法》）学习教育活动推进会议。会议由支行纪检委员、副行长李小军作“三线一网格”管理模式推广实施再动员暨“两个办法”学习教育活动推进讲话，并将全区一级支行纪委书记培训班的精神和要求进行传达培训。由副行长赵炜峰对“两个办法”进行解读，强调全行上下要高度重视该项工作，按时保质完成好网格内工作任务，将员工行为管理工作落到实处。实行“三线一网格”，将“我的合规我负责，别人的合规我有责”的理念贯穿于始终。按照市分行要求，将“两个办法”学习笔记发给全行每一位员工，督促员工认真学习“两个办法”具体内容，把精神吃透，把制度落实到位。

【基层党组织建设】 2017年3月1日，支行成立党建工作领导小组，将党建工作排在各项工作前面，推进党建工作与业务工作相融合。全行共设立5个支部：支行机关、营业室、新城支行、城东支行、老干部支部。基层党组织建设进一步强化。

【“双基”管理加强】 持续加强“双基”管理，即运营“三化三铁”（标准化、规范化、制度化，铁账、铁款、铁规章）、信贷“三化三无”（制度化、程序化、规范化，无不良贷款、无逾期贷款、无不合理经济资本占用）。积极参与市分行组织的风险分析例会，与上级行、兄弟行共同探讨业务经营方面的重点工作。每月召开一次风险分析例会，支行“一把手”与分管行长参加，由运营部经理与监管经理具体学习重点制度、新系统上线业务流程、运营管理每日聚焦、市行业务运行情况通报、全行运营管理存在的问题及整改情况等，为全行的业务快速发展和安全运行奠定坚实的运营基础。

【案件防控工作】 为确保全行案件防控工作措施

落实到位，将案件风险防控贯穿于整个经营管理全过程，有效堵塞管理漏洞和薄弱环节，严守风险底线，农业银行按部门、按业务条线落实防控责任，支行"一把手"与班子成员、网点主要负责人之间，班子成员和分管部门之间签订案件防控责任书，成立案件防控工作领导小组，并定期组织召开党总支会、行长办公会、业务经营分析会等，对发放"三农"贷款领域、柜面运营领域、银行卡和电子产品领域、安全保卫领域、财会领域等业务领域进行重点防控。

（供稿　赵晓丽）

中国农业发展银行商都县支行

【概　况】 中国农业发展银行商都县支行内部机构设置：客户业务部、会计结算部、办公室。全行现有人员编制 15 人。

【存贷业务】 截至 2017 年 12 月末，支行各项贷款余额 5.87 亿元，比年初增加 1.73 亿元；各项存款余额 4.98 亿元，比年初减少 3614 万元；农发重点建设基金 800 万元，各项经营指标均超额完成乌兰察布分行下达的目标任务。

【服务地方经济发展情况】 确保国家粮食安全。全力保障政策性收储资金需求，加强粮食库存监管，确保库贷挂钩，保证国家粮食安全。助力脱贫攻坚。充分发挥金融扶贫先锋行地位，2017 年，监管拨付易地扶贫搬迁专项资金 1.71 亿元、生态脆弱地区移民搬迁项目贷款 1.42 亿元，积极支持地方脱贫攻坚任务顺利推进。全力支持棚户区改造。继续保持棚户区改造主力行地位，2017 年，审批商都县红星街西（城中村）棚户区改造项目贷款 2.98 亿元，发放棚户区改造贷款 2 亿元，支持棚户区改造 1550 套，全面推进全县棚改任务完成。加大产业化龙头企业扶持力度。向奥淳酒业发放 4000 万元粮棉油产业化龙头企业贷款，持续助推奥淳酒业发展壮大。

【荣　誉】 2017 年，商都县支行被内蒙古自治区分行评为"经营绩效二十强支行"，支部书记刘江虹被自治区分行党委评为"优秀基层党支部书记"；支行刘江虹、渠志刚、张学玲分别被乌兰察布市分行党委评为"优秀基层党支部书记""先进党务工作者""优秀共产党员"。

（供稿　刘江虹）

商都县农村信用合作联社

【概　况】 商都县农村信用合作联社内设党委办公室、纪检监察室、综合管理部、人力资源部、计划财务部、信贷管理部、业务发展部、科技信息部、稽核审计部、风险合规部、安全保卫部、考核办 12 个职能部门，下辖 27 个营业网点，在岗员工 282 人。

【经营概况】 2017 年年末，商都联社资产总额 41.85 亿元，负债总额 40.56 亿元，所有者权益 1.29 亿元。各项存款 38.93 亿元，各项贷款 15.96 亿元。各项收入 1.92 亿元，税前利润 1074.05 万元。

【信贷投放】 全年，累计发放贷款 11.12 亿元，其中涉农贷款 5.17 亿元、精准扶贫贷款 9355.73 万元，有力地保障"三农"投入，增强市场活力，促进经济发展，支持脱贫攻坚。

【存款组织】 针对利率市场化深入推进、国有银行机构下沉、同业竞争加剧和互联网金融冲击，全面加强存款组织工作。通过一系列措施，全年增加存款 5.2 亿元。

【清收盘活】 通过加强组织领导，加大考核奖惩力度，突出重点，分类处置，综合运用责任清收、岗位清收、依法清收、续贷重组等一系列措施，全年累计清收化解不良贷款 1.16 亿元。

【内控管理】 通过整章建制，强化制度执行力，加强重点领域合规检查，加大执纪问责力度，加强安全防卫工作，增强信息科技应用能力和科技保障能力，基本建立流程简约、管控方便、运转高效、风险可控、监督有效的内控运行机制，重点领域和薄弱环节的风险控制能力得以持续加强，确保全年安全无事故。

【基础建设】通过"标杆"网点建设，强化对一线的后勤保障能力，开展临柜人员业务技能提升培训，严格员工日常行为管理，保证合规建设工作的有序推进，促进全社服务水平的大幅提升。联社良好的社会形象和公众口碑不断得以巩固和提高。

【荣　誉】2017年，商都信用合作联社面向"三农"，支持精准脱贫，获得乌兰察布市"2017年度支持脱贫攻坚突出贡献奖"。

（供稿　张少鹏）

工商银行商都县支行

【概　况】工商银行商都县支行内设行长1人、副行长1人、专职纪检员1人，营业室人员7人、营销人员4人。在职干部职工14人。

【经营概况】2017年年末，各项存款余额3.94亿元，其中储蓄存款2.08亿元、对公存款1.86亿元。各项贷款余额8390.21万元，中间业务收入276.09万元，净利润222.98万元。个人有效客户数量3.06万户。金融资产20万—100万元377户，占比为1.23%；100万—800万元44户，占比为0.14%；800万元以上2户，占比为0.006%。

【普惠金融推广】2017年，新增POS机及二维码商户各248户，发放信用卡1.82万张，代发工资2595户，销售理财产品共计15.27亿元，信用卡分期2352万元，现金分期3525万元，分期付款3982万元，E分期352万元。

【荣　誉】工商银行商都县支行被评为"支持地方经济建设先进集体"，获得2017年度零售业务旺季营销三等奖。

（供稿　郑　龙）

包商银行乌兰察布商都支行

【概　况】2017年，包商银行乌兰察布商都支行内设市场部、财务客户服务部，在册员工15人。

2017年，包商银行乌兰察布商都支行始终坚持以业务经营服务为中心，以支持城镇中小企业农村农牧民发展为主要对象，不断强化内部经营管理，狠抓规章制度的贯彻落实，努力从源头上防范和化解金融风险，确保各项业务活动健康、稳健、安全运行，取得显著的内部效益和社会效益，为商都经济发展做出积极贡献。

【资产业务】截至2017年12月末，各项贷款余额为1.44亿元，比年初增加7528万元。其中，小微经营贷款1.07亿元；个人消费贷款1254万元。1—12月，累计发放贷款2.37亿元，累计收回贷款9256万元。

【负债业务】2017年12月末，各项存款余额2.67亿元，比年初增加1.21亿元。理财销售余额1.52亿元，基金销售2000万元，代理保险210万元。

【小微企业及"三农"贷款】积极发放贷款，全力支持城镇中小企业及"三农"经济发展。坚持以服务服务中小企业、"三农"为己任，以高效、快捷、便利的服务方式，服务百姓"育""医""娱""寿"。支持百姓创业，截至2017年12月末，累计发放贷款1.4亿多元。在确立经营目标的基础上，组织信贷部门认真做好贷款的营销工作，确保信贷经营指标的完成。年初，春耕为农村合作社、农牧民的发展注入信贷资金，为促进地区经济发展做出积极贡献。

努力防范和化解信贷风险，确保信贷资产安全。快速推动信贷业务的发展，确保信贷资产安全运行。从贷款受理开始到贷款发放，严格按照信贷管理规定执行，按信贷业务操作规程发放贷款。对信贷业务进行实地调查，坚持双人调查超百万元的贷款项目，支行长把关，搞好贷款选项。

坚持市场定位和经营方向，积极支持小微企

业、"三农"经济的发展。涉农贷款快速向农村各乡镇推进，在机构网点少、信贷人员不足的情况下，克服各种困难，业务发展到5个乡镇，覆盖乡镇面达77%。业务范围涉及农业种养业、林业、设施农业、旅游观光农业、商业服务业等领域。

【扩大存款业务】 调动一切因素，大力组织存款。为更好地支持地区经济发展，不断壮大银行经营势力，全面实现年内经营目标，始终坚持"存款立行、贷款兴行"的经营理念，不断扩大存款业务。（1）开展存款竞赛活动。新年伊始，银行制定《商都支行2017年度存款考核办法》，组织储蓄存款阶段竞赛活动。通过竞赛活动掀起组织存款工作新高潮，形成千斤重担人人挑、人人肩上有指标的新局面，并取得显著效果。（2）提高优质服务水平，加大攻关力度。通过鼓励职工通过专业服务质量去吸引客户。支行领导率先垂范。通过增加业务品种，创新服务功能，有效地拓展银行业务的辐射触角，开掘新的存款资源，带来新的效益增长点，产生良好社会效应，深受社会各界好评。

【规章制度落实】 加强会计基础工作，抓好规章制度的贯彻落实。在继续不断完善规章制度的同时，银行注重狠抓规章制度的落实，抓好规范化管理，使各项工作都有规可循、有章可依，逐步实现规范化。进一步提高银行内控和案防制度执行力，扎实推进案防工作有效开展，促进各项业务活动安全稳健运行。

【员工知识培训】 抓好职工培训工作，迅速提高职工素质。为适应银行业务经营发展的需要，迅速提高员工的综合素质，更好地应对市场经济的挑战，打造一支高素质、专业化的员工队伍，先后举办3期新职工强化培训班。通过强化培训，使新职工基本上了解和掌握涉及金融法律法规知识、业务知识、业务技能等。

（供稿　贾丽娟）

人寿保险公司商都县支公司

【概　况】 人寿保险公司商都县支公司有正式员工7人，营销人员109人，下设部门：个险部、客服中心、办公室。

【保险业务】 2017年，承保人数5.91万人，其中新保人数1.75万人。保险总额8028万元。意外险253万元、寿险3706万元，个人营销保费3600万元。合计保费3956万元。意外险给付金额725万元，退保金额265万元。

（供稿　王金波）

财产保险公司商都县支公司

【概　况】 财产保险公司商都县支公司内设综合部，工作人员3人。

【保险业务】 2017年，保险收入1558.03万元。其中，家庭财险收入3.13万元；机动车保险收入772.26万元；货物运输保险收入14.56万元；农业保险收入480.86万元；健康保险收入54.5万元；意外保险收入38.65万元；责任保险收入194.07万元。2017年，财险理赔720.94万元，理赔率46%。

（供稿　张　斌）

安华农业保险商都支公司

【概　况】 安华农业保险商都支公司设立经理室成员2人、农险部2人、承保部1人、理赔部1人。

【保险业务】 2017年，种植业保险保费收入2642.55万元，理赔金额1769.36万元；露地蔬菜保险保费收入43.69万元，理赔金额24.06万元。商业保险保费收入252.00万元，理赔金额126.40万元。

（供稿　曹德志）

教育 科技 体育

教 育

【概　况】 商都县教育科技体育局内设办公室、计划财务股、教育股、督导室、师资管理股、学校安全管理股、体育卫生艺术股、科技股8个职能股室，共有招生办、教研室、资助中心、电教站、勤工办、科技成果推广转化中心6个二级单位，负责全局的各项工作。

商都县教育科技体育局机关行政编制14人，工勤事业编制16人。科级领导职数6人（一正五副，含纪委书记1人）；二级单位编制36人。

2017年，商都县教育科技体育局全面贯彻中共十八大，中共十八届三中、四中、五中、六中全会和中共十九大精神，深入学习贯彻习近平总书记系列重要讲话精神和治国理政新理念、新思想、新战略，严格按照县委、县政府的决策思路，坚持稳中求进的工作总基调，注重内涵发展，本着发展抓公平、改革抓体制、安全抓责任、整体抓质量、保证抓党建的原则，统筹推进全局各项工作，取得令人欣慰的成绩。

【党建和党风廉政建设】 以开展全系统党组织和党员评星定级活动为载体，全面推进党的思想、组织、作风和制度建设。坚持每周一集中学习不动摇，进一步完善“三会一课”制度。在具体工作中，通过加强学习型、服务型、廉洁型、效能型先进基层党组织建设，严格实行党员领导干部“一岗双责”和“三重一大”制度。以持续整治“四风”为抓手，切实“转职能、转方式、转作风”，实行党务、政务、校务公开，推进依法治校、民主管校进程。

【教育三项改革】 深入开展课堂教学改革、教学评比、校长论坛、励志讲堂等活动，持续提高教师队伍素质，累计完成各级各类校长、教师培训8000多人次。全年引进高层次人才3人，新聘教师41人，有力地提升全县教师队伍水平。乡镇以上中小学全部推行全员、全学科、全覆盖课堂教学改革，取得显著成效。进一步推进教育管办评分离改革。

【教育教学质量】 全县教育教学呈现出健康向上的良好发展态势，学前教育蓬勃发展、义务教育高位优质、高中教育稳步提升、职业教育明显提高。2017年，商都县中考成绩位居全市前列。高考各类本科上线人数220人，本科上线率25%，步入全市前列。同年，商都县成功申报为第四批国家级农村职业教育和成人教育示范县。

【教育信息化与实验教学】 不断加强全县各学校信息化设备和实验室的检查力度，加大学校信息技术和实验操作管理员的培训，成功举办信息化月报、学校监控管理员培训班，对全县各中小学的电教管理员和主要学科骨干教师进行微课制作培训。

【京蒙教育帮扶】 积极与北京市平谷区教育委员

会签订帮扶合作协议，并定期开展交流研讨和教师培训活动，进一步推进商都县高级中学、第三中学、宗申小学、第二幼儿园与北京市平谷区的4所学校开展“一对一”帮扶活动。

【教育资助】 全年发展教育脱贫一批学生5134人次，总计金额1250.80万元；自治区城乡低保家庭子女入学资助419人，资助金额1434万元；建档立卡贫困家庭大学新生入学资助171人，资助金额546万元；国家开发银行生源地助学贷款1184人，贷款金额885.67万元；国家新生入学资助80人，资助金额5万元；“泛海助学行动”项目资助贫困家庭和残疾家庭大学新生249人，资助金额124.5万元。

【校园足球】 成立校园足球工作领导小组，制订《商都县校园足球工作实施方案》，并将第一中学、世纪小学、育苗小学打造成为市级足球示范校，将第一中学体育场建设成为对外开放的青少年足球训练基地。在成功举办2017年校园足球U系列竞赛之后，相继启动“校长杯”“县长杯”校园足球联赛，并成功承办全市“市长杯”校园足球联赛初中组比赛。

【校园体育卫生艺术】 成功举办全县小学生田径运动会、全县校园艺术节暨庆祝自治区成立70周年艺术展演及其他各种球类活动。组建教师合唱团，代表商都县参加乌兰察布市庆祝自治区成立70周年群众合唱节表演比赛获一等奖，并在第五届中国内蒙古锡林浩特合唱艺术节获“骏马奖”。会同妇幼保健服务中心对全县1.6万多名中小学生进行常规体检，并组织开展国家学生体质健康标准测试工作。

【教育基础建设】 全年累计投入2601万元，着重新建春明小学分校和大黑沙土镇中心校教师周转宿舍楼，改建世纪小学、育苗小学、通用小学塑胶操场和第三中学运动场看台等。不断加大学前教育投入，重点新建、改建3所城镇公办幼儿园，使城镇公办幼儿园发展为10所，学前三年入园率达到93.8%。统筹全面改薄等各种资金，为学校、幼儿园配置945.55万元的教育教学设备，进一步提高全县教育事业现代化水平。

【教育安全管理】 认真进行校园安全隐患排查整治，重点抓“三防”（人防、物防、技防）、食堂食品卫生管理及普法禁毒宣传等安全工作，有效地遏制校园安全事故的发生。积极开展校园安全教育，定期举办逃生演练、法制进校园等活动，并联合多个部门进行各类安全知识培训。全年累计发放影像资料1000余套、安全宣传资料8000多份，书写宣传标语100多条，参训师生达100%。组织开展4次针对学校安全管理工作的检查和2次专项联合检查，排查出安全隐患300处，整改298处，整改率99.3%。

【精准扶贫工作】 常年开展扫庭院、清杂物和走访慰问送温暖活动，为贫困户送去慰问物资，指导帮助贫困户创业增收，积极改善生活水平。2017年，累计投入22.72万元，为所包3个村委会购置电脑、打印机、电视机和接收器，并接通互联网、安装全套健身路径；为水泉梁行政村村委会的11间办公室更换塑钢门窗；为包扶贫困村送去优质大米560袋。

【重要事件】 1月8日，为深入学习贯彻习近平总书记系列重要讲话精神，将“两学一做”教育深入推进，举办全县教育系统“两学一做”主题演讲比赛。

2月13日，在2017年全市教育工作会议上，市政府、市教育局对2016年度教育工作取得突出成绩的旗县市区予以表彰，商都县在四项教育工作考核中全部获奖，分居全市前列。

3月10日，召开2016年度课堂教学改革暨教学质量总结表彰大会。

3月16日，区域课改终期进校验评工作圆满结束。

4月15日，举办中小学新时期班主任工作报告会。

5月8日，召开全县第二轮教育教学工作流动现场会。

5月10—11日，举办全县第三届中小学课堂教学改革“好课堂”大赛。

5月18—19日，举行全县中小学生校园艺术节暨庆祝自治区成立70周年艺术展演活动。

6月11日，全市第三届中小学课堂教学改革好课堂大赛在商都县举行。

6月中旬，商都县炬信教育评估中心完成各项审批手续，正式挂牌成立。

6月15日，教育部督导局专项督导处处长杨宇率督导组到商都县，对农村义务教育学生营养改善计划进行专项督导检查。

6月19—20日，全市学校管理流动现场会在商都县召开。

7月12日，组队赴凉城县学习中小学教师绩效工资改革的成功经验。

7月17日，赴北京市平谷区教委商谈教育对口帮扶事宜。

8月，新建第七幼儿园（朱家村幼儿园）投入使用。

9月8日，召开第三十三个教师节庆祝暨表彰大会。

9月23日，阿斯顿维拉足球俱乐部中国项目代表考察商都县足球特色学校创建工作。

9月28日，承办乌兰察布市“市长杯”校园足球联赛初中组比赛。

10月25—26日，全市中等职业学校技能大赛在商都县职业技术学校举行。

11月30日，举行商都县职业技术学校与内蒙古大学满洲里学院俄罗斯留学预科班联合办学签约揭牌仪式。

12月5日，全县小学生乒乓球比赛获得圆满成功。

12月5—6日，市教育局对商都县2017年度教育业务目标完成情况进行评估。

12月14日，市教育脱贫攻坚工作领导小组对商都县2017年教育脱贫工作进行督查考评。

【荣　誉】 2017年，商都县分别被授予“教育工作目标考核先进旗县市区”“职业教育工作目标考核先进旗县市区”“课堂教学改革先进旗县市区”“2016年全国义务教育发展基本均衡旗县”四项荣誉称号，其中前三项位列全市第一，第四项位列全市第二。

在承办的全市第三届中小学课堂教学改革好课堂大赛中，商都县教师获一等奖15人、二等奖28人，综合成绩位居全市第一，县教育科技体育局被评为“课堂教学改革”先进单位。

商都县成功申报为第四批国家级农村职业教育和成人教育示范县。

在开展的“一师一优课，一课一名师”评比活动中，商都县教师的晒课量、课堂实录在全市排名第一。

商都县教师合唱团先后获得乌兰察布市庆祝自治区成立70周年群众合唱节表演比赛一等奖和第五届中国内蒙古锡林浩特合唱艺术节“骏马奖”。

在2017年全市学校管理流动现场会综合评比中，商都县名列第一。

科　技

【概　况】 商都县教育科技体育局内设科技股、科技成果推广转化中心，为二级单位。2017年，以科技宣传培训、发明专利普及、知识产权保护为主，充分发挥科技特派员的作用。

【科技工作】 充分利用“科技活动周”“科技活动日”“知识产权宣传周”等时间，采取到企业、进学校、进园区等方式开展政策解读、专利普及、知识产权保护等内容宣讲。全年累计举办各类实用技术培训班15期，培训农民1万余人，发放科普资料1万余份。全年引进蔬菜、水果新品种近40种，试验示范种植各类农作物2.23万亩。

建设完成产业扶贫现代农业科技示范园1处。充分发挥科技特派员工作站的作用，把工作站作为科技特派员服务社会大众的窗口，积极提供技术咨询及团队出诊服务。

体 育

【概 况】 商都县教育科技体育局内设体育卫生艺术股，2017年，在开展校园体育、卫生、艺术活动的同时，有序推进群众体育活动。

【群众体育活动】 全县体育社团建设实现有组织、有队伍、有活动、有场地、有经费的“五有”整体格局。广泛开展群众体育活动，成功举办庆祝内蒙古自治区成立70周年大型群众文体活动、“全民健身日”社会团体舞蹈表演活动、全县第十四届门球比赛、全县“水漩杯”第二届台球公开赛及全县棋牌公开赛等，总参与人数达7186人。不断扩大全县体育活动人群的规模，科学带动全县各层次的体育活动，截至2017年年底，全县体育人口已达41.99%，比2016年同期递增0.29%。全县竞技体育水平全面提高，在参加的各级各类赛事中获得多项荣誉。

【荣 誉】 在全市健身舞大赛中，商都县获团体第三名；在全国百县气功交流比赛中，商都县获分区赛第三名；在四省八市成年羽毛球公开赛中，商都县获团体第三名。

在内蒙古呼和浩特市全国传统武术邀请赛中，商都县获集体第一名和个人第一名、第二名、第三名。

（供稿 李瑞鹏）

文化 旅游 传媒

文化、旅游

【概　况】 根据自治区编委会《关于文化体制改革涉及盟市以下机构调整的通知》精神，2013年9月商都县文化局、商都县广播局合并为商都县文化广播电影电视局。2015年4月3日，合并县旅游局，成立商都县文化旅游新闻出版广电局（以下简称县文旅新广局）。县文旅新广局最初内设5个职能股室、7个二级单位。2017年1月14日，为进一步落实“党管宣传”的战略部署，商都县广播电视台划归县委宣传部，人员划走18人（含4名临时工）。至2017年年底，县文旅新广局有6个二级单位、5个股室，事业编制75个；局机关人员编制24个，行政编9个、工勤事业编15个。

【“三馆”建设与服务】 全面提升“三馆”（图书馆、美术馆、博物馆）建设与服务水平。投资300余万元，按照全国公共图书馆第六次评估定级有关规定，对图书馆场馆进行升级改造，图书馆整体服务水平明显提升。县美术馆将博物馆原库房进行重新改造建设，展厅面积达到700多平方米。县博物馆将县规划展览馆改建成古驿七台民俗博物馆，至2017年年底布展结束，2018年全面向社会免费开放。在布展过程中，自治区文物局副局长马天杰、自治区党史研究室处长齐建民、市文新广局副局长张玉娟一行，对博物馆展览大纲项目进行初步审核。随后，市委组织部调研员张继明、党员教育中心主任宋子龙、市委党校教授杜卫国等到博物馆，开展实地调查和展品认定工作。

【公益电影放映】 按照全市电影工作会议的部署，商都县积极开展2017年电影管理工作及农村牧区公益电影放映工作。因工作突出，获赠电影放映机1台（套）。

【生态文化旅游】 投入大量人力、财力、物力，经过精心打造，不冻河西苑生态文化旅游风景区成功申报国家AAA级旅游景区，得到国家旅游局100万元奖励。

【电视差转台站】 改善转播台及电视台装备水平。自治区新闻出版广电局“十二五”广播电视高山发射台站基础设施督察组，抽验商都3个差转台，工程质量全部为优质。成功申请中央预算投资项目159万元，县播出机构制播能力建设项目顺利实施，采购县电视台急需的采编播设备，使商都县电视台的制作播出设备得到极大提升。

【文化市场监管】 充分运用科技手段加强文化市场监管。投资30万元，将网吧、歌舞娱乐场所纳入智能监控网络，接入公安“平安商都”监管平台，运用科技手段建立电子信息监控网络，促进全县文化市场管理现代化进程。

【乡村文化设施】 申请“户户通”5000套，用于个别行政村整村搬迁户、幸福院查漏补缺和售后服务的维修更换等。继续为乡镇（村）文化室配置棋牌桌椅、音响、锣鼓镲、乐器、服装等文化设备设施。

【文艺演出活动】 开展惠民工程。文化馆、乌兰牧骑积极开展“百团千场”“草原文艺天天演”等惠民演出工程，全年累计演出达116场，进村演出86场次，惠及观众9万多人次。

【“四馆”免费开放】 “四馆”（文化馆、图书馆、美术馆、博物馆）实施免费开放活动。文化馆、美术馆、二人台传习所、青少年活动中心免费开设音乐、戏曲、广场舞、美术辅导、太极拳、中老年合唱等多个项目的培训班；图书馆、博物馆免费开放所有场馆，免费办理借书证、免费享受文化信息资源共享工程等，免费参与非物质文化遗产保护与传承体验活动。

【各类专题文化活动】 成功承办2017年商都县春节联欢晚会、元宵节猜谜活动等系列文化活动；参加北京·内蒙古商都县“乡情·公益·招商”酒会；配合完成全市纪念“三八”国际劳动妇女节107周年暨表彰大会文艺演出、全县“3·15”国际消费者权益日、“4·26”全国法制宣传日、“6·26”国际禁毒日、精准扶贫奔小康、“五城联创”等专题文化活动；启动并参与庆祝自治区成立70周年文化艺术系列活动。其中，从7月26日至8月4日，举办为期10天的“守望相助亮丽北疆——商都县庆祝内蒙古自治区成立70周年群众文化活动”。该次文化活动由乌兰牧骑专场、小戏小品专场、社区专场、乡镇专场、广场舞专场，以及优秀节目专场等组成。举办2017年首届中国商都马铃薯美食节，为传承和发扬马铃薯美食文化、打造商都地域名片，推动餐饮经济发展方面起到积极作用。8月30日至9月1日，县乌兰牧骑在主会场西苑生态园旅游景区盛装演出三天四场。参与县教育科技体育局举办的“商都县中小学生校园艺术节暨庆祝自治区成立70周年艺术展演”等活动。开展“书香商都县·亮丽风景线”2017年草原阅读季启动仪式、“世界知识产权日”和“世界读书日”、“5·18”国际博物馆日等活动。

【影视歌曲歌手大赛】 5月21日，由中国电影报社、中国台湾电影研究会等单位联合主办的“中国影视歌曲歌手大赛”内蒙古赛区总决赛活动中，县乌兰牧骑参赛选手刘玉兰、杨景泽、陆进宇、姚轶慧、刘文娅等8名演员，经过海选、初赛、复赛和决赛等多个环节的层层选拔，最终获“中国影视歌曲歌手大赛”内蒙古赛区总决赛专业评委奖、二等奖、三等奖、优秀奖及最佳团队奖的优异成绩。

【自治区成立70周年演艺比赛】 在全市举办的“中国梦　草原颂　守望情”庆祝自治区成立70周年群众合唱比赛中，商都代表队获一等奖。在自治区文化厅、巴彦淖尔人民政府主办的“魅力乌拉特”第三届西部民歌会上，商都县乌兰牧骑选手陆进宇，获得最佳表演奖；市群众艺术馆获优秀组织奖。在赤峰市巴林右旗举办的“草原文艺轻骑兵·北疆亮丽风景线”为主题的庆祝内蒙古自治区成立70周年、乌兰牧骑建立60周年暨第七届内蒙古自治区乌兰牧骑艺术节，及全区第三届“一专多能”比赛中，商都县队员陆进宇获得一等奖、姚轶慧获得优秀奖。在2017年度全自治区“梦想星光秀”比赛中，乌兰牧骑队员陆进宇过关斩将，一举获得年度总冠军。在广东省广州市举行的2017年香港赛马会助力全民健身系列活动全国社会体育指导员展示大会上，由商都县东路二人台传习所区级文化志愿者王喜梅等应约组成的内蒙古团队，获全国大赛二等奖、优秀组织奖、节目创新奖和体育道德风尚奖4项大奖。

【民族艺术精品工程】 围绕重要时间节点抓精品创作，全县精品剧目创作形式多样，地方艺术创作丰富活跃。创作各类舞台艺术作品10余部，新创排演小戏小品《幸福家园》《交通安全进万家》《乡里乡亲》《蜕变》等小戏9部，歌曲《儿想回家看看娘》《爱在商都》《快递小哥》等一批鲜活的艺术作品。歌曲《儿想回家看看娘》获得全市“五个一”工程奖。

东路二人台创作方面成绩斐然。经过文化部民族民间文艺发展中心、呼和浩特市艺术学校整理、发掘、编撰的《东路二人台艺术》（郭有山卷）出版发行。该书以剧本、唱腔、脸谱编排总目，剧本部分包括小曲、独角戏、小戏、大戏和现代戏；其中小曲73个、独角戏13个、小戏28个、大戏27个、现代戏12个；唱腔65首；脸谱图样23副。现代戏均由郭有山创作，时间跨度从中华人民共和国成立初期到21世纪初。唱腔均由郭有山口述。

【文物保护】 加强重点文物保护。成立长效的长城保护机制，聘请长城保护员10人（在自治区文物局备案）。加大保护力度，制作长城保护界桩100根；按要求制作完整的长城“四有”（有保护范围、有保护标志、有记录档案和有保管机构）档案。国家重点文物保护项目金界壕十二顷段抢险加固工程获准批复。金界壕大库伦段抢险加固工程设计方案上报自治区文物局。

【文物普查】 完成可移动文物普查工作。通过第三次不可移动文物普查不可移动文物232处，各级重点文物保护单位13处。完成第一次可移动文物普查，上传文物信息登记文物总量达1.55万件（套），居乌兰察布市第二位，荣获自治区可移动文物普查先进集体和先进个人荣誉称号。

【博物馆服务】 全面提升博物馆服务水平。将县规划展览馆改建为古驿七台民俗博物馆，布展阶段已经结束，计划免费向社会开放，成功申请国家展陈项目50万元已到账。古驿七台民俗博物馆边装修、边开放，从4月向社会全面开放以后，全年接纳参观人数5万人次，接纳未成年人3万人次。

【“非遗”传承保护】 2017年，出版《东路二人台艺术（郭有山卷）》。新申报全市“非遗”传承项目7项，通过6项；申报自治区级“非遗”传承项目2项待批。

【文化新闻出版市场管理】 严把行政审批准入关口，强化文化市场日常监管。全县文化市场实行网格化管理，管理划分责任到人。全年“双随机、一公开”（随机抽取检查对象、随机选派检查人员，公开随机抽查事项、程序和结果）抽查共计46家次，出动人数220人次；开展集中行动和专项行动相结合，配合政法委、公安、消防、安检、教育等部门开展联合大检查。加大节假日期间重点时段、重点场所的安全监管。抽组执法人员经常到景点、旅行社、销售无线器材店摸底巡查、规范管理，处理旅游纠纷案件2起。

【“扫黄打非”专项行动】 积极开展“扫黄打非”专项行动，加大重点时段重点场所的安全监管。扎实开展“清源”“净网”“护苗”“秋风”“固边”等一系列“扫黄打非”专项行动，严格按照专项行动有方案、专项检查有记录、专项处罚有依据、专项整改有结果、专项行动有总结。2017年，打击侵权盗版、非法出版物专项行动，共查缴非法出版物、盗版、侵权出版物600余册，封建迷信、非法出版物书籍20余册，光盘1800余盘。

组织开展“4·24”知识产权宣传及焚烧非法出版物活动，焚烧盗版图书600余册、盗版光盘1800余盘。开展“扫黄打非”进社区、进校园活动。联合宣传部精神文明办、网信办举行“扫黄打非”暨《中华人民共和国网络安全法》（以下简称《网络安全法》）进校园签名活动，发放宣传材料500份、宣传挂图20张、“绿书签”100张。通过开展“扫黄打非”宣传进校园活动，提高广大师生抵制“黄”“非”的意识和能力，让青少年与优秀文化相伴健康成长，深受广大师生欢迎。

【文化市场监管】 充分运用科技手段加强文化市场监管。投资17万元的监控平台投入使用，将网吧、歌舞娱乐场所纳入智能监控网络，接入公安“平安商都”监管平台进行管理。文化市场智能执法监控平台的应用在保护国家安全、意识形态安全、维护文化市场秩序、保障文化市场健康发展，健全现代文化市场监管体系中将发挥重要的作用。监管平台接入“平安商都”智能平台这一举措，在全区娱乐场所转型升级观摩现场会上作经验交流。

【广播电视安全播出】 2017年，向上级部门申请“户户通”卫星接收机5000套，将从根本上彻底解决全县农村牧区广大人民群众收听收看广播电视节目难的问题。在安装维修“户户通”过程中，开创性地在乡镇设立“户户通”维修维护点，方便农牧民群众就近维修维护“户户通”设备，受到农牧民群众的热烈欢迎，这一做法被自治区新闻出版广电局在全自治区推广。

2017年，完成地面无线数字覆盖工程3处，分别为七台镇地面无线数字发射台、大库伦地面无线数字转播台、十八顷地面无线数字转播台，基本实现全县范围内的广播电视地面无线数字信号的全覆盖。发射地面无线数字信号节目20套，发射模拟电视信号节目4套，提升商都县广播电视无线发射装备的数字化水平，丰富全县人民群众收听收看广播电视节目的内容。成功申请中央预算投资项目1个，县播出机构制播能力建设项目顺利实施，中央预算投资159万元，采购商都电视台急需的采编播设备。

【图书借阅】 县图书馆将免费开放作为工作重点，创新特色，改善服务，进一步发展图书馆事业。县图书馆按照全国公共图书馆第六次评估定级有关要求，集中全部力量，在各级部门的大力支持下，按照评估定级的具体要求，较好地完成评估定级的初审工作，将服务效能、业务建设和保障条件三大类2130项指标，填写上传到国家图书馆网站，其中文字约5万字、图片300余张。县图书馆整体服务水平有明显提升。

全年共接待读者1.3万人次，实现图书流通13.7万余册。花支5万元在城乡居民服务中心安装歌德中文电子书借阅机1台，满足群众的阅读需求。投入5万多元新购置图书7000余册，扩大图书馆藏量。开展“世界全民读书日”活动，“古驿新韵　同心筑梦”全民读书活动。走进小海子镇中心学校、小海子镇向阳村、七台镇棚户区等城乡，开展“壮美商都·悦读在路上”系列读书活动。新建县武警中队、三面井交警中队、县看守所3个图书流通点，并为上述图书流通点配送图书、期刊2400余册；为全县215个行政村“草原书屋”配送中共十九大文件及辅导读物2568本。

【美术会展】 县美术馆以“文化艺术传播传承的阵地、文化产业繁荣经营的市场、商都对外宣传的窗口”为目标，积极开展多项美术笔会及展览活动。年初，联手书林苑书法培训班走进三大顷乡新坊村、小海子镇头号村，为贫困户、孤寡老人免费写春联1200余幅。举办大型书画笔会10次。邀请中国教育电视台《水墨丹青》栏目内蒙古文化中心书画院名誉院长、内蒙古军区原副司令、少将王印清，书画院院长、中国书法家协会会员贾耀等书画名家及专家学者，在美术馆进行书画交流。组织全县书画名家，积极参与“翰墨丹青金三角”第二届乌大张三地书画作品联展暨庆祝自治区成立70周年活动。县美术馆选送的国画《闲庭信步》（平安小学赵文君）、《山里人家》（自由职业者孙巨海）和油画《五月的风》（县美术馆朱建丰）入选，并在乌大张三地进行联展。参加全市第二届地书大赛暨全国邀请赛，商都县地书名家张静云等9位组成的“商都县追梦地书团队”取得较好成绩。全年接待参观人员8000余人次。

【文化旅游】 2017年，商都县在巩固好小庙子民俗村、德立海草原度假庄园、“八一”森林公园等旅游景区的基础上，重点续建不冻河、南湖公园、七彩湖3个景区，计划总投资2亿元，实际完成投资1.28亿元。不冻河西苑生态文化旅游风景区升级项目，建成3个河道景观小岛、木桥1座，进一步完善美化绿化工程，不断提升景区档次。四星级农家庄园水上人家建成150亩采摘园，已投入使用，年增收20万元。南湖生态园升级改造项目，由商都县福城餐饮投资责任有限公司计划投资3200万元，规划建设生态酒店、水上乐园、采摘园等工程，分3年实施。2017年，已完成建设前期工程。七彩湖旅游风景区项目，由内蒙古冬瓜投资有限公司计划投资1亿元，分两期建设，2017年已完成鸟岛和码头建设，并规划出环湖路，调整建设用地，为2018年工作打下基础。2017年，完成全县18个旅游资源点的土地测绘工程。

【非物质文化遗产抢救挖掘】 为进一步抢救挖掘全县非物质文化遗产资源，自3月开始，县文旅新广局联合县电视台，组织相关人员通过两个多月的时间，对全县非物质文化遗产进行再次广泛普查、挖掘和整理，全面了解和掌握非物质文化遗产资源的种类、数量、分布状况、生存环境、保护现状及存在的问题，并为今后“申遗”工作准备相关资料。

该次“申遗”普查共筛选出白醋、笼箩、剪纸、刺绣、铁匠、传统音乐、东路二人台等具代表性的7个项目，其中白醋、笼箩项目拟申报第六批自治区级“非遗”项目名录待批。剪纸、刺绣、铁匠、传统音乐、东路二人台项目和门楼调6项成功申报为第八批市级“非遗”项目名录。

【自治区成立70周年群众文化活动】 7月26日晚，由宣传部主办、县文旅新广局承办的“守望相助·亮丽北疆——商都县庆祝内蒙古自治区成立70周年群众文化活动”启动仪式在县水漩公园小广场举行。该次文化活动从7月26日到8月4日结束，为期10天。活动由乌兰牧骑专场、小戏小品专场、社区专场、乡镇专场、广场舞专场以及优秀节目专场等组成。

【首届中国商都马铃薯美食节】 8月30日，为弘扬马铃薯美食文化，打造商都品牌，首届中国商都马铃薯美食节在商都县举行。商都县是“中国薯都”乌兰察布马铃薯核心种植县。2014年，被中国特色之乡宣传组委会命名为“中国马铃薯之乡”。举办2017首届中国商都马铃薯美食节，主旨是传承和发扬商都县马铃薯美食文化，打造商都地域名片，在全县餐饮经济发展方面起到推动作用。8月30日至9月1日，县乌兰牧骑在主会场西苑生态园旅游景区，盛装演出三天四场。140位烹饪高手在西苑大酒店制作各式土豆菜肴烹制精品，被上海大世界吉尼斯总部授予大世界吉尼斯之最。

【重要事件】 1月14日，党管新闻暨县电视台归口县委宣传部工作第一次会议举行，会议就落实县委书记靳前斌指示精神，向归口宣传部管理的新闻中心、播音室和广告部的人员进行通报。县电视台新闻编辑、记者和播音员划转宣传部管理，其意义在于进一步加强新闻播发工作。县委宣传部部长熊威与县文旅新广局局长王利共同签署电视台设备及人员移交合同书，移交的电视编播设备约1000余万元，人员18人（含临时工4人）。

是日，县美术馆联手书林苑书法培训班走进三大顷乡新坊村、小海子镇头号村，为贫困户、孤寡老人免费写春联1200余幅，受到当地老百姓的热烈欢迎。

1月23日晚，“古驿谱新韵·商都正当时”——2017年商都县春节联欢晚会在县青少年活动中心上演，晚会分金鸡报晓·辞旧迎新篇、卓立鸡群·文化传承篇、闻鸡起舞·励志奋进篇和凤舞九天·展望未来篇四个乐章，整台晚会内容健康、主题鲜明，流光溢彩、精彩纷呈。2015年度“越战越勇”银话筒获得者欧阳文宸、星光大道周冠军李海霞、内蒙古星光快车月冠军付美东，以及歌坛新秀铁文太、琪琪格等优秀歌手登场。县委书记靳前斌、人大常委会主任叶旺、政协主席吕生金等四大班子领导与1000多名观众观看晚会。

2月10日（正月十四），商都县2017年秧歌大赛在祥和广场举行，大赛一、二、三等奖各归其主。

2月11日（正月十五），由县文旅新广局主办、图书馆承办的2017年元宵节猜谜活动在宣传文化中心楼前举行，300条各式谜语由大家各自竞猜，活动持续近两个小时。

2月12—13日，商都县组队参与全市首届冰雪嘉年华艺术节，在全市13个表演队中获第三名，获奖人民币5万元。

2月28日，经过一周的努力，包括小庙子嘎查蒙古族旅游村、大石架冰川石林公园、七台湖项目建设、五台海旅游区新建项目等6个新建旅游或基建项目的立项、环评、土地和可研等前期准备工作完成并上报相关部门。

3月8日，乌兰牧骑优秀歌手欧阳文宸参加巾帼心向党——全市各族各界妇女纪念“三八”国际劳动妇女节107周年暨表彰大会，并演唱歌曲《儿想回家看看娘》。

3月15日，以“网络诚信、消费无忧”为主题的“3·15”国际消费者权益日活动在祥和广场举行。县人大常委会副主任李生智，副县长张云参加活动并讲话。活动为7家获得2016年度县级“消费者信得过单位”称号的企业颁发奖牌。各成员单位开展现场咨询答疑、发放宣传资料、文艺演出等服务活动。县文化市场综合执法大队全体执法人员参加活动。

是日，县图书馆投资5万元在县城乡居民服务中心一楼大厅安装1台“歌德中文电子书借阅机”。该款借阅机提供3000册独家授权的正版中文电子图书和100余种电子期刊。读者可以使用手机、平板电脑及其他设备扫描二维码下载并安装超星移动图书馆客户端，安装客户端后，只需在电子书借阅机屏幕上选择心仪书籍，扫描图书封面二维码，便可将该书全文下载至手机，并可离线存储，随扫随读。

3月18日，全区“户户通”工程长效机制建设培训会在包头市举行，副主任科员曹子孝在会上作题为《关于乡镇苏木户户通运行维护机构建设情况》的典型发言。

是日，县文化旅游宣传片（初稿）成型，经县人民政府主要领导及分管领导观看后，开始通过新媒体向社会播发。

3月21日，由文化部民族民间文艺发展中心、呼和浩特市艺术学校编撰的《东路二人台艺术》（郭有山卷）出版发行。

3月21—23日，文化扶贫惠民，百团千场进基层——乌兰牧骑下基层演出开始。乌兰牧骑先后到小海子镇中心小学、特色新农村向阳村和文旅新广局帮扶的三十四号村进行慰问演出。

3月27日，七台镇地面无线数字覆盖工程铁塔周边美化工程结束，铁塔周边方圆30平方米的网围栏工程既挡住闲杂人等及动物的进入，又美化铁塔四周环境。

3月28日，七彩湖景区鸟岛建设工程项目举行开工剪彩仪式。该项目由内蒙古七彩湖商旅文化有限责任公司开发建设，县文旅新广局局长王利参加剪彩仪式并致辞。公司负责人介绍项目工程规划和投资情况。

3月30日，自治区文物局副局长马天杰一行对商都县博物馆展览大纲进行初步审核，自治区党史研究室处长齐建民、市文新广局副局长张玉娟参加审核，县文旅广新局局长王利等陪同。

4月10日，尚义县文旅新广局局长赵树成一行到商都县参观考察，先后参观商都县电视台、乌兰牧骑，以及“四馆”，还参观正在建设的古驿七台民俗博物馆。赵树成一行对商都县文化基础设施建设给予很高的评价。这是继2016年7月，县文旅新广局一行赴尚义观看“中国·尚义第十三届赛羊会草原文化周马术摔跤表演赛”的一次回访。

4月14日，庆祝自治区成立70周年活动启动仪式在祥和广场举行，活动由县委宣传部主持，县文旅新广局局长王利等领导参加启动仪式。在县体育馆、县高级中学分别进行羽毛球、篮球、足球比赛活动。县乌兰牧骑送上一台精彩的文艺节目。

是日，市文新广局召开全市电影管理工作会议，会议安排部署2017年电影管理工作、农村牧区公益电影放映工作。在会上向部分旗县赠送电影放映机，商都县获赠1台（套）。

4月23—24日，由县文旅新广局、美术馆共同举办庆祝内蒙古自治区成立70周年群众文化体育系列活动——书画笔会。邀请中国教育电视台《水墨丹青》栏目内蒙古文化中心书画院名誉院长、内蒙古军区原副司令、少将王印清，书画院院长、中国书法家协会会员贾耀，书画院执行院长、内蒙古广达物资商贸有限公司董事长李守效，书画院常务副院长徐耀，副院长段永胜、张伟，理事宝力格，秘书长王茜（商都籍），副秘书长杨鹤芝及书画名家曹谦、张德木、曲家富、王玉昆、王学仁等专家学者挥毫泼墨，耐心地与商都县书画爱好者交流学习。书画院常务副院长徐耀还为商都县的古驿七台民俗博物馆、文化馆现场题名。

4月24日，在第十七个“世界知识产权日”来临之际，商都县举行迎接自治区成立70周年——全县侵权盗版及非法出版物集中销毁活动。副县长、扫黄打非领导小组常务副组长张云，文旅新广局局长王利，以及扫黄打非领导小组成员单位的领导，各书店、光盘经营业主，部分社区居民代表参加活动。

4月25日，在第一百二十七个“五一”国际劳动节到来之际，由市总工会举行的庆祝全市“五一”国际劳动节文艺演出在市广播电视台举行，商都县乌兰牧骑刘玉兰、杨景泽、欧阳文宸和董艳等应邀表演《共圆中国梦》。

是日，商都县图书馆微信公众号上线，计划适时发布图书馆工作情况。

4月28日，县乌兰牧骑独唱演员陆进宇获“星光梦想秀”第九周周冠军。12月，获得“梦想星光秀”年度总冠军。

是日，商都县东路二人台传习所被市民族艺术剧院、市戏剧家协会、市东路二人台学会评为2016年度东路二人台传承保护工作“先进单位”。

是日，在“翰墨丹青金三角”第二届乌大张三地书画作品联展暨庆祝自治区成立70周年活动中，商都县美术馆选送的国画《闲庭信步》（赵文君）、《山里人家》（孙巨海）和油画《五月的风》（朱建丰）入选，本次活动共征集国画55幅、书法58幅、油画39幅，最后选出13幅国画、16幅书法和15幅油画作品进行联展。

惠民工程——乌兰牧骑天天演走进商都县电业局春查现场，与该局工人一起欢度“五一”国际劳动节，共唱幸福歌。

5月3日，市委组织部调研员张继明、党员教育中心主任宋子龙、市委党校教授杜卫国到县古驿七台民俗博物馆，开展实地调查和展品认定。

5月4日，“落实综治领导责任制　筑牢北疆安全稳定屏障”文化活动在三大顷乡启动，县委政法委书记闫军参加启动仪式，东路二人台传习所承担该活动全部文化演出。

5月15—17日，2017全市文化市场和“扫黄打非”领导小组工作推进会在集宁举行，张建亮等4人参会，自治区副主席、市委书记艾丽华，市委副书记、市长费东斌分别就文化市场管理和“扫黄打非”工作作出批示。市委常委、宣传部部长、丰镇市委书记曹思阳出席会议并讲话。市文新广局与各旗县市区签订2017年度“文化市场北疆稳定工程”和“扫黄打非”工作目标责任状。

5月16—19日，由县教育科技体育局举办的商都县中小学生校园艺术节暨庆祝自治区成立70周年艺术展演在青少年活动中心举行，本次艺术节包括语言类、器乐类、舞蹈类、大合唱、组合唱五大类。艺术节的开展，丰富学生文化生活，营造浓郁的艺术教育氛围。县文化馆邱培生、赵全永等参与部分学校的艺术辅导工作，以及评委评分工作。

5月18日，为庆祝自治区成立70周年，纪念乌兰夫110周年诞辰，并迎接“5·18”国际博物馆日，由县文旅新广局、古驿七台民俗博物馆承办的“民族骄傲——乌兰夫同志光辉的一生”巡展活动在古驿七台民俗博物馆开展。局长王利、副局长王文涛和队长张建亮出席活动。该次巡展的目的是纪念乌兰夫，缅怀他不朽的功勋，促进和推动一切有利于民族团结、国家统一、社会进步的事业，继承和弘扬一切有利于社会主义现代化建设的崇高思想和精神。

5月19日，以“文明旅游，安全出行，乌兰察布明天更美好”为主题的全市2017年“5·19”中国旅游日宣传活动在集宁区新区广场举行。晋升为国家AAA级旅游景区的不冻河西苑生态文化旅游风景区获得国家100万元的奖励。商都县旅游工作跃居全市第五。县委常委、常务副县长郭玉广及局领导参加会议。

6月1日，为增强干部职工消防安全意识，提高应对突发事故的能力，确保文保单位、图书馆等文物安全及市民的生命财产安全，文旅新广局开展消防安全演练活动。根据演练预案，先对演练目的、人员、分组、内容等进行详细安排。并对火灾的形成、如何预防以及火灾中的逃生、疏散疏导以及自救等问题进行详细讲解。随后，实地演练正确使用各种防火、灭火器材的关键步骤。局长王利、副局长王文涛等11人参与消防灭火演练。

6月13日，市人民政府文化体制改革督察组调研员张学荣、社文科科长黄雄一行4人，到商都县督察文化体制改革情况，副县长张云、文旅新广局局长王利以及各成员单位领导，共同参加汇报会并实地进行督察。

是日，在全市举办的“中国梦　草原颂　守望情”庆祝自治区成立70周年群众合唱比赛中，商都县代表队获一等奖。

6月15日，自治区人民政府文化体制改革督察组、文化厅党组成员、副厅长王文中等在市文新广局局长艾世亮、副局长班演飞及商都县副县长张云、文旅新广局局长王利的陪同下，对商都县文化体制改革情况进行督察，成员单位共同参加汇报会并陪同考察。

是日，惠民演出天天演走进全县幸福院开始演出。

6月16日，由调研员何明文和706台副台长郭跃龙组成的自治区新闻出版广电局“十二五”广播电视高山发射台站基础设施抽验复核督察组到商都检查指导工作。

由自治区文化厅、巴彦淖尔人民政府主办的“魅力乌拉特”第三届西部民歌会在乌拉特前旗举行，来自新疆、西藏、广西、甘肃、四川、宁夏、重庆、青海、山西、陕西、河北以及内蒙古自治区12个盟市的120名歌手，以歌会友、以歌传情。商都县乌兰牧骑选手陆进宇获得最佳表演奖，市群众艺术馆获优秀组织奖。

6月27日，在中国共产党成立96周年之际，县老干部局组织10多位离休老干部实地参观商都县南湖公园及博物馆。

6月29日，在中国共产党成立96周年之际，县文旅新广局以“七一”系列活动为载体，组织开展庆“七一”慰问老党员和困难党员活动，为生病党员、困难党员送去节日的祝福和问候，送去党组织的亲切关怀。

县文化市场综合执法大队和图书馆与商都二中联合开展“扫黄打非·护苗2017绿书签”暨“传递书香　见证成长”图书馆志愿服务进校园活动。

7月1日，七台镇“庆‘七一’颂党恩暨庆祝内蒙古自治区成立70周年”文艺演出在祥和广场举行，县文化馆、乌兰牧骑部分文艺工作者举行演出活动。

“助力精准扶贫　携手圆梦小康”——玻璃忽镜乡庆祝中国共产党成立96周年广场舞比赛在玻璃忽镜乡文化小广场举行，这是商都县首次以乡村为单位、真正意义上组织的乡村广场舞比赛，比赛共有7支代表队参加，县文化馆、乌兰牧骑倾情提供优质服务，包括节目、音箱，以及节目编排等，活动取得成功。

7月2日，全市第二届地书大赛暨全国邀请赛在集宁举行，由县美术馆副馆长董青宇带队、县地书名家张静云等9位组成的“商都县追梦地书团队”参加赛事。经过几轮比拼，张静云获一等奖，张速玲获二等奖，曹福、郑腾飞获三等奖，杨驰荣、冀录军获优秀奖。

7月7日、12日，中国美术家协会会员、中国山水画研究院副院长、商都县籍书画名家高家俊，呼和浩特书法协会逯志强分别莅临商都县美术馆、博物馆、图书馆，并在美术馆举办“丹青墨酣系乡情——商都游子家乡行”书画笔会。

7月15日，七台镇文化志愿者王喜梅被评为文化部文化司2016年“阳光工程”——中西部农村文化志愿服务行动计划先进个人；内蒙古共有2人入选，另一名是包头市东河区沙尔沁镇邓家英村的志愿者张瑞芬。

7月17日，以“草原文艺轻骑兵·北疆亮丽风景线”为主题的庆祝内蒙古自治区成立70周年、乌兰牧骑建立60周年暨第七届内蒙古自治区乌兰牧骑艺术节在赤峰市巴林右旗开幕。来自全区各盟市的16支优秀乌兰牧骑的600余名队员参加艺术节展演，近100名队员参加内蒙古自治区第三届“一专多能”比赛，商都县队员陆进宇获得一等奖、姚轶慧获得优秀奖。

7月23日，由市文新广局、市群众艺术馆承办、集宁区文化馆协办的“庆祝内蒙古自治区成立70周年——全市第二届广场舞展演”在市府集宁举行，商都县文化馆、非遗传习所组成的23人表演队获表演一等奖，县文化馆获优秀组织奖。

8月3日上午，由市旅游局牵头联合市工商局、市食药监局、市旅游局执法大队等部门对商都县旅游安全工作进行全面指导检查。重点对商都县旅游景区、星级宾馆、星级农家庄园、旅行社涉及的旅游包车、景区安全、食品安全、营业执照等情况进行全面检查。检查中，市旅游局副局长张丽娟一行就商都县旅游安全工作给予充分肯定，并就存在的问题提出合理性建议。

8月4日，经过自治区国土资源厅组成专家组，并邀请自治区发改委、环保厅、文化厅、林业厅、旅游局等有关人员评估研究决定：商都县大石架地质公园正式被授予自治区级地质公园建设资格。

8月22—23日，商都籍歌手张虎“梦想”全国巡回演唱会在县青少年活动中心开场。县乌兰牧骑部分演员参与演唱会。

9月5日，县文旅新广局收悉内蒙古自治区文物局《关于商都县十二顷段金界壕保护加固工程设计方案的批复》文件，文件原则同意所报方案，并提议在施工中细化操作工艺，重点以抢险加固为主，尽量保持原有建筑风格和历史感的前提下进行，施工中继续完善施工方案。

9月19日，草原文艺天天演——惠民演出工程乌兰牧骑走进武警中队，欢送2017退伍老兵。

9月29日，县图书馆武警中队图书流动点正式开始运行，主动适应新形势，进一步拓展公共文化服务领域，丰富官兵文化生活，促进武警队伍建设。

10月16日，在重阳节来临之际及中共十九大召开前夕，为弘扬中华民族尊老爱老传统，表达对中共十九大的热切期盼，县美术馆、乌兰牧骑“写书法、送演出、献爱心”文化活动在县安馨园老年公寓举行。

10月25日，县三面井交警中队图书流动点正式配送运行，对活跃官兵文化生活、促进警民融合发展建设，起到积极作用。

11 月 6 日，县图书馆看守所流动图书室正式建立，为看守所流动图书室配送图书和期刊 900 余册。图书内容丰富、形式多样，受到看守所干警和在押人员的欢迎。

11 月 17 日，在 2017 年市第四届导游（讲解员）风采大赛中，由县文旅新广局组织的县职业技术学校导游专业 10 名学生，获优秀组织奖 1 个，个人优秀奖若干。该次活动由市旅游发展委员会、市精神文明办主办，中国移动乌兰察布分公司、内蒙古京蒙旅游传媒有限公司协办。

11 月 24 日，为全县 215 个“草原书屋”配发中共十九大文件及学习辅导读物配发仪式在县图书馆举行。按照自治区新闻广电出版局的要求，县文旅新广局、图书馆迅速安排部署，积极联系出版社，在第一时间内购置《党的十九大报告辅导读本》《中国共产党第十九次全国代表大会文件汇编》《决胜全面建成小康社会夺取新时代中国特色社会主义伟大胜利》《中国共产党章程》4 种出版物 3000 册，通过各乡镇文化站向全县的 10 个乡镇 215 个“草原书屋”逐级发放。局领导王日刚、曹子孝、王岭和七台镇、小海子镇、大库伦乡等 10 个乡镇的文化站站长参加配发仪式。

11 月 27 日，2017 内蒙古自治区图书馆学会年会——新时代图书事业发展论坛在呼伦贝尔市召开，商都县图书馆副馆长韩世明等 3 人参会。商都县图书馆被内蒙古图书馆学会评为 2016—2017 年度先进集体；被内蒙古图书馆、全国文化信息资源共享工程内蒙古自治区分馆评为公共数字文化服务“先进集体”。

11 月 27—30 日，2017 年香港赛马会助力全民健身系列活动全国社会体育指导员展示大会在广东省广州市举行，由商都县东路二人台传习所区级文化志愿者王喜梅等应约组成的内蒙古团队，获比赛二等奖、优秀组织奖、节目创新奖和体育道德风尚奖 4 项大奖。

12 月 1 日，县委书记靳前斌在县委常委、宣传部部长熊威和县政协副主席张晓玲陪同下，深入乌兰牧骑调研指导工作。靳前斌在调研中强调指出，广大乌兰牧骑队员和文艺工作者要认真学习贯彻习近平总书记对乌兰牧骑事业发展重要指示精神，从中汲取力量、激发热情、弘扬优良传统、扎根基层一线、坚持以人民为中心的创作导向，努力造就一大批德艺双馨的文艺工作者，培育一大批高水平的编创演职人才。推动文艺创新，努力创作出更多接地气、传得开、留得下的优秀作品，把党的声音以艺术的形式表现出来，永远做草原上的“红色文艺轻骑兵”。

宣传思想文化系统“学习贯彻习近平总书记对乌兰牧骑事业发展重要指示精神”会议在人大四楼会议室召开。县委常委、宣传部部长熊威出席会议，县政协副主席张晓玲主持会议。县委宣传部领导班子成员及各科室负责人，县文旅新广局及文联相关领导，乡镇宣传委员和县乌兰牧骑全体队员参加会议。会议分别就习近平总书记给锡林郭勒盟苏尼特右旗的回信和乌兰牧骑队员的去信，向与会人员进行传达学习。局长王利、队长杨景泽分别发言。

12 月 4 日，全区乌兰牧骑工作会议暨乌兰牧骑建立 60 周年表彰大会在呼和浩特召开。自治区党委书记李纪恒出席并讲话，强调要深入学习贯彻习近平总书记关于乌兰牧骑事业发展的重要指示精神。各级党委、政府要进一步增强“四个意识”，把学习贯彻习近平重要指示精神作为重要政治任务，把乌兰牧骑事业发展纳入重要议事日程，加大政策支持和保障力度，为乌兰牧骑事业持续健康发展提供有力支撑。商都县乌兰牧骑队长杨景泽参加会议。

12 月 6—7 日，县文旅新广局全体帮扶干部职工走进扶贫联系点、走进贫困户家中，开展送温暖、献爱心活动，帮扶小海子镇水泉梁、三十四号和西大井的 650 户常住户，为每户送去大米1袋。走访慰问过程中，商都县乌兰牧骑还为当地人民群众送去文艺节目，把党和政府的温暖送到广大群众的心坎上。

12月7日，在2017年度全区优秀基层文化志愿服务项目、优秀文化志愿服务团队、优秀文化志愿者评选中，商都县举荐的电视台干部、水漩志愿者冀学玉被评为自治区级优秀文化志愿者。12月9日上午，按照《中央宣传部、中央组织部关于认真组织学习〈习近平谈治国理政〉第二卷的通知》精神，全区104个旗县公共图书馆同时开展“同读一本书　共圆中国梦”中共十九大文献阅读挑战赛，商都县在县图书馆期刊阅览室内举行20多名读者在同一时间、以同一种形式同读同一本书阅读挑战赛活动。

12月22日，县委副书记、县长曹凯宏陪同市政府领导专程到乌兰牧骑、东路二人台传习所调研，领导们对两个单位的阵地建设给予肯定，并希望广大文艺工作者，不忘初心，牢记使命，多创作接地气、留得住的文艺精品，服务广大农牧民群众。

在市图书馆三楼会议室举行的第八批非物质文化遗产项目评审中，商都县申报的苏绣传统技艺、打铁技艺、剪纸、古乐曲音乐、东路二人台和门楼调共6项，成功入选乌兰察布市第八批非物质文化遗产项目；酿醋技艺、笼箩制作技艺申报自治区第六批非物质文化遗产项目待批。评审会由市群艺馆组织实施。

12月25日，市委书记杜学军在商都县委书记靳前斌、县长曹凯宏陪同下，调研商都县乌兰牧骑、东路二人台传习所。

12月29日，在自治区第一批戏曲进乡村剧（节）目公示目录中，商都县小燕子蓝天艺术团推荐的《离婚到底坑了谁》《蜕变》位列其中。经组织专家审议，评选出10种（类）104个剧（节）目，列入自治区第一批戏曲进乡村剧（节）目目录。

商都县自治区级非物质文化遗产东路二人台传承人高乐美被列入第五批国家级非物质文化遗产代表性项目代表性传承人推荐名单。

【荣　誉】（一）集体荣誉

2月，商都县组队参与全市首届冰雪嘉年华艺术节，在全市13个表演队中位列第三名，获优秀组织奖，组委会奖5万元。

4月，县文旅新广局、东路二人台传习所被市民族剧院、戏剧家协会、东路二人台学会评为“2016年度东路二人台传承工作先进单位”。

5月，以“文明旅游，安全出行，乌兰察布明天更美好”为主题的全市2017年“5·19”中国旅游日宣传活动在集宁新区广场举行。晋升为国家AAA级旅游景区的不冻河西苑生态文化旅游风景区获得国家100万元奖励。

6月，县文旅新广局被自治区文化厅评为“2016年度全区文化系统政务信息宣传工作先进单位”。

6月，在全市举办的“中国梦　草原颂　守望情”庆祝自治区成立70周年群众合唱比赛中，商都代表队获一等奖。

7月，在市文新广局、市群众艺术馆承办，集宁区文化馆协办的“庆祝内蒙古自治区成立70周年——全市第二届广场舞展演”中，由县文化馆、非遗传习所组成的23人表演队获表演一等奖，县文旅新广局获优秀组织奖。

8月，由市委宣传部、文新广局主办，市群众艺术馆、集宁区文化局承办的第三届“艺苑秋韵”全市群众小戏、小品文艺展演中，商都县选送的东路二人台小戏《乡里乡亲》获优秀剧目奖，县文化馆获得优秀组织奖。

9月，县文物管理所被自治区第一次全国可移动文物普查领导小组办公室、自治区人力资源和社会保障厅、自治区文化厅、自治区文物局和自治区公务员局授予“先进集体”称号。

11月，“2016—2017年全区图书馆学会年会”和“2017年度全区数字图书馆推广工程、文化信息资源共享工程建设”培训班在呼伦贝尔市召开。会上，县图书馆被内蒙古自治区图书馆学会评为2016—2017年度先进集体和公共数字文化服务工作先进集体。

11月，2017年香港赛马会助力全民健身系列活动全国社会体育指导员展示大会在广东省广州市举行，由商都县东路二人台传习所区级文化志愿者王喜梅等应约组成内蒙古团队，获比赛二等奖、优秀组织奖、节目创新奖和体育道德风尚奖4项大奖。

（二）个人荣誉

4月，在“翰墨丹青金三角”第二届乌大张三地书画作品联展暨庆祝自治区成立70周年活动中，县美术馆选送的国画《闲庭信步》（平安小学赵文君）、《山里人家》（自由职业者孙巨海）和油画《五月的风》（县美术馆朱建丰）入选，并在乌大张三地进行联展。

5月，由中国电影报社、中国台湾电影研究会等单位主办的“中国影视歌曲歌手大赛”内蒙古赛区总决赛活动在市金浩酒店举行。商都县乌兰牧骑参赛选手刘玉兰、杨景泽、陆进宇、姚轶慧、刘文娅等8名演员，获“中国影视歌曲歌手大赛”内蒙古赛区总决赛专业评委奖、二等奖、三等奖、优秀奖及最佳团队奖。

6月，县乌兰牧骑独唱演员陆进宇获第九周“星光梦想秀”周冠军；12月，获“梦想星光秀”年度总冠军。

商都县乌兰牧骑选手陆进宇获得“魅力乌拉特”第三届西部民歌会最佳表演奖。

7月，服务于七台镇的文化志愿者王喜梅获文化部2016年“阳光工程”——中西部农村文化志愿服务行动计划“先进个人”称号。

商都县队员陆进宇获得全区第三届“一专多能”比赛一等奖、姚轶慧获得优秀奖。

9月，县文管所田少君被自治区第一次全国可移动文物普查领导小组办公室、自治区人力资源和社会保障厅、自治区文化厅、自治区文物局和自治区公务员局授予“先进个人”称号。

12月，由自治区文化厅组织开展的2017年度全区优秀基层文化志愿服务项目、优秀文化志愿服务团队、优秀文化志愿者评选中，县文旅新广局举荐的县广播电视台干部、水漩志愿者冀学玉获自治区级“优秀文化志愿者”称号。

（供稿　王振杰）

广播电视网络

【概　况】 内蒙古广播电视网络集团有限公司商都分公司（以下简称商都分公司）成立于2011年11月，工作人员19人。

【电信普遍服务项目工程建设】 2017年，开始建设电信普遍服务项目。商都分公司范围共有10个乡镇，209个行政村，涉及路由长度1600多公里。实现用户宽带达到20兆以上，让村民用上有线电视，能够收看到本地节目。广电网络编辑的节目《魅力乌兰察布》，可以让村民在线学习养殖、种植等技能，也可以看到当地的司法帮助，并有律师的直接联系方式，还可以看到未来建设的公共文化服务建设的各乡镇、村，所建设的平安监控视频，并提供一键报警功能，引导乡村建设为智慧乡村。以广电网络的信号传输为载体做到文化扶贫。

【党建工作和班子自身建设】 商都分公司领导班子始终把党建工作、思想政治作风建设摆在首位，不断加强班子自身建设。2017年，组织全体党员干部集中学习多次，认真学习党的路线方针，深入学习习近平总书记系列重要讲话精神。通过加强理论学习，提高领导班子的决策能力，立足本职，学以致用，发挥作用。

【安全管理】 2017年，面临一线工作量大、任务多的复杂情况，分公司领导班子在抓紧工作进度时，做到以人为本，加强安全生产工作，建立健全各项工作制度来保障员工生命安全和利益。建立学习制度，制订员工学习计划和考试计划，采取集中学习、集中辅导、集中检查，提高整体业务能力。

【优质服务】 2017年，分公司在大力发展业务的同时，抓紧提高服务质量水平，全力做好工艺高、数据精、维护到位的各项工作。把不断发展新用户、维护好现有用户作为公司的重点工作，只要在公司能力范围内，都会为其服务，以自身业务的优势和最好的服务来应对竞争。

（供稿　孙飞虎）

新华书店

【概　况】 商都县新华书店内设教材教辅发行部、城乡市场开发部、门市部、财务部，工作人员14人。

【图书发行】 2017年，紧紧围绕“课前到书、人手一册”这一政治任务，按照图书发行的政策、法规，在自治区、市两级新华书店的领导下，为全县15所小学、4所初中、1所高中提供优质服务，为商都县教育事业健康发展担负起应尽责任。

建设“最美书店”，创导全民阅读。注重“两个效益”“三个文明”的建设。提高发行队伍素质，亮化卖场环境，加强一般图书、政治读物发行，为商都县政治生态建设添砖加瓦。

【业务收入】 2017年，发行教材教辅740.98万元，发行一般图书、政治读物40.57万元。

（供稿　任永东）

卫生　计划生育

卫　生

【概　况】 2017年，县直医疗单位：县医院、县中医院、疾控中心、卫生监督所、妇幼保健计划生育服务中心，实有人数302人。乡镇卫生院：小海子镇、十八顷镇、大黑沙土镇、屯垦队镇、西井子镇、三大顷乡、玻璃忽镜乡、卯都乡、大库伦乡中心卫生院，实有人数105人。社区卫生服务中心：隆盛社区卫生服务中心和京蒙都山社区卫生服务中心，实有人数16人。县卫生计生局内设机构：办公室、财务股、规划统计股、医政股、医管股、科教股、宣传股、流动人口股、药具股、药政股、基层股、爱卫办、应急办、疾控股、家庭发展股、中蒙医药管理股、计划生育服务管理股。2017年，县卫生和计划生育局领导共7人，其中实职领导5人（正科级1人、副科级4人），副主任科员2人。共有干部职工55人（下派乡镇4人），离退休人员38人。

商都县有医疗卫生机构276家，其中县级医院2家（综合医院1家、中医院1家）、基层医疗卫生机构269家（乡镇卫生院17家、社区卫生服务机构16家、村卫生室213家、诊所及其他基层医疗机构23家）、专业公共卫生机构3家、民办专科医院1家、单采血浆站1家，"一体化"管理的乡村医生341人。全县基本公共卫生服务工作主要由乡镇卫生院（社区卫生服务中心）和村卫生室（社区卫生服务站）承担。

【分级诊疗制度实施】 制订出台《商都县医疗卫生分级诊疗工作方案》，实施不同级别医疗机构，医保补偿差异化支付政策，促进分级诊疗。县医院、县中医院与内蒙古自治区中医院、乌兰察布市中心医院等上级外埠医院签订《医疗联合体协议书》。年内，外埠医院的有关专家和医师定期不定期地到县医院坐诊、义诊，并接受县、乡医疗人员的咨询和学术交流指导。县卫生计生局制订《县级医疗机构对口帮扶乡镇卫生院工作方案》，县医院、县中医院分别与屯垦队等5个乡镇卫生院签订对口帮扶协议书。年内，多次派出技术骨干深入乡村开展义诊治疗活动，共计服务群众5200多人次。县卫生计生局制定下发《关于全面实施家庭医生签约服务的通知》，明确签约服务内涵、收费标准、激励约束办法、推进团队签约等内容，推动全县签约服务顺利实施。截至年底，全县共组建由县、乡、村三级医疗机构组成的家庭医生签约服务团队222个，与全县7.69万名常住居民签订家庭医生服务协议书，签约覆盖率达33%。其中重点人群6.45万人，签约3.88万人，签约覆盖率达到60%。建档立卡贫困人口和计划生育特殊家庭签约覆盖率达到100%。

【医疗费用控制】 严格控制医疗费用不合理增长。制订出台《商都县控费实施方案》，各医院积极按方案要求落实控费措施，公立医院门诊次均费用、次均住院费用和医疗总收入增幅、药占比、百元医疗收入消耗卫生材料费用、患者自付医疗费占总医疗费用的比重均较2016年同期有所下降，医疗服务收入占业务收入的比重有所提升。

2所县级公立医院会同医保部门积极探索按病种付费的医保支付方式改革，布病、正常分娩、肾透析已实施按病种付费，其他按病种付费的各项准备工作正在进行。

【药品供应保障】 加强药品供应保障制度建设。实行乡村卫生机构药品由县卫生计生局集中采购，严格执行“两票制”，对医疗机构药品使用进行规范，基层医疗卫生机构基本药物使用率达到65%，县医院基本药物使用率达到19%，中医院基本药物使用率达到21%。对医疗机构药品、耗材网上采购行为进行规范，医疗机构药品及通用高分子耗材网上采购参与率、采购率均达100%。

【综合监管】 加强综合监管制度建设。全面开展公共场所卫生饮用水卫生、公共卫生、放射卫生、传染病防治、计划生育和蒙中医服务等综合监督。年内，对县自来水工作进行日常监督检查，下达卫生监督文书6份。对乡镇八家自建设集中供水单位进行水卫生监测，下达卫生监督文书16份，对农村10个监测点、城镇6个住宅小区、所有中小学校进行2次监测。同时，对民营安康医院和单采血浆站进行质量检查。

【健康促进工作】 制订《商都县健康教育健康促进工作实施方案》，县卫生计生局明确一名分管领导负责，设立宣教股、科教股，县直医疗机构、各乡镇卫生院都配备专兼职健康教育宣传干事，各村、社区计生主任兼任健康教育宣传员。发行《商都卫计之声》宣传小报，每期都登载健康教育知识内容。年内，举办各类宣讲活动142场次，共印发宣传资料3万余册，播放影像资料18种，举办讲座10场次，开展咨询活动5场次，同时加强日常诊疗宣传，通过宣传使广大群众的健康素养进一步提高。

【疾病预防控制】 制订《商都县鼠疫监测防控工作方案》和《商都县人类感染H7N9禽流感防控方案》等重大传染病的监测和防控方案，积极开展各类重大传染病的监测和防控工作。艾滋病感染和病人管理率、抗病毒治疗率、高危人群干预措施覆盖率均达到100%；医疗机构结核病人报告率、转诊率、病人系统管理率均达到99%；结核病定点医疗机构查痰率达到100%，新涂阳患者治愈率达到90%，定点医疗机构和基层医疗卫生机构结核病系统管理率达到100%；对严重精神障碍进行全面筛查，患者检出率达到4‰，管理率达到85%，规范管理率达到71%，规范治疗率达到71%。

【卫生应急规范加强】 县卫生计生局与其他有关部门建立突发事件卫生协调联动机制，并建立各医疗卫生机构之间协调联动机制。制订《商都县突发公共卫生应急预案》和卫生应急规章制度，明确卫生应急工作分管领导和工作人员，局机关和各医疗单位都成立突发事件应急分队，按要求配备应急所需的物质装备和储备。同时，举办卫生应急培训班3期，培训人员128人次。8月，开展一次应急演练。

【临床路径管理】 积极探索临床路径管理。县卫生计生局成立由分管局长任组长、医政、医管股负责人任成员的临床路径管理领导小组，制订出台《临床路径管理工作实施方案》，2所公立医院积极开展临床路径管理诊疗，临床路径管理病种和出院病例数进一步增加。

【标准化卫生室建设】 村标准化卫生室建设实现全覆盖，农牧民满意卫生室创建达标活动有序开展。全县标准化卫生室总数达到213所，实现“一村（行政村）、一室（卫生室）”的覆盖目标，并配置相应的医疗设备，满足常见病、多发病的基本医疗需求。乡镇中心卫生院全部实现标准化建设，所有医务人员均持证上岗。有3个卫生院达到农牧民满意乡镇卫生院标准，有63个卫生室达到农牧民满意村卫生室标准。在隆盛社区服务中心和2个社区卫生服务站设立3所名医工作室。在小海子镇、十八顷镇2所卫生院建设2个中医馆，积极开展中医诊疗服务。

【健康精准扶贫工作】 2016年10月至2017年底，各乡镇卫生院联合县级2所公立医院为全县贫困人口进行免费健康体检，并开展疾病筛查工作。县、乡医疗机构为建档立卡贫困户实行“先诊疗、后付费”服务模式，县级2所公立医院实行“一站式”结算。对建档立卡贫困慢性病患者全部进行管理，实行由村医每月一次的送医、送药上门服务。设立500万元的大慢病医疗救助爱心基金，确保大特慢病患者医药费经医保、商业保险、民政救助报销后不足90%的，由爱心基金补足到90%。抽组400名县乡村骨干医师，组建成222个家庭医生团队，与所有建档立卡贫困户开展家庭签约服务。

【自治区级卫生旗县创建】 2017年，在县委、县政府大力支持下，通过全县上下、各有关部门通力协作，大力开展爱国卫生运动，切实改善人居卫生环境，商都县成功创建成为“自治区卫生旗县”，人居环境得到极大改善。

（供稿 冯亚伟）

计划生育

【全面“二孩”政策有序实施】 认真落实生育登记实施意见，取消“二孩”生育审批，实行“一孩”“二孩”由乡镇计生办发放生育服务证，并进行生育登记，建立住院分娩、出生医学证明信息对比机制和人口出生预警机制，确保及时准确上报人口信息。制定《商都县再生育审批管理制度》，落实首接负责、一次性告知、代理服务、承诺办理、限时办结、简化程序等措施，并为各乡镇安装网上办事软件，切实方便和满足群众生育登记和办事需求。

【妇幼保健服务体系建设】 妇幼保健服务体系建设进一步加强，服务能力进一步提高。成立危重孕产妇、新生儿母婴安全领导小组，下设产儿科管理办公室。在县医院设立危重孕产妇和新生儿救治中心，并成立孕产妇、新生儿救治专家组和急救小组，开通孕产妇、新生儿救治“绿色通道”，制订孕产妇高危筛查、危重孕产妇及新生儿转诊和高危孕产妇追踪随访等制度。推行对孕产妇的网格化管理，推广使用全市统一的母子保健手册，共发放母子保健手册687本，孕产妇产前筛查率达55.8%，新生儿遗传代谢病筛查率达81.6%，新生儿听力筛查率达到100%。年内，对基层妇幼工作督导2次，开展婚前医学检查1206例，婚检率达到90%；孕前优生健康检查1420人，完成率达到83%；发放叶酸803人份，完成率95%；营养包发放1366人份，完成率96.5%。

【家庭发展支持体系逐步建立】 年初，由计生协会牵头，组织人员深入村户审核确认新增奖扶对象1761人，特别扶助对象38人，长效节育措施奖励7人，少生快富7人，新增确认独生子女父母奖励707人。上年，共发放优惠政策资金371.19万元，其中奖励扶助2027人，194.5万元；特别扶助77人，共39.2万元；“三民”爱心保险2278人，资金8.2万元；长效节育奖励17户，共2万元；独生子女父母奖励1899户，共34.46万元；手术并发症10人，共2.4万元；计划生育特殊家庭一次性补助22户，24.7万元。全面落实计划生育特殊家庭基本信息档案和联系人制度，建立计划生育伤残家庭档案，每个家庭确定一名联系人，并与计生特殊家庭适时取得联系。

【流动人口健康促进教育】 制订《流动人口健康教育、健康促进实施方案》和《新市民健康教育城市行活动方案》及《农村留守儿童健康关爱工作方案》，开展一系列健康教育促进活动，流动人口健康档案进一步健全，流动人口健康教育有序开展。流动人口儿童预防接种率达到100%，流动人口传染病报告率和报告及时率达到100%，流动人口孕产妇儿童保健工作有效落实，流动人口计划生育技术服务率达到100%。

（供稿　冯亚伟）

商都县医院

【概　况】 商都县医院成立于1952年，经过几代人不懈的努力，已发展成一所集医疗、教学、预防、康复、保健、急救为一体的综合性医院。2006年11月，被评为二级甲等医院。医院先后被授予“自治区文明医院”“国家爱婴医院”等多项荣誉称号。2017年10月20日，在县委、县政府、上级主管部门的正确领导和大力支持下，医院顺利地搬迁至新址（商都县七台镇新风路东、城乡居民服务中心北），医院新院区古地面积3.69万平方米，建有四层门诊综合楼、十一层往院楼以及附属楼。总建筑面积3.53万平方米。设置床位数466张（其中租用县卫生计生局四层，设置床位166张），县医院共有职工440余人，其中，高级职称32人，中级职称39人，大专及以上学历占86%以上，医院共有科室47个，其中，临床科室22个、医技科室12个、职能科室15个。

【医疗设备】 不断完善医院硬件建设，新医院增加东软64排128层螺旋CT、安科1.5T超导核磁共振、IDC数字化摄影系统（DR）、日立移动式彩超机、罗氏全自动微粒子化学发光免疫分析仪、膀胱电切镜、1470激光前列腺治疗仪、狼牌激光膀胱镜、能量平台等进口设备。引进了中心供氧系统、肛肠多功能检查治疗仪、石蜡切片机、HPV病毒分析仪等大中型高精尖先进医疗设备。为自治区内首家购置先进的1470激光治疗系统的县级医院。

【学科建设】 医院新开展外科及妇科腹腔镜手术，无痛人流，宫腔镜诊断与治疗，康复医学治疗，前列腺增生激光治疗术，冠状动脉造影，心脏介入，心脏64排CT检查，膝、髋关节置换术等项目。2017年12月23日，商都县医院康复医学科成立。商都县医院中医科开展穴位贴敷法。

【便民惠民服务】 医院落实十九项便民惠民服务措施，创百姓满意医院。（1）完善无假日门诊制度。医院在双休日及节日期间开放所有科室、对一些门诊量大的科室增派坐诊医师。（2）开设“120”绿色通道，做到随叫随到。（3）构建和谐医患关系。在门诊、住院大厅分别设立意见箱、热线电话。（4）增设导医咨询服务台，门诊大厅公布专家医师照片、姓名、职务、职称，方便病人就医。（5）在门诊大厅LED显示屏公布药品零差价格及各项检查收费标准，让患者明白地看病消费。（6）急诊病人实行“先诊疗、后结算”，为患者提供方便，争取最大的治疗空间。（7）精准扶贫患者住院报销实行“先诊疗、后付费”、提供“一站式”服务。（8）为方便患者及时拿到检验、放射、CT、核磁检查结果，医院开通通过自助打印服务系统提供检查结果。（9）全面开展预约诊疗工作，缩短患者等候时间。（10）全面实行出院病人一周内电话随访制度，了解病人出院后的身体状况。（11）实行就诊“一卡通”新型就诊方式，并在卡内建立病人健康档案。（12）避免重复检查。认真落实医学检验结果和医学影像等检查互认制度。（13）医保即时结报手续得到程序简化。利用HIS系统，实现城乡就医医药费用及时结报。（14）为方便广大农民就医，医院定期组织临床、辅助科室医务人员深入乡村、敬老院，为农牧民进行免费体检、送医、送药。（15）开设远程会诊，请区内外专家进行网上会诊交流，为疑难重症病人排忧解难。（16）使用职工医保卡可在县医院门诊及住院使用，并在使用后及时出具发票。（17）持医保卡做大型检查可享受医保一半的补贴，如CT、放射及核磁的检查。（18）“三无”人员就诊启动“绿色通道”，无须现金结算。（19）“五保”户人员在县医院就诊给予特殊关怀，免费送餐。

【合作帮扶关系】 县医院与包头医学院第一附属医院、北京电力医院、北京市平谷区医院建立对口帮扶关系，与北京大学第三医院、北京海军总医院、内蒙古医学院一附院、内蒙古医学院三附院、内蒙古自治区医院、乌兰察布市中心医院、张家口251医院建立“医联体”合作关系，大医精诚医生集团归科专家长期坐诊，并与多名自治区内外知名专家签署协议，定期到医院坐诊并开展疑难手术。2017年1月，医院聘请北京市平谷区医院教授狄长安定期到医院做腹腔镜胆囊切除术。4月，商都县医院特邀请北京海军总医院教授刘萃龙定期到医院为前列腺增生患者进行“经尿道前列腺激光汽化术”。11月26日，医院骨科特聘北京大学第三医院教授魏威到医院坐诊并开展换膝换髋手术。特聘北京朝阳医院外科教授杨硕到医院进行腹腔疝修补术讲座。

【人才队伍建设】 医院建立和完善人才的激励机制，充分发挥人才效益，使各类人才的潜能在公平公正的竞争中得到充分发挥。多年来，医院坚持“用好现有人才，留住优秀人才，引进急需人才”的原则，不断创新举措，在留住老员工的同时，不断引进新人才。2017年，医院先后多次到内蒙古医科大学、包头医学院招聘优秀医护人员。

【党建工作】 2017年，医院认真贯彻落实中共十八大、十九大精神，按照院委履行党风廉政建设主体责任的职责要求，紧紧围绕干部清正、政府清廉、政治清明三个方面的基本要素，充分发挥党委负主体责任、纪委负监督责任的作用，深化反腐倡廉教育，加强党风廉政建设，提高党员干部拒腐防力，转变科室职能，传变工作作风，坚持用制度管权管事管人，让权力在阳光下运行，加强基层的党风廉政建设，为构建和谐卫生，建设健康医院，维护人民群众的切身利益提供强有力的保障。

（供稿　李建卿）

商都县中医院

【概　况】 商都县中医门诊创办于1980年，1984年改为中医院。2017年，医院有员工289人，卫生技术人员223人，正高级职称5人，副高级职称22人，中级职称14人，初级职称143人；院部设院办、党办、医务科、护理部、院感科、信息科、后勤科、财务科、统计室9个行政职能科室。开设内科、外科、妇科、儿科、骨伤科、皮肤科、肛肠科、急诊科、麻醉科、心血管介入治疗科、康复医学科、眼科、口腔科、糖尿病专科、风湿病专科、烧伤科、耳鼻喉科等共18个临床科室；有医学检验科、CT、（MRI）核磁科、医学影像科、彩超室B超室、机能科（心电图、C14呼气试验、肺功能测试）、胃镜室7个医技科室。住院部设内一病区，内二病区，普外骨伤病区，康复4个病区。开放床位200张。

【医疗设备】 医院拥有磁共振成像（MRI）、GE双排螺旋CT、64排CT，飞利浦彩超、多普勒彩超、全自动生化分析仪、全自动血液分析仪、STORZ（史托斯）腹腔镜、奥林巴斯电胃肠镜检查系统、智能数字放射成像系统（型号GC80）、动态DR（型号DT570）、口腔X射线数字化体层摄影系统、乳腺X射线机、高端智能彩色超声系统、移动式C型臂X射线系统、宫腔镜系统、数字肠胃机等医疗设备。

【业务指标完成情况】 2017年，医院业务额7467万元，比2016年的5927万元增加1540万元。门诊急诊人次达9.35万人次，比2016年的8.27万人次增加1.08万人次；住院人次8674人次，比2016年的7485人次增加1189人次。2017年，门急诊次均费用、住院患者例均费用每季度均有不同程度下降，医院整体运行情况良好，呈迅猛发展态势。

【队伍建设】 2017年，从大中专院校新招医技人员17人，其中本科生6人、专科生11人；医技人员累计人数达到109人，招录专科学历护士16人，护士累计人员达到109人。医护人员共计218人。

【业务拓展】 积极与上级医联体医院实行横向联合，有效提升诊治能力，满足重症患者就医条件。在2016年与北京同仁医院和北京安贞医院联手的基础上，2017年，与北京妇产医院联合开展疑难重症妇科专家门诊和手术。2017年，累计免费完成白内障手术408例，荧光照影术9例，糖网激光18例，胬肉及其他手术45例，专家坐诊245例，合作以来累计免费完成白内障手术1148例。与北京安贞医院合作，2017年，完成冠脉造影67例，植入支架术17例。与北京远程中卫妇科医院管理有限公司联合，从2017年4月开始，完成疑难重症妇科手术64例，专家坐诊56例。

【业务培训】 2017年，“送出去”业务培训学习人员达40多人次，其中培训学习在半个月以上的有7人次。7月28日，医务科对20余名新入职、医师举行岗前培训。4月21日上午，中国中医药信息研究会互联网咨询分会为“商都县中医院会员单位”举行挂牌剪彩仪式。活动期间，知名老中医刘大新在商都县中医院开张义诊，先后为30多名患者进行诊断；为县中医院医护人员传授“过敏性鼻炎的治疗和预防”及“中医药传统师承教育的重要意义”。

【特色科室建设】 为加强特色重点科室建设，2017年，中医院将康复医学科分为现代高科技康复理疗区和传统治疗区，基本满足患者的治疗方式选择。根据《乌兰察布市人民政府办公厅关于印发乌兰察布市推进残疾人工作专项工程实施方案的通知》和《乌兰察布市推进残疾人工作专项工程实施方案》的文件精神及有关要求，中医院院康复医学科被确定为0—6周岁贫困残疾儿童抢救性康复工程（包括脑瘫、孤独症、智力障碍等）定点康复医疗机构。承担商都县、化德县、察右后旗三旗县的康复任务。该工程从8月开始筹备，9月底正式开展工作，三旗县近30名儿童入院接受正规康复治疗。

为切实搞好该项工程的实施，县中医院康复医学科做了大量卓有成效的工作，经过短短一个月的筹划完成肢体功能训练室、感觉统合训练室、特殊教育室等共计260多平方米的儿童康复治疗区；医院及时抽调13名儿童康复治疗师，开展引导式教育、蒙氏教学系统、特殊教育等治疗方式，投入儿童康复设备约50万元。该项工程为全市又一项重大惠民措施，康复儿童医疗费用全部免除，同时住院儿童每天饮食补贴30元。

本着“未病先防、重于养生”的中医理论，2017年，中医院重组治未病中心，组建健康管理中心，配备成套先进的体检设备，充实中心人员配备，全科医护人员达11人。重组以后完成体检人数2152人次，实现业务额130多万元。

【护理队伍建设】 2017年年底，全院护理人员总数达到105人，其中从事临床一线达89人、其他护理岗位16人；护理队伍素质得到提高，本科学历达10人，专科70人，中专25人；副主任护士1人，主管护师3人，护师10人，护士90人，开放床位200张，床位与病房护士比为1∶0.23。

【健康精准扶贫】 在落实医疗健康精准扶贫工程中，结合实际，创造性地开展工作，采取一系列行之有效的措施，推动医疗健康扶贫工作的不断深入。据统计，从2017年3月开始收治精准扶贫户建档立卡以后，到年底已接收入院治疗患者245人次，每人次报销比例达90%以上。出院患者生活自率达90%以上，恢复工作能力的达50%以上。全院先后8次送医送药下乡助力精准扶贫，义诊和体检人数达4000余人，惠及农村贫困人口、“五保”户、城镇贫困居民等人群，向贫困农民献上白衣天使的爱心，把党的温暖送到农民朋友的家门口，提高医院在社会上的影响力和公信度，收到良好的社会效益。

【单位帮扶工作】 中医院帮扶卯都乡十二顷行政村十二顷自然村和高家村，开展帮扶村的精准帮扶工作，全面实施分类施策，推进精准扶贫。针对无劳动能力贫困户家庭，申请全部最低生活保障和养老保险政策保障范围，落实医疗和教育扶持措施，确保全部贫困户参加农村合作医疗、贫困家庭子女不因贫困原因而中途辍学。对于有劳动能力的贫困户实施分类扶持，认真分析致贫原因和自身发展条件，因地因户因人制宜，采取精准帮扶措施，扶持有条件的贫困户通过发展种植业、养殖业脱贫。

【安全生产管理】 医院不断提升安全意识，有效防范各类事故发生，定期组织重点岗位工作人员学习培训，落实各项内部安全保卫措施。定期和不定期地对消防安全进行全面检查，对容易引发火灾、存放危险品及人员集中的场所重点检查（如药库、配电室、门诊、仓库等），对消防设施进行定期维护更换，确保消防器材完好。医院始终坚持院领导带班，总值班24小时在岗，随时处理各种问题。病区医护人员定时巡视，重点科室加强管理。通过人防、物防、监控防三结合的全面落实，医院年内无被盗、火灾等恶性事件的发生，认真完成安全生产各项工作。

（供稿　何庆彤）

乡 镇

七台镇

【**概　况**】七台镇是商都县委、县政府所在地，地处集二线边缘，集通铁路、呼满大通道平行横贯全镇，道路四通八达。全镇辖地面积283.72平方公里，其中城区建筑面积36.44平方公里，耕地面积15.61万亩（水浇地3.3万亩），林地面积12.5万亩（其中退耕还林地4.9万亩），天然草场面积21.5万亩。有大小畜2.5万头（只）。全镇有15个村委会，49个村民小组，20个社区居委会。总户数4.03万户，总人口8.04万人，约占全县总人口的四分之一。在全镇人口中，以汉族为多数，有蒙古族、回族、满族、藏族等少数民族。

七台镇机构设置：党政综合办、社会事务办、经济发展办、人口计划生育服务站、农业综合服务站、林业工作站、畜牧兽医工作站、文化科技服务站、水利工作站、劳动和社会保障事务所、国土资源所。编制总人数：镇机关141人；社区193人。

【**脱贫攻坚工程**】七台镇成立以党委书记为组长的扶贫攻坚领导小组，并组建17人的扶贫工作站，由分管副镇长任扶贫工作站站长。在县委、县政府统筹安排下，配齐驻村第一书记和驻村工作队，全镇共有24个驻村工作队，445名帮扶责任人。坚持镇领导包村，干部包户，落实干部包扶责任制，形成以驻村第一书记、驻村工作队、镇包扶干部和村“两委”班子组成的四类队伍、一个班子的脱贫攻坚组织格局。2017年，紧紧围绕“两不愁、三保障”总体目标，按照“六个精准”“五个一批”要求，坚持目标和问题导向，大力实施产业扶贫、金融保险、“三到村三到户”、教育扶贫、健康扶贫、美丽乡村、易地搬迁、生态补偿、土地流转、劳务输出、社会保障和社会扶贫12项重点扶贫工程，通过开展进一步打牢精准扶贫基础、扶贫对象动态管理等工作，全镇脱贫384户、886名贫困人口，重点贫困村骆驼盘，一般贫困村杨家村、五喇嘛实现整村退出。

【**现代农业**】依托太美、希森等马铃加工企业，大力发展马铃薯种植，种植面积要达到2.7万亩（其中脱毒种薯0.8万亩、专用薯0.5万亩）。全镇的蔬菜种植紧紧围绕提质提效这一目标，支持农民发展绿色蔬菜种植，深入推广日光温室、大棚等设施农业建设。全镇累计建成大棚9986座，共2900亩。依托恪青食品、冷山糖业等蔬菜、甜菜深加工企业，加快冷凉蔬菜种植基地建设，东坊子、西坊子、二号、三个井4个村委会冷凉蔬菜种植面积达到2.5万亩（其中设施蔬菜0.75万亩），甜菜1.3万亩。同时，结合粮、油、糖高产创建和良种补贴等项目，建设种薯标准化生产基地0.5万亩。

【**建设型畜牧业**】立足奶牛、肉羊、生猪、肉鸡等优势畜种，大力推进标准化规模养殖小区建设，实现相对集中经营管理。扎实推进生猪、肉鸡养殖。积极帮助中谷奶牛养殖园区进行标准化园区建设。同时动物疫病防控体系建设得到加强，确保畜牧业健康发展。

【新农村建设】 将村庄规划、扶贫开发与新农村建设有机结合起来，协同推进。危房改造工程，涉及东坊子、永顺堡等村委会 77 户，新建 143 间。完成杨家地小广场、蓝威斯顿到松茂会所道路两侧绿化工程。完成南湖校区小广场建设。进一步改善村容村貌，使土地得到合理利用。

【招商引资工作】 2017 年，七台镇积极配合县委、县政府将田士沟七彩湖这一旅游项目建设好，完成 958 亩征地工作，各项工作顺利开展。该项目利用可开发的 4000 多亩水域优势，大力发展旅游业，帮助并带动周边村民发展餐饮等旅游配套产业，以此带动广大村民脱贫致富，充分带动田士沟村及全镇的经济发展。

【城乡救助】 认真落实农村和城镇最低生活保障制度，低保清理整顿工作正在开展，继续规范各项规章制度，进行动态管理，实现“应保尽保”。共发放城镇低保 5324 户、9428 人，农村低保 4261 人，边缘户 4457 人，直补 623 户、635 人，养老保险 5595 人，同时，对 250 名“五保”户进行集中供养。

【文化事业】 突出地方特色，特别是加强社区文化及阵地建设，为进一步加强社区建设和管理，经申请批准成立社区管理中心党总支部委员会及社区管理中心，负责对 20 个社区的管理。并大力开展各种文化、体育、娱乐活动，不断满足群众日益增长的精神文化需求。

【人口计生】 全面做好“二孩”政策的宣传实施工作，继续推动小康工程、奖励优惠政策、婚育新风、生殖健康、计生法律法规“五个进村入户”（思想宣讲进村入户、文化惠民进村入户、科技兴农进村入户、就业创业进村入户、爱心关怀进村入户），开展“孕前免费优生健康检查”宣传活动。

【社会保障】 做好就业培训和公共就业服务指导工作，确保年内城镇登记失业率控制在 4% 左右；加大社会保险扩面征缴力度，推动“五险合一”（养老、失业、医疗、工伤、生育保险）统一征缴，做到应征尽征、应保尽保。

【社会治理】 严格执行社会治安综合治理领导责任制和目标管理责任制，完善社会治安防控体系，依法惩治各类违法犯罪行为，应急预案，加强演练，提高突发事件应急处置能力，切实维护社会安全稳定。

【“两学一做”学习教育】 严格落实“三会一课”、民主生活会制度。持续开展党委中心组理论学习、机关干部星期四集中学习，注重培植和宣传在学习活动中涌现的先进集体和先进个人典型，不断激发和调动广大党员主动学习、自加压力、争创一流的积极性。从 4 月开始，每月开展一次主题党日活动，把重温入党誓词、缴纳党费作为规定动作，并以精准扶贫、聚焦脱贫、学习廖俊波先进事迹、“草原儿女心向党”主题宣讲、学习中共十九大精神等内容为主题，将主题党日活动与当前中心工作结合。狠抓作风建设，深入开展包含“九个不准”、“庸、懒、散，奢、私、贪，粗、拖、浮，蛮、横、硬”专项整治工作，“雁过拔毛”式腐败、农村“村霸”专项行动在内的专项整治工作，党员、干部、群众作风明显改善。推行服务群众来访首问负责制、全程服务制、党建工作问责制等便民服务措施，书记带头定期接访，副科级领导带班接访，对群众的来访给予及时解决。深入推进评星定级工作，结合工作实际，在农村、社区支部分别创新设定引领脱贫星、维稳和谐星，在农村党员、社区党员创新设定勤劳致富星、文明健康星，全镇 40 个支部共评出一类支部 12 个、二类支部 28 个，无三类支部；参加评星定级的党员 1433 人，评出优秀党员

430人，合格党员1003人，无不合格党员。实施“北疆先锋”工程，以抓好脱贫攻坚、增收致富、便民为民利民作为重点，积极推行“532”“456”等经验做法，大力推行“智慧社区”、区域化党建模式，抓好“六型十好”机关建设。着力解决关系群众切身利益问题，七台镇通过完善便民服务大厅的各项服务和制度，简化办事环节，优化办事环境。完善领导包片、干部包村责任制，定期不定期地走访群众，极大地方便群众。在全面推广“四议两公开”（党支部会提议、“两委”会商议、党员大会审议、村民代表会议或村民会议决议；决议公开、实施结果公开）工作法的基础上，积极推行“5+2”“实心工程”，利用“三步梯进、三解三访”（运用群众语言与群众沟通、立足群众立场思考群众问题、用群众乐于接受的方法解决矛盾，访示范村破解发展难题、访达标村了解社情民意、访一般村化解社会矛盾）的工作方式，进一步畅通基层民情沟通渠道，提高办事效率，更好地服务居民。加大基层党务、政务公开力度，通过公开栏、广播、发放“明白卡”等，及时如实公开各项惠民政策享受范围、享受对象、享受标准、补助金额和审批程序、落实情况等内容，提高村级工作的透明度，保障群众的知情权和监督权。

通过深入推进“两学一做”学习教育常态化、制度化，镇领导干部思想教育更加深入、“四个意识”更加坚定、政治功能更加凸显、服务大局更加到位。

【基层党建重点任务落实】（1）认真开展党员信息采集工作，完善全镇党员基础信息，并由党员签字确认。（2）严格按标准发展党员，坚持成熟一个、发展一个，注重从致富带头人、优秀青年以及具有高中以上文化水平的青年中发展党员，2017年，全镇共发展党员11人，预备党员转正37人。（3）做好党费收缴工作，研究制定详细的措施，统一印制党费收取专用收据，由专人负责管理上缴，镇机关党员按照工资标准核定按月进行收缴，村、社区居民党员党费的收缴由支部书记收取，之后上缴到镇党费专用账户，各支部均建立党费收缴台账。（4）做好“加强和规范党内政治生活推进年”各项工作，认真开展“六个专题教育”（不忘赤子之心、不忘历史环境、不忘奋斗精神、不忘远大理想、不忘使命担当、不忘职责任务），大力实施“四个专项整治”（机关内部食堂、培训中心违规公款消费问题专项整治，违规发放津补贴或福利问题专项整治，财务票据突出问题专项整治，党员干部带彩娱乐问题专项整治）等相关工作，各支部按要求每月上报学习台账、整改台账和问责台账“三本台账”，切实提高工作实效。（5）组织20个社区书记参加自治区西部盟市社区党组织书记示范培训班，切实提高社区书记为民办事服务的能力。（6）为进一步改善社区办公及服务活动场所，在上级部门的协调下，祥和社区争取到原计划生育局办公大楼为社区新的居民服务场所，该场所面积达到1000平方米以上。结合社区居民的特点和需求，以“党旗飘扬、大爱祥和”为主题，精心打造“1570”（商都县七台镇祥和社区创建的“1570”服务居民工作模式。“1”，即一个中心，以社区党建为中心；“5”，即5座桥梁，以5个微信群为桥梁，架设服务居民的途径。5个微信群：智慧平台服务群、七台镇社区书记服务群、社区工作人员服务居民群、社区党员服务居民群、网格长居民连心群；“7”，即7支志愿者服务队伍，包括党员志愿者服务队、巾帼志愿者服务队、红十字志愿者服务队、特殊家庭志愿服务队、康乐志愿服务队、法治志愿服务队、青年志愿服务队；“0”，即最终实现与居民沟通零距离、反馈零距离、联系零距离、宣传教育零距离、服务零距离）服务居民的工作模式，确保社区功能完善，设施齐全，能够全方位地服务居民。（7）夯实党建工作责任制。落实“书记抓、抓书记”党建责任制，深化党风廉政“一岗双责”和村干部“双述双评”制度，加强督促检查，促进为民服务常态化、长效化。（8）推行服务群众来访首问负责制、全程服务制、党建工作问责制等便民服务措施，书记带头定期接访，副科级领导带班接访，对群众的来访给予及时解决。（9）建立领导、干部包村制度，结合精准扶贫工作，针对各村具体情况，要求包村领导、干部经常进村入户，开展调查研究，帮助各村理清工作思路，制订党建工作计划，协调解决具体困难和问题。同时对贫困户开展积极帮扶活动，通过“五个一批”实现所有贫困户脱贫。

（供稿　高志军）

小海子镇

【概　况】 小海子镇位于商都县东南部，镇政府所在地距县城15公里。全镇共辖28个村委会、97个村民小组。全镇有社会户数1.24万户、社会人口3.57万人，其中种地户数7150户，种地人口2.17万人。全镇辖地面积537平方公里，耕地面积16.5万亩（其中水浇地12万亩），林草地29万亩。

内设行政机构：党政综合办、社会事务办（均于10月撤销），共13人；事业机构：农业综合服务站、人口和计划生育服务站、林业工作站、文化科技信息服务站、畜牧兽医站、国土资源所、水利服务站、食品药品监督管理所、财政所，共35人。

【农业基础地位强化】 种植业方面，推进“两菜一薯”和葵花等主导产业的发展。2017年，全镇蔬菜、糖菜、马铃薯和葵花播种面积达到13.6万亩，占总播种面积的82.4%，其中糖菜种植面积4万亩、蔬菜种植面积2万亩、马铃薯种植面积4万亩、葵花种植面积3.6万亩。畜牧养殖方面，以突出生猪、肉羊和蛋鸡三大产业为主，在禁牧舍饲的基础上，加快规模养殖建设步伐，加大畜种改良力度，加快出栏周期，努力促进农民增收。年内，全镇肉羊存栏保持在7.3万只左右，蛋鸡饲养量达3.2万羽。林业生态建设方面，坚持把生态和基础设施建设作为改善农牧业生产条件，增加农民收入和实现可持续发展的根本大计来抓，实现经济发展和生态恢复“双赢”的目标，2017年，全镇完成人工造林1200亩。同时，认真落实县委、县政府禁牧政策要求，加大禁牧舍饲和林草管护力度，群散乱牧现象得到有效遏制，依法保护生态建设成果。加大招商引资力度，加强对农牧业产业园区的硬件建设，巩固完善“企业+基地+农户”的产业格局。

【惠民政策持续落实】 始终将民生福祉放在和谐社会建设的突出位置，不断提升全镇人民的幸福指数。认真落实以危房改造和村容村貌整治为主要内容的“美丽乡村”建设工程。2017年是“美丽乡村”建设的关键之年，按照县委、县政府的总体要求，结合全镇实际，实施危房改造665户，新建院墙7.3万延长米，2017年，继续大力实施“美丽乡村”建设工程，实施街巷硬化和新修通村水泥路113.6公里，对二道洼、河柳2个村委会阵地进行修缮，改善农村环境。

【脱贫攻坚工作】 严格按照上级业务指导部门要求，通过召开支委会、村委会、群众代表会等多种形式，全镇共评出精准扶贫对象760户、1692人，并根据不同致贫原因进行分类施策，在坚持“五个一批”的基础上，特别注重对有劳动能力的贫困户采取产业扶贫，综合多方建议，坚持因人施策、一人一策的原则，有效整合干部、资金、项目、技术、信息等各类资源，支持帮扶村和贫困户加快脱贫致富步伐，高质量地完成年度脱贫任务。

【社会事业全面发展】 努力改善办学条件，教学质量和管理水平不断得到提高。卫生工作继续坚持“预防为主、防治结合”的原则，健全完善镇、村二级服务网络，增强服务效果，群众就医条件和医疗服务满意度得到明显提高，2017年，新农合参合人数2.86万人，参合率达97%。实现广播电视“村村通”全覆盖，进一步丰富群众文化生活。科技工作以推广应用适用技术为重点，全年共举办各类培训2000多人次。在加强基层民兵组织建设的同时，圆满完成征兵任务，适龄青年光荣入伍。信访维稳工作以平安建设为目标，制订方案，落实责任，健全制度，加大矛盾纠纷等不稳定因素的排查解决力度，特别是对群众反映强烈的热点和难点问题及时进行调处，做到小事不出村、大事不出镇、矛盾不上交。努力促进社会基本公共服务均等化，文化体育、广播电视、民族宗教等社会事业取得长足发展，公共服务水平不断提升。

【政府自身建设加强】 着力打造学习型机关、学习型领导班子、学习型干部队伍，努力增强政府履职本领和创新能力。扎扎实实把政府应该做的事情做好，以实实在在的工作业绩取信于民。主动深入基层、走进群众、体察民情、了解民意，把群众反映的热点、难点问题及时转化为政府决策和工作重点。加强机关内部管理，严格各项规章制度，切实改进工作作风，大力加强政府各部门效能建设，镇村干部的作风明显改善，服务水平明显提高。不断加强政府反腐倡廉工作，严格依法按政策、按制度、按程序办事，自觉接受人大监督、民主监督、群众监督和新闻监督。对财政投入的工程类建设一律实行工程招标制、质量监理制、财政审计制，让个人的权力最小化，投资效益最大化，质量最佳化，努力打造阳光型政府；强化行政监察，加强财务审计，严查违法违纪行为，有效地从源头预防腐败。把一些矛盾和问题消灭在基层，解决在萌芽状态，从源头上净化社会风气，努力构建和谐稳定的发展环境。在全体镇、村干部群众的努力下，全镇各项工作取得较好成绩。

（供稿　杨　刚）

十八顷镇

【概　况】 十八顷镇位于商都县东部，镇政府所在地十八顷村距县城30公里。全镇辖地面积402平方公里，其中耕地面积11.8万亩、林草地42万亩。全镇共辖25个村委会、2个居民社区、61个村民小组。其中，小庙子嘎查是商都县唯一的蒙古族聚居地。全镇有社会户数1.18万户、社会人口2.7万人，其中种地户数4158户，种地人口9641人。

内设行政机构：党政综合办、社会事务办。事业机构：农业综合服务站、人口和计划生育服务站、林业工作站、文化科技信息服务站、畜牧兽医站、国土资源所、水利服务站、食品药品监督管理所、财政所。

【特色产业优化】 通过多年的生产实践，全镇对马铃薯、糖菜、蔬菜、葵花等主导农作物的优势和弊端进行认真梳理分析，镇、村干部积极引导农户合理调整种植结构，依托佰惠生糖厂等企业的产前、产中、产后服务，签订种植合同，引导农户逐年加大糖菜、马铃薯种植面积。全镇共种植马铃薯3万亩、糖菜2.5万亩、蔬菜2.2万亩、葵花1.9万亩，优势作物的播种面积占总播种面积的85%以上，占主栽区播种面积的90%以上。

【现代农业建设】 围绕主导产业及建设万亩冷凉蔬菜种植基地的目标，继续加大以节水、改水为中心的农田水利基础建设，新增节水保灌面积1250亩，铺置地埋管道9800延长米。

【生态保护建设】 2017年年初，镇政府召开全镇禁牧防火工作会议，进一步明确禁牧防火职责和奖罚办法；通过各种形式，大力宣传禁牧防火相关政策，有效地防止毁林毁草现象的发生；采取各副职领导分片负责、禁牧防火管护人员常年管护，督导组不定期督导检查的综合治理措施，禁牧防火工作实现常态化，较好地完成工作任务，有力地保障生态建设成果。

【“美丽乡村”建设】 按照全县的统一安排部署，2017年，继续实施“美丽乡村”建设。截至年底，全镇累计新建房屋5205间，维修312间，新建附房4262间；新建院墙12.84万延长米；新建人畜分离墙8869米，铺设甬道1.02万平方米，街巷硬化21公里；拆除外出闲置危房8869间、拆除附房1.32万间、拆除院墙14.06万延长米，并清理村边路边的生产、生活垃圾。

【民族文化旅游发展】 按照县委“一镇一特色、一镇一风情”的思路，加大特色小镇、特色产业和特色景观培育，持续开发小庙子牧家游特色小镇，坚持“在保护中开发，在开发中保护”，支持小庙子民族风情旅游景区的升级改造建设，全年接待游客1万多人次。

【社会民生改善】 以提升人民群众幸福指数为导向，加快解决群众关切的民生保障、公共安全、社会公平正义等问题，增进群众获得感。着力改善社会民生，落实和加强一批社会保障政策。主要为全镇计生家庭户450人发放奖励扶助资金43.23万元，特别扶助12人、7.72万元，独生子女扶助120人、2.34万元，节育手术并发症补助1人、0.24万元；继续加大新型农村合作医疗制度的宣传，全镇参合人口达到2.03万人，参合率为87%；大力宣传农村新型养老保险制度，积极引导村民参与社会养老保险，做到应保尽保，全镇参保人口达到1.06万人；认真做好妇女患“两癌”疾病的筛查工作，对筛查出患有“两癌”的妇女每人补助1万元医疗费。同时，工会、共青团、妇联、统计、“双拥”、民族宗教、档案史志、老干部、关心下一代、环境保护等工作取得新进步。

【扶贫攻坚】 2017年，实现543户、1311人脱贫。实施易地移民搬迁116户、261人，贫困户不仅喜迁新居，同时为每位贫困人口发放后续产业发展扶持资金600元；按照“企业＋贫困户”的相关政策和内蒙古大宇农贸有限公司合作，将40户贫困户每户5万元的贷款提供给该公司，用于发展生产，每户贫困户每年分红4000元；在教育扶贫上，发放资金112.32万元，惠及贫困学生263人；健康扶贫方面，深入实施“三个一批”（大病集中救治一批、慢病签约服务一批、重病兜底保障一批）行动计划，救治大病贫困患者15人，报销36.5万元，重病兜底救治贫困户人口123人次，报销113.5万元；在社会兜底上，将建档立卡贫困户人口中符合低保和“五保”条件的全部纳入低保和“五保”，低保每人每年3699元、“五保”每人每年5080元，对处于低保边缘尚未达到低保条件的贫困人口给予现金直补兜底，每人每年2800元；在生态扶贫方面，将97名建档立卡贫困户安置为护林员。

【社会和谐保障】 积极打造阳光信访、责任信访和法制信访，信访形势保持稳定。严格落实“党政同责、一岗双责、齐抓共管”的安全生产责任体系，全面贯彻新《安全生产法》。认真开展“打非治违”和食品药品安全、防溺水、校园周边环境等专项整治行动，及时排除安全隐患。

（供稿 刘浩哲）

大黑沙土镇

【概　况】 大黑沙土镇政府位于商都县城东部60公里处，是全县最东部的一个镇，地处两省（内蒙古、河北省）、五县（商都县、化德县、张北县、康保县、尚义县）交会点，北邻化德县朝阳镇，东与康保县、张北县毗邻，南与尚义县接壤，207省道依镇而过。全镇地势平坦，总辖地面积417.93平方公里，有耕地面积16.8万亩，其中水浇地面积4.9万亩。全镇累计完成退耕还林（草）面积6.27万亩，完成农防林3300亩、人工种草3.07万亩、人工造林5000亩、飞播造林2400亩、围封自然草场1.45万亩、封山育林8000亩。全镇有石英石、煤炭、森林、盐等矿产资源。全镇辖29个村委会、56个自然村，总户数1.33万户，社会人口3.22万人，实有7051户、1.92万人，种地户数6473户、1.76万人。常年居住1.73万人，外出1.67万人。有中心小学1所，另有卫生院、司法所、派出所、财政所、食药所、信用社、电信所、邮政所。

大黑沙土镇行政机构设置为"三办"，即党政综合办公室、经济发展办、社会事务办公室。事业机构设置为"三站"，即农业综合服务站、人口和计划生育服务站、文化科技信息服务站，上划"两站一所"，即林业工作站、动物疫病防控中心、国土资源所。核定行政编制27人，事业编制30人，增加上划"两站一所"事业编制9人，核定科级领导职数7人。主任3人。

2017年，大黑沙土镇紧紧围绕精准脱贫头号民生工程，以决胜全面建成小康社会为目标，以"保增长、调结构、强基础、惠民生"的总体要求和发展思路，以"四个全面"、"美丽乡村"建设、"脱贫攻坚"为抓手，开拓创新，真抓实干，全镇经济社会发展态势良好。

【农业现代化】 坚持现代化发展方向，不断加快设施农业和节水农业的建设步伐。通过扶贫开发项目助力，2017年，通过中低产田改造项目规划头号、东升、东风3个村扩展水地3000亩，全镇水地面积达到4.6万亩，节水农业设施建设不断增强，加速农业产业化的进程。深化农业产业结构改革，提高农民组织化程度，鼓励农民以出租、转让、入股等方式流转土地经营权，使特色农业规模化经营，共流转土地5000多亩，逐步形成以糖菜、葵花、苗木等为主的产、供、销产业链，共培养成立专业合作社8家，专业种养殖大户12家。2017年，全镇农作物种植面积16.8万亩，其中四大主导产业——马铃薯、蔬菜、糖菜、葵花一直稳定在11万亩左右，占总播种面积的60%以上，实现农业总产值7000多万元。

【畜牧业发展】 2017年，协同县直有关部门累计引进农牧业项目3个，协议投资1亿多元，累计完成投资5000万元左右，进一步巩固完善全镇"企业+基地+农户"的产业格局。雏鹰集团、乐耕集团2家龙头企业引领大黑沙土镇产业化发展。镇域经济总量明显壮大、速度明显加快，实现全镇亿元项目的新突破。全力抓好牲畜疫病防治，积极开展春、秋防疫病大会战，2017年，共采血化验大小畜3万头（只），发现并扑杀布病羊100多只，有效防止牲畜疫情的发生蔓延。

【生态环境改善】 坚持把生态建设和基础设施建设作为改善农牧业生产条件，增加农民收入和实现可持续发展的根本大计来抓，2017年，在巩固好6.28万亩退耕还林和6.39万亩京津风沙源治理工程的基础上，完成人工造林3500亩，补植草地1500多亩。对公主城万亩苗圃种植结构进行重点指导规划。以"绿水青山就是金山银山"发展理念，努力构建绿色生态植树造林工程，为全镇工程绿化提供有力保障，拉动区域经济再上台阶。健全林草管护队伍、政策，引导、鼓励农户建设棚圈，种植饲草，改良畜种，变散养为圈养，逐步改变农民养畜习惯。全镇林草面积达到18多万亩，林草覆盖率达到30%。

【"美丽乡村"建设】 统筹整合农村危改、一事一议和村容村貌等资金，大力推进"十个全覆盖"收尾工程实施进度，2017年，全镇共改造完成29个行政村56个自然村2978户农户，改造主房5413间、附房1699间，新建院墙189公里，花栏墙1775公里，人畜分离墙35公里，甬道1万平方米，公厕21座，街巷硬化81.5公里；"村村通"公路7条78公里，通村公路覆盖全镇90%以上；解决全镇7300户1.83万人安全饮水问题。新建和改造标准化卫生室29个；文化活动室29个，并统一配置文化器材29台（套）；建设便民连锁超市29个；新建文化活动广场3处，安装健身器材34套，全镇文化和便民服务建设进一步提升。绿化沿路沿线重点村庄7个，绿化面积达2900平方米。组建村级环境卫生治理工作队伍300多人，组织开展环境卫生整治。投入90余万元购置环卫机械，投放垃圾箱92个，实现专业化保洁，镇村面貌得到很大改观。全镇通过“美丽乡村”建设，将原有破烂不堪的村容村貌彻底改观，建成的村庄焕然一新，大幅度提高村民的生产生活条件，群众幸福指数进一步提升。依托易地移民搬迁，致力于贫困村出列，通过易地移民搬迁工程，对大青沟坊、西十大股、红卫、芷芨滩、毛忽庆5个村实施统一规划搬迁，新建安置房138户276间，建设硬化道路近5000平方米，绿化、亮化、硬化全面提升，着力改善村容村貌。

【脱贫攻坚工作】 2017年，全镇以产业脱贫为工作重心，提升贫困户发展动力，促进贫困人口增收，全镇脱贫攻坚工作稳步推进。全镇发放产业项目扶贫资金1600多万元；共完成贫困户房屋改造998户1997间；对538名贫困学生实施教育资助，资助金额750多万元，其中申报大学生雨露计划、泛海行动、扶贫济困圆梦学子资金31万元；对2200名贫困人口免费进行体检，同时为贫困人口每人交纳100元商业医疗保险，为贫困人口发放新农合作医疗补贴30.9万元；吸纳189户贫困户参与“企业＋贫困户”产业发展模式，贫困户以5万元贴息贷款入股企业，年分红利3600元；将符合低保条件的214名贫困人口纳入低保范围，给予97名贫困人口兜底现金直补；聘用142名贫困人口担任村级保洁员，124名贫困人口担任护林员，累计发放工资88.5万元。全镇通过村企合作精准扶贫，采取一企帮一村、一企帮多村、多企帮一村的结对帮扶方式，12家企业累计为全镇29个村注入培育和发展微小企业基金109.2万元，为发展村级集体经济奠定基础。全镇从事季节性务工贫困户698人，人均年收入4500元；各级帮扶单位、企业及帮扶责任人帮扶各类物资共计35万元，全部用于贫困户生产生活所需。全镇扶贫动态管理工作开展以后，完成贫困人口建档立卡2617户6059人，按照一人一策或一人多策的扶持措施，发展生产4610人次，教育扶贫700多人次，政策兜底1252人次，医疗扶持2813人次，危房改造712户。各项工作正在有序推进中，年内实现29个村1382户3037名贫困人口实现稳定脱贫。

【社会事业统筹推进】 2017年，全镇共实施3大类4项重点工程，城镇农村公共服务及基础设施等薄弱领域得到加强。全镇“放管服”改革推进扎实有效，建成便民服务大厅村级便民室，镇、村两级服务网络实现互联互通构建电子商务，方便群众办事。2017年，在芷芨滩村新建服装厂1家，运营后将带动30户农户就近就业，有效地解决村内剩余劳动力，增加农民收入。着力改善医疗卫生条件，29个村委会村卫生所标准化建设率达100%，实现大病不出镇、小病不出村，方便群众。社会保障工作稳中有升，城乡居民社会养老保险工作持续开展，累计参保人数1.51万人，缴费率100%。顺利完成低保动态调整，各类低保金、“五保”金、救济款全额兑现，惠及贫困人口7000多人。通过落实奖励扶助优惠政策和创新优质服务，计划生育有效地稳定在优生优育的低生育水平上。教育工作认真落实“两免一补”政策，2017年，投入补贴资金60多万元。不断改善提高学校的软硬件建设，整合教育资源，提升教育质量。为中心校安装洗浴室2间，为教师和学生创造有利的卫生环境，教学质量和管理水平得到有效提高。科技工作以推广应用适用技术为重点，全年共举办各类培训1500多人次。

（供稿　张建英）

屯垦队镇

【概 况】屯垦队镇地处商都县中北部，距县城25公里，辖地面积579.1平方公里，全镇社会人口4.16万人，其中常住人口1.18万人。耕地面积20.78万亩，其中水地面积6.2万亩，水地中膜下滴灌2.3万亩，喷灌圈58个近3.9万亩。2017年7月末，大小畜存栏5.10万头（只），其中大畜3651头、小畜4.35万只，猪3810头。全镇退耕还林（草）面积22.73万亩，补贴金额89.05万元，农业支持保护补贴面积19.61万亩，农业保险参保面积30.7万亩，保险金额885.69万元。屯垦队有寄宿制中心小学一处，共有学生160人。

全镇共有干部及退休人员131人。其中，公务员29人，行政提前离岗3人，事业在岗32人，未上岗1人，离岗培训2人，提前离4人，离岗内退6人，提前退休55人，正常退休19人，遗属29人。

2017年，屯垦队镇党委、镇政府以党的群众路线活动为契机，深入贯彻落实科学发展观，认真学习中共十八届三中、四中、五中、六中全会和中共十九大精神及习近平总书记系列重要讲话，立足本镇实际，团结和依靠全镇各级干部和广大人民群众，以结构调整和转变发展方式为主攻方向，大力发展设施农业和生态农业，加快建设"美丽乡村"工程进度及精准扶贫项目的稳步推进，高度关注民情民意，推进全镇经济社会各项事业的全面发展。

【基础设施建设】新打机电井102眼，建成膜下滴灌工程田2.78万亩，建成喷灌圈44套，面积近3.9万亩；完成人工造林1.5万亩，封山育林5000亩，补植补种退耕还林地1.5万亩，全年完成农村危房改造521户，新建房屋1048间，街巷硬化5.7公里，新建3个村委会已经全部投入使用，争取资金358多万元新修和改扩建"村村通"公路达26余公里。

【民生改善】2017年，全部完成人畜安全饮水工程项目的建设，新增低保户2682户；全镇享受"五保"440人、低保6614人；全镇共有幸福院10处，均运行正常。2017年，屯垦队村建成文化活动广场1处，已投入使用，丰富群众的业余文化生活，在二号、前海子、梁家村3个行政村建成标准化公共公厕6座，在街道两侧新铺硬化砖块900多平方米，新换路沿石190多延长米。社会养老保险全面铺开，60周岁以上有6584人领取养老保险金，16—59周岁有1.66万人参加农村养老保险。全镇合作医疗参保人数3.11万人，在村人口100%参人。2017年，镇卫生院又为2312名60周岁以上老人进行免费体检，及时了解老人的健康状况，实现社会化服务共享的全覆盖。

【精准扶贫】2017年，实施精准扶贫精准脱贫措施，有1492户、3347人稳定脱贫，589户、1464人正常脱贫，返贫65户、158人，全镇在精准扶贫项目建设的基础上，逐步完善监管的机制并加大保障力度，为确保在今后实施精准扶贫工作中更好有序发展奠定坚实的基础。

（供稿　王树文）

西井子镇

【概 况】西井子镇距商都县城40公里，辖31个村民委员会、89个村民小组，社会户数1.61万户、3.47万人，在村4859户、1.07万人。形成以汉族为主体，蒙古族等民族并存的居住格局。全镇辖地面积551平方公里，总耕地面积19.2万亩（其中水浇地7000亩），有林地面积20.9万亩，林草覆盖率达43%。有中心小学1所，另有卫生院、司法所、派出所、食药所、信用社、电信所、邮政所。

镇下设党政综合办、社会事务办、经济发展办。事业单位包括国土资源所、动物卫生监督所、财政所、文化科技服务站、农业综合服务站、林业工作站、人口和计划生育服务站、水利服务站、扶贫工作站（2016年新增）。全镇有行政编制36人，事业编制41人。

【设施农业】 2017年，全镇累计种植旱作覆膜马铃薯5000亩，水地膜下滴灌马铃薯2000亩。在大旱之年，稳定增加马铃薯产量。争取县农牧业局土地培肥项目，以补贴地膜和农家肥费用方式，在大南坊村实施有机肥培育地力面积1000亩，为发展有机种植起到典型示范作用。引导农民种植青玉米，全镇青玉米种植面积不断增加，为发展舍饲养殖业提供饲草料。同时，大力发展农民专业合作社，通过发展规模种植业和订单农牧业，较好地提高农牧业生产经营的组织化程度和市场开拓能力。

【科学养殖】 畜牧业养殖方面，重点突出肉羊和生猪养殖。2017年，全镇肉羊饲养量达15万只，年内出栏肉羊8万余只。2016年肉羊市场行情上涨，养畜户收入颇丰，增强了全镇畜牧业发展动力。据统计，全镇新调购良种母羊4000多只，为畜牧业发展增添后劲。积极推进养猪业发展，元宝山村引进河南雏鹰集团规模养猪，前期用地规划已完成，为开工建设奠定基础。由镇分管领导牵头，组织全镇兽医人员在春秋两季进行牲畜疫病防治工作大会战，逐村逐户开展疫病防控，切实维护多年布病防控成果，保障养殖业健康稳定发展。

【“美丽乡村”建设】 “美丽乡村”建设是综合性民心工程，是实现城乡统筹协调发展的重要举措。2017年，全镇完善38个自然村危房改造工程，总户数993户，新盖住房1629间。其中，生态脆弱移民涉及狼窝沟、双井子、方家沟和小元宝山4个自然村，共建盖住房204间，筑墙3100延长米，全部完工，年内可安全入住。全镇89个自然村全部进行危房改造，极大地改善农民的生产生活环境，得到广大群众的称赞。

【生态建设】 坚持生态、经济、社会“三效合一”的原则，继续巩固和加强生态建设。在抓好原有生态林管护基础上，新聘用护林员184名，划分承包管护，有效维护生态建设成果。同时，结合村集体经济发展，在格化村示范种植红枸杞经济林500亩。为发展集体经济、发展经济生态林进行有效探索。持续落实县委、县政府关于禁牧的一系列政策要求，组群散牧毁林毁草现象得到遏制；大力宣传森林防火和制止野外用火，提高干部群众防火意识，保护来之不易的生态建设成果。

【脱贫攻坚概况】 2017年，县委、县政府高度关注，扶贫部门鼎力协助，全镇广大干部群众全力追赶脱贫致富的总体目标，为早日实现小康社会的总要求，付出不懈努力。结合扶贫对象动态调整全年脱贫642户、1421人，在册贫困户575户、1405人。做到“应识尽识、应纳尽纳、应扶尽扶”。全面落实土地流转、金融保险、劳务输出、“三到村三到户”（规划到村到户、项目到村到户、干部到村到户）项目、社会扶贫等措施。为如期实现全镇稳定脱贫迈出重要一步，做出有效探索。

【产业扶贫】 对有发展产业能力的贫困户652户1533人，提供每人1500元，户均不超过4500元的贴息贷款，已发放229.95万元；构建“企业+贫困户”发展模式，吸纳贫困户100户，每户贷款5万元注入企业，户均年分利4000元，已完成贷款500万元；为37户建档立卡贫困户办理“富农贷”，每户5万元贴息贷款；已完成贫困户1400户3500人“点菜”扶贫资金387.59万元，扶持贫困户种养业发展。同时为无劳动能力的110户贫困户资产收益户均1000元，共计11万元。

【易地扶贫移民搬迁】 结合“美丽乡村”建设，按照搬迁户住房面积人均不超过25平方米的建设标准，全年完成74户、175人易地搬迁，贫困户住房建设全部达标。依托华盛绿能农业科技有限公司，将易地移民扶贫发展资金注入该公司，按12% 的比例年托管分红 600 元，实现易地移民搬迁户搬得出、稳得住、能发展、稳定增收。

【教育扶贫】 认真落实教育扶贫政策，对 350 名建档立卡的贫困学生，按学期申请、按学期发放 177.45 万元。其中资助小学生 102 人，补贴 22.34 万元；初中生 68 人，补贴 16.73 万元；高中生 49 人，补贴 23.77 万元；职高生 29 人，补贴 12.61 万元；大学生 102 人，补贴 102 万元。"雨露计划"共补助 128 人，每人每年补助 1500 元。泛海助学 2 人，每人每年补助 5000 元。

【健康扶贫】 实行贫困人口先诊疗、后付费、免押金方式和"一站式"结算方式，全面推广慢性病送药上门服务，慢病管理贫困患者 266 人，送药上门服务 769 人次，医生签约 1797 户、4131 人，药品总金额 4.2 万元。为贫困人口每人 175 元免费体检，参加合作医疗补贴 60 元，入大病保险每人 100 元。补贴 16 周岁至 59 周岁每人 100 元养老保险，全镇 1926 人受益。

【危房改造】 2017 年，按照危房改造标准，截至年底已改造 3000 余户，严格控制贫困户自筹，补贴资金按标准执行，全镇农户居住房屋全部安全舒适，居住环境明显改善。

【社会保障兜底】 2017 年，对 539 名符合社会保障兜底的贫困人口办理低保 457 人、"五保" 1 人、现金直补 81 人。

【生态扶贫】 2017 年，聘用 159 名贫困人口担任村卫生保洁员，184 名贫困人口担任护林员，贫困户就业率逐年增加，贫困户收入多渠道增加。

【村集体经济】 全镇辖 31 个村委会，以"企业+村委会+贫困户"的发展模式，由村委会为企业提供劳务输出，企业为村委会注入集体经济启动资金。31 个村委会联系 13 家民营企业，为贫困户提供资金 91.6 万元，通过"村企合作"集体经济发展迈出新步伐。

【公共基础设施建设】 2017 年，多方争取投入，全镇 31 个村委会水、电、路、通信、卫生室、超市等基础设施和公共服务设施齐全。

【社会事业】 教育工作全面落实"两免一补"政策，积极开展爱心助学和对口帮扶活动，确保经济困难家庭，留守儿童就学，持续加大教育投入，集中力量办好寄宿制小学。卫生工作继续坚持"预防为主、防治结合"的原则，加大对传染病、地方病的预防和控制，村级卫生室条件和服务水平明显增强，农民当地参合率达到 95% 以上，因病致贫、因病返贫和看不起病的现象显著降低。计划生育工作全面落实利益导向政策，积极宣传全面放开二胎生育的新政策；不断完善更新人口信息平台，加强对育龄人群服务与管理。食品药品管理工作方面，镇食药所干部经常深入各村，进行食品、药品监测，群众的食品、药品质量得到初步保障。调购新品种、推广新技术、应用大型农机具已成为广大农民的共识，科技贡献率逐年提高。镇有文化站、村有文化室、户有"户户通"电视接收设备和无线网络设施，群众文化生活日益丰富多彩。夏季征兵工作顺利完成，全镇适龄青年光荣入伍。切实加强民族宗教、妇女儿童权益保障和弱势群体的保障工作，促进经济社会全面协调发展。

【综合治理】 镇党委成立综治、信访工作领导小组，配齐配强综治信访干部，实行专事专人专办。班子成员实行信访接待制度，开展矛盾纠纷排查化解工作，力争做到小事不出村、大事不出镇，有效地维护全镇和谐稳定局面。

【学习型队伍建设】 深化中国共产党的方针路线政策的执行和落实，扎实开展反腐倡廉建设，切实转变工作作风，坚决维护中央八项规定和区市县配套规定。全面落实中央"四个全面"战略部署，严格落实领导干部责任，切实把"两学一做"学习教育引向深入，做到真学、真懂、真用。领导干部能够带头深学笃行，接受教育，廉洁自律，管住自己，做出表率，带好队伍，使“两学一做”学习教育取得实效。进一步坚定道路自信、理论自信、制度自信、文化自信。努力建设一支学习、团结、民主、务实的党委班子和党员干部队伍。党委始终坚持把学习作为第一需要和第一责任，把学习作为提升精神境界去追求，把学习作为提高修养去坚持，努力提高领导班子的政治素质和领导水平。进一步增强政治意识、大局意识、核心意识和看齐意识，使班子成员的理论素养、领导水平和执政能力得到明显提高。

【党员队伍建设】 扎实推动“两学一做”学习教育常态化、制度化，以主题党日活动为载体，高质量、高水平地落实“三会一课”制度。严格落实镇党委中心组学习制度，严格执行镇领导干部双重组织生活制度，带头到村党支部上党课、带头撰写心得体会等。全年按期转正农牧民党员4人，培养发展对象6人、入党积极分子64人，镇抽调优秀干部11人到村担任第一书记。严格规范党费收缴等党员教育管理常规工作。按照评星定级整顿转化三类支部3个，2个二类支部升级为一类支部，创建示范党支部5个，使全镇一类支部达到12个，二类支部达到19个。根据工作需要，对东井子、大拉子、张家坊、牌楼和营图5个村的支部书记进行调整，为2018年的村委会换届工作打下良好基础。

【活动阵地建设】 2017年，共购置15个村党支部办公桌椅，并配齐31个党支部电脑与复印机等办公设施，大南坊村建起80平方米的党建展厅，极大地改善村级办公环境，提高为群众办事的硬实力。

（供稿　张明成）

大库伦乡

【概　况】 大库伦乡位于商都县北端，乡政府距县城45公里，北面分别与锡林郭勒盟的苏尼特右旗、镶黄旗接壤，东、西分别与卯都乡、西井子镇毗邻，南与屯垦队镇相连，该乡是由原大库伦、八股地、章毛勿素3个乡合并而成。全乡辖地总面积524.82平方公里，境内矿产资源丰富，有硅石、萤石等矿产资源。全乡由19个村民委员会、74个村民小组组成，社会总户数9861户，社会人口2.76万人，其中常住户数2786户，人口7130人。全乡共有耕地面积12.5万亩，其中水浇地面积1.46万亩。

【经济社会发展概况】 2017年，大库伦乡经济实力不断增强，全乡地区生产总值达到7500万元，其中种植业产值3800万元；养殖业产值3700万元；人均纯收入为4500元，较2016年相比增长25%。

【农牧业产业化建设】 大库伦乡加强农业基础设施建设，大力发展现代农业，全乡喷灌面积9196亩，覆膜田5500亩，膜下滴灌面积3575亩。在种植业上，全乡共种植马铃薯1.05万亩，杂豆杂粮0.4万亩，蚕豆0.4万亩，葵花1.78万亩，优质牧草5600亩。在养殖业上，结合禁牧工作，大力推行舍饲养殖。2017年，全乡养殖肉羊10.3万只，年出栏13万只，收入达到5000多万元。

【农业基础设施建设】 大库伦乡积极争取上级专项资金加强农业基础设施建设，2017年，利用县财政局农业综合开发办公室的节水增粮专项资金，为二股地、滑家村、库伦图3个村委会开发水地8000亩。利用县水利局坡改梯专项资金为大库伦、二股地、滑家村进行坡改梯8300亩，新增水地2100亩。继续抓喷灌圈、膜下滴灌、覆膜种植建设工程。2017年，落实覆膜田1000亩，种植膜下滴灌面积500亩。

【种植结构调整】 在种植业结构调整上，2017年，继续加大马铃薯的种植规模，全乡种植马铃薯4.2万亩，并在库伦图建成2000亩马铃薯精品示范田，推广种植糖菜2100亩，全乡糖菜种植逐步实现由点到面的转变。

【社会事业发展】 在计划生育工作中，深入开展

“吉祥草原”惠民计生行动，全面兑现计划生育奖励扶助政策。计划生育工作实现监管与服务并重、奖励与处罚并举，计划生育工作逐渐从监管向服务过渡，有效提高人口出生素质。在文化建设上，实施农村电影进万家活动和“广播电视村村通”工程，不断提高农民群众的文化生活。在卫生建设方面，改建扩建乡卫生院，引进先进医疗设备改善医疗条件，从根本上改变农民群众就医难的现状；全面实施农村新型合作医疗，全乡参合人数达到2.08万人，参合率达到98%。截至2017年年底，全乡共有“五保”328人，低保4142人，现金直补558人，扶贫直补57人，全年度共补发补助资金1563.1万元。

【社会保障和民生改善】 在社会保障和改善民生方面，以社会救助为主，进一步加快建立完善的社会保障体系，着力解决好民生问题。（1）重点抓乡民生服务大厅建设，配齐工作人员，配置大厅设备，制定工作职责和在岗值班制度。充分体现民生服务大厅面向群众、服务群众的宗旨，为广大农民群众的咨询和办理日常事务提供平台。（2）搞好社会福利事业，进一步提高集中供养和散居“五保”户的生活水平。（3）进一步扩大种植业保险覆盖范围，最大限度地减少因自然灾害带来的农业损失，及时兑现生态建设、粮食直补等国家政策性补贴资金；为方便农民群众，组织乡财政人员进行“一卡通”验卡。

【扶贫开发和“美丽乡村”建设】 在“三到村三到户”扶贫工程建设方面，确定大库伦、二股地、古城子、八股地4个村委会为扶贫攻坚重点村，制订扶贫攻坚发展规划，进行扶贫开发和产业扶持。在道路建设上，积极协助县交通局完成大库伦、二股地、滑家村、古城子4个村委会的村庄街巷硬化工程，全乡共硬化街巷21.5公里。在一事一议财政资金建设方面，总投资420万元实施村容村貌整治工程，共涉及大库伦、韩家村、石豁子、二股地、滑家村、大井子、平地泉、南沟子8个村委会。总投资53万元，建设郭朋村委会文化活动室。

（供稿　谷宾阁）

玻璃忽镜乡

【概　况】 玻璃忽镜乡辖地442.42平方公里，社会总户数1.03万户，总人口2.83万人，常住户数3078户，常住人口6330人，辖14个村委会、62个村民小组。2006年，机构改革时行政设置“三办”：党政综合办24人、经济发展办2人、社会事务办3人；事业设置“五站一所”：农业综合服务站14人、林业工作站5人、文化服务站4人、畜牧兽医站1人、人口和计划生育服务站12人、国土资源所1人。因工作需要，2011年，增设安检站1人；2012年，增设群众工作站1人；2014年，增设水利工作站3人；2017年，新设环卫所1人。

【基础设施建设】 乡党委、乡政府团结带领全乡干部群众，认真学习并贯彻落实中共十八届三中、四中、五中、六中全会及中共十九大精神，立足于乡的实际情况，加快转变经济发展方式，优化产能结构，完善各项配套基础设施，积极参与招商引资、带动人民群众共同致富。2017年，在3个村民小组打机井3眼，解决156户、327人的饮水困难，铺设地埋管3100米，解决村2000多亩农田灌溉问题；全乡新铺设道路27公里，维修道路2公里，新建主房385间，新建院墙9742延长米，并实施美化和绿化工程，改善村民生活条件。

【“美丽乡村”建设】 2017年，为15个村民小组新修建水泥路27公里，解决510户、1122村民出行困难的问题；对村内便民超市进行不定时、不定点检查，发现问题及时处理，保障村民的饮食安全；为2个村民小组整修生活广场及健身器材，丰富群众的业余生活。2017年，继续完成危房改造工程，新建住房189户385间，加大乡村环境整治力度，投资38万余元，硬化政府大院，彻底清理省际通道两侧的示范村“四堆”（柴草堆、土石堆、垃圾堆、粪堆）1600多处。加大村庄绿化和沿街粉刷，乡村面貌焕然一新，提升农民生活幸福感。

【扶贫脱贫概况】 2017年，乡党委、乡政府带领全乡人民全力投入脱贫攻坚，圆满完成各项扶贫任务，全乡稳定脱贫308人，贫困发生率下降为6%。按照上级扶贫部门的统一部署，积极开展扶贫对象动态管理工作，在全乡范围内开展一次全面摸底清查，为确保摸底清查数据真实准确，特建立从精准识别到精准退出的责任倒查问责机制。根据摸底清查数据显示，全乡2017年最终系统保留贫困人口为513户、1177人，为能够让更多的贫困人口早日脱贫，共采取12种措施以保证脱贫攻坚工作顺利开展。

【各项扶贫措施】 采取“菜单式”扶持及村集体经济辐射两种模式，实现贫困人口产业全覆盖。在金融保险方面，共发放金融扶贫贷款249.76万元，并全面推行糖菜保险工作。在“三到村三到户”方面，落实8个重点贫困行政村的规划、项目、干部到村到户工程，使每个贫困行政村50万元的扶贫引导资金都得到合理利用。在教育扶贫方面，共资助146名贫困学生。在健康扶贫方面，深入实施“三个一批”行动计划，大病集中救治一批、慢性病签约服务管理一批、重病兜底保障一批。在“美丽乡村”建设方面，共计投资453.6万元，完成贫困户危房改造118户。在易地搬迁方面，对生存条件恶劣、生态环境脆弱地区的贫困人口实施易地扶贫搬迁工程。在生态补偿方面，发放公益林补贴110万元，贫困户覆盖率达到12%。在土地流转方面，全乡流转土地涉及贫困户560户，户均增收1100元。在劳务输出方面，积极培训有就业能力的贫困户，并完成12个贫困人员的劳务输出。在社会保障方面，共对768人进行建档立卡贫困人口社会保障兜底。在社会扶贫方面，自治区、市、县三级包扶单位共对乡投入780万元的帮扶资金，帮助全乡早日脱贫。

【信访维稳】 信访维稳工作得到很大转变，在化解矛盾与处理非正常上访行为上实行两手抓、两手硬的措施，减少闹访、缠访和非正常上访行为，使得信访维稳工作有序进行。

【正风肃纪】 正风肃纪取得重大成效，乡党委、乡政府全年加强监督检查和问责追究，促进全乡干部进一步严明纪律、规范行为，改进作风、提升效能，得到县委、县政府的认可，并成为全县“清风干部”试点乡。

【党建工作】 乡党委坚持加强党风廉政制度建设和思想教育，对各部门负责人和党员干部定期和经常性约谈，对人、财、物等重要领域和岗位干部强化谈话提醒和警示教育，注重抓早抓小和压力传导，综合运用检查督导、廉政约谈等方式，强化全体班子和干部的责任意识及责任落实。加强对重点领域、重要节点和关键环节的管理监督，组织开展“两个责任”落实情况专项检查，开展落实八项规定精神反“四风”自查自纠整改和“三公”经费、婚丧喜庆、工作纪律等检查整治，依纪依规查处问题，倒逼“两个责任”落实。

落实党内政治生活准则和监督条例，强化党员教育监督管理，突出抓党内政治生活规范化，从思想、机制、责任、担当等方面查找解决突出问题，班子成员带头以普通党员身份参加组织生活，认真开展批评和自我批评，严格执行各项纪律规定，自觉接受各方面监督。为加强党风廉政建设，乡党委积极推进全面从严治党，加强组织领导，坚持齐抓共管，列入班子和干部目标管理，与其他工作同部署、同落实、同检查、同考核，强化各层级“两个责任”和“一岗双责”的落实，切实抓好分管部门责任的党风廉政建设和反腐败工作，对分管部门、单位的党员干部进行经常性的党风廉政教育、遵纪守法教育，增强党员干部的拒腐防变能力。按照乡党委、乡政府党风廉政建设工作的部署，认真抓好分管范围的党风廉政建设和反腐败工作，完成分管范围的党风廉政建设目标。认真接待和处理来信来访，解决群众中反映强烈的热点、难点问题。带头执行领导干部廉洁自律的各项规定，自觉接受群众监督。结合党风廉政突出问题，集中专项整治活动，强化整治，确保实效。成立整治工作领导小组，制订工作方案，认真按照方案开展集中专项整治活动；认真学习相关党章法纪，"照镜子、正衣冠"，深入排查突出问题，积极支持纪委"三转"（转职能、转方式、转作风）和监督执纪问责，支持纪检履行职责、查办案件，及时听取汇报，协调解决困难和问题。

（供稿　胡延超）

卯都乡

【概　况】 卯都乡全乡辖地 281.34 平方公里，社会户 6885 户，总人口 1.57 万人，村委会 13 个，自然村 41 个。2017 年，全乡在职人员 37 人，其中行政人员 21 人（包括乡纪委 3 人），事业人员 16 人。乡领导 11 人［包括书记、乡长、人大主席团主席、副书记（武装部部长）、组织委员、宣传委员、副乡长 3 人、纪委书记、综合办主任］。

【脱贫攻坚概况】 坚持精准施策，全力以赴脱贫攻坚。坚持把脱贫攻坚摆在突出位置，按照"六个精准""五个一批"要求，认真落实各项扶贫措施，脱贫攻坚取得阶段性成果。2017 年，73 户、181 名贫困人口实现稳定脱贫。积极开展扶贫对象动态管理，按照"村不漏户、户不漏人"要求，坚持实事求是、公开公正原则，全面彻底、从严从实开展扶贫对象动态管理各项工作，使建档立卡扶贫对象数据信息回归真实。通过扶贫对象动态管理，系统内未脱贫的贫困人口 390 户、969 人。

【教育扶贫】 大力实施教育扶贫工程，对 424 名贫困学生给予资助，累计发放教育资助金 102.05 万元。37 名贫困学生纳入"雨露计划"，发放补助 5.55 万元；实施"扶贫济困 · 圆梦学子"助学项目，为 28 名贫困家庭学生发放助学金 4.2 万元；通过"泛海助学行动"，为 11 名贫困家庭应届大学新生发放助学金 5.5 万元。

【健康扶贫】 深入推进健康扶贫工程，实施"三个一批"行动计划，大病集中救治贫困患者 6 人次，报销 17.1 万元；管理慢性病贫困患者 320 人，慢病送药上门服务 320 人次，药品总金额 3 万元；家庭医生签约服务率达到 100%；全乡"先诊疗、后付费"救治贫困人口 91 人次，发生医疗费用 52 万元，报销 47 万元；报销商业保险 91 人次、4.1 万元。全年报销贫困人口医疗费 411 人次、50 万元，实现贫困人口免费体检和商业保险全覆盖。

【易地扶贫】 稳步推进易地扶贫搬迁工程，投资 828 万元，全面完成 2017 年 136 户、272 人的易地扶贫搬迁工程。

【保障兜底】 强化社会保障兜底，2017 年，全乡按照低保评定程序，新纳入 50 人，其中贫困户 22 人。

【就业扶贫】 加大就业扶贫力度，发放 8 名生态护林员、60 名公益林管护员和 71 名农村保洁员补贴 45.96 万元。投资 30 万元，建成 1 个"脱贫车间"，为服装加工企业提供配套服务，共安置贫困人口 20 人。

【产业扶贫】 突出抓好产业扶贫工程。鼓励种植大户流转土地发展种植业，全乡流转土地 1.5 万亩，占耕地总面积的 16%，其中涉及建档立卡贫困户 156 户、321 人，人均增收 1300 元；分类实施"菜单式"产业帮扶，为 518 户、1036 名"点菜"贫困人口发放补贴资金 184.7 万元，为 181

户、403名弱劳动能力贫困人口发放补贴资金18.22万元，为67户、127名无劳动能力贫困人口通过资产收益的方式，按照每户800元的标准，落实资产收益5.36万元；发放金融扶贫贷695.95万元，惠及贫困户555户；为100户贫困户户均发放“企业+贫困户”贷款入股分红4000元。

【农牧业生产】 围绕增加农民收入，大力发展农牧业生产。全乡马铃薯种植面积稳定在2万亩，其中，膜下滴灌3500亩，喷灌1500亩。依托佰惠生糖业有限公司带动，订单农业迈出新步伐，甜菜种植面积达到2000多亩；畜牧业得到长足发展，规模养殖提质增效，全乡大小畜存栏4.2万头（只），饲养量达到9.2万头（只）。

【“美丽乡村”建设】 认真贯彻落实县委、县政府的决策部署，完善发展思维，创新工作机制，努力实现全乡经济社会平稳较快发展。围绕改善人居环境，扎实推进“美丽乡村”建设。2017年，完成投资1800多万元，实施危房改造208户，新建维修附房297间，新建院墙1.15万延长米，铺设甬道765平方米，路肩硬化3.8万平方米，极大地方便群众出行。实施人畜饮水工程4处，为203户村民通了自来水。

（供稿　戎记风）

三大顷乡

【概　况】 2012年6月，经自治区人民政府批准，商都县部分行政区划进行调整，设立三大顷乡。辖9个村民委员会、54个村民小组，总面积238平方公里，户籍人口5930户、1.43万人，常住户数1957户、3885人，耕地面积7.4万亩，其中水地面积3.4万亩。乡政府驻地二倴店，乡境南邻兴和县，北与察右后旗接壤，呼满通道、集通铁路穿境而过，集商公路直达市府，区位优越，交通便捷，是商都通向外界、外界了解商都的南大门。

三大顷乡核定行政编制30人，事业编制30人，增加上划“两站一所”事业编制9人，核定科级领导职数7人，共有主任3人。行政机构设置为“三办”，即党政综合办、经济发展办、社会事务办。事业机构设置为“三站”，即农业综合服务站、人口和计划生育服务站、文化科技信息服务站，上划“两站一所”，即林业工作站、动物疫病防控中心、国土资源所。

2017年，三大顷乡党委、乡政府领导全乡上下深入学习贯彻中共十八届三中、四中、五中、六中全会和中共十九大会议精神，主动适应新常态，积极应对各种新挑战、新考验，齐心协力、攻坚克难，圆满完成确定的各项目标和任务，实现经济快速发展和社会全面进步，呈现出人民群众安居乐业、农村经济强力推进、社会事业健康发展的良好态势。

【农牧业生产】 不断提高农牧业产业化经营水平，坚持把培育“两菜一薯”和规模养殖业作为促进农村经济快速发展的重要举措来抓。全乡马铃薯种植面积稳定在1.8万亩，其中旱作覆膜马铃薯1万亩、膜下滴灌3500亩、喷灌2000亩，旱地马铃薯2500亩。依托佰惠生糖业有限公司带动，订单农业迈出新步伐，甜菜种植面积达到8000亩。通过利用温室大棚等设施，发展无公害蔬菜2000亩。腾博养殖公司、万福标准化奶牛养殖园区、柒玖山鼎种养殖专业合作社、润江肉羊养殖场均达到规模化养殖，养殖业标准化、规模化水平逐年提高，畜牧业得到长足发展，规模养殖提质增效。年底，全乡大小畜存栏3.5万头（只），饲养量达到7.8万多头（只）。

【“美丽乡村”建设】 2017年，全乡“危房改造”工程，新建主房210间、附房29间，新建院墙3500延长米。在推进工程的同时，同步实施村容村貌整治，截至年底，三大顷乡累计修成通村水泥路150余公里，9个村委会所在地的街巷实现全部硬化，形成纵横连接的路网格局，方便村民出行和农副产品的外运。逐步完善医疗、文化、娱乐等各项配套设施建设，三大顷乡文化广场和幸福院全年举办11场文艺演出，满足老百姓的精神文化需求，提升村民的幸福感。

【民生改善】 始终坚持把保障和改善民生作为一切工作的出发点和落脚点，认真落实各项惠民政策，及时兑现退耕还林、粮食直补等各类补贴，有效增加广大农民的政策转移性收入；坚持完善新型农村合作医疗制度，户籍人口的参合率达到96%以上；积极开展低保对象清理整顿工作，取消不符合重要条件的低保对象169人，认定低保对象394人，实现动态管理下的应保尽保；加大社会救助，大病救助和教育救助力度，为常住低保户、现金直补户、兜底直补户、“五保”户、互助幸福院院民每户发放冬季取暖补贴600元；加强养老保险工作，全乡16—59周岁参保缴费3279人，参保率达到常住人口的85%以上；充分发挥乡服务大厅的职能作用，所有职能部门全部进驻大厅，服务群众更加便捷。

【产业扶贫】 在种养殖方面，充分利用“三到村三到户”扶贫项目资金，采取政府补贴、贫困户点菜的方式，对有劳动能力（包括脱贫户）的499户、1084人和弱劳动能力的233户、441人实施“产业项目点菜”补贴；对无劳动能力的16户、21人通过“三到”资金托管收益（每户1000元）进行扶持；对贫困户协调县信用联社和中和农信，为每人提供1500元、每户不超过4500元的贴息贷款，受益贫困户421户、840人；鼓励龙头企业、种植大户通过流转土地发展规模种植，全乡流转土地面积达到2.84万亩，占耕地总面积38.4%，惠及贫困户152户，户均收益1800元。

【教育扶贫】 2017年，全乡共资助建档立卡贫困学生138人。其中，小学生36人，每人资助2190元；初中生25人，每人资助2460元；高中生21人，每人资助4850元；职高生13人，每人资助4350元；大学专科30人，每人1万元；本科13人，每人1万元。同时，享受“雨露计划”35人，每人1500元；享受“泛海”助学行动10人，每人5000元；“圆梦行动”资助14人，每人1500元。切实保障贫困户子女能上得了学、上得起学，有力地切断贫困代际传递。

【健康扶贫】 全面实施“三个一批”行动计划，健康体检1207人，慢病送药289人，大病救助和重病兜底185人次，费用报销比例达92%，为所有建档立卡贫困人口都缴纳大病商业补充保险（每人100元），补贴新农合保费（每人50元）。为所有档立卡的慢性病患者都安排签约医生，全乡建档立卡贫困人口实现新农合全覆盖。

【社会保障扶贫】 按照农村低保与扶贫标准“两项制度衔接”的政策要求，全力开展兜底扶贫建档立卡核查工作。2017年，建档立卡贫困人口社会保障兜底735人。最低生活保障613人、“五保”人员3人、兜底直补119人。通过京蒙对口帮扶项目，为16—59周岁496人缴纳农村养老保险金的建档立卡贫困人口每人补贴100元，全年累计发放社会保障救助金262万元。

【扶贫对象动态管理】 2017年，按照全县统一部署，积极开展扶贫对象动态管理工作，对全乡1957户、3885人进行摸底，新识别贫困人口90户、165人，返贫17户、35人，正常脱贫314户、669人，标注稳定脱贫15户、38人，清退84户、201人，自然减少7户、2人。动态管理后，全乡共有建档立卡贫困户802户、1758人，真正做到应纳尽纳、应扶尽扶，为全面打赢脱贫攻坚战奠定坚实基础。

【社会治理】 严格落实领导包案和信访接访制度，积极开展矛盾排查化解工作，有效地解决社会纠纷，在重大会议活动时保证全乡的稳定。同时，深入开展平安创建活动，加强对社会治安的综合治理，加强对食品、药品的安全监管，坚持不懈地抓安全生产，切实维护群众生命财产安全。民族宗教、民兵预备役、妇女儿童等各项工作得到加强，全乡和谐稳定的局面得到进一步巩固。

【自身建设】 乡党委、乡政府积极安排部署，团结带领三大顷乡党员干部群众，切实开展乡、村两级服务体系建设，建成谢家坊、田家卜和三虎地3个村级标准化便民服务站示范点。认真落实党风廉政建设责任制和领导干部“一岗双责”，坚持把纪律和规矩挺在前面，深入开展“三严三实”专题教育，脚踏实地、力戒空谈。扎实开展干部下基层引领活动，倾听群众呼声，办好群众实事。把马上就办、办就办好作为基本工作要求，集中精力、聚焦发展，使每一项工作、每一件任务落到实处、见到实效。加强对重大决策、重点项目的督察落实，提高政府执行力，营造想干事、会干事、干成事的浓厚氛围。

（供稿　王　飚）

附 录

重要文件目录

一、县委重要文件

商党办发：

2017年1月13日，商党办发〔2017〕1号关于印发《2017年全区第十二届人民代表大会第六次会议期间商都县维稳信访安保工作方案》的通知。

2017年1月20日，商党办发〔2017〕2号关于《做好2017年春节期间有关工作》的通知。

2017年1月21日，商党办发〔2017〕5号关于《成立商都县促进外资企业良好运行和发展领导小组》的通知。

2017年1月21日，商党办发〔2017〕6号关于《召开中共商都县十三届二次全委（扩大）会议》的通知。

2017年2月21日，商党办发〔2017〕15号关于印发《商都县2016年度扶贫工作总结》的通知。

2017年3月1日，商党办发〔2017〕17号《2017年“两会”期间商都县信访维稳工作方案》。

2017年3月2日，商党办发〔2017〕19号关于《做好“两会”期间安全保卫和进京排访保卫工作》的通知。

2017年3月28日，商党办发〔2017〕25号关于《进一步严肃会议纪律规范外出请示报告》的通知。

2017年4月7日，商党办发〔2017〕28号关于印发《商都县意识形态责任落实督查年实施方案》的通知。

2017年4月7日，商党办发〔2017〕29号印发《关于建立意识形态领域形势分析研判工作机制的实施意见》的通知。

2017年4月12日，商党办发〔2017〕32号关于《认真学习贯彻〈中国共产党工作机关条例（试行）〉的通知》。

2017年6月5日，商党办发〔2017〕49号关于印发《商都县推进“两学一做”学习教育常态化制度化工作方案》的通知。

2017年6月22日，商党办发〔2017〕58号印发《商都县进一步打牢精准扶贫基础工作方案》的通知。

2017年6月22日，商党办发〔2017〕59号关于《党委（党组）贯彻落实“三重一大”事项集体决策制度的指导意见》的通知。

2017年6月22日，商党办发〔2017〕61号关于印发《商都县创建自治区级文明县城工作实施方案》的通知。

2017年6月27日，商党办发〔2017〕64号关于《认真开好巡视“回头看”整改专题民主生活会》的通知。

2017年7月18日，商党办发〔2017〕70号关于《调整商都县庆祝内蒙古自治区成立70周年活动筹备工作机构》的通知。

2017年7月27日，商党办发〔2017〕72号《商都县迎接党的十九大胜利召开和庆祝自治区成立70周年信访维稳工作方案》。

2017年9月12日，商党办发〔2017〕81号关于印发《商都县迎接党的十九大维稳、信访、安全生产“六十日”专项行动方案》的通知。

2017年10月10日，商党办发〔2017〕93号印发《商都县贯彻落实自治区党委第八巡视组意识形态工作巡视反馈意见整改方案》等六个专项整改方案的通知。

2017年10月14日，商党办发〔2017〕94号关于《认真组织学习习近平总书记系列重要讲话》的通知。

2017年10月31日，商党办发〔2017〕98号关于转发《乌兰察布市委办公厅关于组织开展学习贯彻党的十九大精神“主题党日”活动学习的通知》的通知。

商党发：

2017年3月16日，商党发〔2017〕12号关于印发《“全县加强和规范党内政治生活推进年”实施方案》的通知。

2017年3月22日，商党发〔2017〕13号关于印发《深入贯彻落实习近平总书记考察内蒙古重要讲话精神的实施意见》的通知。

2017年3月29日，商党发〔2017〕15号关于印发《商都县委常委会2017年工作重点》的通知。

2017年4月13日，商党发〔2017〕17号印发《关于鼓励干部干事创业，治理不作为、乱作为的实施意见》的通知。

2017年4月13日，商党发〔2017〕18号印发《坚持挺纪在前　实践“四种形态”的实施意见（试行）》的通知。

2017年4月26日，商党发〔2017〕22号关于《2017年党风廉政建设和反腐败工作重点任务的分解意见》。

2017年6月16日，商党发〔2017〕27号《关于加强党内法规制度建设的实施意见》。

2017年9月5日，商党发〔2017〕49号关于《商都县2017年县乡人民代表大会换届选举工作》的通知。

2017年10月12日，商党发〔2017〕60号关于《进一步加强党风廉政建设“两个责任”深化纪检监察机关“三转”工作》的通知。

二、县政府重要文件

2017年3月6日，商政发〔2017〕16号《关于同意商都县吉庆粱风电场等二期建设用地使用权挂牌出让方案的批复》。

2017年3月13日，商政发〔2017〕21号关于上报《2017年统筹整合使用财政涉农涉牧资金实施方案》的通知。

2017年3月21日，商政发〔2017〕58号《关于七台镇旧城棚户区国有土地上房屋征收的决定》。

2017年4月10日，商政发〔2017〕63号《关于同意实施2017年城镇补植补造及街旁绿化工程的批复》。

2017年5月3日，商政发〔2017〕71号《关于全面开展商都县创建自治区卫生县城的决定》。

2017年5月9日，商政发〔2017〕77号《关于盘活存量资金加大去库存力度加快推进易地移民搬迁工作的实施方案》。

2017年6月8日，商政发〔2017〕93号《关于同意人社局办公楼与气象局置换划拨供地方案的批复》。

2017年7月3日，商政发〔2017〕103号《关于对部分国有资产无偿划转的批复》。

2017年8月15日，商政发〔2017〕114号关于审批《商都县城镇集中式饮水源保护区划定调整方案》的请示。

2017年11月15日，商政发〔2017〕128号《商都县2013年生态脆弱地区移民工程竣工验收报告》。

2017年12月11日，商政发〔2017〕140号《关于更新商都县城区基准地价的公告》。